Alexander Conze

Reise auf den Inseln des thrakischen Meeres

Alexander Conze

Reise auf den Inseln des thrakischen Meeres

ISBN/EAN: 9783741130373

Hergestellt in Europa, USA, Kanada, Australien, Japan

Cover: Foto ©Andreas Hilbeck / pixelio.de

Manufactured and distributed by brebook publishing software
(www.brebook.com)

Alexander Conze

Reise auf den Inseln des thrakischen Meeres

REISE

AUF DEN

INSELN DES THRAKISCHEN MEERES

VON

A. CONZE.

> Look on this spot — a nation's sepulchre!
> Abode of gods, whose shrines no longer burn!

mit XXI lithographirten Tafeln

HANNOVER.
CARL RÜMPLER.
1860.

DEN

HERREN PROFESSOREN

OTTO JAHN UND FRIEDRICH WIESELER

GEWIDMET.

Vorwort.

Philologische Beschäftigung mit der bildenden Kunst der Alten rief in mir den Wunsch hervor, Griechenland zu bereisen. Ich wollte das Land kennen lernen, in welchem sich einst das Leben des kunstbegabtesten aller Völker bewegte, die Natur, an der sich das Formgefühl dieses Volkes bildete, anschauen und die nach jahrhundertelangem Ruin noch geretteten Spuren seiner zum Theil ewig mustergültigen Werke mit liebevollem Eifer verfolgen. Als ich nun im Jahre 1857 diesen Wunsch sich erfüllen sah, sagte es mir bei Entwerfung meines Reiseplanes mehr zu, auf eine grössere räumliche Ausdehnung meiner Reise zu verzichten, dafür aber einige wenige Gegenden mit Genauigkeit zu untersuchen. In diesem Sinne musste ich es für ein der Alterthumswissenschaft besonders nützliches Unternehmen halten, unter Anderem die Inseln des thrakischen Meeres [1]), Thasos, Samothraki, Imwros und Limnos zu besuchen und zu verzeichnen, was an Ueberresten aus dem Alterthume heute noch dort vorhanden ist. Die Arbeit des alterthumsforschenden Reisenden ist zwar auf dem ganzen Gebiete des alten Griechenlandes so wenig beendet, dass ein solcher sich heute noch an allen selbst den am meisten bereisten Punkten Hoffnung machen kann, neben der lebendigen Anschauung des schon Bekannten, die er für sich selbst gewinnt, auch manche bisher unbekannte Denkmäler ans Licht zu bringen, manche bisher ungelöste Frage zu entscheiden; ganz besonders hoch musste sich diese Hoffnung denn aber doch in Bezug auf die vier genannten Inseln steigern, von deren Denkmälern eines einst hoch entwickelten Lebens wir bisher nur flüchtige, aber vielversprechende Kunde durch wenige Reisende besassen. Auch hatten ein Mal diese Reisenden selbst, die ihr Werk unvollendet lassen mussten, wohl den Wunsch ausgesprochen, es möge dasselbe weiter gefördert werden, dann war

---

[1]) Strabonis Geographica C. 29: ὅταν [ὁ Βορέας καὶ ὁ Ζέφυρος] κατὰ τὴν Θρᾳκίαν θάλασσαν πνέωσι περὶ τὸν Μέλανα κόλπον αὐτοῦ τοῦ Αἰγαίου μέρος οὖσαν. ἐπιστροφὴν γὰρ λαμβάνει πρὸς νότον ἀκρωτηριάζουσα ἡ Θρᾴκη, καθ' ὃ συνάπτει τῇ Μακεδονίᾳ, καὶ προπίπτουσα εἰς τὸ πέλαγος, τοὺς Ζεφύρους ἐντεῦθεν πνέοντας ἀποφαίνει τοῖς ἐν Θάσῳ καὶ Λήμνῳ καὶ Ἴμβρῳ καὶ Σαμοθρᾴκῃ καὶ τῇ περὶ αὐτὰς θαλάττῃ —

von anderen Alterthumsforschern dasselbe Verlangen mehrfach geäussert, auch unter den Aufgaben, welche den Mitgliedern der französischen Schule in Athen gestellt zu werden pflegen, fand sich in letzter Zeit die der Bereisung von Thasos, Samothraki, Imwros und Limnos und endlich zeigten Lehrer und Freunde mir persönlich, dass sie von einer Reise nach den genannten Punkten nicht geringe Ergebnisse erwarteten.

Was ich nun nach der im Sommer des Jahres 1858 von mir unternommenen Reise zur Erfüllung dieser mannigfachen Erwartungen beitragen kann, übergebe ich hiermit der Oeffentlichkeit. Dass ich Alles nur meine Person Betreffende möglichst bei Seite gelassen, dass ich auch die Angaben über die heutige Bevölkerung sehr beschränkt habe, wird jeder Leser bald selbst sehen. In einer Arbeit, die der Alterthumswissenschaft dienen soll, kann nur die heute noch vielfach unverändert wie vor Jahrtausenden stehende Natur, die ich leider nicht mit dem Auge des Naturforschers habe auffassen können, und dann, so weit ich sie auffinden konnte, alle, aber auch die geringsten Werke der Menschenhand Hauptgegenstand der Darstellung sein. Nöthiger als hierüber ist es, einige Worte über die mitgetheilten Inschriften, so wie über die Abbildungen, welche durch das freundliche Entgegenkommen des Herrn Verlegers meiner Arbeit beigegeben werden konnten, zu sagen. Von den Abbildungen konnten nur die der Münzen (auf Tafel XVIII. XX) und die eines Marmorfragmentes (Tafel XIX), erstere unmittelbar nach den Originalen, die letztere nach einer guten Photographie genommen werden. Alle übrigen sind genau nach meinen auf der Reise gemachten Skizzen auf den Stein gezeichnet und zwar mit Ausnahme von Tafel II, XIII, XIV und des Titelblattes, welche ihre eigene Bezeichnung tragen, in der Anstalt des Herrn Lithographen Honig in Göttingen. Diese Abbildungen würden nun dem härtesten Tadel ausgesetzt sein, wollte ich nicht ausdrücklich hier erklären, dass sie der Mehrzahl nach Nichts sein wollen, als bildliche Andeutungen alles namentlich für die Erklärung Wesentlichen an den einzelnen Ueberresten der Kunstwerke, so gut wie sie ein Reisender, der nicht Künstler ist, noch dazu unter den auf Reisen dieser Art oft unvermeidlichen hemmenden Umständen, geben kann. Ich glaube hierdurch wenigstens in so fern eine nützliche Zugabe zu liefern, als diese bildlichen Andeutungen zusammen mit der Beschreibung einen Grad von Anschaulichkeit gewähren, welcher der Beschreibung allein nie erreichbar gewesen sein würde. Absichtlich habe ich es aber verschmäht, meinen Abbildungen durch die nachhelfende Hand eines Zeichners einen falschen Schein geben zu lassen, der sie wohl dem Auge des flüchtigen Betrachters, aber nicht dessen, der sie einmal mit den Originalen vergleichen wird, hätte empfehlen können. Non ostentationi, sed fidei veritatique! sollte auch hier der Wahlspruch sein. Die mitgetheilten Inschriften habe ich sämmtlich nicht in Papierabklatschen, sondern allein in Abschriften gesammelt. Indessen sind diese nicht flüchtig nach einmaliger Lesung gemacht, wie viele bei beschränkterer Zeit von Reisenden genommene Abschriften, sondern beruhen immer auf wiederholter genauer Vergleichung. In einzelnen Fällen habe ich über den Grad des Glaubens, auf den eine einzelne Abschrift Anspruch macht, eine

Angabe hinzugefügt. Ich muss besonders hoffen, dass meine Abschriften durch ein glückliches Geschick an Brauchbarkeit gewonnen haben, welches mir erlaubte, in Gesellschaft eines Inschriftenkenners wie des Herrn Dr. von Velsen, Secretairs der königl. preussischen Gesandtschaft in Athen, während des Winters von 1857 auf 1858 meine erste Uebung im Lesen und Abschreiben griechischer Inschriften erwerben zu können.

Wo ich fremder Belehrung auf der Reise und bei der Ausarbeitung Etwas zu danken habe, ist es jedesmal an der betreffenden Stelle angegeben. Solche Erwähnung war nicht wohl für manchen nicht weniger dankenswerthen Wink möglich, den ich in letzter Zeit im Verkehre mit meinen Freunden und Hausgenossen in Göttingen, Leo Meyer und W. Bessell, erhalten habe. Unter aller Gunst, die mir bei dem ganzen Unternehmen zu Theil geworden ist, muss ich endlich aber noch als ganz besonders förderlich eine Empfehlung des k. k. österreichischen Ministeriums des Aeussern an die k. k. Gesandtschaft in Athen und die k. k. Consularämter in Griechenland und der Türkei erwähnen, welche ich auf mein Gesuch durch Vermittlung des königl. hannoverschen Ministeriums des Aeussern erhielt.

Es bleibt noch eine Uebersicht der bisherigen Quellen für Kenntniss der Alterthümer auf den Inseln des thrakischen Meeres zu geben, so weit sie mir zum Theil vor, zum Theil nach meiner Reise bekannt geworden sind.

Die besten Mittheilungen über Thasos verdankten wir dem Freiherrn von Prokesch-Osten in seinen Denkwürdigkeiten aus dem Orient III, S. 611 ff. und in den Dissertazioni della pontificia academia romana di archeologia (Roma) Tomo VI, p. 179 ff. Ueber Samothraki und Imwros erhielten wir erst kürzlich Kunde durch zwei deutsche Reisende, Blau und Schlottmann, namentlich in den Berichten der königl. preussischen Akademie der Wissenschaften zu Berlin 1855, S. 601—636. In Bezug auf Limnos war man noch immer auf das Werk des Grafen Choiseul-Gouffier, voyage pittoresque de la Grèce, Paris 1782, angewiesen. Eine Zusammenstellung aus den genannten Quellen und eine Uebersicht der Geschichte der vier Inseln findet sich in dem Werke Iles de la Grèce par M. Louis Lacroix (Paris, Firmin Didot frères, 1853) p. 354—376, welches ich auf der Reise zur Hand gehabt habe. Ausserdem besitzen wir eine anschauliche Beschreibung einer Fahrt von den Dardanellen nach Imwros, Samothraki, nach dem Athos und Limnos in Richters Wallfahrten nach dem Morgenlande (herausgegeben von Ewers. Berlin 1822), dann in dem Buche des Baron de Behr, Recherches sur l'histoire des temps héroiques de la Grèce (Paris, Firmin Didot frères fils et Ce 1856), wenn auch im Texte nichts Lesenswerthes, so doch eine Planskizze der Palaeöpolis auf Samothraki. Ueber die Alterthümer von Imwros finden sich Angaben in dem Buche 'Υπόμνημα ἱστορικὸν περὶ τῆς νήσου ΙΜΒΡΟΥ παρὰ Ἀ. Μουστοξύδου τοῦ Κερκυραίου καὶ Βαρθολομαίου Κουτλουμουσιανοῦ τοῦ Ἰμβρίου. Ἐν Κωνσταντινουπόλει. Ἐκ τῆς τυπογραφίας Ἀ. Κορομηλᾶ καὶ Πασπάλλη. 1845. Ich habe dasselbe bei dem Schullehrer auf Samothraki gesehen, es aber nachher trotz vielfacher Bemühung mir nicht verschaffen können. Die, wie ich erwähnt habe, der französischen Schule in Athen gestellte Aufgabe hat Perrot wenigstens für Thasos zu lösen gesucht; siehe darüber den Rapport ln à l'académie des inscriptions et belles-lettres (12. nov. 1858) par M. Guignaut p. 35—48.

Die älteren chartographischen Darstellungen der thrakischen Inseln sind entweder, wie die in den älteren italiänischen Werken über den Archipel, abenteuerliche Phantasiebilder oder entbehren aller Genauigkeit, wie die Choiseul-Gouffiers. Selbst dessen am meisten ausgeführte Karte, die von Limnos, ist durch eine Menge von Unrichtigkeiten vollkommen unbrauchbar. Ausgezeichnet für die Küsten, oft auch für das Innere der Inseln und selbst da, wo sie das Letztere als ausserhalb ihres Zweckes liegend theilweise unausgefüllt lassen, durch Richtigkeit der wenigen angegebenen Punkte immer noch vorzüglich brauchbar sind die Zeichnungen der Inseln auf den Seekarten der englischen Admiralität. Ich habe sie auf der Reise benutzt und nach ihnen sind die beigegebenen vier Karten auf Tafel I und XI, so wie die zwei Stadtpläne auf Tafel XIV nur mit einigen Aenderungen in den Ortsnamen copirt.

Für Tafel I, Thasos, liegt zu Grunde: The Archipelago. Sheet 3. Strati, Thaso etc. surveyed by Commander R. Copeland and T. Graves R. N. 1831—1844. Die Zeichnung der Bergzüge im Inneren der Insel fehlt.

Für Tafel I, Limnos, liegt zu Grunde: The Archipelago, Sheet 4. Lemnos, Samothraki, Mitylini etc. surveyed by Commander R. Copeland and T. Graves R. N. 1833—1844. Ich habe hier in den blossen Umriss der Insel nur die hauptsächlichen Höhen in Zahlen und dann die Ortschaften, deren Namen auf der englischen Karte an kleinen Ungenauigkeiten leiden, eingetragen. Durch diese Ortsnamen kann die kleine Karte als Ergänzung für die in jeder andern Beziehung ausgezeichnete und in grossem Maasstabe ausgeführte englische Karte von Limnos dienen. Dieselbe ist betitelt: Archipelago. Lemnos called by the Turks Stalimeni. By Captain Richard Copeland. H. M. S. Beacon. 1835.

Für Tafel XI liegt zu Grunde: The Archipelago. Sheet 4. Lemnos, Samothraki, Mitylini etc. surveyed by Commander R. Copeland and T. Graves R. N. 1833—1844. Dieses Blatt enthält auch Imwros.

Die Terrainzeichnung für die Palaeópolis auf Limnos, Tafel XIV. ist der englischen Seekarte: Archipelago. Lemnos. Pournea bay. Surveyed by Commander R. Copeland. 1835. entnommen.

Tafel XIV, Kastro auf Limnos, ist copirt nach: Archipelago. Lemnos. Kastro antient Myrina. Surveyed by Commander R. Copeland. 1835.

Für Limnos ist endlich noch die folgende Karte zu nennen: Archipelago. Lemnos-island. Port Moudros and port Condia. Surveyed by Commander R. Copeland. 1835.

Hannover, den 26. September 1859.

THASOS.

Am 1. Mai 1858 gegen zwei Uhr Nachmittags nach unserer Zeitrechnung verliess ich auf einem der in den griechischen Meeren gewöhnlichen Segelboote oder Kaïke die kleine rumelische Küstenstadt Kawálla (wie die Griechen, oder Kawallá, wie die Türken wohl betonen) [1], um die Ueberfahrt nach Thásos oder Thásos, wie die gemeinen Leute sprechen, zu machen. Die Insel lag mit mehren hinter einander sich herziehenden Bergreihen deutlich vor uns und soll man die Ueberfahrt bei günstigem Winde sogar in zwei Stunden machen können, heute half uns indess kein Lüftchen fort, das Schiff wiegte sich auf dem leise aufathmenden Meere, ab und an nur plätscherte eine Welle um den Kiel, die Sonne stand hoch und lautlos glitzerte die Wasserfläche, in unzähligen Blitzen das Sonnenlicht von ihren Wellen zurückgebend, ein Anblick des Meeres, wie ihn Aeschylos im gefesselten Prometheus (89) mit den Worten ποντίων τε κυμάτων ἀνήριθμον γέλασμα bezeichnet hat. Meistens mit Hülfe der Ruder rückten wir so nur langsam fort, die Sonne ging unter und wir erreichten erst gegen 10 Uhr Abends die Küste von Thasos, zu der die Berge der Insel sich dunkel herabsenkten. Nachtigallen und Frösche liessen sich vom Ufer her hören und ein einzelnes Licht zeigte die Lage des Landeplatzes, an dem wir, erst nachdem unser Fahrzeug mehre Male auf den Sand gerathen war, anlegten. Ich stieg an einem in das Meer vorgebauten Steindamme aus und verbrachte die Nacht in einem der kleinen Häuser nahe am Strande. Am andern Morgen übersah ich dann zum ersten Male die hier gelegene Ansiedlung, bestehend aus dem Hause, in welchem ich die Nacht zugebracht hatte und etwa fünf andern, welche theils zur Wohnung des Zollpächters und des Quarantaine-Aufsehers dienen, theils einige Magazá, das sind zugleich Kaufläden und Kaffeehäuser, enthalten. In einiger Entfernung von diesen Häusern steht ein verfallener Thurm nahe an einem jetzt unbrauchbaren künstlichen Hafen mit halb zerstörten Steindämmen, wiederum nahe dabei, doch etwas vom Ufer entfernt eine dem heiligen Nikólaos geweihte Kirche, endlich noch zwei Hütten, die eine ganz verlassen, die andere von Fischersleuten bewohnt. Oben auf einem waldigen Bergzuge im Osten bemerkte ich die Ruinen einer Befestigung mit zwei Thürmen. Die Strandebene, welche hier zwischen die Berge eingelagert liegt, ist eine der grösseren auf der Insel, deren Berge an den meisten Stellen steil in das Meer abfallen; zugleich hat diese Ebene vor den übrigen den Vorzug reicher Quellwasser, welche sie zur fruchtbarsten von allen machen, indem in ihr auch im Hochsommer keine Dürre eintritt. Auf der Fläche derselben dehnt sich neben Oelbaumpflanzungen und Kornfeldern eine weite Wiese aus, im Mai strotzend von fusshohen Gräsern und buntblühenden Kräutern, zwischen denen vereinzelte Platanengruppen die Feuchtigkeit des Bodens verrathen. Auffallend ist hier auch die Menge von Schlangen und Schildkröten und die Luft ist voll von Bienenschwärmen. Die Grundstücke hier gehören nach Panagiá, dem Hauptorte der Insel, der jenseit der Berge liegt und dem auch zunächst der Lande-

[1] Kawálla liegt an der Stelle der mittelalterlichen Christópolis, der alten Neapolis oder Neopolis, vielleicht sogar auch des noch ältern Datos. Das nehme ich mit Leake (travels in north. Greece III, p. 180. 216 ff. So auch Clarke travels II, 3, p. 413 f.) an, obgleich sich Tafel (de via militari Romanorum Egnatia p. 12 sqq., danach Forbiger Handbuch der alten Geogr. III, S. 1070) dagegen erklärt und in Betreff der Lage von Neapolis der Ansicht Cousinerys beigestimmt hat. Eine Begründung ist hier nicht am Platze.

platz an dieser Stelle dient. Dieser bildet indess zugleich für die ganze Insel den Hauptverbindungspunkt mit dem gegenüberliegenden Festlande, vor Allem mit Kawálla, weshalb er auch überall schlechthin Liménas, der Hafen (ὁ λιμένας, in der gemeineren Form ὁ λιμιώνας) genannt wird. Die Jahrhunderte der Seeräuberei, von denen noch viel auf Thasos gesagt und gesungen wird, haben indess auch an dieser günstigsten Stelle keine bedeutendere Ansiedlung aufkommen lassen. Wie überhaupt an den griechischen Küsten aus gleicher Ursache, haben sich auch hier die Einwohner in die Berge geflüchtet, so dass kein einziger Ort auf Thasos am Strande liegt. Der Verkehr mit dem gegenüberliegenden Festlande, welcher nun noch heute den sonst ganz verödeten Hafen zum Lebenspunkte der Insel macht, rief auch im Alterthume grade an dieser Stelle die Hauptstadt ins Leben. Heutzutage hat sich nur das Verhältniss zwischen Insel und Festland umgekehrt; das letzte ist herrschend geworden; denn auf dem Festlande ist der Bischofssitz von Maroneia, dem Thasos zugetheilt ist, während des Ramasan residirt auch der türkische Mudir in Kawálla und ein Thasier sagte mir gradezu, Alles Gute kommt uns von Kawálla (ὅλα τὰ καλὰ πράγματα μᾶς ἔρχονται ἀπὸ τὴ Καβάλλα). Im Alterthume dagegen, nachdem sich die parische Colonie, unter Telesikles von einer Marmorinsel zur andern ziehend, auf Thasos niedergelassen hatte, beherrschte diese von ihrer Hauptstadt aus die Peraia, das Gebiet jenseits am Festlande, dessen Goldbergwerke einen Haupttheil des Einkommens von Thasos lieferten.

Dass am Liménas einmal eine grosse Stadt gestanden habe, wissen auch die heutigen Einwohner auf der ganzen Insel, wenigstens wissen sie alle von den grossen behauenen Steinen dort zu erzählen, von welchen auch anlandende Schiffer oft einzelne wegführen. Noch im vergangenen Jahre ging eine Ladung Steine aus den Ruinen auf dem Berge nach Smyrna und auf Samothraki fand ich ein Grabrelief, einen Reiter darstellend (Taf. X. n. 6), welches der Besitzer vom Liménas auf Thasos herübergebracht hatte. Zunächst knüpft sich nun auch auf Thasos an diese alten Denkmäler der unter dem türkischen und griechischen Volke bekanntlich allgemein verbreitete Glauben, es seien Schätze in ihnen verborgen, weshalb denn die meisten der grossen monolithen Marmorsarkophage zertrümmert sind und noch fortwährend zertrümmert werden. Neben diesem unseligen Glauben, der auch dem alterthumsforschenden Reisenden, indem er ihn in den Augen der Leute zum Schatzgräber stempelt, so sehr hinderlich ist, beschäftigt sich die Phantasie der Thasier mit Vorstellungen von Königen, die vor Alters auf ihrer Insel geherrscht hätten und diese Werke schufen; es waren königliche Dinge dazumal (ἦταν βασιλικὰ πράγματα εἰς αὐτὸν τὸν καιρόν) sagten sie wohl und fragten gern, wenn sie mich Inschriften lesen sahen, ob es nicht Königsgräber (βασιλικὰ μνήματα) seien, welcher König denn da begraben sei oder ob in keiner Inschrift stehe, welcher König denn hier am Liménas geherrscht habe. Dergleichen Reden glaube ich schon in der Erzählung des treu beobachtenden alten Reisenden Belon durchzuhören, wenn er schreibt: „il me fut monstré quelques medalles d'argent, esquelles estoit escript en lettres Grecques chose qui vault autant à dire que Roy de Tassus“, was er auf einer Münze selbst bekanntlich nie gelesen haben kann. Bald wieder verbinden die Leute mit den alten Denkmälern die Erinnerungen der Leiden ihrer Insel in den Seeräuberzeiten der letzten Jahrhunderte. So kennen sie das zerbrochene Grabrelief einer Frau mit einem Kinde, welches hart am Wege vom Liménas nach Panagiá liegt, allgemein unter dem einfachen Namen „die Frau“ (ἡ γυναῖκα, 'ς τὴ γυναῖκα heisst die Stelle) und erzählen sich, wie auch wieder einmal die Seeräuber (bald Μαλτέζοι [1]), bald κουρσάροι, bald φουστεροί [2]) genannt) den Hafen überfallen hätten, sei diese Frau mit ihrem Kinde den Bergen zugeflohen, aber beinahe von den Verfolgern erreicht sei sie endlich in der höchsten Noth auf ihr Gebet plötzlich in Stein verwandelt. Das folgende sonst verschollene Lied sang mir eine alte blinde Frau von dem Thurme, den ich am Landeplatze vorhin erwähnt habe; er wird darin das „Schloss der Schönen“ genannt und der Inhalt des Liedes ist offenbar ziemlich derselbe wie der des

[1]) Raubwesen der Malteser Ritter; Finlay: Greece under Othoman and Venetian domination p. 168 ff.

[2]) φοῦστα, italiänisch fusta, φούστα (Chalcocond.), Namen einer Art von Schiffen.

Liedes vom „Schloss des Schönen" auf Kythnos, von welchem Ross nur noch einzelne Bruchstücke gleichfalls von einem alten Mütterchen hörte [1]).

Σὰ ποιοῦ κάστρι καὶ μπῆκα καὶ μανουριάτησα,
    Σ' ἀγαπῶ, καδινοπούλα μου [2])
σὰν τῆς ὡριᾶς τὸ κάστρο, κάστρο δὲν εἶδ' ἄλλου.
    Σ' ἀγαπῶ, καδινοπούλα μου
Ὁποῦ τὸ πολεμοῦσαν χρόνους δώδεκα
    Σ' ἀγαπῶ, καδινοπούλα μου
Κι' ἄλλους δεκατεσσάρους Τοῦρκοι καὶ Ρωμαιοί,
    Σ' ἀγαπῶ, καδινοπούλα μου
μὰ ἕνα σκυλὶ Τουρκάκι καὶ Ρωμαιογενῆ
    Σ' ἀγαπῶ, καδινοπούλα μου
καλόγερος ἐγίνη, ῥάσο φόρησε;
    Σ' ἀγαπῶ, καδινοπούλα μου
„Ἀνοίξετε ταῖς πόρταις, νὰ μπῶ μον' ὀρφανός!"
    Σ' ἀγαπῶ, καδινοπούλα μου
Καὶ ὥστον ἀνοίξ' ἡ πόρτα, χίλιοι μπήκανε,
    Σ' ἀγαπῶ, καδινοπούλα μου
καὶ ὥστον νὰ παλανοίξῃ, τὴν ἐπῆρανε.
    Σ' ἀγαπῶ, καδινοπούλα μου
Ἀπὸ γυαλένιο πύργο κόρη κρέμασαν,
    Σ' ἀγαπῶ, καδινοπούλα μου
οὐδὲ σὲ πέτρα βάνω, οὐδὲ σὲ μάρμαρο,
    Σ' ἀγαπῶ, καδινοπούλα μου
μόνον σ' ἀγοραγιάλαις ψυχομάχησε.
    Σ' ἀγαπῶ, καδινοπούλα μου
„Ἂς εἶν', ἂς εἶναι, πύργε μου, πύργε μου φονιᾶ
    Σ' ἀγαπῶ, καδινοπούλα μου
θὰ σὲ τὰ ῥίξω κάτω ἀπὸ θεμελιοῦ
    Σ' ἀγαπῶ, καδινοπούλα μου
μὲ ἀσημένια φτιάρια καὶ μ' ἀργυρᾶ τζαπιά."
    Σ' ἀγαπῶ, καδινοπούλα μου.

In wessen Schloss ich eintrat, wandernd drin umher,
gleich wie das Schloss der Schönen, sah kein Schloss ich mehr.
Als einst darum sich schlugen, wohl zwölf Jahre lang
und dann noch vierzehn weitre, Türken und die Griechen,
war nur ein Hund von Türken, ein Grieche von Geburt,
der machte sich zum Mönche, zog die Kutte an:
„Ihr öffnet mir die Thore, Einlass bitt' ich allein!"
Und als die Thür geöffnet, tausend drangen ein,
und als sie ganz geöffnet, griffen sie nach ihr.

---

1) Inselreisen I, S. 112. Auf ein anderes Lied ähnlichen Inhalts macht mich Herr Dr. Passow, dem ich auch in der Rechtschreibung an einzelnen Stellen der Lieder gefolgt bin, aufmerksam, v. Th. Kind neugriech. Anthologie. (Lpzg. 1844) S. 20.

2) Diesen von mir verkannten Refrain hat Herr Dr. Metropulos hergestellt.

Da vom krystallnen Thurme stürzte sich die Maid,
nicht stiess sie sich an Felsen und nicht an Marmorstein,
doch in den Männerarmen da rang sie mit dem Tod:
„Sei's drum, sei's drum, mein Thurm du, Thurm mein Mörder du,
werd' dich noch werfen nieder bis auf den letzten Grund
mit meiner Silberschaufel, mit meinem Silberkarst."

Nach jedem Verse wiederholt sich dann der Refrain: ich liebe dich, mein Töchterchen des Kadi.

Das ου in Zeile 2 und im Refrain (σουρεὰς und ἀγαποῦ) wird für ω gesprochen, wie man u. A. auf Thasos auch χοῦμα statt χῶμα hört.

Von dem folgenden gewiss alten Liede, welches der Insel Malta eine Eroberung durch die Türken prophezeit, behauptete meine blinde Sängerin ebenfalls, es beziehe sich auf den Thurm am Liménas.

Μάλτα χρυσῆ, Μάλτ' ἀργυρῆ, Μάλτα μαλαματένια
Μάλτα γιὰ δός μας τὰ κλειδιά, γιὰ δός μας τ' ἀντικλειδιά,
ν' ἀνοίξουμε ταῖς ἐκκλησιαῖς, νὰ δγοῦμε τὰ βαγγέλια.
Τὰ τὰ βαγγέλια γράφουνε, τρεῖς Τοῦρκοι θὰ σὲ κόψουνε,
τρεῖς Τοῦρκοι, τρεῖς γενίτζαροι, τρεῖς μορφογενίτζαροι.

Goldene, silberne, goldene Malta, Malta gieb uns die Schlüssel, gieb uns die Nachschlüssel, dass wir öffnen die Kirchen, dass wir sehen die Evangelien; die Evangelien schreiben, drei Türken werden dich schlagen, drei Türken, drei Jenitzaren, drei schöne Jenitzaren.

Zeile 3 δγοῦμε (spr. djume) ist die gewöhnliche Form auf Thasos für δοῦμε.

Verlassen wir jetzt den Gedankenkreis der heutigen Thasier und wenden uns zu einer genauen Darstellung aller der Ueberreste der alten Stadt Thasos am heutigen Liménas, welche mir während eines achttägigen Aufenthalts an diesem Platze bekannt geworden sind, wobei meine grossentheils auf Messung beruhende Planskizze zu grösserer Veranschaulichung dienen wird. (Taf. II.)

Die etwa eine halbe Stunde breite und doppelt so tiefe Strandebene am Liménas ist im Süden, Westen und Osten von bewaldeten Bergen umschlossen und zwar im Süden von dem sich zum höchsten Gipfel der Insel, dem Agios Ilias, hinaufziehenden Gebirge, während der Blick nach Norden hin frei über das flache Ufer weg auf den Meeresarm mit der kleinen Insel Thasópulo und auf die gegenüberliegenden Küsten von Rumelien, zunächst das Flachland um die Mündung des Karasu (Nestos), hinausreicht. Auf einer Berghöhe im Osten, welche sich in langer schräg abfallender Linie gegen Norden in das Meer vorstreckt und hier auf ihrem äussersten Auslaufe in einer kleinen Inselklippe endet, lag die Hochstadt der alten Thasos, am Strande westlich von dem genannten Vorgebirge, durch dasselbe gegen Ost- und Nordostwinde geschützt deren Häfen und in der anstossenden Uferebene am Westfusse der Akropole die übrige alte Stadt, deren Umfangsmauer man noch heute mit einzelnen Unterbrechungen verfolgen kann, von dem nördlichen Vorgebirge mit der vorliegenden Inselklippe aus den Bergrücken hinaufsteigend, dann wieder in den Befestigungen der Akropolis, von da den Bergabhang hinablaufend und endlich im weiten Bogen durch die Ebene bis nahe an die Küste hinziehend. Das Material der Mauer ist durchweg weisser Marmor, dessen Farbe sich an den auf dem Berge erhaltenen Strecken in ein dunkles Grau verwandelt hat, in der Ebene dagegen an vielen Stellen, weil hier feinere Glättung den Stein vor Verwitterung schützte, unter der Decke überwuchernden Gebüsches noch hell hervorglänzt; ein Bindemittel ist an den sonst sehr verschieden gearbeiteten Mauerstücken nirgends angewandt.

Ich beginne dem Laufe der Stadtmauer von dem nördlichsten Vorgebirge aus zu folgen. Die kleine an dessen Spitze liegende Inselklippe, auf welcher ich die von Prokesch gesehenen Treppen und Gänge im Felsen nicht bemerkte, wohl aber geringes spätes Mauerwerk, nannte mein Schiffer, mit dem ich auf der Fahrt nach Samothraki das Vorgebirge umfuhr, Vriókastro, ein Namen der auch in den Formen 'Οβριόκαστρο, 'Εβραιόκαστρο (Judenschloss) in Griechenland bekanntlich sehr vielen Ruinen gegeben wird und dann oft mit dem ähnlich klingenden 'Ωραιόκαστρο durcheinander geht, wie ich z. B. die Ruinen von Rhamnus in Attica bald mit dem einen, bald mit dem andern Namen bezeichnen hörte. Gleich auf der Spitze des Vorgebirges selbst und vom Meere aus sichtbar ist ein langer Zug hellenischer Mauer, aus sehr gut gefügten Polygonen erbaut, erhalten[1]), welcher in seinem Verlaufe den Kamm des Berges hinauf die Richtung der alten Stadtmauer bis zur Akropolis bezeichnet; denn obgleich ich beim Hinaufsteigen weiter oben bis zur Akropolis keine Mauerreste mehr gefunden habe, so zeigt doch schon ein Blick auf den Plan, dass hier auf dem nirgends sehr steil abfallenden Berge keine Lücke in der Befestigung gewesen sein kann. Beim Ersteigen des letzten Abhangs zu der mit ihren zwei Thürmen weithin sichtbaren und auf den ersten Blick ganz mittelalterlich erscheinenden Festung stossen eine Menge Trümmer von Baulichkeiten meistens aus ganz roh gelassenen Bruchsteinen auf; dergleichen füllen auch den Raum innerhalb der beiden Hauptkastelle, den Bergsattel zwischen ihnen und die Ost- und Westabhänge dieser Höhen als Spuren einer Niederlassung, die sich im Mittelalter unter dem Schutze der Festung hier gebildet haben muss. Jetzt ist Alles verlassen und öde; über den Trümmern steht Busch und Wald. Das erste Kastell, welches wir beim Hinaufsteigen von Norden her erreichen, bildet ein von SSW nach NNO gestrecktes Oblongum, welches in seinem ganzen Umfange, so weit nicht der jähe Felsabsturz zur Befestigung genügt, mit bunt zusammengeflickten Mauern umgeben ist und auf diesen an seiner westlichen Aussenseite zwei viereckige Thürme trägt, während in dem wüsten Trümmergewirre im Innern nur die der Ostmauer naheliegenden Reste einer Kirche und eines andern gewölbten Baues zu erkennen sind. Alles das ist augenfällig unhellenisch, erinnert vielmehr an andere mittelalterlich-fränkische Festungsbauten mit Thürmen in Griechenland, von denen ich nur die auf der Akropolis von Athen und die Ueberreste des Palastes Santameri in Theben aus eigener Anschauung kenne. Auf diesem Schlosse empfing der Genuese Ticino Jaqueria, welcher sich mit Muntaners Hülfe auf Thasos festgesetzt hatte, diesen selbst und Ximenes d'Arenos im Jahre 1308, als diese sich von den Katalanen auf deren Zuge gegen Christopolis getrennt hatten[2]). Zwischen dem rohen Mauerwerke finden sich grosse Stücke aus gut geschnittenen und gefügten Blöcken, die unzweifelhaft einem hellenischen Baue angehören. Ich rechne dahin namentlich ein Mauerstück von etwa 27,60 Meter Länge auf der Nordseite, einzelne Theile an der Ost- und Westseite und fast die ganze Schmalseite, von welcher der Bergsattel zu dem zweiten nach Südwesten hin gelegenen Kastelle hinüberführt, obgleich ich von dem letztgenannten Stücke nicht entschieden leugnen will, dass es etwa später aus altem Material zusammengesetzt sei. Das anscheinend alterthümlichste, vielleicht aber auch nur, weil es zu den Fundamenten gehörte, so plumpe Mauerstück ist das, welches aussen ein wenig unterhalb der Nordostecke des oblongen Kastells in einem rechten Winkel, dessen Schenkel man etwa auf zwanzig Schritt verfolgen kann, vorspringt. Von der Grösse der einzelnen Blöcke, welche horizontal geschichtet, in der Front aber so gut wie gar nicht geebnet sind, mag das Maass des einen derselben in der obersten Schicht, welches in der Länge 4,16 Meter beträgt, einen Begriff geben. Nach alle diesem leidet es keinen Zweifel, dass die mittelalterliche Befestigung nur eine Erneuerung der altgriechischen Akropolisbefestigung an dieser Stelle ist, welche in ihrer Gesammtausdehnung denselben oblongen Raum, wie jene, einnahm.

In dem mittelalterlichen Gemäuer des eben beschriebenen Kastells fand ich die folgenden mit Inschrift oder Sculptur versehenen Steine verbaut.

---

[1]) Das innerhalb seiner nördlichsten Ecke auf dem Plane angegebene Viereck bezeichnet die Grundmauern einer kleinen Kirche.

[2]) Chronique de Ramon Muntaner traduite par J. A. Buchon (Paris 1827). II, p. 234.

An dem südlichstgelegenen der beiden erwähnten Thürme in seiner nach dem Innern des Kastells gewandten Mauer ist ein Bruchstück eines ψήφισμα auf einem Blocke von weissem Marmor (0,73 — 0,80 breit, 0,49 hoch. Höhe der zehn Schriftzeilen 0,21) erhalten, welcher, da die Schrift sehr fein ist, am leichtesten nach dem darauf gekratzten Namen: Virlet 1830 (ohne Zweifel das Mitglied der naturwissenschaftlichen Section der französischen Expedition für Morea) zu erkennen ist.

__________ ΕΟΣ
-ΟΥΚΑΤ[Α]ΨΗΦΙΣΜΑ
____ΟΥΣΕΚΤΟΥΤΩΝ
___ΚΑΙΟΙΑΛΛΟΙΘΑΣΙΟΙ
____ΟΝΤΟΥΑΠΟΛΛΩΝΟΣ
_____ΜΗΕΞΕΙΝΑΙΔΕ
_____.ΨΗΦΙΣΜΕΝ
_______ΙΛΕΤΩ
______.ΤΗΙΠΟΛΕΙ
_______ΤΩΝΑΛΛΩΝ

Dass der Charakter der Schriftzüge vollkommen der der attischen Inschriften nach Ol. 94, 2 (Franz el. p. 149) ist, erklärt sich leicht in einem den Athenern schon lange vor dieser Zeit unterworfenen Staate. Das Decret hatte dieselbe Fassung, wie ein anderes von Thasos, welches vollständiger erhalten ist (C. J. Gr. n. 2161.) Im Eingang waren also die Archonten und die Theoren genannt; von dem letzten in der Reihe ist das ου in Zeile 2, die Endung des Vaternamens, erhalten. Dann κατὰ ψήφισμα [βουλῆς καὶ δήμου. Ἀγαθῇ τύχῃ u. s. w. Nach Nennung des Namens derer, die geehrt werden sollten, der Verdienste und des ihnen zuerkannten Bürgerrechtes wird dasselbe auch auf ihre Nachkommen ausgedehnt Zeile 3 und 4: καὶ τοὺς παῖδας τ]οὺς ἐκ τούτων [γενομένους, καὶ μετεῖναι αὐτοῖς πάντων ὧν] καὶ οἱ ἄλλοι Θάσιοι [μετέχουσι· weiter wird das Aufschreiben hier an den Apollotempel angeordnet Zeile 5: ἀναγράψαι δὲ τόδε τὸ ψήφισμα τοὺς θεωροὺς ἐπὶ τ]ὸν τοῦ Ἀπόλλωνος [ναόν, ἵνα ἂν ἀποδείξωσιν οἱ ἄρχοντες. Dann war das dazu nöthige Geld angewiesen. Zeile 6 folgt: μὴ ἐξεῖναι δὲ [ὑπὲρ τούτων μηδενὶ μήτε εἰπεῖν u. s. w. Zeile 7: κρατεῖν δὲ πάντα τὰ ἐ]ψηφισμέν[α, wer aber dagegen handelt Zeile 8: ὀφε]ιλέτω eine Strafsumme, theilweise vielleicht wieder dem pythischen Apollo, theilweise Zeile 9: τῇ πόλει. Es waren dann die bestimmt, die über dieses Vergehen richten sollten, in dem andern Decrete die ἀπολόγοι, die dann selbst für den Fall, dass sie es ungestraft lassen, von ihren Nachfolgern zur Strafe angehalten werden sollen; es folgt die Schlussbestimmung Zeile 10: ἐπικαλείσθω δὲ καὶ] τῶν ἄλλων [ὁ θέλων, dem in dem andern Decrete die Hälfte der Strafsumme zugesichert wird. Aus dem jetzigen Platze der Inschrift auf die Lage des in derselben erwähnten Apollotempels zu schliessen, sind wir nicht berechtigt, da der Stein aus jeder beliebigen Gegend der alten Stadt herbeigeschleppt sein kann.

Nahe dem nördlichen Ende der nach Westen gewandten Umfangsmauer befindet sich ein Thor, welches, seiner ganzen Lage in einiger Höhe über einem Aussengraben nach, offenbar über eine Zugbrücke seinen Zugang hatte. Sehen wir hierin eine augenscheinlich mittelalterliche Anlage, so stimmt damit auch das durchgehends unregelmässige schlechte Gemäuer an dieser Stelle vollkommen überein. Zwischen dem letztern zeichnen sich nun aber zwei grosse längliche, zu den beiden Seiten der Thür nach Aussen hin eingesetzte Marmorquadern, jede mit einem liegenden Thiere in Relief verziert, aus. Die Leute kennen „die Löwen", τὰ ἀσλάνια, wie sie mit türkischem Worte sagen, ebensowohl wie die Umwohner von Mykenai ihre λεοντάρια. Ein Alter, der mich einmal begleitete, behauptete, es sei früher auch über der Thür noch Etwas, wie Schlangen (τὰ φίδια) gewesen. Jetzt ist die Thür oben unbedeckt, grosse Blöcke liegen aber übereinandergestürzt im Festungsgraben, unter denen sich also vielleicht noch andere Reliefs finden lassen. Prokesch-Osten erwähnt gleichfalls „die Löwen, rechts und links am Thore, ungeflügelt, also aus altvenetianischer Zeit". Ein Löwe ist nur auf dem einen der beiden Reliefs dargestellt, das andere Thier, welches den Kopf nach vorn wendet, ähnelt vielmehr einem Tiger, beide Reliefs aber, wie deren beigegebene hoffentlich getreue Abbildung (Tafel IV, n. 10. 11) genügend darthun muss, sind entschieden altgriechische Werke, später bei dem Baue der mittelalterlichen Festung gefunden und zur Zierde der Thür benutzt, von deren ganzem nachlässigem Baue diese stattlichen Marmorreliefs schon sehr abstechen. Dieselben gehören zu einer Klasse von Kunstwerken, welche, obwohl die ältesten auf griechischem Boden, dennoch weniger die Anfänge griechischer, als vielmehr die Ausläufer asiatischer Kunst sind, Werken, in denen die Formen der Natur am Ende einer lange fortgesetzten Kunstübung zum Schema erstorben sind. Ich kann neben den Malereien der ältesten besonders auf Korinth zurückgeführten Thongefässe[1]) das Relief von Mykenai hier nicht zur Vergleichung herbeiziehen, ohne die Urtheile über das letztere, welche von Naturgefühl und scharfer Naturwahrheit in der Meisselung und Zeichnung sprechen, so weit ich mich auf die Erinnerung eigener Anschauung verlassen kann, für vollkommen verfehlt zu erklären. Von den zwei thasischen Reliefs zeigt das mit dem Löwen einen gewissen Schwung in der Linie und mag in dem zähnefletschenden Kopfe an die Löwendarstellungen ninivitischer Reliefs erinnern. Ausserdem fallen mir zwei Einzelheiten auf, auf welche ich, da sie die Zusammenstellung der thasischen Reliefs mit dem von Mykenai und mit den genannten Vasenmalereien weiter rechtfertigen, besonders aufmerksam machen will. Es ist das zuerst die Behandlung der Füsse, welche einmal sehr unförmig gebildet sind, ausserdem aber, da den Thierfiguren kein Boden gegeben ist, auf dem sie ruhen, vielmehr der untere Umriss der Beine aus der schlichten Grundfläche des Reliefs ziemlich scharf abgeschnitten hervorragt, wie in der Luft schwebend erscheinen. Ganz ebenso sind die Hinterfüsse der mykenischen Löwen behandelt, welchen in der besten Abbildung (Exped. de Morée II, pl. 65, F. I), wenn mich die eigene Erinnerung nicht trügt, noch zu viel Form gegeben ist, die aber jedenfalls vollkommen ohne Angabe eines Bodens, auf dem sie aufständen, auch unterwärts frei aus dem Grunde des Reliefs heraustreten[2]). Zweitens zu beachten ist die Haltung der beiden Köpfe. Der des Löwen wird wie der ganze Körper von der Seite gesehen, der des tigerähnlichen Thieres blickt, während der Körper gleichfalls in seiner ganzen Länge von der Seite zu sehen ist, gerade aus dem Relief heraus. Bei einer Durchmusterung der Thierfriese auf den schon oben bezeichneten Vasen wird man nun den Kopf des Löwen und den eines tigerähnlichen Thieres, wo sie nebeneinander auf demselben Gefässe dargestellt sind, den einen in Profil, den andern bei einer Seitenansicht des übrigen Körpers so herumgedreht, dass man ihn von vorn sieht, finden[3]). Schliesslich kann ich noch erwähnen, dass die beiden ungleich langen, aber gleich hohen Reliefs, ursprünglich Theile eines horizontal verlaufenden Sculpturstreifens gewesen sein können. Sollten sich, wie die oben erwähnte Aeusse-

---

[1]) O. Jahn: Einleitung zur Beschreibung der Vasensammlung König Ludwigs zu München. S. CXLIV f.

[2]) Diese Eigenthümlichkeit haben die schlechten Abbildungen (Dodwell views and descriptions of Cyclopean etc. remains pl. 6. Gell Argolis pl. 10. Danach wenig besser bei Müller u. Oesterley Denkm. der alten Kunst I, 1, 1. Specimens of antient sculpt. I, S. LXXXI. Hettner griech. Reiseskizzen.) verwischt, indem sie den Stein von den Füssen abwärts als zerstört angeben oder gar (Dodwell alcuni bassirilievi della Grecia tav. I. Denkm. der Kunst von Gabl u. Casper I. Bd., B. Taf. 1, Fig. 5. 6) willkürlich einen Boden unter die Füsse hinzeichnen. Richtiger ist schon die Abbildung in den Specimens of antient sculpt. II, pl. III, obgleich auch hier durch eine veränderte Strichelung im Stiche unter den Füssen sich das Bedenken des Zeichners, ob nicht vielleicht hier eine Zerstörung zu denken sei, kund giebt. Vollkommen richtig ist in dieser Beziehung die Zeichnung in der Exped. de Morée II, pl. 65, F. 1 und der Holzschnitt zu Overbeck's Gesch. der griech. Plastik I. S. 40.

[3]) Als Beispiele, welche sich namentlich aus den Sammlungen mehr werden vermehren lassen, führe ich aus Publicationen die folgenden Vasenbilder an, auf deren jedem der Löwe und das tigerähnliche Thier nebeneinander mit der bezeichneten Verschiedenheit dargestellt sind. Mus. etrusc. Gregor. II, tav. XXVII, n. 1a; tav. XXIX, n. 2b; tav. XC. Mon. dell' inst. 1831, tav. XXVI, n. 15; 1835, tav. XVIII; 1842, tav. XLIV. Inghirami mon. etr. ser. 5, tav. G. 5, Fig. 6. Lenormant et de Witte Élite céram. II, pl. LIX. Gerhard auserles. Vasenb. Taf. CXXII. CXXIII. Roulez choix de vases peints de Leide pl. X. Micali mon. ined. tav. XCV, C. — Dieselbe Eigenthümlichkeit wird sich auf alt-etruskischen Werken, welche in ähnlichem Verhältniss zur orientalischen Kunstübung stehen, wie die alt-griechischen, nachweisen lassen. Sie findet sich auf der Bronzescheibe im Museum von Perugia abg. bei Micali a. a. O. tav. XXXI, 4.

rung des alten Mannes hoffen lässt, einmal noch andere zugehörige Sculpturen unter den Steinen im Festungsgraben finden, so würde man sich über diese ursprüngliche Anordnung eine bestimmte Ansicht bilden können.

Den drei bisher beschriebenen Inschrift- und Sculpturstücken von dem nördlichstgelegenen Kastelle der Akropole habe ich nur noch die Bezeichnung eines in der mittelalterlichen nach Nordosten gewandten Mauer dieses Kastells verbauten Steines hinzuzufügen (Tafel IV, n. 9), welche aus einer Zusammenziehung von Π und Ρ besteht und, wie sich auch aus der Vergleichung mit weiter unten zu erwähnenden andern Mauerinschriften (Tafel IV, n. 1—6. 12—15) ergiebt, den Stein, auf dem sie sich findet, als zum altgriechischen Mauerbau gehörig kennzeichnet.

Wir treten hiermit aus dem eben beschriebenen Kastell auf dessen Südwestseite heraus, um über den Bergrücken auf die zweite auf einem Felsgipfel angelegte Abtheilung des alten Akropolisbaues auszugehen; unser Weg führt dabei zwischen zahlreichen Trümmern von Wohnhäusern der letzten Jahrhunderte hindurch, welche sich auch weit am Südostabhange des Berges hinabziehen, wo ich zwischen ihnen ein Marmorstück mit der Aufschrift —Α ΑΡΙΣΤΑΓΟ—[1]) fand. Längs dem Südostrande des Bergrückens zwischen neueren Trümmern und Buschwerk hindurch lassen sich die aus grossen Marmorblöcken bestehenden unteren Lagen der alten Mauer, welche hier die beiden besonders befestigten Akropolisgipfel mit einander verband, noch bis zu einer Länge von mehr als 100,80 Metern verfolgen. Am Ende derselben stehen wir vor dem zweiten mittleren der drei Akropolisgipfel, dessen stellenweise noch sehr wohlerhaltene griechische Befestigung in Form eines übereckgestellten Quadrates der zuerst beschriebenen oblong von Nordost nach Südwest gestreckten Festung gegenüberliegt, mit ihren vier Seiten ziemlich genau nach N, W, S und O gewandt. Auch hier ist der ganze innere Raum mit Wohnungstrümmern aus jüngerer Zeit angefüllt, einen im Mittelalter erfolgten Wiederaufbau der Mauern bemerkt man dagegen nicht, die Höhe ist aber auch so theils durch den Absturz der Felsen, theils durch die wohlerhaltenen altgriechischen Mauerstücke an den meisten Stellen unzugänglich. Der alte Bau, dessen gewaltige Marmorquadern die das griechische Handwerk auszeichnende Genauigkeit in der Fügung bewundern lassen, zeigt sich noch am bedeutendsten auf der Nordwestecke, wo zwei 47,00 und 22,80 Meter lange Mauern im rechten Winkel aufeinanderstossend von der oberen Fläche der Festung in eine Tiefe, die Prokesch-Osten auf 31 Fuss angiebt, hinabreichen. Eine Ansicht dieser Ecke aus einiger Entfernung von Süden her aufgenommen giebt Tafel IX, n. 1.

Auf der Strecke zwischen dieser mittleren befestigten Kuppe der Akropolis und dem dritten südlichst gelegenen und höchsten Gipfel derselben[2]), welcher dem von jener mittleren Kuppe Kommenden einen schräg ansteigenden, grauen Marmorrücken ohne Vegetation entgegenkehrt und auf diesem Rücken selbst bis zur Spitze des Berges hinauf ist keine Spur einer Mauer mehr zu entdecken, obgleich, wie Prokesch bemerkt, diese hier nicht gefehlt haben kann, da sonst die Stadt hier offen gelegen haben würde. Dagegen fesselt am Fusse des erwähnten Bergrückens eine in den Marmorfelsen in Form eines Kreissegments eingeschnittene Nische unsere Aufmerksamkeit, deren zuerst von Prokesch-Osten mitgetheilte Ansicht[3]) ich auf Tafel VII, n. 2 mit einigen Berichtigungen wiederhole. Der horizontale Boden der Nische, welcher in einer Höhe von einigen Fussen in der Felswand liegt und nur, wenn man den Fuss in zwei kleine Löcher im Gesteine derselben setzt, leicht zu ersteigen ist, deshalb offenbar nicht zum Betreten bestimmt war, zeigt rechts und links einerseits zwei, andererseits eine viereckige, ursprünglich für Aufstellung irgend welcher Anathemata dienende Vertiefungen vor einem an der gebogenen Rückwand der Nische in Relief ausgehauenen flachen Giebel. Dieser, über einem jetzt leeren, etwas

[1]) Α mit gebrochenem Querstriche.

[2]) Die drei Kuppen der Akropolis unterscheidet man deutlich auf der dem Plane der alten Stadt (Tafel II) hinzugefügten Ansicht. Die kleine im Meere sichtbare Insel ist Thasopula, die den Horizont abschliessenden Bergzüge liegen auf der gegenüberliegenden rumelischen Küste, während die von der Akropolis ab linker Hand herabsteigenden Höhen Thasos selbst angehören.

[3]) Dissert. della pont. accad. rom. di arch. tomo VI, in der Abhandlung von pag. 173 an.

vertieften Felde von oblonger Form ruhend, zeigt innerhalb seines Giebelfeldes Pan zwischen einer Ziegenheerde sitzend, welchem Gotte also diese Grotte auf der Akropolis von Thasos, wie eine andere bekanntere an der Akropolis von Athen geweiht war. Man hatte hier also dem Pan in Ermangelung einer natürlichen Grotte, wie sie dessen Cultus überall aufsuchte, eine solche im lebendigen Felsen ausgehauen. Die Sculptur in der einen Hälfte des Giebelfeldes zur Rechten ist bis zur Unkenntlichkeit zerstört, mitten im Giebel aber sitzt Pan, mit Hörnchen an der Stirne gebildet, nachlässig hingelehnt und spielt die Syrinx, während aus der linken Seite des Giebelfeldes drei Ziegen auf ihn zukommen. Von den drei Giebelakroterien ist das auf der Ecke zur Rechten sehr zerstört, auf dem entsprechenden zur Linken, von dem aus sich gewundene Ranken in Relief über die Wand verbreiten, erkennt man noch eben eine menschliche Gestalt, wogegen die Verzierung des mittleren, besser erhalten, zwei Ziegenböcke darstellt, welche über einem Gefässe im aufrechten Sprunge mit den Köpfen aufeinanderprallen. Es ist also dieselbe [illegible] wie auf Kupfermünzen von Thessalonike [1]) und Amphipolis [2]), die bereits Eckhel bei Besprechung dieser Münzen auf den Cultus des Pan bezog. Oberhalb des mittlern Akroters in der wieder schräg aufsteigenden Felswand ist noch eine viereckige Vertiefung, welche auf eine Aufstellung eines Zieraths oder Anathems an dieser Stelle schliessen lässt. In der Zeitbestimmung des ganzen Werkes, für welche nur in dem Stile ein Anhaltspunkt gegeben ist, stimme ich etwa mit Prokesch-Osten überein, welcher denselben mit dem der Reliefs am Monumente des Lysikrates in Athen vergleichen wollte.

Nach Ersteigung des felsigen Rückens, an dessen Fusse die eben beschriebene Pansnische liegt, gewinnt man an seinem oberen Rande, jenseit dessen der Berg in senkrechten Massen in die Tiefe abstürzt, einen freien Ueberblick über die ganze unten ausgebreitete grüne Ebene, durch welche die weisse Linie der Stadtmauer in weitem Bogen dem Meeresufer zuläuft. An dem steilen Abhange, über welchem man hier steht, und von dem vor Alters an verschiedenen Stellen, vielleicht grade zum Bau der nächstliegenden Theile der Stadtmauer, Marmor gebrochen ist, führt eine alte, grossentheils wohlerhaltene, in den Fels gehauene Treppe bis zu der Ruine eines unverkennbar wieder der altgriechischen Befestigung angehörenden, viereckigen Thurmes hinunter. Man ist hier zugleich am Ende des schroffen Felsabsturzes des höchsten Gipfels angelangt und von nun an steigt der Berg in langem allmälig sich senkenden waldigen Abhange zur Ebene hinab. Aus den Laubkronen sehen hier und da grosse graugefärbte Marmorblöcke der alten Stadtmauer hervor, welche letztere sich von dem genannten viereckigen Thurme ab zuerst in südsüdwestlicher Richtung und dann hinter einem grossen Thore nach Westen umbiegend ohne Unterbrechung bergabwärts zieht, bis sie in der Nähe zweier alter Platanen vom Berge in die Ebene und aus Gebüsch und Wald auf den freien Wiesengrund heraustritt. Ihr auf dieser Strecke zu folgen, ist oft schwierig; denn bald sind es die übereinandergestürzten Trümmer der Mauer selbst, welche den Weg versperren, bald wieder, besonders weiter unten am Berge, geht ihr Zug durch immer wilder und wilderes Dickicht. Doch lohnt sich die Mühe, da hier jedenfalls der merkwürdigste Theil des alten Mauerringes steht. Schon die Bauart ist sowohl von derjenigen der bisher beschriebenen Mauerstücke, nämlich dem Polygonbau zunächst am nördlichen Vorgebirge, dem regelmässigen Quaderbau der Akropolisbefestigung und der horizontalen Schichtung ganz roher Blöcke unterhalb der Nordostecke der im Mittelalter erneuten Festungs-Abtheilung, als auch von der Eleganz, mit welcher die weitere Mauerfortsetzung in der Ebene ausgeführt ist, durchaus verschieden. Die verarbeiteten Marmorblöcke, deren Vorderflächen nur oberflächlich geebnet sind, finden sich bei einer vorherrschend horizontalen Schichtung zuweilen als vollkommene Quadern gestaltet, meistens aber weichen die Seitenlinien der aneinanderstossenden Stücke auf das mannigfachste

---

[1]) Eckhel d. n. II, p. 78, n. 5 und Sestini descr. num. vet. S. 114.

[2]) Eckhel l. c. p. 67 u. Sestini descr. num. vet. P. 90, n. 39. 42. Eine solche auf Thasos gefundene erwarb ich dort, einerseits mit einem weiblichen Kopfe, andererseits mit den beiden Böcken, zwischen deren Füssen als letzter Rest der Inschrift TB zu lesen ist.

von der senkrechten Linie ab. Was vor Allem den Eindruck des ganzen Werkes bestimmt, sind die gewaltigen Steinmassen — ich mass unter Andern einen Stein von 2,90 Metern im Quadrat —, welche ohne Streben nach Regelmässigkeit und Zierlichkeit, doch offenbar durch eine sichere Technik bewältigt, zu einem Bau zusammengefügt sind, dessen Dauerbarkeit sich an vielen Stellen noch heute bewährt.

Das grosse nach Osten blickende Thor, dessen Deckstein eine Länge von 3,28 und eine Höhe von 1,80 Meter hat, steht gewiss bis zu halber Höhe verschüttet. Dadurch, dass die vom Berge in grader Linie herunterziehende Mauer unmittelbar vor dem Thore um 16,00 Meter zurückspringt, erhält dasselbe die an griechischen Befestigungen häufig beobachtete Stellung, durch welche der auf das Thor eindringende Feind den auf der Mauer aufgestellten Vertheidigern seine rechte nicht vom Schilde gedeckte Seite bloss gab.

Als ich zum ersten Male die Mauerstrecke von dem oberen Thurme auf das Thor zu verfolgte, fiel mir ein besonders grosser Block (3,20 Meter lang, 1,00 Meter hoch) und auf demselben eine Inschrift in wohlerhaltenen ältesten griechischen Schriftzügen auf (Tafel IV, 15), welche, unvollständig wie sie ist, sich dennoch nur als ein: „Parmenon hat mich gemacht“ lesen lässt. Als ich der Buchstaben in der Waldeinsamkeit zuerst ansichtig wurde, konnte ich mich eines eigenthümlichen Eindruckes der Selbstzufriedenheit gegenüber, mit der der alte Steinmetz vor Jahrtausenden hier das stolze Werk seiner Hände bezeichnet hatte, nicht erwehren und fing nun an die Mauer genauer zu untersuchen. Dabei gelang es mir denn, theils gleich an demselben Tage, theils bei einem zweiten Gange die folgenden Zeichen auf der nach aussen gewandten Seite der ältesten Mauerstrecke von Thasos zu finden, welche ich im Folgenden von den Platanen, in deren Nähe die Mauer auf die Wiese heraustritt und hier durch einen Bau späterer Zeit fortgesetzt wird, aufwärts steigend aufzähle. Bis zum Thore folgen die auf Tafel IV, n. 5, 6, 7, 8, 12 wiedergegebenen Zeichen auf verschiedenen Steinen aufeinander. Weiter vom Thore aufwärts steht in der Mauer einmal der grosse Block, das Werk des Parmenon (n. 15) und gleich rechts davon liegt aus der Mauer nach aussen herabgestürzt ein anderer kleinerer Stein, auf welchem derselbe Parmenon ebenfalls seinen Namen angefangen, aber nicht ausgeschrieben hat (n. 14). Wiederum weiter aufwärts stehen zwei grosse Steine mit senkrechten Seitenflächen aneinander in der Mauer; der auf beiden Steinen wiederholte fünfstrahlige Stern sollte vor dem Einsetzen der Steine in die Mauer offenbar dienen, um die aneinander gehörenden Seitenflächen zu bezeichnen (n. 13)[1]. Rechts von dieser Stelle steht die Schrift n. 1 auf einem Steine der untersten jetzt sichtbaren Schicht; vor dem ersten Zeichen kann etwas verlöscht sein, zwischen N und H dagegen fehlt Nichts. Es folgt in derselben Richtung weiter n. 2, darüber n. 3 auf der linken Ecke eines Steines und abermals auf dem Steine rechts von n. 2 steht n. 4. Endlich erinnere ich noch an das schon erwähnte Zeichen auf einem in mittelalterliches Mauerwerk der Akropolis verbauten Steine (n. 9), welches in seiner äusseren Gestalt den übrigen eben aufgezählten gleicht und somit aus derselben Zeit herrühren mag.

Bald oberhalb des grossen Thores liegt nach aussen von der Mauer herabgestürzt ein regelmässig viereckiger Marmor, 1,40 Meter hoch und 2,85 Meter breit. Auf seiner jetzt nach oben gekehrten Fläche trägt er in breiten Linien, ähnlich, wie sie auch die eben erwähnten Schriftzüge zeigen, eingegraben zwei kolossale schräggestellte Augen mit den Brauen darüber und der Nase dazwischen (Tafel V). Die Oberfläche des Steines ist so gut erhalten, dass man mit Bestimmtheit sieht, es waren nicht etwa noch ein Mund und ein Umriss des Gesichtes angegeben. Seit ich nun durch O. Jahns Abhandlung über den Aberglauben des bösen Blicks bei den Alten[2] darauf aufmerksam geworden bin, dass in vielen Fällen

---

[1] Beulé (l'Acrop. d'Athènes I, 116 Anm.) bemerkt von dem durch ihn aufgefundenen Thore unterhalb der Propyläen: sur la corniche on remarque, de chaque côté, des lettres qui se correspondent et qui ont servi à replacer les morceaux qu'on transportait: AA BB ⟨⟩ ZZ.

[2] Ber. über d. Verh. der k. sächs. Ges. der Wiss. zu Leipzig, hist. phil. Kl. 1855, S. 28 ff.

solche Augen, die mannigfach theils auf verschiedenen in den griechischen Vasengemälden dargestellten Geräthen, theils als Verzierung der Vasen selbst vorkommen, wo ihnen in einzelnen Fällen auch eine Nase hinzugezeichnet ist, am wahrscheinlichsten zu den Zeichen gehören, denen man im Alterthume Zauber und Unheil abwehrende Kraft zuschrieb, so zweifle ich keinen Augenblick anzunehmen, dass sie hier auf Thasos nach aussen von der Mauer blickten und auf diese, gleichsam als den Schild der Stadt, in demselben Sinne gesetzt wurden, in welchem der Phallus auf Stadtmauern in Griechenland, Italien und Afrika sich angebracht findet oder das Gorgoneion der Athena von der Akropolismauer über dem Dionysischen Theater in Athen herabschaute, beides letztere, Phallus und Gorgoneion, Zeichen, über deren Bedeutung als ἀποτρόπαια nicht der geringste Zweifel gelten kann.

Ein von den bisher betrachteten Stücken der Stadtmauer sehr verschiedener und offenbar weit jüngerer Bau ist derjenige, welchen wir jetzt von da an, wo er in der Nähe der schon erwähnten Platanen den von dem grossen Thore herabkommenden Mauerlauf von nun an in der Ebene fortsetzt, zu verfolgen haben. Er verläuft in ziemlich gerader Linie ohne Absätze oder Spuren von Thürmen von den Platanen ab westwärts, bis er unmittelbar vor einem jetzt ohne Deckstein offenstehenden Thore ganz in der bei dem grossen Thore am Berge beschriebenen Weise zurückspringt. Abermals eine Strecke weiter muss noch ein Thor gelegen haben, von dem noch ein Pfeiler aufrecht steht; die Mauer ist an dieser Stelle unterbrochen, noch heute führt ein Fussweg vom Landeplatze nach Panagiá durch die Lücke und ein kleines Wasser fliesst hindurch. Bis hierher ist die Mauer grossentheils bis zu Mannshöhe und darüber erhalten. Das Material ist weisser Marmor, der in sorgfältig gearbeiteten gleichmässigen und nicht übergrossen länglichen Quadern aneinandergefügt ist. Der feineren Glättung der Oberfläche der Steine[1]), hier und da auch dem Schutze des dicht überwuchernden Buschwerks ist es zuzuschreiben, dass die Farbe des Marmors an vielen Stellen anstatt des dunkeln Grau, das sonst die Oberfläche des thasischen Marmors überall in den alten Kanten und im Gebirge überzieht, nur in ein helles Gelb verwandelt ist. Etwa in Mannshöhe zieht sich durch die weisse Marmormauer eine Bande aus einer Lage schwarzer Steine hin. Aus einer Lage schwarzer Steine besteht auch die unterste Stufe der Propyläen in Athen, eine gleiche zieht sich in einiger Höhe in der weissen Marmorwand des von Beulé unterhalb der Propyläen entdeckten Thores hin. Ein auf meinem Plane angegebener viereckiger Vorbau in der Nähe der erwähnten Platanen ist in späterer Zeit der Mauer vorgebaut, wie das mit einem ganz gleichen Vorbaue an der alten Stadtmauer von Samothrake geschehen ist.

Von der Stelle des zweiten Thores ab kann man den weiteren Verlauf der Mauer in nordwestlicher Richtung wohl verfolgen, obgleich sie hier weniger gut erhalten oder wenigstens durch dichtes Gebüsch umher sehr verdeckt ist. Wo sie aber endlich im Winkel nach NNO abspringt, ist sie nur noch durch einen unbebauten erhöhten und stark mit Gebüsch bewachsenen Streifen bezeichnet, welcher in der Nähe einer unter einer Platane in Mauerwerk eingefassten Quelle in geringer Entfernung vom Meeresufer endet.

Auf einem der zur Umfassung dieser Quelle verbauten Steine findet sich ein Inschriftbruchstück von sieben Zeilen, der Buchstabenform nach aus der Zeit der römischen Herrschaft (Tafel XVI, n. 7).

Von der Quelle ab sind es über den Bach wenige Schritte bis zu den Häusern der jetzigen Ansiedlung, hinter denen an der Stelle einer Erderhöhung nach der Erzählung der Leute früher eine Kirche und zwar eine Mitrópolis gestanden hat und dicht vor denen der kleine Steindamm, der gewöhnliche Landeplatz der Kaïke, ins Meer hineingebaut ist. Zwischen den zu demselben verwandten Steinen haben wir zwei mit folgenden kleinen Inschriftresten zu verzeichnen. (A in beiden mit gebrochenem Querstriche.)

ΜΟΡΜΙ.	—ЄΙΑΚΑΙΤΡ— —
ΘΗ ΛΑΤΤΟΣ	—ΑΝΤΑΝΑ—
ΕΤΦΡΙΛΑ	—Ε—

[1]) J. F. L. Hausmann über den Einfluss der Beschaffenheit der Gesteine auf die Architectur. Aus dem 8. Bde. der Abh. der k. Ges. der Wiss. zu Göttingen S. 64.

Ein drittes ebenso unbedeutendes Stück ist nahebei an einer Erhöhung unter einer Platane, wo der Quarantainewächter seine zahlreichen Mussestunden zu verbringen pflegt, vermauert. 'Αρχιερ[εύς] oder eine andere Form desselben Wortes mag man noch herauslesen. (A mit gebrochenem Querstriche.)

Π.ΛΛΛΙ
ΙΑΡΧΙ≡Ρ
Π.ΙΑΡ◊

Folgen wir dem flachen Strande nach Osten, so erreichen wir den mittelalterlichen Thurm, auf den die alte Sängerin das oben mitgetheilte Lied vom Schloss der Schönen beziehen wollte, nahe vor demselben aber die beiden aufrecht stehenden Pfosten einer Thür aus dem Alterthume, deren Weite 2,[illegible] Meter beträgt. Im Graben des Thurmes, so wie auch auf einem Wiesenflecke nahe bei den Wohnhäusern liegen Bruchstücke grosser Marmorsarkophage, die hier im Innern der alten Stadt nicht wohl gestanden haben können, sondern in späterer Zeit hierher verschleppt sein mögen. Vom Thurme in einiger Entfernung landeinwärts steht die Kirche des heiligen Nikólaos. In dieser verbaut und um sie her verstreut fand ich die verschiedenartigsten Architekturtheile von weissem Marmor, unter den umherliegenden einen Stein aus dem Gesimse eines Baues korinthischen Styles, an der Aussenseite der Kirche nach vorn eine grosse jonische Volute, so wie dorische Triglyphen in drei verschiedenen Grössen, nach hinten neben der Absis ein Bruchstück eines Reliefs, auf dem eine stehende weibliche Figur gebildet war. Die dorischen Säulen im Innern der Kirche sollen an der schon erwähnten Stelle hinter den Wohnhäusern, wohin die Tradition eine erzbischöfliche Kirche setzt, ausgegraben sein. Da es demnach nicht unwahrscheinlich ist, dass an dieser Stelle der sogenannten Mitrópolis ursprünglich einer der Tempel der Stadt gestanden habe, so dürfte hier, wo auch die Erhöhung des Bodens auf verschüttete Trümmer zu deuten scheint, eine Ausgrabung, der die Bodenbeschaffenheit keine Schwierigkeit entgegensetzt, mit einiger Aussicht auf Erfolg vorgenommen werden können.

Am Strande dicht unterhalb des mittelalterlichen Thurmes beginnen die zerstörten, aber deutlich erkennbaren Umfassungsmauern eines alten nur mit einer engen Einfahrt versehenen Hafens, dessen aus weissen Marmorquadern aufgeführte, zunächst dem Thurme liegende Uferbauten ein altgriechischer Bau sind. In einer spätern Zeit oberflächlich hergestellt, jedenfalls aber der Anlage und den einzelnen Baustücken nach derselben Zeit angehörig sind die ins Meer vorgebauten jetzt grossentheils unter dem Wasser liegenden Steindämme mit Thürmen auf den Ecken und zu jeder Seite der Einfahrt. Der in der ursprünglichen Construction am besten erhaltene Theil dieser Anlage findet sich da, wo der östliche Damm am Lande ansetzt.

Von diesem Hafenbecken dem Strande weiter nach Nordosten folgend stösst man am Fusse des von den Gipfeln der Akropolis herabsteigenden hart ans Meer tretenden Berges auf eine Mauer, die ganz in der Weise der Stadtmauerstrecke in der Ebene aus weissen Marmorquadern mit einer in einiger Höhe durchziehenden Bande schwarzen Steins erbaut, auch ebenso, wie es auf jener Strecke auffällt, in Folge der feinen Glättung der Quadern das Weiss des Marmors ziemlich rein bewahrt hat. An den Bergabhang gelehnt erstreckt sie sich in einer Höhe, die an einigen Stellen drei bis vier Mannshöhen beträgt, etwa 100,[illegible] Meter weit von Süden nach Norden dem felsigen Ufer entlang. In der Nähe ihres nördlichen Endes streckt sich abermals ein alter Steindamm, jetzt ganz vom Wasser bedeckt, in gerader Linie nach Westen in das Meer vor, wodurch ein weit geöffneter nur gegen Nord und Nordost künstlich geschützter Hafen gebildet wurde. Man erkennt also in den vorhandenen Ruinen der Wasserbauten noch deutlich die beiden, im Periplus des Skylax genannten Häfen der alten Stadt Thasos, von denen nur der eine verschliessbar war[1]).

---

[1]) Scyl. peripl. 67: Θάσος νῆσος καὶ πόλις, καὶ λιμένες δύο· τούτων ὁ εἷς κλειστός. —

Alles, was ich ausser dem Genannten noch an Ueberresten der alten Stadt auf dem Raume innerhalb der Mauern, welcher an den Bergen bewaldet, in der Ebene mit Wiesen, Feldern und einigen Weinpflanzungen bedeckt ist, anzugeben weiss, sind an den zur Akropolis aufsteigenden Höhen einige den Abhang stützende Mauerstücke, einige Spuren von Behauung hier und da an den Felsen, zu unbedeutend, um sie einzeln zu erwähnen und endlich einen viereckigen Marmorpfeiler, der in einiger Entfernung östlich von der Nikólaoskirche auf einem Raine zwischen Kornfeldern offenbar noch an seiner alten Stelle steht. Seine nahezu nach Süden gewandte Seite, deren unteres Ende ich bis auf 0,78 Meter unter der jetzigen Erdoberfläche nicht finden konnte, trägt ein sehr zerstörtes Namenverzeichniss (Taf. VIII, n. 1). Vollkommen unleserlich erschienen mir die ersten vier Zeilen. Von den folgenden enthält Zeile 2: —— Περ[δί]κκ[ου]. Zeile 4: Φ]ανόδημος Ναυκλέου. Zeile 5: — γόρας 'Ισα[γ]όρου. Zeile 13: — ος 'Απολ[λ]οδώ[ρου]. Zeile 18: — 'Αριστοκ[λεί]δου [?]. Zeile 19: 'Αριστομήδης ——. Zeile 20: Σωφ]ρονίσκος 'Ηρακλείδ[ου]. Zeile 21: Εὔβοιος Τηλεμάχ[ου]. Zeile 22: 'Απολλώνιος Σκύθου. Zeile 25: 'Απολλόδωρος 'Απολλοδώ[ρου]. Zeile 26: — ης 'Απολλ[ω]νίου. Zeile 28: 'Απο]λλώνιος Σ[ω]σ[τ]οκλέου[ς]. Zeile 29: — ους 'Ιπποκράτου. Zeile 30: — ωρος Διονυσίου. Zeile 31: — ρος Γ[ορ]γωνίδου. Zeile 32: Ν[ι]κό[δ]ημος Δημητρίου. Zeile 33: — σος Χαρμίωνος. Weiter links darunter: Στίλβων 'Ηροδότου. Die unter dem letzteren folgenden Namen, deren deutliche Buchstaben keine Aenderung erlauben, lasse ich dahingestellt sein.

Nach vollendeter Beschreibung im Einzelnen muss ich noch einmal auf die Ringmauern der alten Stadt zurückkommen, deren einzelne Theile offenbar in verschiedener Zeit erbaut sind und versuchen, wie weit sich diese Zeiten näher bestimmen lassen. Die durch die angewandte Technik auffallend unterschiedenen Stücke der Mauer sind die folgenden:

1) Mauer aus mässig grossen polygonen Blöcken, vom Nordvorgebirge aus den Bergrücken in der Richtung auf die Akropolis hinanlaufend.

2) Mauerecke aus gewaltigen rohen Steinmassen aussen unterhalb des Nordostendes der mittelalterlichen Befestigung auf der Akropolis.

3) Die besonders auf der mittleren Kuppe wohlerhaltene Mauer der Akropolis, aus kolossalen Quadern erbaut.

4) Die vom Abhange des höchsten südlichen Akropolisgipfels erst in südsüdöstlicher, dann in westlicher Richtung abwärts verlaufende Mauer, aus grossen gutgearbeiteten Blöcken in gemischt horizontaler und polygoner Fügung sehr dauerhaft gebaut, mit Inschriften (Taf. IV, 1—8, 12—15.) und dem ἀποτρόπαιον der beiden Augen (Taf. V).

5) Der Mauerzug in der Ebene und die östlich am offenen Hafen den Bergabhang stützende Mauer, beide aus geglätteten weissen Marmorquadern mit einer durchlaufenden Bande schwarzen Steines bestehend.

2 ist zu formlos um zur Bestimmung der Bauzeit irgend welchen Anhalt zu bieten, obwohl Mancher aus der Grösse und der Rohheit der Steine auf ein hohes Alter schliessen wird. Unter der Bauweise der übrigen Mauertheile ist die von 4 entschieden die alterthümlichste. Die griechischen Inschriften an diesem Theile weisen jeden Gedanken an Erbauung durch die auf Thasos ansässigen Phönizier zurück und ich glaube nicht zu irren, wenn ich den Ursprung dieses Mauertheiles nicht über die parische Colonisirung von Thasos (720 vor Christus)[1]) zurücksetze, welcher überall die Stadtanlage an dieser Stelle ihre gesteigerte Bedeutung wird verdankt haben, wie ja Thukydides (IV, 104) Thasos, womit zunächst die Stadt gemeint ist, einfach Παρίων ἀποικία nennt. Um nun die bei den Schriftstellern erhaltenen Nachrichten über die Mauern von Thasos zu nennen, so erwähnt Herodot einen stärkeren Ausbau derselben im Jahre 494 vor Christus (VI, 46: τεῖχος ἰσχυρότερον περιβαλλόμενοι), darauf folgt eine Zerstörung der Mauern durch die Thasier selbst auf Dareios Befehl im Jahre 491 oder 492 vor Christus (Her. VI, 47). Als Thasos von der

[1]) Hasselbach de insula Thaso (Marburgi 1838) S. 14.

drückenden attischen Symmachie abfällt, hat sie wieder Mauern, die dann bei der im dritten Jahre der Belagerung erfolgenden Unterwerfung im Jahre 463 vor Christus geschleift werden (Thuk. I, 100 f.). Dann wird im 3. Buche der Epidemieen des Hippokrates, also in der Mitte des 5. Jahrhunderts eine Gegend wahrscheinlich in der Stadt Thasos παρὰ τὸ καινὸν τεῖχος genannt, wo das τεῖχος doch wohl die Stadtmauer ist. Noch einmal wird ein Mauerbau beim abermaligen Abfalle von Athen während des peloponnesischen Krieges im Jahre 411 vor Christus erwähnt (Thuk. VIII, 64). Sicherlich trafen diese Zerstörungen nicht jedesmal den ganzen Umfang der Mauer, da, selbst wenn es sich auch bei der auf Verlangen des Dareios geschehenen Zerstörung wirklich um mehr als eine Form handelte, die Stadt durch Niederlegung eines Theiles der Mauern, etwa an der Akropolis und in der Ebene wehrlos offen stand. Es ist auch den Buchstabenformen nach im hohen Grade wahrscheinlich, dass das Mauerstück 4 wenn nicht zur Zeit der ersten Coloniegründung, so doch im Jahre 494 vor Christus, in welchem Herodot den Bau einer stärkeren Mauer erwähnt, aufgeführt wurde und somit das bedeutendste heute noch vorhandene Denkmal aus der Zeit der selbstständigen Macht des thasischen Staates ist. Schon durch die Eleganz ihrer Bauart, die fast mehr einem Prachtbau als einem Festungsbau anzugehören scheint, giebt sich dagegen die Mauer in der Ebene als das jüngste der erhaltenen Mauerstücke zu erkennen und aus dem Umstande, dass die Verwendung des schwarzen Steins zu einer den weissen Marmor durchziehenden Bande in gleicher Weise an dem Unterbaue der Propylaeen der athenischen Akropolis sich findet, schliesse ich, dass die unter 6 verzeichneten Mauern unter dem Einflusse attischer Bauweise, die sich in der von Athen abhängigen Stadt geltend machte, erbaut worden sind.

Es soll hier auch nicht unerwähnt bleiben, dass wir in dem von der alten und neuen Kritik für echt gehaltenen[1]) ersten und dritten Buche der Epidemieen des Hippokrates, welcher um die Mitte des fünften Jahrhunderts vor Christus sich mehre Jahre lang auf Thasos aufhielt, eine Anzahl von Wohnungsangaben seiner Kranken in der Stadt Thasos besitzen. Die Wohnungen sind hier, abgesehen von denen, welche nur den Namen eines Hausherren, bei dem oder in dessen Nähe Jemand lebt, angeben, nicht nach unserer Weise nach Strassen, sondern als bei irgend einem Heiligthume oder anderen allgemein bekannten Punkte gelegen, bezeichnet, eine Weise ganz wie die noch heute unter dem griechischen Volke übliche[2]), welche z. B. in Athen im auffallenden Gegensatze neben der von der Regierung eingeführten dem Volke fremd bleibenden neueuropäischen Art, den einzelnen Strassen Namen zu geben, steht. Die erwähnten Angaben bei Hippokrates sind im ersten Buche der Epidemieen folgende: Littrés Ausgabe Bd. II, Seite 660: κατέκειτο παρὰ τὸ θέητρον, Seite 666: ὃς παρὰ Ἡρακλείῳ ᾤκει, Seite 682: ᾤκει παρὰ τὸ τεῖχος, Seite 684: ᾤκει ἐπὶ τοῦ Πλαταμῶνος (Πλατανῶνος lesen Andere nach Galens Bericht) πλησίον τῶν Εὐαλκίδεω, Seite 694: ἣ κατέκειτο παρὰ Ἀρχηγέτην (so die Handschriften[3])). Seite 698: ὃς κατέκειτο ἐπάνω τοῦ Ἡρακλείου, Seite 702: ὃς ᾤκει παρὰ Βοώτου χαράδρην, Seite 704: ὃς κατέκειτο παρὰ τὸ Φρυνιχίδεω φρέαρ, Seite 712: ἣ κατέκειτο ἐν ἀκτῇ, Seite 716: ἣ κατέκειτο παρὰ τὸ τῆς Ἥρης ἱερόν. Daran reihen sich aus dem dritten Buche, Littré Bd. III, wahrscheinlich auf Thasos bezüglich, Seite 24: ὃς ᾤκει παρὰ Γῆς ἱερὸν und Seite 32: ὃς

---

[1]) Littré oeuvres complètes d'Hippocrate. Tome 1, p. 324—327.

[2]) Herr Professor Rhusopulos in Athen theilt mir hierüber mit, dass das griechische Volk in Stadt und Dorf keine Strassennamen kennt und eine Wohnung in folgenden Weisen bezeichnet: nach Kirchen z. B. κάθεται κοντὰ στὴν Ἁγιαρήνη (bei der Irenenkirche), entsprechend also den alten Wohnungsangaben nach einem Tempel in der Nähe; nach Quellen oder Brunnen z. B. κάθεται στοῦ Καλαμιώτη τὴ βρύση, κάθεται στοῦ [illegible] τὴ βρύση, κοντὰ στοῦ [illegible] τὴ βρύση, κατὰ τοῦ [illegible] τὴ βρύση oder στὸ πηγάδι τοῦ [illegible], also wie bei Hipp. τὸ Φρυνιχίδεω φρέαρ; nach dem in einer Gegend getriebenen Gewerbe z. B. στὰ [illegible], στὰ κοσκινάδικα, στὰ γύφτικα, bei den Fleischern, Siebmachern, Zigeunern, d. h. Schmieden; nach dem Namen irgend einer Familie, deren Verwandte gewöhnlich nicht weit entfernt wohnen; nach sonstigen Merkwürdigkeiten z. B. στὴ χουρμαδιά, eine bekannte Gegend in Athen, wo bis vor fünf Jahren eine grosse Palme an der Strasse stand.

[3]) Hierher gehörig, wenn wir darunter mit Meineke (Ber. der Berl. Ak. 1852, S. 575) das Heiligthum des göttlichen Gründers der Colonie verstehen.

κατέκειτο παρὰ τὸ καινὸν τεῖχος, und sicher dahin gehörig Seite 38: ὁ κατακείμενος ἐν τῷ Δεάλκεος (Δελεάρκεος Meineke nach Galen)) κήπῳ, dann Seite 56: ὃ κατέκειτο ἐπὶ ψευδέων ἀγορῇ, Seite 62: ἥτις κατέκειτο ἐπὶ ψευδέων ἀγορῇ, was Galen allerdings nicht gerade auf Thasos bezog, ferner Seite 102: ἐν Θάσῳ, τὸν Πάριον ὃς κατέκειτο ὑπὲρ Ἀρτεμισίου, Seite 108: ἐν Θάσῳ τὴν κατακειμένην παρὰ τὸ ψυχρὸν ὕδωρ, Seite 112: ἐν Θάσῳ Πυθίωνα, ὃς κατέκειτο ὑπεράνω τοῦ Ἡρακλείου, Seite 134: ἐν Θάσῳ γυνὴ δυσήνιος, κτλ., ᾤκει δὲ πλησίον τοῦ Πυλάδεω, ἐπὶ τοῦ λείου, Seite 142: ἐν Θάσῳ Δεάλκεος (Δελεάρκεος Meineke nach Galen) γυναῖκα, ἣ κατέκειτο ἐπὶ τοῦ λείου. Es lässt sich nun heute von allen diesen Oertlichkeiten die ἀκτή, der flache Strand der Unterstadt, noch erkennen und ebenso die Gegend bei dem kalten Wasser[1]) ziemlich bestimmt als die um den auch auf meinem Plane verzeichneten Quell in der Ebene nicht weit vom Meeresufer bezeichnen; wenigstens wenn seit der Zeit des Hippokrates keine Quellen auf dem Boden der Stadt Thasos verschwunden sind, so war die bezeichnete auch damals die einzige Quelle dort. Τὸ τεῖχος und τὸ καινὸν τεῖχος wird die Stadtmauer sein; den Umstand aber, dass ein Theil derselben zu Hippokrates Zeit die neue Mauer hiess, für die Zeitbestimmung der verschiedenen heute vorhandenen Mauertheile zu benutzen, habe ich weiter oben schon deshalb vermieden, weil der Name der neuen Mauer sich sehr wohl erhalten konnte, wenn dieselbe längst nicht mehr neu war. Die zweimal vorkommende Bezeichnung ἐπὶ τοῦ λείου kann eben so wohl eine Benennung des ganzen in der Ebene gelegenen Theiles der Stadt im Gegensatz zu dem gebirgigen, als auch eines beschränkteren Raumes gewesen sein. Die Lage der übrigen aus der Schrift des Hippokrates angeführten Oertlichkeiten und Heiligthümer, weiss ich mit Hülfe dessen, was heute auf Thasos über der Erde sichtbar ist, eben so wenig nachzuweisen, als die einiger anderweitig bekannter Tempel[2]). In Bezug auf die Lage des bekanntlich schon von Herodot besuchten[3]) Heraklestempels lässt sich indessen aus der zweimal vorkommenden Angabe, dass Jemand oberhalb desselben wohne, wenigstens so viel schliessen, dass dieser Tempel nicht oben auf der Akropolis, wo ihn der französische Reisende Perrot ansetzen zu dürfen glaubte[4]), kann gelegen haben.

Gehen wir jetzt von der Stelle, wo die Stadt der Lebenden stand, zu den Wohnungen der Todten aus der Stadt Thasos über, zu den Denkmälern menschlichen Reichthums und menschlicher Eitelkeit, deren weisse Marmormassen sich hie und da zerstreut ausserhalb des alten Mauerringes im Grün der Ebene bemerklich machen, wenn man von den umgebenden Höhen auf diese hinabsieht. Sie liegen namentlich in südlicher und westlicher Richtung von der Stadt, annähernd da, wo noch heute die zwei Hauptwege vom Liménas in das Innere der Insel, der eine südlich zunächst nach Panagiá, der andere westlich zunächst nach Walgáro führen. Offenbar begleiteten sie im Alterthume ähnlich verlaufende Hauptstrassen, denen sich auch die Richtung der einzelnen Grabmäler anpasste; denn die an ihrer alten Stelle erhaltenen Sarkophage sind nicht nach einer durchgängigen Regel orientirt, vielmehr fand ich auf der Strecke südlich der alten Stadt unter zehn Sarkophagen sieben der Länge nach nahezu von Norden nach Süden, zwei von Nordosten nach Südwesten und einen von Südosten nach Nordwesten, die beiden westlich der Stadt zu-

---

1) στὰ κρύα νερά ist auch im heutigen Griechenland ein gewöhnlicher Ortsname.

2) Hasselbach de ins. Thaso p. 27. Apollotempel in der oben mitgetheilten Inschrift S. 8.

3) Herod. II, 44.

4) Rapport à l'académie des inscr. et belles-lettres (12 nov. 58) par M. Guigniaut p. 44. 45. So gewiss es ist, dass im Alterthume auf der Akropolis der eine und der andere Tempel gestanden hat, so gewiss glaube ich behaupten zu können, dass heutzutage Spuren eines solchen, wie sie der genannte französische Reisende, dem die Entdeckung von Tempelresten auf Thasos an mehren Orten sehr leicht geworden ist, gefunden haben will, über der Erde nicht sichtbar sind. — Unter den Funden Perrot's in der Stadt Thasos wird in dem Berichte S. 44 ein Theater, welches auch in einer Wohnungsangabe bei Hippokrates vorkommt, als am Abhange gelegen aufgeführt. Mir ist es nicht gelungen, dasselbe an Ort und Stelle zu finden. — Das im 2. Buche der Epidemieen erwähnten θέητρον auf Thasos zu suchen, sind wir nicht bestimmt berechtigt, sonst würde es sich in dem jähen Felsenabhange der südlichsten Akropoliskuppe erkennen lassen.

nächstliegenden dagegen von Osten nach Westen gerichtet[1]). Mehrfach finden sie sich indessen auch auf der heute wenig begangenen Strecke hart an der vom Liménas westwärts hinziehenden Nordküste. Alle gehören in spätere, mehre dem Alphabete der Inschriften nach schon in römische Zeit und zeugen durch ihre Zahl, Grösse und Pracht, wie durch ihre pomphaften Aufschriften von Volkszahl und Reichthum der Stadt in dieser Periode. Von ihrer grossen Menge in jener Zeit kann man sich aber kaum noch eine Vorstellung machen, da diese vor der abergläubischen Habsucht und der Benutzung des Materials seit Jahrhunderten mit einer Schnelligkeit abnehmen musste, die man aus der Angabe Prokesch-Ostens, dass er im Jahre 1828 noch über funfzig Sarkophage sah, im Vergleiche mit den wenigen, welche ich dreissig Jahre später noch finden und beschreiben konnte, bemessen mag.

Ein Fussweg von den Häusern am Landeplatze nach Panagiá führt durch eine Lücke der alten Stadtmauer, durch welche ein kleines Wasser seinen Weg zum Meere nimmt und wo auch im Alterthume ein Thor, dessen einer Pfeiler noch steht, war, gleich darauf aber an einem grossen Sarkophage (Taf. IX n. 2)[2]) vorüber. Aus einem Marmorblocke ist der 2,50 Meter lange Sarg, aus einem andern der schwere in Gestalt eines Daches mit massigen Eckakroterien auf ihm ruhende Deckel gearbeitet und beide halten noch fest zusammen, obgleich die eine Seitenwand ganz herausgeschlagen ist. Das Innere ist jetzt leer. Die Richtung des Sarkophages ist von Nordost nach Südwest, der des Fusspfades, welcher an der Stelle des alten Thores durch die Mauer heraustritt, entsprechend. Lässt dieser indess heute den Sarkophag zu seiner Rechten, so führte offenbar der Weg aus dem Thore im Alterthume an der entgegengesetzten Seite des Sarkophages her, so dass dessen auf der nach Nordwesten gewandten Langseite noch erhaltene Inschrift vom Wege aus zu lesen war, wie folgt:

Πολυΐδης Σωσιάνεω[ς] ὑὸς τῆς γερουσίας

καὶ ἀρχιερεύς. χαῖρε.

C. J. Gr. II, add. 2163[d]. Ich gebe die Stellung der zwei Zeilen, zwischen denen keine Lücke ist genau wieder. Zeile 1 nicht ΥΙΟΣ.

Das den Inschriften auf Thasos nicht ausschliesslich eigenthümliche Alphabet der Inschrift zeigt unter den übrigens denen der nachaugusteischen Inschriften (Franz el. epigr. gr. p. 244) entsprechenden Formen die des nach links umgekehrten (Ʃ) Sigma (Franz l. c. p. 246) und die nur durch einen horizontalen Strich in der Mitte von der letzteren unterschiedene Form des Ε (Franz l. c. p. 245).

Den weiteren Verlauf des Weges entlang auf der Wiese liegen vom hohen Grase umdrängt noch eine ganze Reihe von Sarkophagen in Trümmern und manche frischglänzende Bruchfläche des weissen Marmors zeigt, dass die Zerstörung ihr Werk noch immer fortsetzt. Weiterhin am Ende der Wiese, wo auf einer Erhöhung einige Hütten stehen, fand ich die Ueberreste zweier anderer Grabmäler, einmal das sehr zerstörte Bruchstück (Taf. X n. 11) einer der häufigsten Reliefdarstellungen, auf welchem ich den auf der Kline ruhenden Todten, vor ihm den dreifüssigen Tisch mit Speisen und daneben stehend den jungen Schenken noch erkennen konnte, dann noch den Giebel eines Grabmales (Taf. X n. 12), der mit einem Triglyphenfries verziert auf dem Architrav die Worte trug: .... Μηνίου προσφιλής. χαῖρε. In dem vertieften Felde unter dem Giebel, welches das Bild der Verstorbenen gezeigt haben muss, war nur seitwärts ein Stück des Baumstammes, um welchen sich die Schlange windet, erhalten.

Jenseit der obengenannten Erhöhung mit den Hütten muss man, den nach Panagiá weiter führenden Pfad rechts liegen lassend, sich nahe am Fusse des Berges halten, um bald wieder auf mannigfache Spuren alter Grabmäler zu treffen, darunter das reichste unter allen, die es heute auf Thasos giebt, das Grabmal zweier Brüder, des Eurymenides und des Antiphon, der Söhne des Sophokles und der Hero,

[1]) wonach die Behauptung von Ross (Inselreise I, S. 60), dass alle noch am Platze stehenden Sarkophage in Griechenland mit der Hauptseite gegen Süden gekehrt seien, einzuschränken ist.

[2]) Vergl. den Sarkophag bei Philippi: Conybeare and Howson life and epistles of St. Paul. Vol. I zu p. 310.

welches ich am zweiten Tage nach meiner Ankunft als einen Haufen von Marmorblöcken fand, deren zwei, als ich sie umwenden liess, ausserordentlich wohlerhaltene Inschriften zeigten. Die vorhandenen Trümmer liessen erkennen, dass das Grabmal ein aus weissem thasischen Marmor aufgeführter, mit einem Giebeldache abgeschlossener und mit Statuen geschmückter Säulenbau korinthischen Stiles war, ruhend auf einem Unterbau von drei Stufen. Dieser Unterbau allein, dessen oberste Stufe auf der nach Südwesten gerichteten Seite 4,80 Meter in der Länge misst, steht noch an seiner alten Stelle ziemlich wohlerhalten und nur grossentheils verschüttet, bewahrt auch gewiss unter sich das wahrscheinlich reich ausgestattete Grab unversehrt und es ist zu hoffen, dass dessen Inhalt lieber der Wissenschaft, als der Habsucht der Einwohner zu Gute komme, die gleich, nachdem sie leider durch mich auf die Stelle aufmerksam geworden waren, anfingen, sich des Bleies, durch welches die Marmorquadern des Unterbaues mit einander verbunden waren, zu bemächtigen, bei welcher Gelegenheit Einer von ihnen eine Silbermünze des Augustus mit den Bildern des Cajus und Lucius Cäsar' fand [1]). Unter den übrigen Trümmern, welche theils über dem Unterbaue aufgehäuft, theils umher verstreut waren, bemerkte ich eine Säulenbasis, einige Säulenschäfte von etwa 0,33 Metern im Durchmesser mit vier und zwanzig Kanneluren mit zwischenliegenden Stegen, ferner die eine untere Ecke des Giebelfeldes mit einem in flachem Relief ausgeführten Ornamente, endlich mehre Gesimsplatten mit schräggestellten Zahnschnitten, also auch vom Giebel herrührend. Nahe bei lag der Torso einer mit einem Gewande bekleideten Figur, welcher bei seiner Lage auf der Oberfläche der Erde sehr gelitten hatte, indess noch erkennen liess, dass er einer weiblichen Figur angehört habe. Von der Erde bedeckt und besser erhalten fand sich ein männlicher Torso, dessen Gewand nur auf dem linken Unterarme ruht und mit einem Ende über die linke Schulter geschlagen nach vorn herabhängt, ein männliches Bein vom Knie bis zum Enkel, neben dem sich eine Schlange aufrichtet und ein männlicher Fuss, Alles über Lebensgrösse, tüchtige Arbeiten, die ich gegen die römische Zeit hin setzen möchte. Der männliche Torso stimmt in der Gewandung und die ganze Statue, wenn das Bein mit der daneben aufgerichteten Schlange zu ihr gehörte, auch in diesem Attribute mit der auf Andros gefundenen und jetzt in der Sammlung des Theseustempels in Athen aufbewahrten Statue [2]), diese aber in Bildung, Haltung und Gewandung mit einer Menge von männlichen Statuen überein [3]), deren bekannteste lange mit dem Namen des Antinoos von Belvedere bezeichnet wurde, wofür Visconti den des Hermes einzuführen suchte [4]). Wie die Statue von Andros, welche in einem Grabe gefunden wurde, stellt auch der Torso vom Grabe der Brüder auf Thasos einen heroisirten Verstorbenen dar und es unterstützt dieser neue Fund die Ansicht von Ross [5]), dass unter der grossen Zahl ähnlicher, in unsern Museen aufgestellter Statuen, vielleicht mit wenigen Ausnahmen, Bilder heroisirter Todten und nicht Götterbilder zu suchen seien. Zu den bisher angeführten Stücken des zerstörten Prachtbaues bleiben noch die drei Marmorplatten hinzuzufügen, von denen zwei die grossentheils vollkommen erhaltenen Inschriften tragen. Die eine Platte, 1,04 Meter bis unter den oberen vorspringenden Rand hoch und 1,24 Meter breit, ist ganz schlicht, die andere, 1,04 Meter bis unter den oberen vorspringenden Rand hoch und etwa 1,50 Meter breit, trägt das folgende elegische Epigramm, dessen acht Zeilen in der Höhe einen Raum von etwa 0,20 Meter einnehmen und dessen Buchstaben an den Enden der Striche jedesmal zwei Zipfel, also ziemlich genau die Form des Alphabets haben,

---

1) Eckhel doctr. num. vet. II, VI, p. 169 f. Die Münze, die ich nur flüchtig gesehen habe, zeigte zwei stehende Figuren mit dem Schilde an der Erde, oben zwischen ihnen Lituus und Simpulum (?). Unterschrift Caesares; von der Umschrift las ich Augusti f. cos. desig., die Rückseite trug einen männlichen Kopf, welchen ich für den des Augustus hielt. Die Bestimmung verdanke ich Herrn Dr. K. Gust. Schmidt.

2) Schlecht abgeb. nur 'Ἐφημερὶς ἀρχ. n. 915. Dann von Stephani im Bulletin hist.-phil. de l'acad. imp. de St. Petersb. Tome IX, zu S. 220 ff.

3) z. B. der Torso in Dresden: Beckers August. Taf. LIV.

4) Mus. Pio-Clem. I, tav. VII.

5) Inedd. II, S. 17 ff. S. auch Stephani im bull. hist.-phil. de l'acad. imp. de St. Petersb. IX, S. 220 ff.

welches bei Franz el. epigr. gr. S. 246 (Zeile 7 von unten) nach einer kleinasiatischen Inschrift in einzelnen Proben gegeben ist. Das A hat überall gebrochenen Querstrich.

ΑΡΤΙΜΕΝΥΜΦΙΔΙΩΝΑΠΟΔΥΣΜΟΡΟΝΑΡΠΑΣΕΠΑΣΤΩΝ
ΔΑΙΜΩΝΕΣΤΡΙΤΑΤΑΝΝΙΣΟΜΕΝΟΝΔΕΚΑΔΑ
ΑΡΤΙΒΙΟΥΠΕΡΟΩΝΤΑΚΑΤΕΥΚΛΕΑΘΕΣΜΙΑΔΟΞΑΣ
ΣΤΥΓΝΟΣΑΠΑΙΔΑΔΟΜΟΙΣΑΜΦΕΚΑΛΥΨΑΙΔΑΣ
ΑΝΤΙΦΟΩΝΤΑΓΟΝΑΙΣΙΣΟΦΟΚΛΕΟΣΟΝΤΕΚΕΜΑΤΗΡ
ΗΡΩΤΑΙΛΙΠΟΜΑΝΟΥΤΕΚΟΣΑΛΛΑΤΑΦΟΝ
ΑΙΑΙΤΙΠΤΕΤΥΧΑΜΕΤΟΝΕΥΚΛΕΑΠΑΤΡΙΔΙΚΟΣΜΟΝ
ΤΛΑΜΟΝΑΔΥΣΠΕΝΘΗΣΩΡΦΑΝΙΣΑΣΒΙΟΤΟΥ

Ἄρτι με νυμφιδίων ἀπὸ δύσμορον ἅρπασε παστῶν
δαίμων, ἐς τριτάταν νισόμενον δεκάδα·
ἀρτιβίοο καρόεντα κατ' εὐκλέα θέσμια δόξας
στυγνὸς ἄπαιδα δόμοις ἀμφεκάλυψ' Ἀΐδας,
Ἀντιφόωντα, γοναῖσι Σοφοκλέος ὃν τέκε μάτηρ
Ἡρώ. τῇ λιπόμαν οὐ τέκος, ἀλλὰ τάφον[1]).
Αἰ αἶ τίπτε τύχα με τὸν εὐκλέα πατρίδι κόσμον
τλάμονα δυσπενθὴς ὀρφάνισας βιότου;

Die dritte Marmorplatte 1,00 Meter hoch, aber oben gebrochen, so dass sie die gleiche Höhe mit den beiden andern gehabt haben kann, und 1,47 Meter breit, trägt ziemlich in der Mitte ein zehnzeiliges, in der Höhe einen Raum von 0,83 Meter einnehmendes jambisches Gedicht (A), unter ihrem oberen Rande aber noch ein mit kleineren Buchstaben geschriebenes, achtzeiliges elegisches Epigramm (B), welches seiner Stellung nach den Eindruck macht, als sei es später, als das darunter stehende Gedicht auf den Stein gesetzt. Es ist an einigen Stellen verwischt, seiner ersten Reihe ging aber auf dem Steine keine andere mehr voran.

A.

ΟΤΥΜΒΟΣΕΣΘΛΟΝΤΙΑΤΟΝΣΟΦΟΚΛΕΟΣ
ΕΥΡΥΜΕΝΙΔΗΝΚΕΚΕΥΘΕΝΩΙΒΙΟΥΜΟΝΑ
ΕΤΩΝΔΙΕΞΑΜΕΙΠΤΟ ΔΙΠΛΟΑΔΕΚΑΣ
ΚΑΤΕΙΔΕΔΟΥΤΙΝΥΜΦΙΚΩΝΕΦΙΜΕΡΟΝ
ΠΑΣΤΟΝΓΑΜΩΝΠΑΡΕΔΡΟΝΑΛΛΑΠΟΛΒΙΩΝ
ΣΦΑΛΕΙΣΜΕΛΑΘΡΩΝΣΤΥΓΝΟΝΗΛΘΥΠΑΙΔΑΝ
ΔΥΣΠΕΝΘΕΣΗΡΟΙΜΑΤΡΙΚΑΙΣΥΝΑΙΜΟΣΙ
ΛΙΠΩΝΦΙΛΑΙΣΙΝΑΛΓΟΣΑΔΑΛΙΣΤΕΦΗΣ
ΔΟΞΑΣΕΚΑΤΙΤΩΙΔΕΠΑΤΡΙΑΘΑΣΟΣ
ΤΑΣΕΜΝΑΤΙΜΑΣΔΩΡΕΝΕΙΜΕΝΕΥΚΛΕΟΣ

Ο τύμβος ἐσθλὸν οἶκ τὸν Σοφοκλέος
Εὐρυμενίδην κέκευθεν, ᾧ βίου μόνα
ἐτῶν διεξάμειπτο δεκάδα δεκάς·
κατεῖδε δ' οὔτι νυμφικῶν ἐφίμερον
παστὸν γάμων πάρεδρον, ἀλλ' ἀπ' ὀλβίων
σφαλεὶς μελάθρων στυγνὸν ἦλθ' ἐπ' Ἀΐδαν,

[1]) Dass hier Nichts zu ändern ist, lerne ich von Herrn Prof. Wieseler.

δοσκενθὲς Ἡροῖ ματρὶ καὶ συναίμοσι
λιπὼν φίλοισιν ἄλγος· ὁ δ' ἀλαστερίς[1])
δόξας ἕκατι τῷδε πατρία Θάσος
τὰ σῆμα τιμᾶς δῶρ' ἔνειμεν[1]) εὐκλέος.

B.

ΟΥΓΑΜΟΝΟΥΧΥΜΕΝΑΙΟΝΕΜΟΙ..
ΗΡΩΑΠΟΦΘΙΜΕΝΟΝΔΕΣΤΕΝΑΧΗΣΕΓΟΟΙ..
ΕΙΚΟΣΤΟΝΤΑΝΥΣΑΝΘΕΤΕΩΝΔΡΟΜΟΝΑΜΜΕΔΟΜ
ΤΛΑΜΟΝΑΣΕΝΔΙΣΣΟΙΣΜΗΣΙΝΟΔΕΣΧΕΤΑΦΟΣ
ΠΑΤΡΟΣΔΕΥΟΛΒΟΙΟΣΟΦΟΚΛΕΟΣΑΡΣΕΝΑΓ..ΙΑΝ
ΩΚΥΜΟΡΟΝΦΘΙΜΕΝΑΝΕΣΤΕΝΑΧΗΣΕΘΑΣΟΣ
ΜΑΤΗΡΔΑΜΕΓΑΛ . . . . ΣΦΥΙΑΣΙΝΑΠΑΡΟΣΕΥΠΑΙΣ
ΟΥΧΙΤΕΚΗΚΩ ΑΝΤΙΔΕΔΟΡΚΕΤΑΦΟΥΣ

Οὐ γάμων οὐχ ὑμέναιον ἐμοὶ ⏑⏑ – ⏑
Ἡρῷ, ἀποφθίμενον δ' ἐστονάχησαν γόοι[ς,
εἰκοστὸν τανύσαντ' ἐτέων δρόμον· ἄμμε δ' ὀρ[φάνους
τλάμονας ἐν δισσοῖς μησὶν ὅδ' ἔσχε τάφος·
πατρὸς δ' εὐόλβοιο Σοφοκλέος ἄρσενα γ[ενεάν,
ὠκύμορον φθιμέναν, ἐστονάχησε Θάσος·
μάτηρ δ' ἁ μεγάλ[ατος] ἐφ' οἷσιν, ὁ κοῦρος εὔπαις,
οὐχὶ τέκη, κού[ρων δ']άντι δέδορκε τάφους[2]).

Das Grabmal der Brüder stand nicht allein, sondern zahlreiche Spuren am ganzen Fusse des Bergabhanges hin lassen noch heute auf andere Gräber umher schliessen. Ein mit weitgestellten Triglyphen verzierter Gebälkstein (Triglyphenbreite 0,25, Breite des Abstandes zwischen ihnen 0,37 Meter) gehört, obwohl er sich zwischen den Trümmern des Grabmals der Brüder fand, offenbar nicht zu demselben, ebensowenig die zwei folgenden an derselben Stelle liegenden Grabschriften (Querstrich von A gebrochen):

1	ΔΗΜΩ	Δημώ
	ΕΠΙΓΕΝ	Ἐπιγέν[ους.
	ΦΕΙΔΙΠΠΟ	Φείδιππο[ς
	ΛΕΩΔΑΜ	Λεωδάμ[αν-
	ΤΟΣ	τος.
2	ΜΟΦΩ	Δη]μοφῶ[ν
	ΠΑΡΑΜΟΝΟ	Παραμόνο[υ.

Die Inschrift ΤΗΛΕΦΑΝΕΥΣ (Τηλεφάνευς) steht auf einem wenige Schritte nordwestlich vom Denkmale der Brüder umgekehrt liegenden Postamente[3]). A mit geradem Querstriche.

Ein sehr verstümmeltes handwerksmässig gearbeitetes Relief einer stehenden Frau mit einem Knaben ihr zur Seite, dasselbe, welches die Einwohner als „die Frau" (ἡ γυναῖκα) kennen und welches den Anlass zu der schon Anfangs erzählten Sage gegeben hat, beschliesst linkerhand am Wege nach Panagiá, da, wo dieser die Ebene verlassend sich am Berge hinaufzuziehen beginnt, die Reihe der noch erkennbaren Grabdenkmäler, welche sich, wie noch heute sowohl in ihrer Lage, als in ihrer Richtung annähernd dem Fuss-

---

[1]) An beiden Stellen hat Leo Meyer einen Fehler, den ich in der Lesung gemacht hatte, berichtigt.

[2]) Die Ergänzungen ὀρφάνους, γενεάν, μεγάλατος (Aeschyl. Eumen. 791) und κούρων δ' sind von Herrn Prof. Wieseler, durch den ich darauf aufmerksam geworden bin, dass Σοφοκλέης als Personen-, nicht als Geschlechtsname zu fassen ist.

[3]) vergl. 'Αριστοφάνευς, Πυγγέρευς in dem thasischen Decrete C. J. Gr. n. 2161.

pfade vom Liménas nach Panagiá, so gewiss im Alterthume einer aus der Stadt nach der Ostküste der Insel führenden Strasse anschlossen.

In den Oelbaumpflanzungen der Ebene ausserhalb der alten Stadtmauer nahe an einem andern Wege, der vom Liménas nach dem jenseit der Berge im Westen gelegenen Dorfe Wulgáro führt, nennt man einen Platz Sto Marmarómandro (ς τὸ μαρμαρόμανδρο) und hier steht von dichtem Gebüsche versteckt, abermals ein Marmorsarkophag, halb zerschlagen und ohne Deckel, aber noch unverrückt an seiner alten Stelle der Länge nach von Osten nach Westen gerichtet. Seine nach Westen gekehrte Schmalseite (1,40 Meter breit und 0,90 Meter hoch) trägt in Relief die bekannte Darstellung des beim Nachtische trinkenden Verstorbenen[1]) (Taf. VI). Obgleich der Stein verwittert und auch ein grosses Stück herausgeschlagen ist, lässt sich doch der Todte, welcher mit dem linken Ellenbogen aufgestützt auf der Kline ruht, vor ihm der dreifüssige mit Speisen, unter anderen mit Weintrauben, dem im Alterthume gerühmten Erzeugnisse von Thasos, bedeckte Tisch, dann zur Seite sitzend, den Fuss auf einen Schemel stützend, die Gattin erkennen. Der obere Theil dieser Figur ist weggebrochen. Hinter ihr steht ein kleines Mädchen mit dem Schmuckkästchen, auf der entgegengesetzten Seite neben dem Tische des Verstorbenen der junge Schenk mit dem Schöpflöffel in der Hand. Die Darstellung ist auf dieser Seite durch einen von der Schlange umwundenen Baum, dessen äusserste Zweige denen der Fichte, des auf Thasos herrschenden Waldbaumes, ähnlich scheinen, abgeschlossen.

Ein wenig abwärts vom Marmarómandro in dem trockenen Bette eines Baches soll, wie mir mehre Leute versicherten, ein grosser Löwe von Marmor vorhanden gewesen sein; doch haben wir vergeblich darnach gesucht.

Der grösste der auf Thasos erhaltenen Sarkophage steht unter den Oelbäumen vom Marmarómandro ab in der Richtung auf die Seeküste, der letzteren ziemlich nahe. In seiner Form wesentlich dem zuerst beschriebenen des Poliades hart vor dem alten Stadtthore gleichend, zeichnet er sich vor ihm durch seinen mannshohen Unterbau aus. Der eigentliche auf diesem ruhende Sarkophag misst in der Länge 2,95 Meter; seine eine Wand ist herausgeschlagen und das Innere leer. Wie am Poliadessarkophage bildet den Deckel ein gewaltiger Marmorblock in Form eines Giebeldaches mit schweren Eckakroterien. Der ganze Bau ist der Länge nach nahezu von Westen nach Osten gerichtet. Die dem Meere zugekehrte Langseite des Sarkophages trägt zwei Inschriften, die eine unter dem oberen Rande in den zur Zeit der römischen Herrschaft gewöhnlichen Schriftzügen, wie sie z. B. die Inschrift bei Franz El. epigr. gr. p. 242 zeigt:

Αἰλία Μ]ακεδονία Ἀριστοδήμου, γυνὴ δὲ Πεισιστράτου. Πεισίστρατος Διονυσίου ὁ μέγας εὐθυνάρχης
ἐκ τῶν ἰδίων . χαῖρε.

dann mitten auf der Fläche mit grösseren Buchstaben, welche in der Form denen am Poliadessarkophage gleichen, die folgende fünfzeilige Inschrift:

Αἴλιος Διογένης Δημοσθένους
οἶδε τὴν ἑαυτοῦ γυναῖκα Αἰλίαν
Μακεδονίαν τὴν ἀνθοφόρον καὶ δὶς
ἀρχεῖτιν καὶ ταμιοῦχον καὶ διὰ βίου
στεφανηφόρον.

C. J. n. 2161[b] und 2163. Villoison hatte richtig die beiden Titel vereinigt. In 1, Zeile 1 hat der Stein, wie cod. Sherard. ЄΥΘΥΝΑΡΧΗϹ.

Alte Gräber zeigen sich hie und da auch noch auf der westlich von der Ebene am Liménas gelegenen Küstenstrecke, auf welcher vom Gebirge bis ans Meer herabsteigende Höhen mit zwischen ihnen gelagerten kleinen Uferebenen abwechseln. Am 7. Mai verfolgte ich in dieser Richtung die Küste und

1) Eine Anzahl gleicher Reliefs sind bei Welcker alte Denkm. II, S. 242—257 und bei Stephani, auf dessen Erklärung ich verweise, in den Mém. de l'acad. imp. de St. Petersbourg. 6. série 1855, S. 299 ff. aufgezählt.

gelangte jenseit der ersten die Ebene am Liménas im Westen begrenzenden Höhen in das kleine nach einer jetzt verschwundenen Kirche Agia Irini genannte Thal, wo ich einige Bienenstöcke sah, in deren Nähe ein grosser zerschlagener Marmorsarkophag lag, in der Form des schlichten länglichen Kastens mit dem dachförmigen Deckel ganz den schon beschriebenen entsprechend. Weiterhin erreichte ich jedesmal nach Uebersteigung geringer Höhen zuerst die kleine Strandebene Sikiá (σκιαί), dann eine andere Sto Nistérni (εἰς τὸ κιστέρνι), wo ich am Ufer ein Inschriftstück (A mit gebrochenem Querstriche)

NON
ONΘAM..
HNAΛEAI.
OAO

auch nicht weit davon einen runden wie einen Schild gearbeiteten Stein liegen fand. Ebenso sah ich bald nachher an einer Mirsiniá (μυρσινιά) genannten Stelle einen kleinen Grabstein mit Giebel, ohne Sculptur oder Inschrift. Von Mirsiniá kam ich bald in die Ebene Sto Glikádi (ς τὸ γλυκάδι), in welcher zwischen den Feldern ein grosser Sarkophag noch aufrecht steht, der Länge nach von Nordwesten nach Südosten gerichtet, dessen Inschrift wahrscheinlich auf der jetzt herausgeschlagenen nach Südwesten gerichteten Langseite gestanden hat. Der letzte Punkt, welchen ich westlich von Glikádi besuchte, um dann wieder auf demselben Wege zum Liménas zurückzukehren, heisst Mármara, liegt in einiger Höhe am Gebirge und gewährt eine freie Aussicht jenseit der Meeresbucht auf den Strand der alten Stadt und den langgedehnten mit dünner Spitze ins Meer vorspringenden Höhenzug ihrer Akropolis. Der Name Mármara und die Fundamente, welche an einigen Stellen sichtbar sind, zeigen, dass hier im Alterthume irgend ein Bauwerk stand. Schon oben habe ich erwähnt, dass auch innerhalb der alten Stadtmauer an verschiedenen Stellen Stücke von Sarkophagen umherliegen, so eines auf der Wiese gleich östlich von den Häusern am Landeplatze und zwei Sarkophagdeckel im Graben des mittelalterlichen Thurmes am alten Hafen, welche aber alle in den letzten Jahrhunderten dahin verschleppt sein müssen, ebensowohl, wie die zahlreichen Sarkophagtrümmer unmittelbar an den Strand westlich ausserhalb der alten Stadt wahrscheinlich von Marmor einladenden Schiffern gebracht und dann da liegen geblieben sind. So weit also meine Beobachtung der Gräber von Thasos reicht, erscheinen dieselben auch hier[1]) als von der Stadt ausgeschlossen.

Hiermit ist die Beschreibung der Ueberreste aus dem Alterthume, welche der alten Stadt Thasos angehören oder sich doch örtlich nahe an dieselbe anschliessen, beendet und ich kann nun meine weitere Rundreise durch die Insel verfolgen, welche ich mit einem Schreiben des Mudir Dschefer-Bei an die Ortsvorstände ausgestattet antrat. Entsprach die Wirkung des Schreibens auch nicht überall dem Wortlaute desselben, so war ich darauf von meinen thasischen Freunden mit dem Sprichworte: ποῦ ἀκοῦς πολλὰ κεράσια, βάστα τὸ μικρὸ καλάθι (wo Du von vielen Kirschen hörst, nimm nur den kleinen Korb!) schon vorbereitet und immer war mir der Brief noch von grossem Nutzen, was ich mit Dank gegen den Mudir, der mir, als ich ihn selbst bei meiner Rückkehr aus dem Innern der Insel traf, auch persönlich alle Freundlichkeit erwies, erwähnen will. Mein erstes Ziel, als ich den Liménas verlassen hatte, war der Hauptort der Insel, Panagiá. Der Weg dahin führt, nachdem man die Marmormauer der alten Stadt und den Sarkophag des Polladas hinter sich hat, über die Wiesen, tritt dann in den Oelwald ein, der sich am Fusse des Gebirges mit mannigfaltigen von Wein durchrankten Gebüsche vermengt, bis höher hinauf gewaltige Fichten beginnen. Die Strasse, deren schlechtes Steinpflaster das Maulthier sorgfältig vermeidet, geht in einem Waldthale hinauf, in dessen Tiefen Platanen stehen, manche umschlungen von Schlinggewächsen und kletterndem Epheu, unter dessen Umarmungen hier und da eine erstickt ist und kahl ihre

[1]) Vergl. Beckers Charikles 2. Ausg. v. K. Fr. Hermann, III, S. 104 ff.

weissen Aeste herausstreckt, manche wieder hohl und schwarz gebrannt von den Feuern der Hirten und Holzschläger, von deren Arbeit noch viele Stücke gefällten Holzes liegen geblieben sind. Wenn man die höchste Stelle, an welcher der Weg über einen Bergrücken führt, überschritten hat und nachher abwärts aus dem Gebirge kommt, so überblickt man ein langes sich nach Osten nach dem Meere zu öffnendes, ganz mit Oelbaumpflanzungen bedecktes Thal; über dem Meereshorizonte steigt die hohe Samothraki auf und an den beiden Abhängen einer rechter Hand in das grosse Thal mündenden Einsenkung liegen die Häuser von Panagiá, dunkelgrau wie unsere Städte am Oberharz; denn Wände und Dächer sind von dem weissen Marmor gebaut, der hier umher die ganzen Gebirge bildet und dessen Oberfläche sich mit der Zeit grau färbt, so dass nur an der Stelle eines frischen Bruches das glänzende Weiss des grosskörnigen Gesteines hervortritt. Beim Eintritt in das Dorf fällt die Fülle schönen Quellwassers auf. Ich habe in Panagiá mehre Tage zugebracht und von einigen Bewohnern desselben, besonders dem Proëdros Anagnóstis, einem gewissen Christidis, der nach Erfahrungen, welche ihm sein Vater überliefert hatte, und mit Hülfe einer griechischen Uebersetzung von Hufeland den Arzt machte und endlich einem früheren Lehrer Nikoláki, jetzt Kaufmanne und Schreiber des Lloydbureaus in Kawála, mit denen ich schon vom Hafen aus verkehrte, denen ich auch viele Freundlichkeiten zu danken habe, die meisten Nachrichten über die heutige Lage von Thasos erhalten. Es mag daher passend sein, die Hauptsache davon hier einzuschalten.

Die Gesammtzahl der Bevölkerung von Thasos beträgt nach der Schätzung des königlich griechischen Consularagenten, des einzigen Vertreters einer fremden Macht auf der Insel, etwa 10,000 Seelen, eine Angabe, welche die von Prokesch-Osten gegebene um 4000 übersteigt; eine ältere Angabe von 3500 bei Cousinéry ist jetzt wenigstens vollkommen unrichtig. Diese Bewohner sind mit einziger Ausnahme der nicht ansässigen türkischen Beamten griechische Christen und sprechen sämmtlich griechisch, wie auch unter den Ortsnamen nur der Namen Wulgáro auf eine ungriechische Einwanderung vom Festlande schliessen lässt, die ausser diesem Namen jetzt weiter keine Spur zurückgelassen zu haben scheint. Die äussere Erscheinung der Männer unterscheidet sich nicht von der der übrigen Inselgriechen. Als Kopfbedeckung tragen sie das gewöhnliche rothe Fez, unter dem sie gern an den Schläfen ein paar Haarlocken heraussteben lassen, dazu die gewöhnliche Jacke, die Leibbinde und pauschigen Hosen. Waffen sieht man ausser dem Messer, das jeder im Gürtel trägt, nicht bei ihnen, auch erscheint ihr ganze Sinnesweise als sehr friedliebend und Räubereien, die das gegenüberliegende Festland höchst unsicher machen, sind auf Thasos unerhört; auch den Wunsch der Befreiung von den Türken hörte ich nur in der Form aussprechen, es möchte doch ein anderes Volk kommen und diese vertreiben. Die Tracht der Frauen besteht aus einem weissen langherunterhängenden Hemde, darüber einem blauen ohne Falten herabfallenden und um die Hüften gegürteten Rocke und endlich der meist dunkelrothen ärmellosen Jacke, dem Kondogúni (κοντογούνι), welcher die Arme mit den weiten weissen Hemdärmeln frei lässt. Oft ziehen sie darüber noch eine blaue Jacke mit Aermeln. Eigenthümlich unförmlich ist der Kopfputz der Thasierinnen, das sogenannte Raxin (τὸ ῥαξίν), in dem man unbegreiflicher Weise die phrygische Mütze hat wiedererkennen wollen; es besteht aus einem mehre Zoll hohen rundlichen roth überzogenen und vorn mit Goldflittern besetzten Kissen, über welches das weisse Kopftuch gelegt wird, das einfach auf die Schultern herabfällt oder unter dem Kinn zusammengesteckt wird. An Baumaterial bietet die Insel Fichtenholz und glänzendweissen, an der Luft sich grau färbenden Marmor, dem die heutigen Einwohner aber nicht die geringste Form zu geben wissen; für ihre Kirchen suchen sie daher Marmortrümmer aus dem Alterthume zu verwenden, die deshalb ganz allgemein mit dem Ausdrucke ἐκκλησόπετραις, Kirchensteine, bezeichnet werden. Die Kirchen sind oblonge Gebäude, die grössern im Innern durch zwei Pfeiler- oder Säulenreihen in drei Schiffe getheilt, deren Altarraum durch eine Schranke von der übrigen Kirche getrennt und als Heiliges nur von dem geweihten Priester betreten werden darf; ein auf einigen Holzbalken ruhendes Vordach vor der Eingangsseite der Kirche bildet den Narthex (ὁ νάρθηκας). Ich habe nicht sowohl auf Thasos, als auf

Limnos und Imbros bemerkt, dass einzelne Arbeiter eine grosse Fertigkeit im Schnitzen von Holzverzierungen für die Scheidewand des Heiligen besitzen und dass die von ihnen diesen Verzierungen gegebenen Formen eine verdorbene Tradition italiänischer Renaissanceformen sind. An den grossentheils aus Erdgeschoss und einem Stockwerke bestehenden Wohnhäusern der Thasier sind Wände und Dächer aus Marmor, während man sich des Holzes bedient, um das obere Stockwerk, in dem man am liebsten wohnt, mit einem geräumigen offenen von einzelnen Stützen getragenen Vorraume zu versehen, der im Sommer Luft und Schatten giebt. Das dahinter liegende geschlossene Wohnzimmer zeigt eine meistens sorgfältig aus Holz gefügte Decke, welche mit einem übereck gestellten Vierecke in der Mitte geziert zu sein pflegt. Ein unbeweglicher Wandschrank füllt die eine Wand desselben und in seinen offenen Fächern liegt der Reichthum des Hauses an verschiedenfarbigen Decken, deren eine buntgestreifte Art auf Thasos selbst verfertigt wird, aufgeschichtet, während seine vordere Holzverkleidung meistens mit sehr einfachen, oft überaus rohen Verzierungen bedeckt ist. Die Schaustellung des häuslichen Besitzes geht noch weiter. Auf einer Leine, welche sich vor dem Kleiderschranke herzieht, hängen in manchen Häusern die Kleidungsstücke, regelmässiger noch findet man ein oben rings an den Wänden umlaufendes hölzernes Bört, auf welchem irdene Krüge und Schüsseln aufgestellt sind. Eine Feuerstelle auf dem Fussboden mit einem vortretenden Rauchfange darüber und einige zu beiden Seiten daneben ausgebreitete Decken und Kissen zum Niedersetzen und zwar mit dem Ehrenplatze zunächst der Feuerstelle, dann eine oder mehre hölzerne verschlossene Truhen und endlich das Lämpchen vor den in einer kleinen Wandnische aufgestellten, am Athos in Holzschnitt oder Malerei verfertigten Heiligenbildern vollenden die innere Einrichtung eines wohlausgestatteten Wohnraumes auf Thasos. Hier sitzt die Familie auf dem Fussboden um den runden etwa einen halben Fuss hohen Tisch bei der Mahlzeit, an derselben Stelle werden am Abend die Decken zur nächtlichen Ruhe ausgebreitet, wenn man nicht im Sommer vorzieht, in dem offenen Vorraume zu schlafen. Die Männer kommen häufig im Kaffeehause (καφενεῖον), welches nicht leicht in einem Dorfe fehlt, zusammen, wo Geld und wieder Geld Hauptgegenstand ihres Gespräches und Gezankes ist, während die Frauen wenn auch nicht in türkischer Abgeschlossenheit leben, doch sehr an das Haus gebunden sind, wie das die allgemein unter dem griechischen Volke verbreitete Sitte ist. Auf Mitylini ist sogar das Haus, in dem die Frau ihr Leben als Dienerin des Mannes verbringen soll, in einer wohlhabenden Familie das Hauptstück der Aussteuer eines Mädchens und erst wird das Haus für sie fertig gebaut, ehe ihr Vater einem Manne, einem reicheren oder ärmeren, je nachdem ihn die Aussteuer, die er seiner Tochter giebt, zu Ansprüchen berechtigt, den Heirathsantrag macht.

Die Wohnungen der Thasier sind in zehn Dörfern, Panagiá, Potamó, Theológo (Tholós türkisch), Kástro (Jenissár türkisch), Mariés, Kakirachi und Sotíru, Kassarwit, Wulgáro und Agios Geórgios, auf der Insel vertheilt und zwar liegen diese Dörfer sämmtlich mindestens eine halbe Stunde von der Küste entfernt an den Bergen und geben so noch durch ihre Lage ein Zeugniss der Seeräubereien, unter denen die griechischen Inseln Jahrhunderte lang gelitten haben [1]) und welche erst seit der Zeit der jetztlebenden Generation aufgehört haben; wie gerade Thasos bis in die letzte Zeit heimgesucht war, schildert noch Cousinéry, dessen Reisewerk 1831 erschien, sehr lebendig: „Die Gefahr ist beständig und der Schrecken fortdauernd in jedem Dorfe. Wachen, welche die Gemeinden bezahlen, stehen Tag und Nacht, um bei der Annäherung verdächtiger Fahrzeuge Zeichen zu geben und um für den Fall eines Angriffs Lärm zu schlagen. Im Augenblicke der Gefahr sind die Waldungen die einzige Zuflucht der Thasier; alle Familien eilen sich da zu verstecken; jeder trägt fort, was er an kostbarer Habe hat. Die Frauen und Kinder fliehen tief in den Wald und die Männer halten sich im Hinterhalt mit der türkischen Wache und dem Aga selbst.“ In diesen Zeiten war Theológo, welches am entferntesten von der Küste liegt, Sitz der höchsten Beamten, jetzt ist dieser Vorrang auf Panagiá, welches durch seinen Hafen mit Kawálla und so

---

1) Vergl. Finlay: Greece under Othoman and Venetian domination, p. 103 ff. und sonst.

mit der übrigen Welt in nächster Verbindung steht, übergegangen. Ein Zurückweichen der Wohnsitze von der Küste in feste, mehr landeinwärts liegende Plätze während einer Periode der Seeräuberei und dann wieder ein Heranrücken derselben an das Meer während einer Periode der Ordnung und des sicheren Handelsverkehrs auf dem Meere kann man auf griechischem Gebiete im Alterthume, wie in der christlichen Zeit beobachten. Städteanlagen wie Ilion, Mykenae, Athen, Korinth gehörten der ältesten Periode der Unsicherheit des Meeres an, sie wurden während einer folgenden geordneteren Zeit ganz verlassen oder hingen sich mit den Armen ihrer langen Mauern gleichsam an das Meer an. Mit dem unter dem Zeichen des Kreuzes und des Halbmondes wiederkehrenden Seeraube wichen wieder alle Ansiedlungen vom Meere zurück, nahmen die Plätze im Innern der Berge oder gern hinter der Höhe eines befestigten Berges an dessen vom Meere abgewandter Seite ein und in diesen Lagen sind sie grossentheils, z. B. auch Athen, bis auf heute geblieben, wo wir in Folge der immer grösseren Sicherheit des Seeverkehrs nun von Neuem das Herabsteigen der Wohnsitze zu den Häfen beginnen und Handelsplätze wie Syra und Patras sich schon wieder als stattliche Städte unmittelbar am Meeresufer ausdehnen sehen. Mit der Zeit werden auch die Dörfer auf Thasos aus den Bergen an die Landeplätze verlegt werden, wo sie zugleich in der Nähe ihres Ackerlandes sich befinden, welches auf der durchweg gebirgigen, von keinem Flusse, sondern von austrocknenden Waldströmen durchflossenen Insel allein in den Strandebenen liegt. Die Thasier gewinnen aus ihrem Getreidebau auf diesen nicht einmal durchweg cultivirten Ebenen nur ihren Kornbedarf auf etwa drei Monate und das Fehlende muss durch Einfuhr beschafft werden. Daneben werden Fabrikwaaren und die Lastthiere, Ochsen und Maulthiere, vom Festlande eingeführt. Nicht viel bedeutender als der Getreidebau scheint der heutige Weinbau zu sein, dem dann noch in den letzten Jahren die Traubenkrankheit sehr geschadet hat, während der thasische Wein im Alterthume häufig genannt und auch gerühmt wird [1]). Die Ausfuhr der Insel ist immerhin so bedeutend, dass man sich wundert, die meisten Einwohner in grosser Armuth zu finden. Bergwerke und Marmorbrüche, im Alterthume eine Hauptquelle thasischen Reichthums, werden heute allerdings nicht mehr bearbeitet, die Fichtenwaldungen liefern dagegen viel Schiffbauholz, wovon aber gegenwärtig ausser dem Pascha von Aegypten nur drei der vornehmeren Christen Nutzen ziehen, welche die Erlaubniss haben, Holz auszuführen. Da die Insel selbst nur die gewöhnlichen Kaïke besitzt, so geschieht das auf gemietheten Schiffen und zwar besonders nach Syra und Smyrna. Diejenige Ausfuhr, an deren Gewinne also allein die grössere Menge der Bevölkerung Antheil hat, besteht in Olivenöl, Honig und Wachs. Die Oelbereitung findet von Mitte März bis Anfang Juni nach unserer Zeitrechnung statt; ein bis zwei Monate später, wenn das Oel sich gesetzt hat, kommen die Kaufleute und machen ihren Kaufcontract mit dem Proëdros, dem ersten christlichen Beamten der Insel, und leisten eine vorläufige Abzahlung. Der Proëdros vermittelt die Vertheilung der Lieferung auf die einzelnen Producenten und nach Verlauf eines Monats muss das contractmässige Quantum am Hafen sein, von wo es die Kaufleute abholen. Die Bienenzucht, für welche die Einwohner die grossen Fichtenwälder für besonders nützlich halten, muss auch schon im Alterthume fleissig auf Thasos getrieben worden sein, hatte Thasos damals im Philiscus doch sogar einen Schriftsteller über Bienenzucht aufzuweisen [2]). Die aus Korbgeflecht bestehenden Bienenstöcke (auf Samothraki und Imbros sind sie aus hohlgebrannten Baumstämmen, auf Limnos aus vier Brettern zusammengeschlagen) führt man am Anfang Juni nach Karagás am gegenüberliegenden rumelischen Festlande, von wo man sie nach etwa zwei Monaten zurückholt. Vom 27. August bis Anfang October nach unserer Zeitrechnung gewinnt man dann den sehr wohlschmeckenden Honig,

---

1) [Lucian] Amores p. 427: [illegible] Einige andere Stellen bei Hasselbach de insula Thaso p. 8.

2) Plin. nat. hist. XI, 9: Ne quis miretur amore earum [apium] captos, Aristomachum Solensem duodesexaginta annis nihil aliud egisse, Philiscum vero Thasium in desertis apes colentem Agrium cognominatum, qui ambo scripsere de his.

wobei auf einen Bienenkorb ein Ertrag von 8—10 Okka gerechnet wird. Die Ausfuhr geht meist nach Kawálla, wo die Okka Honig im Jahre 1857 bei gesunkenen Preisen mit $3^1/_2$ Piaster bezahlt wurde. An Wachs kommen nach Versicherung eines Kaufmannes jährlich 22,000 Okka zur Ausfuhr.

Thasos gehört der kirchlichen Eintheilung nach gegenwärtig mit Samothraki zum Sprengel des Erzbischofs von Maronia, der in Gümürdschina residirt. Die Regierung und die Haupteinkünfte der Insel sind in Folge eines Gnadengeschenkes des Sultans an Mechmet-Ali in den Händen des Pascha von Aegypten. Die Pforte erhält seitdem an Abgaben nur die Soldatenabgabe (askerié) und die Pachtsumme für den Zoll. Der höchste Beamte, Mudir, wird vom Pascha von Aegypten hergeschickt, dem zur Seite ein von der ganzen Insel gewählter in Panagiá wohnender christlicher Proëdros steht, dessen Stellung dem Mudir gegenüber mir jedoch als sehr untergeordnet erschien. Ebenso hat wieder jedes einzelne Dorf einen türkischen Subaschi und einen selbstgewählten christlichen Proëstós. Der Gewinn, welchen der Pascha aus Thasos zieht, beruht nun vor Allem auf dem Schlagen von Schiffbauholz, welches zur Zeit meines Besuches unter Aufsicht eines eignen in England gebildeten Aufsehers, eines Arabers von Geburt, geschah. Ausserdem nimmt er einen Zehnten von allem von den dazu Berechtigten ausgeführten Holze, so wie von der Olivenernte, ausserdem etwa sechs Para von jedem Bienenkorbe und eine geringe Abgabe von den Schaf- und Ziegenheerden. Gegen einen Versuch des Mudir, den Zehnten auf alle Erzeugnisse auszudehnen, hatten zur Zeit meiner Anwesenheit die Thasier einen Protest an den Pascha abgeschickt, dessen Entscheidung sie noch zu erwarten hatten. Bisher betrug die jährliche Gesammteinnahme des Pascha aus Thasos etwa 400,000 Grusch, eine Summe, die von ihm nebst einem bedeutenden Zuschusse für das Medresé (Schule mit Freistellen und Armenküche, im Sommer mit etwa 60, im Winter mit etwa 300 Kostgängern), welches Mechmet-Ali seiner Vaterstadt Kawálla zum Geschenk gemacht hat, verwandt wird. Man versicherte mir in Kawálla, dass er für dieses Institut, dessen Nutzen ein sehr zweifelhafter ist, jährlich 6000 türkische Lire ausgebe.

Nach dieser Uebersicht des heutigen Zustandes von Thasos kehre ich wieder nach Panagiá zurück, zunächst, um die wenigen Ueberreste aus dem Alterthume, welche ich im Dorfe gefunden habe und welche sämmtlich vom Platze der alten Stadt am Liménas hergebracht sind, zusammenzustellen. — Zwei Reliefs stellen einen Verstorbenen beim Mahle in der bekannten Weise dar, das eine ziemlich vollständig erhalten, ziemlich roh gearbeitet und nach einer flüchtigen Skizze auf Taf. X. n. 7. abgebildet, ist im Innern eines Hauses neben der Feuerstelle eingemauert, ein zweites, über der Thür eines Hauses eingesetzt, war so zerstört, dass es denselben Gegenstand nur eben noch erkennen liess.

Ausser dem im Fussboden der Dorfkirche κοίμησις τῆς Παναγίας liegenden Inschriftfragmente (Tafel XVI, n. 2.), welches einer Grabschrift (Zeile 2: Ζώσιμ[ος]) später Zeit angehört, die am Schluss demjenigen, der das Grab verletzt oder einen anderen Todten darin beisetzt, eine Strafe von 500 Denaren (vergl. u. A. C. J. Gr. 1508. 1786. 2474. 3690,) auferlegt, sah ich nur noch die folgende Grabschrift auf einem 0,44 Meter breiten Marmor, der aussen an einem Hause verbaut ist. Angeblich befand sich über der Inschrift das jetzt zerstörte Relief eines Mannes und einer Frau.

ΗΡΟΔΟΤΟΣ ΖΗΝΑ ΠΡΟΣ ΦΙΛΗΣ ΧΑΙΡΕ	Ἡρόδοτος Ζήνα προσφιλής, χαῖρε.

Auf einen Ausflug, den ich von Panagiá aus nach der Küstengegend auf der Ostseite von Thasos der Insel Kinira gegenüber unternahm, komme ich später zurück, verfolge dagegen jetzt den Weg, welchen ich von Panagiá aus nach Süden zunächst nach dem Dorfe Potamiá einschlug. Derselbe führte über den Berg Tsagrulides (aus ταῖς ἀγριλαῖς, die wilden Oelbäume, entstanden) an einer Kirche neben einem bienenumschwärmten Brunnen vorbei in nicht ganz einer Stunde nach Potamiá, einem Dorfe, welches an reichlich strömendem Wasser zwischen dichtgrünen Bäumen liegt. Die von dem Hochgebirge der Insel vorspringende Bergzunge Tsagrulides trennt eine nach Osten mit flachsandigem Strande weit geöffnete und von zwei bergigen Landspitzen, Pyrgos im Norden und einer andern, vor der die kleine Insel Grabúsa liegt, im Süden umschlossene fruchtbare Ebene landeinwärts in zwei Theile, in deren nördlichem eben Panagiá und in deren südlichem, welcher sich bis unter den schroffen kahlen Abhang des hohen Agios-Ilias-Berges hinaufzieht, Potamiá liegt.

Der weitere Weg von Potamiá nach dem grössten Dorfe von Thasos, Theológo, führt zuerst durch den südlichen Theil der oben beschriebenen Ebene. In dieser links ab vom Wege liegt im Buschwerk versteckt die Ruine eines altgriechischen Thurmes, von dem Hirten, der mich hinführte, einfach μαρμάρινος, später von anderen Leuten 'ς τὸ ἑλληνικό genannt. Zwischen vielen durcheinandergestürzten Blöcken steht der untere Theil eines viereckigen Baues noch aufrecht, dessen nach O und W gerichtete Seiten 10,80 Meter und die nach S und N gerichteten 9,80 Meter in der Länge messen; die einzelnen Blöcke von weissem Marmor sind von ungleicher Länge (einer 2,40 Meter lang) und ohne Bindemittel horizontal aufgeschichtet. Nach Besichtigung dieser Trümmer kehrte ich auf den Weg zurück, den ich bei zwei grossen mit Epheu und Wein überwachsenen Platanen neben einem Bache verlassen hatte. Der Weg begann nun ein wenig zu steigen und ich bemerkte links am Wege bis zu einer Kirche des heiligen Dimitrios hinauf die Trümmer einer zerstörten Ortschaft, nach der die Gegend Adina heisst. Oberhalb der Kirche ging es immer steiler durch Fels und Wald aufwärts. In vierundvierzig Windungen, wie mein Führer behauptete, zieht sich im Zickzack an einer Bergwand der Pfad hinauf, auf dem sich das Maulthier durch ein Gewirr oft auch den Weg hemmender moosbewachsener Felsblöcke und epheuüberwucherter abgestorbener Bäume empormüht. Wir waren von Potamiá fast drei Stunden unterwegs gewesen, als wir die Berghöhe erreichten, die einen freien Blick vorwärts und rückwärts gewährt. Bei einigen Steinen mit einem hölzernen Kreuze darauf, Resten einer Kirche des Ἅγιος Παντελεήμων, ruhten die Thiere nach dem beschwerlichen Wege aus. Auf solchen Strecken müssen die Agogiaten wohl ganz besonders auf die Kraft der Amulete rechnen, die sie ihren Thieren anhängen; mein Maulthier trug einen ledernen Beutel auf der Stirn mit einem Schweinezahn darin, von dem mein Agogiat einmal ganz ernsthaft versicherte, ohne ihn sterbe das Thier (χωρὶς αὐτὸ ἐψόφαινε τὸ χαϊβάνι) [1]. Als wir unsern Weg jetzt allmälig bergab in südlicher Richtung fortsetzten, übersahen wir das Meer mit der hohen Samothraki, der niedrigeren Imbros und Limnos, vor uns aber den heiligen Berg, τὸ ὄρος, wie mein Agogiat einfach sagte. Weiterhin zeichnete sich zu unserer Rechten mit dem Wege in gleicher Richtung verlaufend der Felskamm eines Marmorgebirges, 'ς ταῖς σπηλιαῖς genannt, aus, an dessen steilen Abhange auch damals im Mai keine Vegetation Fuss fassen konnte. Nach zwei Stunden, vom Panteleimon an gerechnet, kamen uns die Häuser von Theológo, aus dichtem Grün in einer Thalmulde zwischen flach ablaufenden Bergen, deren kahle Seiten nur mit dürftigem Pernariagestrüpp und oben mit einzelnen Fichten dünn besetzt sind, hervorsehend, zu Gesichte.

Theológo oder Tholós, wie die Türken sagen, hat von allen Dörfern auf Thasos die grösste Einwohnerzahl und den ausgedehntesten Landbesitz, welcher sich über die ganze Südostseite der Insel von Kinira im Osten bis Botó im Süden erstreckt, war auch früher der Sitz des Proëdros von Thasos, welcher jetzt in Panagiá wohnt. Seine Lage, in der es auf allen Seiten durch hohe Bergzüge vom Meere getrennt und von diesem auch auf dem einzigen bequemen Thalwege vom Landeplatze Botó aus über eine Stunde entfernt ist, hat es in den vergangenen Jahrhunderten nicht vor Raubeinfällen schützen können. Auf dem linken Ufer eines Giessbettes, auf dessen rechtem das heutige Dorf liegt, dehnen sich die Trümmer einer älteren Ortschaft aus, deren Zerstörung die Tradition den Maltesern zuschreibt; auf einer Höhe im Osten

1) Er sagte mir auch, dass diese Amuletsäckchen für Pferde, die vollkommen den in der Anthologie erwähnten [illegible] der Pferde (s. O. Jahn in den Ber. der sächs. Ges. der Wiss. zu Leipzig 1855, S. 42, Anm. 48) entsprechen, von Konstantinopel zum Verkauf eingeführt würden. Unter den zahlreichen Erscheinungen ähnlichen Aberglaubens fielen mir einzelne Kinder auf Imbros, auch einmal eins auf Lemnos durch die Menge von allerlei Amuleten, die an der Mütze oder an langen Schnüren um den Hals aufgehängt waren, auf. Das Kreuz fehlte fast nie; daneben stehen alte Münzen, die, wenn sie das byzantinische Kreuz zeigen, durchweg Κωνσταντινᾶτα genannt werden, in grossem Ansehen als φυλακτήρια. Das Kind auf Lemnos trug an einer Schnur um den Hals drei byzantinische Münzen, zwei Fischflossen, zwei Muscheln und eine grosse Glasperle.

sind auch Spuren eines alten Kastells, in das sich die Türken bei diesem Ueberfalle in der letzten Noth geflüchtet haben sollen.

Ich habe sechs Tage hindurch mein Quartier in Theológo gehabt, während derer ich täglich einzelne Punkte im Gebiete des Dorfes, wo ich nach den Erzählungen der Ortseinwohner irgend ein Denkmal der alten Zeit zu finden hoffen konnte, besucht habe. Ich würde mich indess, ohne Wiederholungen zu vermeiden, bei meiner Beschreibung nicht genau an diese einzelnen Ausflüge halten können, werde deshalb vielmehr der Küste von der schon genannten Skala von Potamiá aus zuerst nach Kínira, welches ich noch von Panagiá besucht habe, und dann weiter nach Süden, wo ich sie in einzelnen Ausflügen von Theológo ab kennen gelernt habe, folgen.

Vorher erwähne ich noch, dass dicht unterhalb Theológo selbst neben einer Kirche des Agios Joánnis Pródromos das Fundament eines kolossalen Sarkophagus, 3,38 Meter lang, steht; den obern Theil hat man zum Neubau der eben genannten Kirche verwandt, an deren Thürpfosten noch die Spur der weggemeisselten Buchstaben zu erkennen ist. Wahrscheinlich ist es dieselbe Inschrift, welche uns durch Prokesch-Osten erhalten ist (Denkwürdigkeiten III, S. 623. C. J. Gr. n. 2161 b.).

Auf dem Wege von Panagiá nach Kínira durchritt ich zuerst die weite Strandebene, die sich unterhalb der beiden Orte Panagiá und Potamiá ausdehnt, berührte nahe bei der Skala von Potamiá die Kirche des heil. Nikólaos, an der ich ein Fragment eines Grabreliefs (Taf. X n. 8) skizzirte, welches einen Jäger zu Pferde und eine um den danebenstehenden Baum gewundene Schlange darstellt[1]), und folgte dann dem Wege der Felsküste entlang durch die fichtenbewaldeten Berge. Wo der Weg an einer lichten Stelle dem Uferrande nahe kommt, übersieht man die in einwärtsgebogener Linie bis zu einem Vorgebirge Agios Jánnis oder Stawrós verlaufende Küste, vor welcher in der Meeresbucht die kleine öde Insel Kínira liegt; ihr gegenüber schliessen die herabsteigenden Waldberge zwei durch einen vorspringenden Berggipfel von einander geschiedene flachufrige Ebenen ein, die südlich gelegene Slutrú, die nördliche Palaeochóri genannt. Indess hört man auch die ganze Gegend Kínira nennen. Es war etwa drei Stunden, nachdem ich Panagiá verlassen hatte, als ich in die Ebene von Palaeochóri hinabritt und hier an einem fliessenden Wasser bei einigen von Buschwerk umwucherten Hütten Halt machte. Diese Hütten werden von den Bewohnern von Theológo nur benutzt, wenn sie zur Feldarbeit hierher kommen, für gewöhnlich ist das Thal unbewohnt. Oelbaumpflanzungen, Wiesen und Kornfelder bedecken es. Dass hier indess früher ein Ort gelegen hat, deutet schon der Name (παλαιοχώρι) an. Es stehen auch drei verfallene Kirchen im Thale. Die grössere, τῶν δώδεκα ἀποστόλων, ziemlich in der Mitte desselben, bietet mit ihrem unter einer Gruppe hochragender zum Theil abgestorbener Eichen (πουρνάρια) zusammengesunkenen Bau ein trübes Landschaftsbild, wie man ihm öfter auf griechischem Boden begegnet. Von andern Resten ehemaliger Bewohnung wollten die Feldarbeiter, die ich fand, Nichts wissen; ebenso versicherte man mir, dass so wenig in den benachbarten Feldern von Slutrú wie auf der nur zur Ziegenweide benutzten Insel Kínira, welche beide ich nicht besucht habe, irgend welche Bautrümmer seien.

Dass die fruchtbare Ebene von Palaeochóri mit ihrem für die alte Schifffahrt bequemen Flachufer, obwohl sich in ihr nur Spuren von Bewohnung aus christlicher Zeit zu finden scheinen, im Alterthume in der Blüthezeit von Thasos bewohnt war, ist schon an sich wahrscheinlich; der fast unverändert erhaltene Name lässt aber sogar die bestimmte Annahme zu, dass hier Κοίνυρα (Her. VI, 47: τὰ Κοίνυρα, heute: ἡ Κοίνυρα) lag. Wir befinden uns hier auf dem Samothraki gegenüberliegenden Ufer von Thasos. Da nun nach Herodot die phoinikischen Bergwerke zwischen den Orten Κοίνυρα und Αἴνυρα, Samothrake gegenüber lagen[2]), also doch gewiss auch wenigstens so nahe der Küste, dass man Samothrake von ihnen aus

[1]) Vergl. Taf. X, n. 2.

[2]) Her. l. c. τὰ δὲ μέταλλα τὰ Φοινικικά ταῦτα ἐστὶ τῆς Θάσου μεταξὺ Αἰνύρων χώρου καλεομένου καὶ Κοινύρων, ἀντίον δὲ Σαμοθρηίκης, οὖρος μέγα ἀνεστραμμένον ἐν τῇ ζητήσι.

sehen konnte, so wird man Alvopa gleichfalls an dieser Küste zu suchen haben. Der einzig mögliche Platz hierfür im Norden von Kinira wäre die grosse Uferebene von Panagiá und Potamiá mit ihrer hellenischen Thurmruine, der nächste Platz von Kinira im Süden aber die Aliki (Ἁλική), deren Ueberreste aus dem Alterthume ich bald beschreiben werde. Zwischen diesen zwei Möglichkeiten zu entscheiden, habe ich keine Mittel.

Auch von den in der angeführten Stelle Herodots bezeichneten Bergwerken habe ich keine Spur auffinden können. Die Einwohner wollen auf der ganzen Strecke zwischen der Ebene von Panagiá-Potamiá, Kinira und bis zur Aliki keine Spuren von altem Bergbau im Gestein oder Schlacken, die sie an anderen Punkten auf der Insel wohl kennen, gesehen haben, ich selbst aber habe die unwegsame Strecke zwischen der Aliki und Kinira, deren Durchforschung ich jetzt doch für sehr wünschenswerth halte, zu besuchen versäumt und nur den Weg von der Panagiá-Potamiá-Ebene nach Kinira einmal hin und zurück gemacht, ohne dass mir dabei derartige Spuren zu Gesichte gekommen wären. Das Gebirge besteht hier, so weit ich gesehen habe, aus weissem Marmor.

Weiter südlich von Kinira an der Küste, wo diese hinter einem Vorgebirge, das ich bald Stawrós, bald Agios Jánnis nennen hörte, in einer Richtung von Ostnordost nach Westsüdwest verläuft, liegt die Aliki (ἡ Ἁλική) (eine Planskizze s. auf Taf. II.), mit welchem Namen man sonst salzige Binnenwasser, die man gelegentlich zur Salzgewinnung benutzt, bezeichnet; hier findet sich ein solches nicht. Von Theológo ab erreicht man den Platz auf einem etwa drei Stunden langen Wege über das fichtenbewaldete Gebirge, dessen höchster Rücken auf dieser Strecke die Tzatzála heisst. Schon wenn man vom Berge hinabreitet, macht sich die Küstenbildung bei der Aliki als eine lange schmale von Osten nach Westen gestreckte Halbinsel von geringer Höhe, welche durch einen niedrigen Isthmus mit dem übrigen Lande zusammenhängt, bemerklich. Unten angekommen findet man weder eine Wohnung noch Anbau; nur zuweilen legen in der geschützten nach Westen mit der Ansicht auf den Athos geöffneten Bucht Schiffe, die Holz einladen, an. Es findet sich auch nicht einmal Trinkwasser. Die Ueberreste einer bis in die letzten Jahrhunderte bestehenden Ansiedelung an dieser Stelle sind aber zahlreich genug. Der ganze Rücken der Halbinsel erscheint schon von ferne mit dichtgereihten Hügeln bedeckt, welche durch die Haufen von Bauschutt der hier überall noch mit ihren senkrecht abgearbeiteten Wänden erhaltenen Marmorbrüche gebildet sind und es soll an der Westspitze der Halbinsel, wo sie sich mit einzelnen Klippen ins Meer versenkt, auch noch ein zu einer Säule zugehauener Marmorblock liegen. Weitere Spuren, dass in früherer Zeit Steine aus dem Weissenmarmorfelsen gebrochen wurden, sind auf dem andern Ufer neben den geringen Ueberresten einer Kirche, die noch in dem Namen Frankekklisiá die Tradition ihres nicht orthodox-griechischen Ursprungs bewahrt hat, auf meiner Planskizze angegeben. Am östlichen Ende der Halbinsel sah ich einige aufgegrabene Bruchstücke eines Kirchengebäudes, darunter ein mit dem Kreuze gezeichnetes byzantinisches Kapitäl und eine gleichfalls mit dem Kreuze versehene (1,85 Meter lange) Platte, an deren oberen Rande eine Inschrift steht (Taf. XVI, n. 1), von der ich indess nur den Anfang ὑπὲρ εὐχῆς und den Schluss καὶ Ἡρακλείδεω zu lesen weiss[1]. Ganz mit Trümmern von Wohnhäusern bedeckt ist der Isthmus; an seinem Ostufer macht sich ein in das Meer vorgeschobener Quadervorbau bemerklich; in geringer Entfernung von diesem steht aus dem Schutt schräg ein Stück einer dorischen Säule heraus, in deren elf freiliegenden Kannelüren in Zügen des spätesten Alterthums eine Reihe von Namen eingekratzt sind (Taf. XVI, n. 8)[2]. Sie sind zum Theil quer über die Kannelüren hingeschrieben: Σωτήριχος Λυδίη[ς] Περσεύ[ς]?, gegen Ende Μέγιστος, in den zwei Kannelüren rechter Hand aber in jeder einzelnen von oben

[1]) Weder die zwischen die Trümmer der Kirche gemischten Ueberreste eines kleinen griechischen Tempels, noch die eines anderen bedeutenderen Tempels mehr nach Osten, welche Perrot hier gefunden haben will (Rapport etc. p. 46), sind mir zu Gesichte gekommen.

[2]) Vergl. C. J. Gr. II, add. n. 2056b.

nach unten geschrieben, so in der einen —ος Μάρκος στρατηγός und hier steht beide Male am Ende der Aufschrift das bei römischen Inschriften gewöhnliche Blatt.

Das bedeutendste Denkmal der Aliki ist aber der grosse Sarkophag, welcher der Länge nach von Norden nach Süden gerichtet, ziemlich mitten auf dem Isthmus steht, in seiner Form wesentlich den Sarkophagen am Liménas gleich, jedoch reicher gearbeitet; zumal ist der Deckel mit der Nachahmung einer Bedachung von Flach- und Hohlziegeln geschmückt. Von seinen sonst schlichten Seitenflächen trägt die nach Westen gewandte, welche 1,83 Meter in der Länge misst, eine funfzehn Zeilen lange metrische Inschrift, welche erst kürzlich, da der Sarkophag bis nahe unter den Deckel verschüttet lag, wie ich höre durch den französischen Reisenden Perrot, durch Ausgrabung freigelegt ist. Dass meine bei einem zweimaligen Besuche der Aliki genommene Abschrift (Taf. VIII, n. 9) die möglichst beste sei, will ich nicht behaupten, da bei weiterer Ausgrabung des durch seine Enge hinderlichen Erdloches oder in längerer Zeit sich dem ziemlich verwitterten Steine noch mehr Buchstaben würden abgewinnen lassen. Die folgende Lesung der Inschrift von Zeile 5 an verdanke ich grossentheils der Güte des Herrn Hofrath Sauppe, doch in einzelnen Stellen, wie Zeile 6: φθίνυσμ' ἀμφραδέως, Zeile 8: λελεῖν, Zeile 9: ἄθυρον, Zeile 10: μητέρ' ἀποφθιμένη, Zeile 11: ἀνῆψεν ὁ σεμνός, folge ich Herrn Professor Wieseler.

εἰ καὶ χηλὸς ἔχει δέμας ἀ[γ]λαόν, αὐτὰ[ρ ἐ]ς αἰ[θέρ]η[ν]
ψυχὴ ἄβη ἐμάθεν· φθίνυσμ' ἀ[ρ]ηρραδέως·
ἠϊθέους γὰρ ἄδωκε θεὸς μετὰ μοῖραν ἀ[λ]ίθρου,
ὡς ζώουσι, λελ[εῖ]ν πᾶσαν ἐπιχθονίους.
Οὐδ' ἅμα παρ[θε]νικῶν ἐγὼ χορὸν εὗρ[ον ἄθ]υ[ρο]ν·
ἤκαχε γάρ με λυγρὸν μητέρ' ἀποφθιμένη·
οὔτ' ἐμὰ νυμφοκόμοις θαλάμοισιν ἀ[νῆ]ψεν ὁ σ[εμ]νὸς
κουρίδιον γενέτης πρὸς πόσιν ἀρ[χ]ομένην·
ἀλλ' ἔτι μ' ἀδμήτην, ἀταλόφρονα, μοῖρ' ἀπ[έ]χ[ε]ν[ε]ν,
Χρυσίδα, καὶ γαμίης ἐλπίδος ἐστέρεσεν·
ἀϊδίου μνήμης τύμβον ἐπλ[η]σάμεθα.

An der Aliki gefunden sollte auch eine vergoldete Silbermünze sein, die man mich in Theológo sehen liess. Auf der einen Seite zeigte sie den vorletzten Dogen von Venedig Paul Rainer (1779—1789) (Umschrift: PAVLRAINERDVX) vor dem heiligen Marcus (Umschrift: SMVENET) stehend, auf dem Revers aber Christus im mandelförmigen innen mit Sternen besetzten Nimbus (Umschrift: SI(M(?)XPEDATQTV | REGISISTEDV — Sit tibi Christe datus quem tu regis iste ducatus[1]).

Schon in der Strandebene unterhalb Potamiá begegneten wir den Ruinen eines hellenischen Thurmes. Dergleichen sind an den Küsten mancher andern griechischen Inseln von Reisenden[2]) bemerkt und beschrieben worden und habe ich auf Thasos namentlich an der Südküste eine ganze Reihe solcher Thürme kennen gelernt; manche mögen mir auch noch unbekannt geblieben sein. Sie stehen meistens in der Nähe von Küstenpunkten, deren flacher Strand einen bequemen Landeplatz gewährt. Offenbar bestimmt, an diesen Stellen Einfälle von der See her abzuwehren, umgaben sie die Insel mit einem Gürtel, dessen Schloss die feste Stadt am nördlichen Hauptlandeplatze war.

Von der Aliki ab in südwestlicher Richtung der Küste folgend, trifft man nach einem Wege von etwa drei Viertelstunden die erste Ruine eines solchen Thurmes, welcher nahe einer klippigen Bucht aus Marmorquadern im Viereck, dessen nach Südost und Nordwest sehenden Seiten 10,40 Meter, die nach Südwest und Nordost sehenden 9,10 Meter in der Länge messen, aufgebaut war. Den Platz nennen die Leute Palaeomándria (Παλαιομάνδρια).

---

1) wie ich nach der Beschreibung einer ähnlichen Münze bei Pinder und Friedländer schreibe.

2) Ross Reisen auf den griechischen Inseln I, S. 120. 132.

Abermals zehn Minuten weiter steigt man in ein kleines Thal mit einigen Kornfeldern, Sti Thimoniá ('ς τῇ Θυμωνιᾷ) genannt, das mit flachem Ufer gegen das Meer endet, hinab. Auf der Berghöhe nordnordöstlich über dieser Ebene stehen noch bedeutende Ueberreste eines hellenischen Rundthurmes, dessen Mauern in ihrer ganzen Dicke aus Marmorquadern bestehen. Sein Umfang betrug etwa 61,08 Meter, wovon an der Nordseite noch ein bedeutendes Stück von 31,08 Meter Länge und bis zu 3,40 Meter Höhe aufrecht steht. Nach Osten hin ist ein Thor erhalten, welches durch die über einander vortretenden abgeschrägten Steine im spitzen Bogen geschlossen ist (Taf. VII, n. 1). Die untere Thoröffnung misst 1,40 Meter, die Dicke der Mauer am Thore beträgt 0,82 Meter. Auf einer der Quadern an der Südseite findet sich die folgende Inschrift:

..... ΜΑΡΤΕΜΙ..... Τῇ] 'Αρτέμι[δι. [?]

Offenbar von einer Benutzung in neuerer Zeit rührt ein eingebautes Viereck von schlechtem Gemäuer her.

Weiter westlich von der Thimoniá zeichnet sich unter den Bergzügen in geringem Abstande oberhalb der Küste eine klippengekrönte Höhe aus, Sti Phkiariá ('ς τὴ Φκιαριά) genannt, von den Inselbewohnern ganz besonders als ein Ort angesehen, wo grosse Schätze verborgen liegen. Von dem Gipfel, auf dessen Felsen nur die Ueberreste einer kleinen Kirche zu bemerken sind, überblickt man das südöstliche Ufer bis zum Kap Stawrós mit der Halbinsel der Alikí und drüber hin auf dem Horizonte des Meeres die Gebirgsinsel Samothraki. Mein Führer, der auf der Phkiariá im Glauben an die dort verborgenen Schätze besonders unruhig hier und da die Felsen untersuchte, erzählte, dass hier oben, als die verfallene Kirche noch stand, eine grosse Panigyris gefeiert wurde, während der einmal die Seeräuber einen Ueberfall machten und an die Tausend gefangen nahmen, sie wie die Schafe vor sich her nach der Thimoniá hinunter und von da nach der Palaeomándria trieben, wo sie sie allesammt abschlachteten. Der Stein, an dem das geschah, heisst heute noch Phonias (φονιάς, der Mörder).

Von der Phkiariá steigt man allmälig gegen die Küste zu hinab, bis das Gebirge jäh aus schwindelnder Höhe unmittelbar ins Meer abstürzt. Der schräge Bergabhang oberhalb dieser Steilküste ist auf eine lange Strecke hin durch zahlreiche alte Marmorbrüche aufgewühlt, deren senkrecht abgearbeitete Wände mit grossen Haufen von Hauschutt wechseln, Spuren eines grossartigen Betriebes, wie ich sie nirgend sonst auf der Insel in solcher Ausdehnung gesehen habe. Von Osten her erstrecken sie sich von einer Gegend an, die besonders um eine in einem der Steinbrüche liegende Hütte Sto Xephni ('ς τὸ ξεφνί) genannt wird, über eine andere Uferstrecke, die man von einem auf Thasos häufigen Strauche Sto Leprin[1]) ('ς τὸ λεπρίν) nennt, bis nahe an eine Kirche des Michaîl Archistrátigos. Hoch auf dem Meere erscheint von dieser ganzen Strecke aus Samothraki. Mein Führer erzählte mir, dass sich in dieser Gegend hier und da Schlacken finden und ich selbst habe eine Anzahl Frisch- oder Zerrennschlacken von Eisen, das in einfachen Oefen, wie sie z. B. noch auf Korsika und an der italiänischen Küste in Gebrauch sind, verschmolzen ist, aufgelesen, ebenso in einer Schlucht ein loses Stück dicht rothen Eisensteins mit Kalkspath gemengt[2]).

Die erwähnte Kirche des Michaîl Archistrátigos liegt noch auf der hohen Steilküste, aus deren Felsen nach dem Meere zu hier tief unter der Kirche ein geweihtes Wasser (ἁγίασμα), das für besonders heilkräftig gilt, hervorquillt. Sie gehört zum Kloster Philótheos am Athos, dessen spitzen Gipfel man von ihr aus seitwärts von dem Kap Astráes und dem davor schwimmenden Inselchen (ἀσπρονησάκι τὸ νησί) über dem

---

1) Man erzählte mir in Theológo von einer Inschrift in den Steinbrüchen von Leprin, namentlich wusste der fette Proëstós des Dorfes sehr genau von den γράμματα μὲ τὰ κόκκινα μελάνι (rothgefärbte Buchstaben) Bescheid. Damit nicht vielleicht noch einmal ein Reisender irre geführt wird, bemerke ich, dass die angebliche Inschrift nur ein Ansatz von farbigem Moos an der Wand eines Steinbruches ist.

2) Diese Bestimmungen nach mitgebrachten Proben verdanke ich der Güte des Herrn Geheimen Hofrath Hausmann in Göttingen.

Meere aufsteigen sieht. Demselben Kloster gehören nebst einem Metóchi, das irgendwo hier in der Nähe liegt, auch die Oelbäume in der kleinen Strandebene von Wathiá-Potamiá (βαθὺ ποτάμι), zu welcher man unmittelbar westlich von der Kirche des Archistrátigos hinabsteigt. Von diesem Zusammenhange mit dem Athos weiss die Sage, welche auch einen noch bei der Archistrátigoskirche aufbewahrten Nagel vom Kreuze Christi von selbst vom Athos her übers Meer kommen lässt, noch weiter zu berichten. Wer vom Dorfe Theológo zum heiligen Wasser des Archistrátigos zieht, nimmt seinen Weg durch ein tiefes stilles Fichtenwaldthal, um dessen hohe steile Felswände die Adler ziehen. Im Grunde desselben verläuft ein Bergwasser und an seinem Ausgange nach dem Meere zu liegt die genannte kleine Ebene von Wathiá-Potamiá. Die Schlucht der Pópina (τῆς Πόπινας τὸ λαγκάδι) nennt man das Thal, die Viehhürde der Pópina (τῆς Πόπινας ἡ μάνδρα) zeigt man auf den Höhen rechterhand für den, der thalabwärts geht, eine grosse Einfriedigung von Steinen für das Vieh, nicht etwa, wie ich erst vermuthete, von irgend einem alten Baue herrührend. Diese Pópina, erzählte mir ein Mann von Theológo, hatte eine Heerde unsäglich gross und alle ihr eigen, setzte er hinzu, hatte auch einen grossen Erzkessel mit zweihundert oder noch mehr Henkeln, da hinein gingen tausend Okka Milch. Auch hatte sie zwei Söhne, deren einer Johannes hiess, die waren aber hinüber nach dem Berge gegangen und Mönche geworden im Kloster Láwra. Einmal um Ende März freute sie sich, dass der Winter vorüber sei und rühmte es laut, dass nun ihren Thieren Nichts mehr geschehen könne; da, es war am vorletzten Tage des März, kam eine Kälte und Sturm und Schneefall drei Tage lang, so dass alle ihre Thiere, die draussen waren, starben. Nur viertausend Ziegen blieben übrig, die sie unter Schutz gebracht hatte. Als sie sich aber selbst zum Sterben legte, rief eine Stimme hin über das Meer, dass es ihr Sohn im Kloster Láwra hörte und nach Thasos kam, der dann nach ihrem Tode alle ihre Habe mit sich nach dem heiligen Berge nahm. Davon zeigt man dort noch heute den grossen Erzkessel der Pópina (τὸ χάλκωμα τῆς Πόπινας) und daher gehören auch die Oelbäume von Wathiá-Potamiá nach dem Kloster Philótheos; denn das hat sie erst vom Kloster Láwra, wo der Sohn der Pópina Mönch war, gekauft.

Den flachen Landeplatz von Wathiá-Potamiá schützte im Alterthume ein aus Quadern erbauter runder 24,50 Meter im Umfang messender Thurm, dessen Ueberreste man beim Hinabsteigen von der Kirche des Archistrátigos nach Wathiá-Potamiá zur Linken lässt. Das kleine felsige Vorgebirge, auf welchem sie liegen und das von ihnen Pyrgíria (v. πύργος) benannt ist, zeigt an einer Stelle zu Tage tretenden Eisenstein und, wie auch die übrigen das Thal umgebenden Berghänge, alte Marmorbrüche.

Dergleichen Marmorbrüche bemerkte ich vereinzelt auch auf meinem weiteren Wege am Gestade hin, welches ich von Wathiá-Potamiá aus nach Westen verfolgte, zunächst, um einen Platz Amygdaliá ('ς τὴ ἀμυγδαλιά) aufzusuchen, wo in einiger Entfernung vom Meere auf einer ziemlich beträchtlichen Höhe ein verfallener viereckiger Thurm steht, der zwar grossentheils aus den letzten Jahrhunderten herrührt, in dem aber Blöcke eines altgriechischen Baues verwandt sind und auf dessen Nordwestseite vielleicht sogar ein ganzes Mauerstück aus jener Zeit erhalten ist. Zahlreiche andere altgriechische Blöcke liegen umher, so dass hier im Alterthume ohne Zweifel ein Bauwerk, wahrscheinlich ein Thurm als Fortsetzung der bisher aufgezählten Befestigungen, gestanden hat. Von der Höhe dieses Thurmes nach der Küste zu hinabsteigend traf ich, nachdem ich eine kleine quer verlaufende Niederung passirt und dann eine geringe Anhöhe erstiegen hatte, auf Oelbäume, oft die sämmtlichen Spuren alter Ansiedlungen und unter ihnen auf elende Trümmer einer ganz zerstörten Ortschaft. Gleichfalls ganz unbedeutend und den letzten Jahrhunderten angehörig sind einige Fundamente in der kleinen, von mir ich glaube schon nach einigen Minuten später erreichten Ebene Sto Kalámi ('ς τὸ καλάμι), welche sich, mit einigen Kornfeldern und Oelbäumen bedeckt, an den flachen Strand im Innern einer nach Süden geöffneten Bucht anschliesst.

Nordwestlich von Kalámi liegt die weite landeinwärts in einzelnen Abtheilungen zwischen die Höhen hineintretende Ebene von Astrées ('Αστραίς, 'Αστρῆς), grossentheils mit Wein und einzelnen Oelbäumen dazwischen bepflanzt. Von der Ansiedlung im Alterthume auf diesem sehr fruchtbaren, heute aber unbewohnten und von Theológo aus bebauten Platze finden sich noch zwei Thurmbauten [1]), der eine nur noch in seinen Fundamenten und in einzelnen Blöcken zu erkennen, welche alle zu einer jetzt auch verfallenen Befestigung späterer Zeit zwischen den Weinfeldern am rechten Ufer eines nach dem Meere hinabziehenden trockenen Flussbettes verbaut sind, der andere dagegen besser erhalten auf einer Anhöhe oberhalb des Thales bei einigen verfallenen Hütten und einer kleinen Kirche des heiligen Johannes. Der letztere Thurm ist im Viereck mit 9,80 und 11,60 Meter in der Länge messenden Seiten aus horizontal geschichteten Steinen erbaut, deren Behauung und Fügung nicht von gleicher Güte mit der an den beschriebenen Thürmen von Paläomándria, Thimuniá und Pyrgíria ist. Da der Ueberbau eines schönen Quellwassers auf einer der das Thal umgebenden Höhen (Sto Pothymtó) nicht dem Alterthume angehört, so habe ich hier nur noch Grabsteine zu erwähnen. Den einen, eine Platte von 0,52 Meter Breite mit der einfachen Aufschrift:

ΔΙΟΝΥΣΙΟΣΔΙΟΝΥ	Διονύσιος Διονυ-
ΣΙΟΥΧΑΙΡΕ	σίου. χαῖρε.

fand ich in einem Weinfelde, der andere (Taf. X, n. 10) mit der Inschrift: Κόϊντος Κοΐντου τῇ γυναικὶ ἑαυτοῦ μνίας χάριν ist an einer Hütte auf der Südseite der Ebene an einer Stelle, welche die Leute Sto Kuk nennen, eingemauert.

Auf der bergigen an manchen Stellen mit Wacholderbäumen bewachsenen Küstenstrecke westlich von Astrúos bis zu der Strandebene von Botó liegen noch zwei Befestigungen aus altgriechischer Zeit, nämlich zunächst westlich von Astrúos die Thurmruine von Awatsniá (ἀβατζνιά), tief versteckt in einem nach dem Meere sich hinabziehenden Waldthale, ein mächtiger vierseitiger Bau aus Quadern bis zu 1,60 Meter Länge, dessen eine wohlerhaltene Seite 8,00 Meter in der Länge misst. Die Ecken des Thurmes zeigen eine scharf ausgearbeitete Kante, während die übrige Oberfläche der Steine rauh stehen geblieben ist. Wieder eine halbe Stunde etwa weiter liegen die altgriechischen Mauerreste von Kamnurochálko (Καμνουροχάλκο, gemeinhin καμνουροχάλκο) auf einer Berghöhe. Die Spuren von Metallgewinnung oder -verarbeitung, auf welche schon der Name hindeutet, zeigen sich in einzeln am Berge verstreuten Eisenschlacken. Die Befestigung selbst lässt noch einen Thurm erkennen, der in späterer Zeit einmal umgebaut ist und dann eine einen rechten Winkel bildende Mauer, deren einer Schenkel in einer Länge von 18,00 Meter erhalten ist und die wohl mit dem Thurme in Verbindung stand.

Von Kamnurochálko aus erreichte ich Botó (εἰς τὸ μποτό) in etwa drei Viertelstunden, eine grosse nach dem Meere mit weitem flachen Strande geöffnete Ebene, von kurzstämmigen Oelbäumen und Kornfeldern bedeckt, die selbst unbewohnt mit Theológo, welches hier seinen gewöhnlichen Landeplatz hat, durch ein nach Nordosten hinaufziehendes Thal verbunden ist. Den Fluss, welcher aus diesem Thale herabkommt, fand ich (schon im Mai) trocken, auf seinem linken Ufer in der Ebene aber einen Brunnen mit Trinkwasser. An Ueberresten von Niederlassungen in früherer Zeit ist ausser einigen Fragmenten von christlichen Bauten, z. B. eines mit der Aufschrift

THC∈K?

der sehr verwischte Grabstein neben einer verfallenen Kirche der heiligen Katharina zu nennen, auf dem in Relief der Mann auf der Kline ruhend, bei ihm sitzend die Frau und neben dem servig der Schenkknabe dargestellt ist (Taf. X, n. 1). Eine Befestigung aus altgriechischer Zeit von horizontal geschichteten

[1]) Von dem alten Temprin, welche Perrot (Rapport p. 46) unter den Thürmen auch gesehen haben will, habe ich keine Spur gefunden.

Marmorblöcken, die ein Viereck gebildet zu haben scheinen, dessen Seiten sich bis auf 16,90 und 17,80 Meter weit noch verfolgen lassen, liegt in ziemlicher Entfernung vom Meere am Fusse eines nach Südwesten in die Ebene vortretenden Berges, der die landeinwärts nach Theológo und Kástro führenden Wege trennt. Ein anderes Mauerstück ganz derselben Technik, in einem rechten Winkel mit Schenkeln von 8,80 und 9,90 Meter erhalten, bemerkte ich dann wieder beim Hinaufreiten nach Theológo ziemlich im Anfange des Thales zu meiner Linken.

Der gewöhnliche etwa eine Stunde weite Weg von Theológo nach dem westlich nächstgelegenen Dorfe Kástro (κάστρο, türkisch Jeniasár) führt durch die Berge, während ich selbst, als ich Theológo nach meinem sechstägigen Aufenthalte daselbst verliess, wieder über Botó ging, um mich von da aus erst durch einen Schäfer nach dem Platze bringen zu lassen, wo sie vor Alters das Gold herausgeholt hätten, wie er mir mit grosser Heimlichkeit mittheilte. So wie wir aus dem Thale von Botó in die westlich an dasselbe grenzenden Berge eintraten, fiel mir das ganz veränderte Aussehen des Bodens auf. So weit ich Thasos bisher auf seiner Ostseite vom Liménas im Norden bis zum Botó im Süden durchwandert hatte, bestand das Gebirge durchweg aus grobkörnigem reinweissen Marmor, zwischen dem ich nur vereinzelt Glimmerschiefer und an einer Stelle bei Pyrgiria dicht rothen Eisenstein mit Kalkspath gemengt, hervortreten sah, wogegen das letztgenannte Gestein hier westlich vom Botó und, wie ich gleich vorwegnehmen kann, auf der ganzen Südwestseite der Insel so durchaus herrschend wird, dass es aufgelöst das Erdreich unter den hellgrünen Weinpflanzungen in den Thälern stark roth färbt und den Bergen, namentlich dem höchsten Gipfel zwischen Mariás und Kakirachi, der in Kakirachi Agios Ilias und in Mariás Agios Màte (Ἅγιος ἀσώματος) genannt wird, einen weithin auffallenden rothen Schimmer verleiht. Auf diesem Gebiete habe ich denn auch in einem Bergwerke und in den grossen schon aus Belons Reisebeschreibung bekannten Schlackenbergen bedeutende Spuren von Eisengewinnung in früherer Zeit gefunden, während die Spur von Gewinnung der edlen Metalle, welche im Alterthume Thasos reich machten, aufzufinden, mir so wenig wie anderen Reisenden vor mir gelungen ist. Den Platz, welchen der Schäfer von Theológo für ein altes Goldbergwerk hielt, nennt man schlechthin „die Höhlen" (τῆς βούβης). So lange ich in Theológo gewesen bin, habe ich sie indess nie erwähnen hören und es ist gewiss, dass die Leute, die wohl wussten, dass ich solche Dinge suche, mir dieselben verheimlichen wollten, wie auch mein Führer, der sich zuletzt durch den kleinen Gewinn eines besseren Agogiatenlohnes verlocken liess, indem er mich bat, nie zu sagen, dass er mich zu den Höhlen geführt habe, geradezu gestand. Vom Botó in westlicher Richtung der Küste folgend und zuletzt rechtsab bergaufwärts reitend erreichten wir in fast zwei Stunden am Bergabhange östlich über dem weiten Thale der Skala von Kástro den gesuchten Platz. Die Höhlen, welche sich mit zahlreichen Spalten und Thoren nach aussen öffnen, sind natürliche Bildungen, wie sie in dem eisenhaltigen Gesteine der Südwestseite der Insel mehrfach vorkommen, hier aber von besonders grosser Ausdehnung sind. In ihr Inneres, wo eine eisige Kälte gegen die Sonnengluth draussen abstach, habe ich sie nicht sehr weit verfolgen können. Eine ungemein grosse Menge von Hauschutt, welcher rings umher aufgehäuft liegt und namentlich eine grosse Einsenkung füllt, zeugt auf den ersten Blick von bedeutenden menschlichen Arbeiten an dieser Stelle und allerlei elende Reste kleiner Häuser in der Nähe rühren offenbar aus nicht sehr alter Zeit her, in Uebereinstimmung mit der Mittheilung des jetzigen Mudir von Thasos, Dschafer-Bei, dass man noch in neuerer Zeit hier Eisen gewonnen habe, ohne dass sich indess die Arbeit bezahlt gemacht habe. Immerhin mag bei der Erinnerung an die türkische Praxis bei Ausbeutung von Bergwerken die Furcht, es möchten diese Arbeiten wieder aufgenommen werden, die Einwohner veranlassen, die Stelle vor dem Fremden so geheim zu halten. Dass das Ganze wirklich ein Eisenbergwerk war, bestätigen auch die von mir mitgebrachten Steinproben nach ihrer Bestimmung durch Herrn Geheimen Hofrath Hausmann in Göttingen.

Von den Höhen westwärts bergab reitend langten wir bald in der Oliven- und Wein-bepflanzten Ebene der Skala des Dorfes Kástro an, welches selbst drei Stunden weit thalaufwärts entfernt liegt. Um sich in der Erntezeit diesen weiten Weg zu ersparen, haben die Dorfbewohner in der letzten Zeit eine

Anzahl von Hütten (καλύβια) unten im Thale gebaut, an deren Stelle bei fortdauernder Sicherheit des Meeres vor Seeraub ohne Zweifel wieder der ganze Ort übersiedeln und seinen jetzigen Platz in den Bergen als ein παλαιοχώρι öde liegen lassen wird. Beim Bau dieser Hütten und einer zu ihnen gehörigen Kirche des heiligen Geórgios sind eine Anzahl alter Denkmäler, wie sie als Beweise der Bewohnung im Alterthume in keiner Uferebene der Insel fehlen, zum Vorschein gekommen und namentlich an der genannten Kirche des heiligen Geórgios eingemauert. An einer der Hütten sah ich ein Palmettenfragment von so glänzendweissem Marmor, dass es offenbar erst kürzlich ausgegraben sein konnte. Das Innere der Kirche habe ich leider nicht sehen können, an ihrer Aussenseite fand ich dafür die folgenden sehr gut erhaltenen Stücke eingesetzt.

1) In der Vorhalle. Zwei Blöcke weissen Marmors, welche durch runde Vertiefungen und an den Seiten durch dreieckige Einsatzspuren als zu einem grösseren Monumente gehörig zu erkennen sind. Der eine 1,00 Meter breit, trägt die folgende, der Form der Schriftzüge nach für älter, als die römische Herrschaft zu haltende Inschrift:

. . ΙΜΝΟΣ	Σαύ[μ]νος
ΦΙΛΕΩΝΙΔ . ΟΣ	Φιλεωνίδ[ο]ς
ΤΟΥΣΦΑΙΡΟΥ	τοῦ Σφαίρου.

2) Daselbst. (Taf. X, n. 2.) Viereckige oben giebelförmige Reliefplatte von weissem Marmor, etwa 0,70 Meter breit. Die Vorstellung sondert sich in zwei Hälften. Linker Hand ist der Verstorbene auf der Jagd dargestellt; zu Pferde, welches von seinem Hunde unten begleitet wird, wirft er gegen ein Thier, das unten hervorreicht, den Speer. An dem Baume, welcher beide Hälften des Reliefs trennt, windet sich die Schlange hinauf. Rechter Hand davon liegt der Verstorbene auf der Kline, vor ihm liegen Früchte auf dem Tische und neben ihm sitzt seine Frau, verschleiert und die eine Hand zum Kopfe hebend. Gewöhnliche Handwerksarbeit. Unterschrift den Zügen nach aus römischer Zeit:

Φαῦστος Μανταδος προσφιλὴς χαῖρε.

3) Daselbst. Eine runde Marmorscheibe von 0,58 Meter Durchmesser, auf der in Relief rechts ein männlicher und links ein weiblicher Kopf von vorn gesehen dargestellt sind, ganz wie man die Köpfe der Verstorbenen in solchen etwa von Eroten oder Kentauren getragenen Medaillons auf vielen Sarkophagen angebracht sieht. Inschrift links von den Köpfen und zwischen ihnen, also zu beiden Seiten des weiblichen Kopfes, in späten Schriftzügen:

Διονυσὶς Διονυσίου χαῖρε.

4) Ueber einem Fenster an der Südwand. (Taf. X, n. 3.) Kleines Relief von weissem Marmor. Der Todte ruht auf der Kline, vor ihm der Tisch mit Früchten, neben ihm sitzt die Frau. Im Felde des Reliefs sind über dem Manne zwei Flöten abgebildet, wodurch das Gewerbe des Verstorbenen bezeichnet wird [1]. Unterschrift in späten Buchstabenformen:

Ζώσιμος Παντανέρου χαῖρε.

In das weite angebaute Flachthal der Skala von Kástro mündet von Nordosten her ein enges Thal, in welchem mich mein Weg zu dem drei Stunden landeinwärts gelegenen Dorfe bald in, bald neben einem

[1] Die Sitte, ein ὄργανον τέχνης auf den Grabstein zu setzen, welche Friedländer de opp. anagl. (Regiomont. Prusc. 1847) p. 27 erwähnt, lässt sich gewiss noch in vielen Beispielen verfolgen, wie ich mich zweier Grabdenkmäler in der Sammlung des palazzo ducale in Venedig erinnere, auf deren einem, einem Sarkophage, Winkelmass und Beil, auf dem zweiten (n. 240 der Sammlung) dieselben Instrumente und ein Lineal angebracht sind. In ganz ähnlichem Sinne ist ein Arbeitskorb in dem Giebelfelde eines kleinen Grabsteins einer Frau, der nur die Inschrift ΔΙΟΝΥΣΙΑΧΑΙΡΕ trägt (Sammlung im Schulgebäude von Korfu) dargestellt, um auf diese Weise die auch in Grabschriften (Welcker syll. n. 6) besonders gelobte häusliche Thätigkeit der Frau zu bezeichnen, wie denn auch auf den attischen Grabreliefs von Frauen der Arbeitskorb oft genug unter ihrem Sitze angebracht sinnvoll den Raum füllt (z. B. Tafel XV, 5).

ausgetrockneten mit weissen Marmorkieseln bedeckten Flussbette, um welches sich Fichten und Platanen drängen, aufwärts führte. Weiter oben, wo die Felswände des Thales enger zusammentreten, zeigen zuerst die Oelbaumpflanzungen, welche an einigen südwärts gewandten Berghängen die Wildniss verdrängt haben, die Nähe von Menschenwohnungen an und bald erscheint denn auch in ihrer natürlichen Bildung sehr ähnlich der von Phyle in Attika die Bergkuppe von Kástro, zu welcher der Weg, nachdem er nach einigen Windungen den Fuss ihres unteren schrägen Abhanges erreicht hat, im Zickzack emporführt. Das Dorf, an Aussehen das elendeste auf Thasos, wie seine Einwohner die verrufensten auf der Insel, liegt nicht auf dem äussersten Vorsprunge der Höhe, sondern etwas zurück auf einem breiteren, gelinder abfallenden Bergrücken, von dem aus ein schmaler Sattel als einziger bequemer Zugang zu jenem äussersten mit schroffen Felsabstürzen gegen Südosten vorspringenden Theile hinüberführt. Dieser trägt auf einer flachen Platte einige Mauerreste aus kleinen Steinen, eine zerstörte Kirche und die Trümmer von zwei anderen unbedeutenden Bauten, zwischen denen die heutigen Dorfbewohner ihren Todten eine luftige Grabstätte geben. Vom Rande des Abhanges übersieht man weithin unter sich die langen mit dichten Fichtenwäldern überzogenen eine hinter die andere gelagerten Bergreihen von Thasos und über sie weg ein Stück des südwestlichen Meeresspiegels mit dem Athos. Das Gestein der Höhe selbst besteht zum Theil aus Glimmerschiefer. Die Zeit, in welcher die Festung, welche man schon nach der Art des Mauerwerks nur für mittelalterlich halten kann, hier aufrecht stand, lässt sich aus einem zwischen ihren Trümmern gefundenen, jetzt aussen an der Vorderseite der Kirche des heiligen Athanásios von Alexandria im Dorfe verkehrt eingemauerten weissen Marmor erkennen. Er misst 0,86 Meter in der Breite und zeigt (Taf. III, n. 4) drei Wappenschilder, deren mittleres jedenfalls das der Familie Gateluzio [1], auf deren Wappensteinen auf Samothraki, Imbros (Taf. III, n. 7. 8. 11) und Mitylini es sich in gleicher Weise findet, sein muss [2], also das Wappenschild der Familie, welche, nachdem Franz Gateluzio dem Kaiser Johann V. Paleologos im Jahre 1355 den Thron wiederzugewinnen behülflich gewesen war, über hundert Jahre lang im Besitze von Mitylini, mit welchem sich der von Ainos, von Limnos, Imbros, Samothraki und Thasos verband, war, bis dieser ganze Besitz mit der bald auf Konstantinopels Fall folgenden Einnahme von Mitylini (1462) in die Gewalt des türkischen Eroberers Mohammed gerieth. Die Inschrift des Steines enthält ausser dem echt deutsch klingenden, nur mit griechischer Endung versehenen Namen Berto Grimbalt die Jahreszahl, einmal nach fränkischer Rechnung und einmal nach byzantinischen Jahren der Welt, also in der ersten Reihe nach dem Eingangszeichen des Kreuzes: In Christi nomine factum est MCCCCCXXXIIII die prima Aprillis. Die CCCCC sind auf dem Steine vorhanden und dennoch ist es undenkbar, dass im sechszehnten Jahrhundert unter der Türkenherrschaft ein christlicher Festungsbau mit dem Wappen der Familie Gateluzio hier aufgeführt sei. Die in der zweiten Reihe gleichfalls durch das Kreuzeszeichen eingeleitete Jahreszahl 6942 führt uns, wenn wir die vorchristlichen Jahre, nach byzantinischer Rechnung 5508, abziehen, auf das richtige nur durch einen Fehler des Steinhauers in der lateinischen Inschrift entstellte Jahr 1434. Von den Spuren einer Niederlassung in altgriechischer Zeit an der Stelle von Kástro, von denen Prokesch-Osten spricht, habe ich nichts entdecken können. Im Dorfe giebt es kein Trinkwasser, das vielmehr von entlegener Stelle herbeigeholt wird.

Statt von Kástro aus den nächsten Weg nach dem westlich benachbarten Dorfe Marláes (Μαριές)

[1] Die Namensformen wechseln auf den Inschriften und Münzen eben so sehr, wie in den schriftlichen Quellen.

[2] Das bestätigen auch die Münzen der Gateluzi (Pinder und Friedländer Beiträge zur älteren Münzkunde. Berlin 1851, S. 29—50 und S. 52. Taf. III, A.), welche zum Theil den oberen Theil des vorliegenden Wappens, das Kreuz mit den vier B in den Ecken, tragen (a. a. O. n. 1. 2. 3. 5. 6. 7. 8.). Es ist dieses das Wappen der Paleologen (a. a. O. S. 43) und von den Gateluzi angenommen, als sie nach der Heirath des Franz Gateluzio mit der Schwester Kaiser Johann V. 1355 auch den Beinamen Paleologus annahmen (s. meine Taf. III, n. 8). Eine dieser Münzen (Pinder und Friedländer Taf. III, A, n. 9, S. 38 f.) hat das Paleologische Kreuz mit den vier B in den Ecken auf der Kehrseite, auf der Vorderseite aber eine Abkürzung des unteren Theiles des vorliegenden Wappens, der unzweifelhaft das bisher noch nicht nachgewiesene ursprüngliche Familienwappen der Gateluzi ist.

einzuschlagen, ritt ich zunächst wieder bis an die Skala von Kástro hinunter, von wo wir nach kurzem Halt an einem dicht am Meeresufer liegenden Brunnen, der als von früherer Bewohnung der Stelle herrührend erwähnt werden mag, unsern Weg weiter nach Westen in der Richtung der Küste fortsetzten. Oberhalb einer kleinen mit einigen Feldern bedeckten Strandebene berührten wir die Ueberreste eines altgriechischen aus grossen Quadern im Kreise von 9,00 Meter Durchmesser erbauten Thurmes, welche mein Führer weiter nicht zu benennen wusste, und kurz darauf stiegen wir in eine Thalfläche an der Stelle, wo wir sie zuerst berührten, Skepastás ('ς τοὺς Σκεπαστούς) genannt, hinab. Mit ihren Oelbaum- und Weinpflanzungen, die den Einwohnern von Mariás gehören, dehnte sie sich vor uns bis an den Fuss des an ihrer Westseite aufsteigenden von den Marioten Agios Máts (Ἅγ. Ἀσώματος) genannten Berges aus. Ich wandte mich jetzt erst links, um das Thal bis zur Küste zu verfolgen, wobei mir auf dem rechten Ufer eines in derselben Richtung hinabziehenden trockenen Flussbettes zwischen den Trümmern einiger Hütten grosse offenbar von einem altgriechischen Bau herrührende Blöcke aufstiessen. In dem Thale, welches von hier ab sich zwischen den ununterbrochenen Langseiten zweier Berge in immer gleicher Breite in etwa westlicher Richtung dem Meere zu erstreckt, hat jetzt alle Bebauung aufgehört, als deren letzte Reste einige Oelbäume auf dem mit Gebüsch besetzten dürren, nur zur Maulthierweide benutzten Rasen hin und wieder stehen geblieben sind. Ein Brunnen nahe der Küste mag in einer Zeit gegraben sein, in der hier mehr Leben herrschte, als heute, wo auch an dem Strande, dem Landeplatze für Mariás, nur ein einzelnes Magazi und eine kleine Kirche steht. Auch nicht den geringsten Ueberrest von Bauten fand ich auf dem nördlich das Thal begrenzenden Berge, dem die Leute, wo er sich dem Meere nähert, den Namen Palaeókastro geben, wozu wohl nur die regelmässige Lage einiger oben hervortretenden Felsschichten Anlass gegeben hat. Ich wandte mich dann von der Küste wieder thalaufwärts, um Mariás zu erreichen, verliess aber doch, nachdem ich die Gegend der Weinpflanzungen wieder erreicht hatte, noch einmal rechts abbiegend das Thal, um über einen Bergsattel, auf dem sich die Weinpflanzungen der Einwohner von Mariás mit den aus der Ebene an der Skala von Kástro bis hierher reichenden Oelbaumpflanzungen begegnen, zu einem Palaeókastro hinaufzusteigen. Dieses liegt auf einer Bergkuppe, die mir einen freien Blick über die fruchtbare Ebene an der Skala von Kástro, auf das Meer mit dem Inselchen bei Kap Astrás und dem Athos im weissen Wolkenkranze gewährte, und besteht aus den Ruinen einer entschieden mittelalterlichen Festung mit übereinandergestürzten und überwachsenen Mauern aus kleinen Steinen. Der Umstand, dass der Platz, welcher auf der Grenze der Gebiete von Kástro und Mariás liegt, zu Kástro gehört, mag auf ein Zusammengehören dieser besonders die Ebene an der Skala von Kástro bewachenden Festung mit der durch den Wappenstein des Berto Grimbalt vom Jahre 1434 bezeichneten Feste von Kástro noch heute hinweisen. Ich konnte vom Palaeókastro sehr bald wieder in das nach Mariás hinaufführende Thal hinabsteigen und den Weg zum Dorfe verfolgen, an dem unter Eichen ein altes verfallenes Kirchlein des heiligen Vasilis liegt, an das sich noch die Erinnerung eines grossen Blutbades in den Zeiten des Seeraubes knüpft, bei dem, wie mein Führer sagte, das Blut von hier bis zum Meere floss; in dieser Erzählung spielten die Inselbewohner, wie immer in diesen Geschichten, die Rolle der wehrlosen Opfer. Weiter oben im Thale kam uns eine Fülle fliessenden Wassers entgegen, das eine üppigere Vegetation nährt. Frischgrüne Platanen decken die Abhänge zu beiden Seiten, an denen auf künstlichen Terrassen kleine Gemüsegärtchen, durch hölzerne Rinnen mit Wasser gespeist, über einander liegen. Auf ziemlich bedeutender Höhe im Gebirge, dessen Gestein hier grossentheils Glimmerschiefer ist, liegt Mariás, rings von waldigen Bergen umgeben, zwischen denen das Auge nur im Südwesten einen kleinen Abschnitt des Meereshorizontes erblickt.

Im Dorfe fand ich an Ueberresten aus dem Alterthume ein Relief (Taf. X, n. 4) und eine Inschrift, beide ohne Zweifel aus der Ebene weiter nach dem Meere hinab, wo der Platz der Ansiedlung in jener Zeit gewesen sein muss, heraufgeholt, wie mir von dem Relief denn auch der Besitzer selbst versicherte, er habe es unten in der Gegend Skepastó gefunden. Auf der 0,52 Meter hohen und 0,35 Meter breiten

Platte von weissem Marmor ist in ziemlich verwischtem, aber ursprünglich gut gearbeitetem Relief Artemis [1]) dargestellt, eilenden Laufes, im langen Gewande, in jeder Hand eine Fackel tragend und von zwei Hunden umbellt. Die Inschrift ist eine Grabschrift späterer Zeit und findet sich auf einem 0,29 Meter langen Marmorstücke an einem Brunnen im Dorfe verbaut.

ΙΙΦΙΑ · ΛΕΩΝΙΔΟΥ . . . φια Λεωνίδου
ΡΟΣΦΙΛΗΣ · ΧΑΙΡΕ π]ροσφιλής. χαῖρε.

Von Mariás nach Kakiráchi (Κακοράχη) gebrauchte ich drei Stunden. Der Weg übersteigt den die Gebiete der beiden Ortschaften scheidenden sich am höchsten in dem für uns links bleibenden Gipfel des Agios Máts oder Agios Ilias erhebenden Bergzug. So bald er von dessen Kamme jenseits bergab führt, nimmt die Oberfläche des Bodens die von eisenhaltigem Gestein herrührende gelbe ins Rothe gehende Farbe an, die ich zuerst in der Gegend des alten Bergwerks östlich der Skala von Kástro bemerkte und die namentlich auch den genannten Gipfel des Agios Máts weithin auszeichnet. Wie an der Stelle jenes Bergwerks bildet das eisenhaltige Gestein auch in den Bergen um Kakiráchi mehrfach natürliche Höhlen, deren eine, welche wir von unserm Wege aus zur Linken sahen, ich selbst besucht habe. Weiter in der Nähe des Dorfes bemerkte ich zahlreiche unter die Steinbrocken des Bodens eingemischte Eisenschlacken. Der Ort Kakiráchi selbst liegt landeinwärts am innersten Rande einer ziemlich ausgedehnten mit flachem Strande sich nach Westen dem Meere zu öffnenden Strandebene, deren Erdreich von den aufgelösten Bestandtheilen der eisenhaltigen Gesteine röthlich gefärbt ist und welche allerdings mit einigen Wein- und Oelbaumpflanzungen besetzt, grösstentheils aber unbebaut mit wildem Gebüsche überwachsen ist. Ueber dem heutigen Dorfe erhebt sich ein steiler oben mit ansteigenden Felsen gekrönter Berg, von einer oben befindlichen Kirche Metamórphosis genannt, auf welchem in den letztvergangenen Jahrhunderten das Dorf lag, dessen von der schwer zugänglichen Höhe hergenommenen Namen Kakiráchi noch das heutige Dorf bewahrt, obgleich er auf dessen Lage durchaus nicht passt. Am Fusse des Berges Metamórphosis befindet sich eine kleine Höhle, von der die Leute im Dorfe behaupten, es führe ein unterirdischer Gang von ihr auf die Bergspitze, wozu sie auch noch ganz wie die Limnioten von ihrem Kastrowúni an der Kondiábucht zu erzählen wissen, dass durch diesen Gang einmal die Seeräuber den Ort auf der Höhe erstiegen und eingenommen hätten, indem eine Frau, welche sich bei ihrer Annäherung durch denselben Gang hinauf flüchtete, am Eingange der Höhle ihr Schuhband verloren und so den geheimen Zugang verrathen habe. Seitdem soll der Ort oben verfallen sein und die Einwohner desselben sich an der Stelle des heutigen Kakiráchi und des benachbarten kleinen Ortes Sotíro, der unter dem Proëstos von Kakiráchi steht, angesiedelt haben. In und um Kakiráchi habe ich nur eine einzige [2]), ganz verstümmelte Inschrift auf einem plumpen Kapitäle später Zeit, das jetzt in einer verfallenen Kirche am Strande eingesetzt ist, gesehen. Vielleicht war ihr Schluss ein κατ' εὐχήν.

ΙΛϹΥ · ΚΑΤ

Die Umgegend von Kakiráchi ist, man kann allerdings nicht bestimmen in welcher Zeit, der Sitz einer bedeutenden Eisengewinnung gewesen, wie ausser aus jenen in der nächsten Umgebung des Dorfes verstreuten Schlacken besonders aus den grossen in der Ebene zwischen den Weinbergen und nördlich vom Dorfe liegenden Schlackenhaufen, die schon seit Belon nicht leicht einem Reisenden entgangen sind, hervorgeht.

An einem dieser Haufen führt der Weg von Kakiráchi nach Sotíro, der nur eine Stunde beträgt, vorüber. Sotíro liegt am Bergabhange über einem kleinen Thale, dessen flacher Strand den Blick über das Meer hin auf den Piláf-Tepé (Παγγαῖον ὄρος) der rumelischen Küste öffnet. Man erzählte mir hier

---

1) Darstellungen der fackeltragenden Artemis: Pyl im rhein. Mus. N. F. 14. Jahrg. (1859.) S. 144.

2) An einer Kirche des heiligen Georgios, rechterhand wenn man von Kakiráchi zur Skala hinuntergeht, soll sich ein Relief finden.

von einer Höhle im Gebirge an einer Kaládendra ('ς τὰ καλάδενδρα) genannten Stelle, welche sich erst horizontal, dann vertikal verlaufend in den Berg hinein erstrecke und in der ein anderer Reisender, wenn die Angabe richtig ist, vielleicht noch ein verlassenes Bergwerk wird auffinden können. Sonst habe ich nur ein aussen an der mit der Kirche auf der Steilhöhe oberhalb Kakirachi gleichnamigen Kirche in Sotiro eingemauertes 0,34 Meter hohes Grabrelief (Taf. X, n. 5) von weissem Marmor mit einer auch auf Thasos oft genug wiederholten Vorstellung und der Unterschrift: Ἡραγόρας Μίκωνο. χαῖρε. zu erwähnen.

Ich konnte Sotiro bald verlassen, um zuerst thalabwärts bis an die Küste zu reiten und dann diese weiter nach Norden zu verfolgen, wo allein auf der ganzen Insel die Berge auf eine längere Strecke hin vom Meere zurücktreten und einer, wie Grisebach bemerkte, aus dem Meere angeschwemmten Ebene Raum geben. Diese ist an vielen Stellen mit Oelbäumen besetzt, indess bei weitem nicht überall angebaut, da besonders jetzt seit dem Kriege in der Krim die Preise der Arbeitsthiere zu hoch sind, um den Anbau lohnend erscheinen zu lassen. Mein damals nächstes Ziel, das Dorf Kassarwit (Κασσαβῖτ) liegt weiter landeinwärts in einem sich in etwa nordnordwestlicher Richtung zur Ebene am Meere heraberstreckenden Thale, an dessen Ausgange ich zuerst eine Reihe von Hütten berührte, welche die Bewohner von Kassarwit nur im Winter benutzen, um die Olivenernte einzubringen, von denen ich dann das Thal aufwärts zum Dorfe verfolgte. Auf dem rechten Ufer des in diesem Thale hinunterziehenden trockenen Flussbettes steht abermals die Ruine eines altgriechischen viereckigen Thurmes, dessen noch über Mannshöhe aufrecht stehende Seiten 8,88 und 8,80 Meter in der Länge messen. Die einzelnen ungleich grossen Blöcke sind, da das Gestein ein schiefrig brechendes ist, nur etwa eine Hand hoch, messen aber in der Länge bis zu 1,80 Meter. Der Platz heisst Tsuknida (τζουκνίδα, Brennnessel). Weiter aufwärts erreichten wir rechter Hand, also auf dem linken Ufer des erwähnten Flussbettes, eine kleinere Abtheilung des Dorfes Kassarwit, Papasmachalás (Παπασμαχαλᾶς, Pfaffenviertel) und von da auf dem jenseitigen Ufer des Flussbettes den Haupttheil Tsingára (τζιγγάρα), der eben mit jener gegenüberliegenden Ortschaft (ἡ πέρα χώρα) zusammen Kassarwit heisst. Von einem Grabrelief, das man hier früher in einem Hause bewahrte, habe ich nur die leere Stelle der Wand, in der es eingelassen war, gesehen. Der Besitzer hatte es nach Kawálla verkauft, von wo ich über sein Verbleiben keine Auskunft habe erhalten können. Der Beschreibung nach stellte dasselbe eine stehende Frau, die in der einen Hand eine Weintraube, in der andern einen Vogel hielt, dar, hatte auch eine Unterschrift. Ein Bruchstück eines der zahlreichen Grabreliefs, die den Todten beim Mahle darstellen, sah ich auf einem Felde unterhalb Kassarwit liegen (Taf. X, n. 9); es sind darauf zwei Männer mit dem Becher in der Hand auf einer Kline ruhend und vor ihnen der Speisetisch noch zu erkennen.

Auf der Strecke, welche mir von Kassarwit ab, um meine Rundreise um die Insel zu vollenden, noch zurückzulegen übrig blieb, ist mir auch nicht der geringste Ueberrest aus dem Alterthume mehr bekannt geworden und ich kann also über diese Strecke um so rascher hinweggehen.

In zwei Stunden erreichte ich, auf dem Wege eine gänzlich zerstörte Ansiedlung Ewriós (Ἑβραιός) berührend, das Dorf Wulgáro (Βουλγάρο). Es liegt in vier getrennten Abtheilungen (Βοῦς, Ἀγιά, Ῥαχών und Σκάλαις) an den Berglehnen über einem gegen WNW. zu Meere hinabziehenden mit Oelbäumen und kleinen Feldern, theilweise auch mit Gestrüpp besetzten Thale. Bis zu diesem setzt sich die angeschwemmte Ebene, welche ich von der Skála von Sotiro bis zu den Kalyvien von Kassarwit früher durchritten hatte, längs der Küste fort, während nördlich von demselben die Berge wieder hart ans Meer herantreten.

Von Wulgáro aufwärts brachte uns ein Weg zwischen dichtem Gebüsch, aus dem dünnstielige feinbelaubte Kastanienbäumchen hin und wieder aufsteigend ihren zarten Umriss gegen den reinen Himmel abzeichneten, an einem Palaeochóri, dem Platze einer verlassenen Ortschaft, vorbei nach dem kleinen Dorfe Agios Geórgios. Von hier aus sieht man über die vier Abtheilungen des Dorfes Wulgáro hin das Thal hinunter auf das Meer, und drüben am rumelischen Festlande den Rücken des Pilaf-Tepé, an dessen

Anblick, als der hervorstechendsten Form innerhalb des Gesichtskreises, sich das Auge auf der Nordwestseite von Thasos eben so gewöhnt, wie auf der Südwestseite an den des Athos und an den Samothrakis auf der Ostseite.

Der Weg von Agios Geórgios nach Panagiá, den ich nun weiter einschlug, führte von dem Dörfchen ab ostwärts über die Berghöhen, jenseit deren sich mir der wohlbekannte Anblick der Ruinen am Liménas bot, das Hafenbecken in der in das spitze Vorgebirge auslaufenden flachen Bucht und die Linie der Stadtmauer von der Küste ab zuerst durch die Ebene und dann nach innen umbiegend die Akropolishöhe hinan laufend; drüben jenseit des Meeresarmes dehnte sich weit die flache Mündungsebene des Karasu, des Nestos der Alten. Hier muss man im Alterthume den vollständigsten Ueberblick der Stadt von Thasos gehabt haben. Ihre marmorglänzenden Bauten dehnten sich innerhalb des Mauerringes in der Ebene und über einander gereiht an den Bergabhängen bis zur Akropolis hinauf, welche von hier aus gesehen ihre Gebäude vor dem Hintergrunde des Meeresspiegels emporhob. Auf der einen Seite drängten vom Meere her die Schiffe zu dem Hafen und auf der andern führten landeinwärts aus den Stadtthoren zwei Hauptwege nach Süden und Westen, beide in ihrem Verlaufe durch das Grün der Ebene hin kenntlich durch die Menge der sie begleitenden weissen Grabmäler. Ich erreichte Panagiá vier Stunden nach meinem Ausritt aus Wulgáro, fünfzehn Tage, nachdem ich es um die Rundreise durch die Insel zu machen verlassen hatte.

Einige Tage nachher konnte ich, Dank der Vermittlung Duchefer-Beis, am Liménas ein tüchtiges Kaik zur Ueberfahrt nach Samothraki besteigen[1].

---

[1]) Von Münzfunden auf Thasos habe ich wenig zu berichten gehabt. Ausser den genannten Münzen, einer venetianischen (an der Aliki gefunden), einer römischen des C. und L. Caesares (am Grabmale der Brüder gefunden) und einer von Amphipolis sind mir die folgenden zu Gesicht gekommen.

Thasische Silbermünze. Bärtiger Dionysoskopf mit Epheukranz nach Links. R.: Im Quadratum incusum knieender bogenschiessender Herakles nach Rechts, vor dem linken Knie eine Amphora, hinter ihm von unten herauf geschrieben, doch so, dass die letzten zwei Buchstaben in horizontaler Linie stehen, ΘΑΣΙΩΝ.

Thasische Silbermünze. Bärtiger Dionysoskopf mit Epheukranz nach Links. R.: Von einem Kranze eingefasst eine Keule, über und unter derselben vertheilt ΘΑΣΙ
ΩΝ.

Mehre thasische Kupfermünzen. Herakleskopf nach Rechts. R.: Bogen, darin eine Amphora, ΘΑΣΙΩΝ, darunter eine Keule. (Die auf Taf. XXI, n. 3 abgebildete sah ich auf Samothraki.)

Ausserdem mehre Silbertetradrachmen von Maroneia, Silbermünzen von Neapolis und Abdera.

Ich bemerke noch, dass meine Nachforschungen nach gestempelten Amphorenhenkeln vergebens gewesen sind.

SAMOTHRAKI.

Die zwei hervorstechenden Formen im ganzen thrakischen Meere und noch weithin über dasselbe hinaus sichtbar sind der Athos und Samothraki[1]) und es ist gewiss merkwürdig, dass beide eine ganz ähnliche Bedeutung in der Geschichte erlangt haben, Samothrake im Alterthume als die Insel der frommen Eingeweihten und der Athos in der Neuzeit als der heilige Berg der orientalischen Christenheit. Ganz in der Nähe sah ich den Athos nur vom Dampfschiffe aus auf der Fahrt von Salonichi nach Kawála. Da lag sein hochzackiger Felsgipfel zu unserer Linken, dessen schroffe kahle Wände Schnee in ihren Schluchten trugen; darunter dachte sichs sanft ab in waldigen Anbergen, aus deren Grün hier und da verstreute Gebäude und besonders ein ausgedehntes Kloster (Λαύρα) weiss glänzend hervorstachen. Mit senkrechtem Felsabschnitte umgab die Meeresküste das ganze reiche Bild. In der Ferne erscheint dagegen der Athos als ein auf dem Meere stehender Kegel; so sah ich ihn von der thrakischen Küste bei Kawála, von vielen Punkten auf Thasos, Samothráki und Limnos und sogar von Mólivo (dem alten Methymna) auf Mitylini, wo er über der flachgestreckten Limnos aufsteigend sich darstellt. Er ist bis Enos hin sichtbar wie eine Pyramide, die glänzend aus den Fluthen hervortaucht[2]). Als einen ebenso spitz aufsteigenden vereinzelten Berg im Meere hat man auch Samothraki von Thasos aus vor sich. Wie ähnliche hohe Gipfel sammelt er häufig bei sonst klarem Himmel einen Kranz von Wolken um sich; aber seltsamer war seine Erscheinung an einem für Thasos regnigen Tage, als er vor dem klar gebliebenen Horizont empor mit seiner Spitze in eine horizontal gelagerte Wolkenschicht hineinragte, wie Meer und Himmel verbindend[3]). Von Süden betrachtet wechselt aber die Gestalt von Samothraki; denn das Gebirge, aus dem die Insel besteht, erstreckt sich in westöstlicher Richtung und von Limnos aus erschien sie mir daher als ein langer sargähnlicher Rücken. In gleicher Gestalt hat sie auch der zur Linken, welcher von Limnos her auf die Dardanellen zufährt. Diese Form, an sich weniger auffallend, als jene pyramidale, ist dennoch durch ihre bedeutende Höhe für das Auge weithin ausgezeichnet. Ich habe das nirgends so überraschend bemerkt, als auf Mitylini von einem Bergwege oberhalb des Kaps Sykamniá aus; von dort übersah ich die Küste von Troas bis zum Kap Bába (Λέκτον) und im Meere darüber Tenedos als schmalen niedrigen Streifen mit der kleinen Haskuppe zur Rechten, darüber hin Imbros mit höheren Bergen und wieder weit über letzterer aufsteigend mit einigen weissen Wölkchen umgeben den fernen Bergrücken von Samothraki. Es begreift sich dabei leicht, wie das homerische Lied auf diese sogar über Troja hinaus sichtbare Höhe den Poseidon setzt, wenn es darin heisst:

nicht achtlos spähte der Erderschütterer Poseidon.
Denn er sass, anstaunend den Kampf und die Waffenentscheidung,

---

1) Der Athos 6349 englische Fuss, Samothraki 5248 nach der englischen Seekarte.

2) Griesebach Reise durch Rumelien und nach Brussa (Gött. 1841) I, 150. Vergl. Strabo VII, 330: ὄρος ὑψηλὸν καὶ μαστοειδές.

3) Schiffer erzählten mir, ein gelehrter Türke habe auf den Namen Semendrek, wie die Türken ihn aussprechen, das Wortspiel: semaa-direk-y (Pfeiler des Himmels, wie ich von Herrn Prof. Ewald lerne) gemacht.

Hoch auf dem obersten Gipfel der hochumwaldeten Samos
Thrakias: dort erschien mit allen Höhn ihm der Ida,
Auch erschien ihm Priamos Stadt und der Danaer Schiffe.
Dort, entstiegen dem Meer, sah jener mit Gram die Achaier
Fallen vor Trojas Volk und dem Zeus war er heftig ereifert.

Es war früh Morgens am 3. Juni, als unser Boot den grünen Strand an der Skala von Thasos verliess, der Bootführer, den sie Kápitan Jánnis nannten, seine Pistole abschoss und glückliche Reise (καλὸ κατευόδιον) wünschte; so wie wir die kleine Klippe an der Spitze der Hafenbucht umfahren hatten, lag unser Ziel, die hohe Samothraki, fern auf dem Meere vor uns. Eine ärgerliche Windstille hielt uns lange fest, bis ein frischer Südwest dem Boote in die Seite fiel; trotzdem wurde es vollkommen Nacht, ehe wir an der Palaeópolis von Samothraki Anker warfen. Die Nacht war Anfangs wolkig und regnig; nachher trat der Mond über den schwarzen Bergen der Insel hervor, in deren halber Höhe bei Aufgang der Sonne zuerst zwei Thürme auf einer Felsmasse sichtbar wurden. Ich liess mich ans Land setzen. Schon bei den ersten Schritten am Strande fiel mir ein grosser Unterschied desselben dem von Thasos gegenüber auf. Während dort das Meer oft schön ovalgeschliffene Kiesel weissen Marmors ans Ufer schiebt, lag hier Alles voll von dunkelm, grünen oder rothen Gestein, von dem eine reiche Mustersammlung in einer kleinen verlassenen Hütte am Strande verbaut war und dergleichen ich auf Thasos nie gesehen hatte. Der Platz, wo wir gelandet waren, heisst Palaeópolis und von den Ruinen der alten Stadt an dieser Stelle hatte ich einige Kunde, bemerkte indessen beim ersten Umhergehen, während ich auf die Maulthiere wartete, um derentwillen ich gleich zum Dorfe geschickt hatte, abgesehen von den zwei erwähnten offenbar mittelalterlichen Thürmen nur nach einigem Umhergehen einen Mauerstreif, der lang einen Bergrücken hinauf lief. Weiter unten verdeckte eine starke Vegetation Alles; der Abhang war hier ganz feucht von durchrieselndem Wasser, durch welches besonders Platanen gediehen; manche davon standen im frischen Wachsthume mit Weingerank belastet, manche lagen auch abgestorben kahl hingestürzt. Als ich auf einem Platanenaste mich gesetzt hatte, konnte ich an der gleich auf meinen Anblick folgenden erschreckten Flucht eines Hirtenknaben, der des Wegs kam, abnehmen, in welche des Verkehrs ungewohnte Welt ich kommen sollte. Es wohnt hier Niemand in der Palaeópolis. In der einzelnen Hütte gleich am Landeplatze war vor einiger Zeit ein Magazi, der Besitzer ist aber einmal überfallen, durch einen Schuss verwundet und seitdem steht das kleine Gebäude leer. Nach einigen Stunden langten die Maulthiere an und während ich über einen Bergrücken dem Dorfe zuritt, sah ich hinter mir unten im Meere das Kaïk, welches mich gebracht und dessen Schiffer weiter Nichts auf Samothraki zu suchen hatten, auf voller Rückfahrt nach Thasos. Wie vorher am Strande die verschiedene Gesteinart, so fiel mir auf dem Wege der gleichfalls von dem auf Thasos ganz verschiedene Baumwuchs auf und diesen Unterschied habe ich nachher bestätigt gefunden. Platanen sind allerdings auch auf Thasos in feuchten Gründen häufig und der Oleander (πικρόδαφνη, so hier betont) blüht in den Bächen beider Inseln, der Waldwuchs aber, durch den Samothraki wie Thasos noch heute ausgezeichnet ist, besteht auf Thasos durchweg aus Nadelhölzern, deren man auf Samothraki glaube ich nicht ein einziges findet; hier sind es verschiedene Eichenarten, die bald hochstämmig, bald nur als Gestrüpp die Berghöhen überziehen und die wieder auf den Marmorgebirgen von Thasos gänzlich fehlen. Mein Weg zum Dorfe führte über Höhen, die bald nur mit Kraut und Gräsern, bald auch mit Eichengestrüpp bewachsen waren und von denen ich zur Linken das hohe Gebirge, zur Rechten ab und an eine flache gegen das Meer in eine spitze Zunge auslaufende Strandebene übersah. Einige Male stieg der Weg auch in querüber verlaufende enge und dichter bewachsene Thäler hinab. Nach etwa anderthalb Stunden kam mir das verfallene Schloss zu Gesicht, unter dem an den Seitenwänden eines ganz kahlen Thales die Häuser des Dorfes eines über dem anderen sich ausdehnen. Diese übersieht man vollständig erst da, wo man die Höhe des Schlosses erreicht hat, an dessen Mauern das Konáki, die bescheidene Residenz des türkischen Aga, angebaut ist. Derselbe hatte, als ich ankam, bereits gesorgt, dass eine alte Wittwe mir ihr Häuschen einräumte. Es war aus rohen Steinen aufgebaut und umschloss mit seinen vier Wänden einen unteren Raum, der bei wohlhabenderen Leuten der Insel für das Vieh benutzt wird und einen oberen Wohnraum, zu dessen Thür eine gebrechliche Leiterstiege aussen am Hause hinauf führte. Ein Kamin, einige an der Wand umlaufende Börte mit Geschirr und in einer Ecke das Heiligenbild mit einem Lämpchen davor bildeten die innere Ausstattung des Wohnraumes, dessen Holzdecke inmitten ein aufrechtstehender Balken stützte und der sein Licht durch die Thür und eine kleine viereckige Fensteröffnung erhielt. Die Häuser sind alle flach mit Erde gedeckt; ein Cylinder von weissem Marmor auf jedem Dache dient zum Festrollen desselben nach einem Regen. Da mein Quartier eins der höchstliegenden Häuser war, so übersah ich von da die ganzen kahlen Berglehnen mit den ebenso kahl und einfarbig grauen Häusern des Dorfes, die Kastellruine auf der Höhe farblos wie das Uebrige und jenseit der Berggipfel nach Norden das Meer [1]). Von dem Wege vor dem Hause trat man auf das flache Dach des zunächst darunter liegenden Hauses, auf dem ich oft die Weiber mit ihren Spindeln sitzen sah.

Meine Decken waren kaum im neuen Quartier ausgebreitet, als ich auch gleich Besuch vom Aga und einigen Ortsbewohnern bekam. Unter den letzteren muss ich einen Geistlichen besonders nennen, weil ich von ihm, den ich während meines Aufenthaltes täglich sah, die meisten Angaben über die Insel erhalten habe. Papa Nikólaos ist Vikar (ἐπίτροπος) des Erzbischofs von Maronia auf Samothraki und da ich ihm einen Brief seines Erzbischofs, welchen ich auf Thasos persönlich kennen gelernt hatte, bringen konnte, so hat er sich bemüht, mir überall behülflich zu sein.

Die Insel Samothraki besteht zu bei weitem grösseren Theile aus einer Bergmasse, die in west-östlicher Richtung verläuft und sich am höchsten in vier Gipfeln erhebt, welche Phengári, Agios Ilias, Agia Sophia und Agios Geórgios genannt werden. Vor die Berge lagert sich nur im Norden und Westen ein Flachland, im Norden als ein mehr gleichmässig breiter Saum, im Westen in grösserer Ausdehnung und sich mit einer spitzen Zunge von Steingeröll, in der zwei Salzseen eingeschlossen liegen, ins Meer vorschiebend. Schroff ans Meer tritt das Gebirge im Südosten Imbros gegenüber, als wendete die Insel ihren Rücken dorthin, wo sie durch den geringsten Abstand von einem benachbarten Lande getrennt ist, daher auch grade von Imbros aus gesehen dieser Theil der Insel, welchen wir als ihre wahre Wildseite bezeichnen müssen, einen prächtigen Anblick bildet, wenn bei Morgensonne alle die Schluchten und Risse der Bergwände sich blauschattig zeichnen und steil auf die grade Linie des leise wiederspiegelnden Meeres fallen.

Die grösste Abgeschlossenheit vom Verkehre mit der übrigen Welt charakterisirt Samothraki gewiss seit Jahrhunderten in merkwürdigem Gegensatze zu den Zeiten, in denen die Mysterienfeiern die Insel berühmt machten, so weit Griechen wohnten und Festbesucher und heilige Gesandtschaften, deren Namen zum Theil noch auf den alten Marmorsteinen der Insel zu lesen sind, hier zusammenströmten. Diese Hemmung des Verkehrs hat ihren Hauptgrund in der Bildung der Küste; denn die Insel ist vollkommen hafenlos. Nirgends kann sich zumal im Winter ein Schiff sicher vor Anker halten und die Bewohner können deshalb nur wenige kleine Fahrzeuge haben, die sie im Winter aufs Land ziehen [2]). Auch die starke Strömung, welche von den Dardanellen her zwischen Samothraki und Imbros hindurchgeht, hindert die kleinen Schiffe bedeutend und im Winter machen die Nordstürme das umliegende Meer ganz gefürchtet. Mit besonderer Heftigkeit stürzen sie, wie die Leute sich ausdrücken, von dem hohen Gebirge der Insel herab und ein solcher Sturm hatte noch im Januar vor meinem Besuche ein dicht am

[1]) Eine allerdings recht ungenügende Ansicht der Chóra von Samothráki im Atlas zu Richters Wallfahrten im Morgenlande (Berl. 1822).

[2]) Man landet an der Palaeópolis im Norden, an der Kamariótissa hinter der Landzunge im Westen, im Süden bei Makrylíés ([illegible]) und am Ausgang Imbros gegenüber oder an der Mündung der Flüsschen Phoniás und Angístros im Nordwesten der Insel.

Südufer vor Anker liegendes Kaïk mit seiner Bemannung versenkt. Mancher Angstruf des Schiffers fleht hier heute zum heiligen Nikólaos, wie vor Alters zu den Samothrakischen Göttern[1]).

Die Träger der meist entstellt oder ganz lügenhaft anlangenden Nachrichten aus der übrigen Welt machen für die Inselbewohner besonders die in den griechischen Meeren unstät umherziehenden Schwammfischer (σφουγγαράδες), welche auch reich sind an Wundergeschichten. So wissen sie von der Sgúrafa, einem Riffe im Meere östlich von Samothraki, zu erzählen, dass dort in einer Höhle des Felsens unter dem Meere ein grosses Unthier wohne und dass, während sie solche Riffe um der Schwämme willen ganz besonders aufsuchen, sie deshalb doch nicht wagen, sehr tief an der Sgúrafa zu tauchen. Auch sei einmal von einem Schwammfischer, der es doch gewagt habe sich weit hinabzulassen, nur der halbe Mensch wieder heraufgezogen, so habe ihn das Thier zugerichtet gehabt. Erinnert nicht das Mährchen noch heute an das alte von der Σκύλλη πετραίη, die in der Höhle hoch an der Felswand haust und dem Odysseus seine sechs Gefährten aus dem Schiffe reisst und verschlingt?

Aber auch diese trübe Quelle der Kunde von Aussen versiegt für die Samothrakier, wenn im Winter die Schwammfischer ihre Arbeit einstellen und in ihre Heimath zurückgehen, wenn mit den Winterstürmen auch der geringe übrige Schiffsverkehr der Sommerzeit sein Ende hat. Wir sind im Gefängniss (εἴμασθε μέσ' 'ς τὴ φυλακή) sagte mir Einer der Inselbewohner.

Das einzige Dorf der Insel, schlechthin ἡ χώρα genannt, hat nur christliche Bevölkerung. Der Kaïmakam von Tenedos, unter dem auch Imbros und Samothraki stehen, schickt einen Aga hierher, um die Abgaben einzunehmen, welche von diesen drei Inseln der Moschee ihres Eroberers Mohammed II. in Konstantinopel gehören sollen. Die Insel bringt reichlich den Bedarf für die kleine Bevölkerung hervor und würde eine weit zahlreichere ernähren können; ausgeführt wird ausser Holz, Holzkohlen und einigem Obst Nichts. Es mag zufällig sein, dass bei Plinius gerade ein Samothrakier als Beispiel besonders kräftigen hohen Alters genannt wird[2]); jedenfalls rühmen sich heutzutage die Samothrakier in ihrer vom Meere noch mehr erfrischten Bergluft einer ungestörten Leibesgesundheit und hohen Alters. Einen Arzt giebt es auf der Insel nicht.

Die Ackerfelder liegen auf dem flacheren Westende der Insel. Sobald man die Höhe des Bergrückens, welcher das Thal des Dorfes umschliesst, da erstiegen hat, wo der Blick weit umher reicht über das Südwestmeer mit den Küsten von Rumelien, vor denen Thasos liegt und die in den Athosgipfel auslaufen, und mit der flachgestreckten Limnos, sieht man unter sich ausgebreitet das weite flache Ackergelände von Samothraki, dessen äusserstem Vorsprung ins Meer die spitze Landzunge (τὸ ἀκρωτήρι) mit den darin eingeschlossenen Spiegeln der zwei Salzseen bildet. Von diesem Punkte ritt ich am 12. Juni in südlicher Richtung bergab einem Wege nach, zu dessen Seiten hier und da mit Steinen eingefriedete Gärten lagen, bis am Fusse des Gebirges die Kornfelder ihren Anfang nahmen. Gebaut wird Weizen (σιτάρι), Gerste (κριθάρι) und etwas Hafer (βρώμη), auch Taback hinreichend für den Bedarf. Durch die Kornfelder erreichte ich die Küste beim Mikrowúni (dem kleinen Berge), auf dessen Anhöhe allerlei elende Mauerbrocken eines höchstens mittelalterlichen Baues umherlagen. Dann wandte ich mich links nach Osten den Strand entlang, der sich flach und kieselbedeckt hinzog, bis ich das weite trockene Bett des Xeropótamo, welcher im Winter starke Wasser führt, passirt hatte. Von da begannen die vom Hauptgebirge herabsteigenden Höhen dicht an die Küste zu treten, nur von einem schmalen Steinsaume, den das Meer auswirft, umgeben. Mit diesem Wechsel der Natur des Bodens wechselt auch die Cultur; die Ackerfelder hören auf und der Ortsnamen 'ς ταῖς μεγάλαις (an den grossen Oelbäumen) deutet auf die hier beginnenden Oelbaumpflanzungen hin. Je weiter ich der Küste nach Osten folgte, desto höher hob

---

1) S. bei Lobeck Aglaoph. 1216.

2) Nat. hist. XI, 167: Zoclen Samothracenum, cui renati essent (dentes) post centum et quattuor annos, Mucianus visum a se prodidit.

sich das Terrain und die Berge fingen an, unmittelbar steil ins Meer abzufallen, so dass ich genöthigt war, den Weg nicht mehr unmittelbar an der Küste, sondern mehr landeinwärts fortzusetzen. Hier überziehen nun Oelbaumpflanzungen die ganzen Höhen; sie erstrecken sich ziemlich hoch hinauf ins Innere der Insel, bis sie am Gebirge durch ein Gehölz vereinzelt stehender rundkroniger und kurzstämmiger Eichen abgelöst werden. Der letzte Punkt, den ich in dieser Richtung bergaufwärts erreichte, ist eine Kirchenruine, 'ς τὴ [illegible] genannt, in deren Altarnische ein halbzerschlagenes Gemälde der Panagía von der Wand herabsieht. In östlicher Richtung kam ich bis zu einem Platze 'ς τὸν [illegible], unterhalb dessen ein vereinzelt stehender Fels im Meere durch die Einbildungskraft der Schiffer den Namen ἡ φεργάδα (die Fregatte) erhalten hat. Die Oelbaumpflanzungen erstrecken sich noch etwas weiter nach Osten bis in die Gegend des flachen Landeplatzes 'ς τὸν ἄμμον. Darüber hinaus verbietet der steinige Bergboden auch den Anbau der Oelbäume. Es beginnt hier die schon erwähnte Wildseite der Insel, welche selbst die Hirten nicht zu besuchen scheinen; man sagte mir, dass sich diese wilde Berggegend bis zum sogenannten Kipos am Ostende von Samothraki fortsetze. Vom Schiffe aus sah ich später, wie die dünnbewaldeten Berglehnen auf dieser Strecke gegen das Meer zu in schroffelsigen Abschnitten enden, unten nur zuweilen von einem schmalen flachen Kieselsaume umgeben, oder wie das ganze Gebirge unmittelbar aus dem Meere bis zum Gipfel mit senkrechter Klippenwand aufsteigt. Papa Nikólaos sagte: εἶναι ἀγριότοπος, ποῦ μόνον τὰ ἄγρια κατσίκια περπατοῦν (es ist eine wilde Gegend, wo sich nur die wilden Ziegen ergehen). Diese sogenannten wilden Ziegen, auf welche die Einwohner um des Felles willen zuweilen Jagd machen, sind der Beschreibung nach und nach einem Felle, welches ich sah, zu urtheilen, Steinböcke (nicht Gemsen, wie es in dem Berichte von Blau und Schlottmann heisst); ich kann das um so gewisser behaupten nach einer Mittheilung des kundigen Herrn von Gonzenbach in Smyrna, der durch einen Bewohner von Gümürdschina Nachricht von diesen Thieren hatte. Die Volkssage auf Samothraki erzählt, dass es verwilderte Ziegen sind, die einstmals die Heerde einer alten Frau bildeten. Mehr wollte mir mein Schiffer, mit dem ich auf dem Wege nach Imwros unter der Küste herfuhr, nicht erzählen; aber er zeigte mir weisse in eine Felswand eingesprengte Streifen und sagte, dass man sie τῆς γραιᾶς τὰ [illegible] (die Wäsche der Alten) nenne. Diese Alte mit ihrer Heerde scheint im heutigen Griechenland eine beliebte Sagenfigur zu sein. Die Pópina, deren steinerne Hürde man mir auf Thasos zeigte und von der ich dort umständlicher erzählt habe, ist dieselbe. Die Hürde der Alten (τὸ μάνδρι τῆς γραίας) heissen die Ueberreste vom Bau des Herodes Atticus hinter dem Kotrónihügel zwischen Vraná und Marathóna in Attika und ein Einwohner von Marathóna hat mir dort wieder dieselbe Geschichte erzählt [1]) von der Alten, die sich im Frühjahre rühmt, nun sei der Winter vorüber und ihrer Heerde könne Nichts mehr geschehen und wie dann noch ein Nachtfrost kommt und alle Thiere zu Grunde gehen.

Die oben beschriebene südwestliche Abdachung des hohen Mittelgebirges der Insel mit ihrer Korn- und Oelbaum-Cultur ist nach der Aussage der Einwohner vor der nördlichen durch weit milderen Winter ausgezeichnet; sie behaupten, dass auf der Nordküste oft hoher Schnee liege, während die Südseite ganz frei davon sei. Ein zweiter auffallender Unterschied der beiden genannten Seiten der Insel liegt in dem grösseren Wasserreichthum der Nordabdachung; die Flussbetten der Südseite dagegen liegen im Sommer meistens trocken.

Ich habe die nördliche Seite der Insel am 10. und 11. Juni kennen gelernt. Vom Dorfe führte mich derselbe Weg, den ich das erste Mal vom Landeplatze nach dem Dorfe verfolgte und welchen ich oft genug zum Zweck meiner Arbeiten in der Palaeópolis hin und her zurückgelegt habe, in etwa anderthalb Stunden eben zu der Palaeópolis, dem Platze der alten Stadt Samothrake, welche ich nachher besonders beschreiben werde. Dieses Mal setzte ich ohne Aufenthalt meinen Weg ostwärts nahe am Gestade fort. Es stellte sich mir die Reihe der ausgebröckelten steilen und kahlen Hochgipfel der Insel dar, an

[1]) Auch Chandler hörte dieselbe dort (Voy. dans l'Asie mineure et en Grèce, tome III, p. [illegible]).

welche sich rundlich geformte Vorberge grossentheils mit niedrigem Buschwerk bedeckt anlehnen, unterhalb derer wieder sich eine Fläche in leiser Senkung gegen das Gestade hin ausdehnt, welches letztere an der ganzen Nordküste mit flachem Kieselboden in das Meer übergeht. Diese Fläche zwischen Berg und Meer bedeckt an vielen Stellen ein durch seine glatten rothen Stämme besonders auffallendes Gebüsch, welches sie auf Samothraki ἀνδραχνιὰ nennen, andere Strecken wieder haben nur Gras- und Krautwuchs und sind dünn mit einzeln stehenden Platanen besetzt. Dazwischen durch vom Berge nach dem Meere hinabziehende Streifen dichtgedrängteren Platanenwuchses lassen schon von ferne die meist sehr tief eingesenkten Flussthäler erkennen. Auf den Wasserreichthum der Nordseite der Insel der grösseren Wasserarmuth der Südwestseite gegenüber habe ich schon aufmerksam gemacht. In dem Platanengrunde der Palaeópolis entspringt eine reiche Quelle, deren vorzügliches Trinkwasser im ganzen umliegenden Meere bekannt ist. Auf meinem Wege am Meeresufer traf ich sehr bald östlich von der Palaeópolis wieder einen Süsswasserquell, dessen Umgebung mit Platanen bewachsen war und ἡ ἀνεβάντισσα genannt wurde. Andere Oertlichkeiten an der Küste zähle ich in der Reihe, wie ich sie berührte, mit Namen auf. Die Benennung Judenkirche (Ἑβραίικη ἐκκλησία) haftet an einigen liegen gebliebenen Steinen eines unbedeutenden keinenfalls altgriechischen Gemäuers, danach folgte die τζελατίνα, von einer Baumart so benannt, dann die Gegenden 's τὸ βασιλικό und am schönen Weinberge ('s τὸ καλὸ τὸ ἀμπέλι). Der letzte Name ist deshalb merkwürdig, weil er die Erinnerung an die auf Samothraki jetzt ganz verlorene Cultur des Weinstocks bewahrt. Weiterhin erreichte ich die Brautfahrt, wie man τὸ νυφοστόλι übersetzen kann; ein Fluss fliesst hier mit geringem Wasser herunter, der einst, wie man erzählt, zwei Brautleute, die über ihn setzen wollten, hinaus ins Meer riss. Um das Flussbett des Mechmed-Aga ('s τοῦ Μεχμὲτ 'Αγᾶ τὸ ῥεῦμα) ist verlassenes Ackerfeld und ein dieses umgebender Steinwall noch deutlich zu erkennen. Wieder eine andere Stelle heisst an den Türkengräbern ('s τὰ Τουρκομνήματα) nach einigen verkommenen Grabhügeln. Bald darauf zieht sich ein anderer Fluss, von den Bergen herab durch die 's ταῖς κάτω ταῖς Κρεμάσταις genannte Gegend. Bei den folgenden sogenannten grossen Feldern ('s τὰ μεγάλα χωράφια) sind die Spuren früheren Ackerbaues in diesem Namen des Platzes ebenso unverkennbar erhalten, wie in den geebneten Flächen des Bodens und den dazwischengehäuften Reihen von Steinen, die man auf diese Weise früher einmal von den Aeckern entfernt hat. Da wo sie die Gegend 's ταῖς ἀπάν' ταῖς Κρεμάσταις nennen, sieht man oben in den Bergen ein Wasser in weissem Sturze von der Felswand fallen, weiterhin zum Mohren ('s τὸν 'Αράπη) steht eine kleine Kirchenruine. Bald darauf geben viele am Ufer verstreute Scherben rothen Thongeschirrs, unter denen ich vergeblich nach der gestempelten altgriechischen Waare gesucht habe, dem Platze den Namen 's τὰ κεραμιδαριά. Ich sah jetzt die Vorberge weit gegen das Meer herabsteigen, welches sie an einer Stelle fast berühren; ihr äusserstes Ende bildet hier ein Felsblock, der Herrenstein (ἀρχοντόπετρα) genannt, den ich auf dem Kieselsaume des Meerufers umritt. Gleich hinter dem Herrensteine treten die Berge allmälig zurück, die Uferebene gewinnt wieder an Breite, und hier ist es, wo der Ortsname 's τὸ φερμαινό schon auf die nahen heissen Quellen, die φερμά (θερμά) der samothrakischen Hirtensprache, hindeutet. Diese brechen am Bergabhange in einiger Entfernung von der Küste an zwei Stellen hervor. In der durch den ablagernden Kalksinter gebildeten flachrundlichen Erhöhung sind an mehren Stellen Vertiefungen zum Baden ausgehauen; etwas weiter aufwärts ist ein grösseres Becken viereckig ummauert und dem heiligen Konstantinos geweiht. Ich fand keinen Menschen bei den Quellen, um derentwillen im hohen Sommer von Rumelien wie von Thasos manche Besucher herbeikommen, die dann für die Zeit ihres Aufenthaltes in nothdürftig ausreichenden Hütten um die Quellen herum ihre Wohnungen aufschlagen. Die ganze Strecke, welche ich von der Palaeópolis bis zum Herrensteine durchritt, wird jetzt nur zur Viehweide benutzt; wir stiessen unterwegs auf einige grasende Pferde (ἀλόγατα, wie die Pluralform hier lautet) und Maulthiere. Der Boden ist aber so vorzüglich, dass Papa Nikólaos ihn nicht besser zu bezeichnen wusste, als durch den Ausspruch: „Wenn man einen Todten darin begräbt, so steht er lebendig wieder auf." Der verwilderte Zustand ist also nur eine Folge des jetzigen Mangels an Menschen auf der Insel und wirkliche Spuren ehemaliger Bebauung habe ich eben bei der Aufzählung der Ortsnamen angezeigt. Die Ueppigkeit des Bodens erreicht ihren höchsten Grad in der Nähe der warmen Quellen; durch das wuchernde Gebüsch wird der Weg beengt und dasselbe wird zum Walde, wo unter den schattigen Hallen der Platanen ein Wasser herunterrauscht, den Raum unter dem Baumdache, welches die Sonnenglut abhält, mit Kühlung erfüllend. Hier fehlen nur Hände, um dem Boden die lohnendsten Ernten abzugewinnen; in den halbverwilderten Gärten, welche die Einwohner des Dorfes an dieser Stelle haben, gedeihen Kastanien, Wallnüsse, Kirschen, Birnen, Aepfel, Pfirsiche, Pflaumen, Feigen und Wein trotz aller Vernachlässigung. Unter dem wilden Gebüsch ist der Erdbeerbaum (κουμαριά) häufig, aus dessen Früchten sie hier ein Getränk bereiten. Nach einiger Mittagsruhe in einem dieser Gärten arbeitete ich mich ohne Weg durch eine Fels- und Waldwildniss nach den Trümmern eines Klosters Christós, welches höher am Berge liegt, hinauf, um dort einige Inschriften abzuschreiben (s. unten). Beim Hinabsteigen von da in nordöstlicher Richtung passirte ich zwei reichlich fliessende Bergwasser, welche den ganzen Sommer durch bis zum Meere hin nicht versiegen; diese und wie es scheint auch die übrigen Flüsschen der Nordküste treten aus dem Hochgebirge durch Felsspalten und zwar einige von ihnen als Wasserfälle hervor und fliessen dann in einem Thale weiter, welches bei dem zweiten unterhalb Christós von mir berührten Flüsschen so tief in die vom Gebirge bis zum Meere in allmäliger Neigung ausgedehnte Fläche eingesenkt ist, dass man am oberen Rande hinreitend, auf die Gipfel der Platanen, welche im Grunde des Flussthales wachsen, hinabsieht. Jenseit der zwei genannten Flüsschen bemerkte ich wieder die Spuren früheren Anbaues, einmal in dem Namen eines Platzes ἀμπέλια und ein anderes Mal in terrassenförmigen Abstufungen und aufgehäuften Steinreihen an einer Stelle, die man Σκαλωσιά nennt. Ein Nachtlager fand ich an diesem Tage in der Hütte eines alleinliegenden Gartens am Flüsschen Phoniás, wo man mich mit schönem Honig bewirthete. Sie halten auf Samothraki die Bienen in ausgehöhlten Stücken von Baumstämmen (τὰ ξυλάδια genannt) und gewinnen sehr guten Honig, indess zu wenig um ihn zur Ausfuhr bringen zu können. Am folgenden Morgen suchte ich östlich vom Phoniás zwei kleine Kirchenruinen des heiligen Theódoros 'ς τὸ χλημαχάρι, und der heiligen Helena auf in der vergeblichen Hoffnung, dort Inschrift- oder Sculptursteine zu finden. An dieser Stelle erstrecken sich die Berge im Uebergange zu der südöstlichen Wildseite von Samothraki bereits näher ans Meer hinunter. Von den genannten Kirchenruinen schlug ich meinen Rückweg zunächst in der Richtung auf den alten Thurm am Ausflusse des Phoniás ein; die sandige Mündung des letzteren ist einer der oben angemerkten Landeplätze der Kaïke auf der Insel und ich fand auch dieses Mal einige dort liegen, deren Schiffer auf dem Ufersande unter dem Schatten eines ausgestellten Segels eine Speisemahlzeit hielten. Mir fällt diese Begegnung wieder ein, wenn ich die alte Schilderung einer Ankunft auf Rhodos lese [1]), wo die Ruderer das Schiff ans Land ziehen und nahebei sich ein Zelt machen; so sehr ist dieses einfache Schifferleben seit Jahrhunderten dasselbe geblieben. Der viereckige ziemlich hohe Thurm ist zur Bewachung des Landeplatzes seiner Bauart nach zu urtheilen in der Zeit hierher gestellt, aus welcher die Thurmbauten im Dorfe und in der Palaeópolis herrühren, also in der Zeit der Gatelusi vor der Eroberung Samothrakis durch die Türken (1457). Mir wurde die Sage erzählt, es habe eine Königstochter (βασιλοπούλα) mit ihren zwei Brüdern darin gewohnt. Zur selben Zeit, — so hiess es, — lebte oben im Gebirge ein ἀνδρειωμένος, ein gewaltiger Mann, dessen Höhle noch heute τοῦ ἀνδρειωμένου τὸ σπῆλι heisst. Als der einmal herunter an den Strand kam, fand er die Königstochter und schwängerte sie. Als aber ihre Brüder merkten, dass sie schwanger war und nach ihrem Buhlen fragten, wollte sie sich erst herausreden und sagte, sie hätte Bohnen (φασούλια) gegessen und dergleichen Ausflüchte mehr; zuletzt musste sie denn aber doch die Wahrheit gestehen. Mit Pfeil und Bogen, — denn Schiessgewehre gab es damals noch nicht, nur Bogen und Schleudern (σφενδοβζόν, wie der Samothrakier statt des gewöhnlichen σφενδόνα, altgriechisch σφενδόνη sagte), — zog nun der eine Bruder aus, dem ἀνδρειωμένος aufzulauern, erschoss ihn und die Stelle, wo er fiel, wird noch heute danach genannt.

[1]) [Lucian] Erotes p. 405: οἱ μὲν οὖν ἐρέται τὸ σκάφος εἷλκον ἐς γῆν ἀνασκευάσαντες ἐγγὺς ἐσκήνωσαν.

Meinen Rückweg vom Phonias nahm ich dicht an der Küste hin; ich bemerkte zuerst einen kleinen Blutegelteich, wonach die Gegend heisst ('ς τὸ 'βδαλολίμν'), dann einen Platz 'ς ταῖς βαρσῖδαις, zu dessen Namen die hölzernen Bienenstöcke (βαρσῖδες) Anlass gegeben haben. Darauf bei der Schifferplatane ('ς τοῦ ναύτη τὸν πλάτανον) schlug ich mich wieder landeinwärts bergauf nach dem schon genannten verfallenen Kloster Christós, meine Abschriften zu beenden. Der weitere Rückweg über die Palaeópolis nach dem Dorfe bot nichts Bemerkenswerthes.

Auf die erste Hälfte des Ruhmes, den die Alten der Insel Paros ertheilten, wenn es hiess: ἐν δὲ Πάρῳ ψυχρὸν μὲν ὕδωρ, καλαὶ δὲ γυναῖκες [1]), macht heute Samothraki gegründeten Anspruch und kein Samothraker würde es mir verzeihen, wenn ich bei Beschreibung seiner Insel der Quelle oben am Iliasberge, welche τὸ κρυάδι heisst, keine Erwähnung thäte, da sie deren eiskaltes Wasser besonders zu rühmen wissen und es zugleich mit dem schönen Trinkwasser in der Palaeópolis zu den Hauptvorzügen ihrer Insel zählen. Die grosse Bedeutung, welche bei den Griechen, wie freilich auch im übrigen Orient, auf die Güte des Wassers gelegt wird, ist uns Nordländern anfangs etwas Auffallendes, ehe wir die Erquickung, welche schon der Anblick eines klaren Quellwassers in der heissen Zeit bringt, gekostet haben. Ueber die Vorzüge eines Trinkwassers habe ich auf den griechischen Inseln so viel Gespräche hören müssen, wie bei uns etwa über die der verschiedenen Weine, und für etwas recht Köstliches gebrauchen die heutigen Griechen wohl den Vergleich „wie das kalte Wasser" (σὰν τὸ κρύο νερό), wie mir Herr von Velsen in Athen einmal mitgetheilt hat. So gilt noch immer das alte: ἄριστον μὲν ὕδωρ.

Die Hirten, welche mit ihren ausser einigen Eseln, Maulthieren und kleinen Pferden aus Schafen und Ziegen bestehenden Heerden den grösseren Theil der Insel durchziehen, sind noch die einzigen Samothraker von altem Schlage, während sich die Bevölkerung, der man heute im Dorfe begegnet, angeblich nach der Entvölkerung der Insel zur Zeit des griechischen Freiheitskampfes aus der Fremde ergänzt hat. Jene Hirten bewahren den der ganzen Insel früher eigenthümlichen Dialekt, in dessen langgezogenen Tönen sie sich von Berg zu Berg zurufen. Diese langgezogene Aussprache, welche ich nur als ein näselndes Singen zu bezeichnen weiss, lässt die Vokale vor den Konsonanten durchaus vorklingen. Die folgenden Proben dieses Dialektes nebst der Erklärung mancher ihrer eigenthümlichen Ausdrücke verdanke ich dem öfter genannten Geistlichen Nikólaos. Ich habe sie genau nach dem Gehöre niedergeschrieben. Die erwähnte langgezogene Aussprache mancher Silben habe ich an besonders auffallenden Stellen durch eine Länge über dem Vokale bezeichnet. Die übrigens nicht auf Samothraki beschränkte Aussprache des σ, ψ und ξ, als sch, psch und ksch ist durch zwei Punkte über diesen Buchstaben (σ̈, ψ̈, ξ̈) ausgedrückt, im Uebrigen ist natürlich nach der gewöhnlichen neugriechischen Aussprache zu lesen. Die Uebersetzung habe ich möglichst wörtlich in sonst üblichem gemeinen Neugriechisch und in Deutsch hinzugefügt.

Σαμοθράτικα λόγια (Σαμοθράκικα λόγια).
Samothrakische Redensarten.

'ξ μαῖ! οὔ [2])
('ξ βρέ [3])!)
Heda Bursche!

---

[1]) Schol. Aristoph. Vesp. 1189.

[2]) Das οὔ wird beim Ausrufen, je weiter es dringen soll, desto mehr zu einem langgezogenen gellenden Geheul.

[3]) Das ρ fällt durchweg aus oder ist in einen l- oder Jodlaut verwandelt. So auch τὸνα für τώρα auf Karpathos: Ross Inselr. III, S. 174. Das von Blau und Schlottmann im Ber. S. 612 mitgetheilte samothrakische Volkslied (vergl. Fauriel chans. pop. de la Grèce mod. tome II, p. 90 f.) giebt von dem Dialekte nur das Ausfallen des ρ. Dieses und die Aussprache des Sigma als Sch hielten die genannten Reisenden irrig für das ganze Wesentliche des Unterschieds von dem gewöhnlichen Neugriechisch.

Πάτρε τὸν ἀπ' τὸ χέρ καὶ φέρ τὸν γιώ!
(Πάρε τὸν ἀπὸ τὸ χέρι καὶ φέρε τὸν ἐδῶ!)
Nimm ihn bei der Hand und bring ihn hierher.

Γιὰν ἔχεται.
(Δὲν ἔρχεται.)
Er kommt nicht.

Ἂς βάη[1]) 'ς τ' κατσοῦνα νὰ καὶ ἄς τὸ φέρ' γιώ, νὰ τὸ πιῇ ἀγιωρός μου Γιαννάκης.
(Ἂς βάλλῃ εἰς τὸ φλασκὶ νερὸ καὶ ἂς τὸ φέρῃ ἐδῶ, νὰ τὸ πίῃ ὁ ἀδελφός μου Γιαννάκης.)
Er soll in die Flasche Wasser thun und es hierher bringen, dass es mein Bruder Johannakis trinkt.

Ἒ πάτρε καὶ κομμάτι σπιά[2]), νὰ ψήσωμ' ἕναν ἀρνί· ἂ γιὰν τό βρῆς τ' ἀρνί, πάτρε τὴ στεῖρα τὴ κοῦτσινά.
(Πάρε καὶ κομμάτι φωτιά, νὰ ψήσωμεν ἕνα ἀρνί· ἂν δὲν τὸ εὕρῃς τὸ ἀρνί, πάρε τὴν στεῖρα τὴν προβατίνα.)
Hol auch ein bischen Feuer, damit wir ein Lamm braten; wenn Du es nicht findest das Lamm, so hole das Schaf ohne Junge.

Ἒ μοὶ κουτζούνι, ἂ πάτρε τὴ γίσάμ', νὰ πέσωμ' ἀπόψε ὄσου 'ς τὸ μαδί, νὰ κοιμηθοῦμε. Ἒ πάτρε καὶ μιὰ πέτρα νὰ βάλωμ' μαξιλάρι. Κάμε καὶ τὸ σταυρό'! Γεῖα νάχς, Γιατιμ'! σὲ προσκυνοῦμε, νὰ ἐγηρθοῦμε αὔριο μὲ τὸ καλό, νὰ πᾶμε 'ς τὸ μαδί, ν' ἀτμελξουμε τς αἶγαις καὶ τς κουτίναις, νὰ κάνωμ' τυρί, νὰ φᾶ τὰ κοπελιά μας καὶ τὰ κορίτζια μας, νὰ τὰ ταΐσουμ' ταῖς σκρόφαις καὶ τὰ γουρτζέλια.
(Ἒ μορή κοριτζοῦλα, πάρε τὴν γρίσα μου, νὰ πέσωμεν ἀπόψε ἐδῶ 'ς τὸ μανδρί, νὰ κοιμηθῶμεν. Πάρε καὶ μίαν πέτραν νὰ βάλλωμεν μαξιλλάρι. Κάμνε καὶ τὸν σταυρόν σου. Δόξαν νὰ ἔχῃς, Θεέ μου[3])! σὲ προσκυνοῦμεν, νὰ ἐγερθῶμεν αὔριον μὲ τὸ καλό, νὰ πᾶμε 'ς τὸ μανδρί, ν' ἀρμέξωμεν τὰς γίδας καὶ τὰς προβατίνας, νὰ κάμωμεν τυρί, νὰ φᾶνε τὰ παιδιά μας καὶ τὰ κορίτζια μας, νὰ ταΐσωμεν τὰς σκρόφας καὶ τὰ γουρουνάκια.)
He mein Mädchen, hole meine Kapote, dass wir uns niederlegen heute Abend hier in der Hürde, um zu schlafen; hole auch einen Stein, damit wir ihn als Kopfkissen hinwerfen. Mache auch dein Kreuz! Gepriesen seist du, mein Gott! wir bitten dich, dass wir morgen glücklich aufwachen, um zur Hürde zu gehen, damit wir die Ziegen melken und die Schafe, damit wir Käse machen, dass unsere Jungen essen und unsere Mädchen, damit wir füttern die Säue und die Ferkeln.

Ἀϊμ' Ἀσανάσιμ'! γεῖα νάχς! νὰ (ζήσῃ) τὸ κορίτζιμ' καὶ νὰ σὲ φέρω ταῖς κουτίναις, νὰ τς σφάξω κουρμανί, καὶ νὰ πάρω καὶ τὸ γιάσκαλό[4]), νὰ σὲ γιαλτήσουμ'.
(Ἁγιέ μου Ἀθανάσιε (μου)! δόξαν νὰ ἔχῃς! νὰ ζήσῃ τὸ κορίτζι μου καὶ νὰ σοῦ φέρω τρεῖς προβατίνας, νὰ τὰς σφάξω κουρμπάνι, καὶ νὰ πάρω καὶ τὸν διδάσκαλον, νὰ σὲ λειτουργήσωμεν.)
Heiliger Athanasios! gepriesen seist du! dass leben bleibe mein Mädchen und dass ich dir bringe drei Schafe, um sie zu schlachten als Festmahl, und dass ich auch den Pastor hole, dass wir dir Messe lesen.

---

1) Das λ fällt durchweg aus oder verwandelt sich in einen I- oder Jodlaut, so auch κεϊτρα statt κελάτρα auf Karpathos bei Ross Inselr. III, S. 174.

2) Das Wort σπιά (Feuer) soll auch in Macedonien gebräuchlich sein. Ross führt σπία auf den dorischen Inseln an: Inselr. III, S. 178.

3) Γιατιμ' für Θεέ μου würde ich wohl missverstanden haben aus Κυρίμ' für Κύριέ μου.

4) Es ist auch anderwärts Sitte, den Popen Didaskalos zu nennen, da der Volksunterricht auch vielfach nur in den Händen der Geistlichen ist. S. auch Ross Inselr. IV, S. 158.

Πάϊ τὸ χάϊκωμα, νὰ βάσωμ' τς προβατίναις, νὰ φάῃ ὁ κόσμος καὶ ὁ γράπανός. Γιόμισε καὶ τὸ κατγιάτι
Πάρε τὸ χάλκωμα, νὰ βράσωμεν τὰς προβατίνας, νὰ φάῃ ὁ κόσμος καὶ ὁ διδάσκαλος. Γέμισε καὶ τὸ κανδάρι
Nimm den Kessel, damit wir die Schafe kochen, damit die Leute essen und der Pastor. Fülle auch das Gefäss

κρασί, νὰ πιοῦμα οὗγοι μας.
κρασί, νὰ πίωμεν ὅλοι μας.
mit Wein, damit wir alle trinken.

Σύρτε νὰ πάμε 'ς τὸ βουνό[1], ὀμπρόστα 'ς τὴ τρύπα, νὰ κλέψομ' ἕνα τράγο. — Σὰν μᾶς πιάσ', στὴν
Σύρτε νὰ ὑπάγωμεν εἰς τὸ βουνό, (εἰς) ἐπάνω εἰς τὴν τρύπαν, νὰ κλέψωμεν ἕνα τράγον. — Σὰν μᾶς πιάσουν, στὴν
Geht auf, dass wir in das Gebirg gehen, oben in die Höhle, dass wir einen Bock stehlen. — Wenn sie uns fassen,

μᾶς πᾶν' 'ς τὸ χωριό, νὰ φᾶμα ξύλιαις· μόν νὰ τὸν πλερώσωμ' τὰ γρόσια, δεκατρία γρόσια.
μᾶς πάνε εἰς τὸ χωριό, νὰ φᾶμεν ξυλιαῖς[2]· μόνον ἂς τὸν πληρώσωμεν τὰ γρόσια, δεκατρία γρόσια.
wenn sie uns bringen ins Dorf, dass wir Prügel schmecken; wenigstens wollen wir ihm bezahlen die Groschen, dreizehn Groschen.

Für die Verwandlungen besonders des ρ, des λ, des δ, des θ noch folgende Beispiele nach ihrer Aussprache geschrieben:

ἄογο st. ἄλογον (Pferd).
ἄστα st. ἄστρα (Sterne).
ἄφρωπος[3]) st. ἄνθρωπος (Mensch).
ἄφρωπα st. ἄνθρωπα.
γάϊτρο st. γάϊδαρος (Esel).
γαϊτούα st. γαϊδοῦρα (Eselin).
γιάκω st. δέρνω (ich stosse).
θέω st. θέλω (ich will).
γήγιος st. ἥλιος (Sonne).
κατημία σας, κοὴ σας ἡμία st. καλλ' ἡμέρα σας, καλλή σας ἡμέρα (guten Morgen).
κατησπία σας, κοὴ σας σπία st. καλλή 'σπέρα σας, καλλή σας ἑσπέρα (guten Abend).
μοϊdi st. μουλάρι (Maulthier).
πονϊνό st. πουρνό = πρωΐ (früh).
Σαμοράκη st. Σαμοθράκη.
φεγγάϊ st. φεγγάρι (Mond, Name des Berges auf Samothraki).
φούϊνο st. φούρνος (Ofen).
χάσματα st. χαλάσματα (Ruinen).

Samothraki kann seit den letzten Jahrhunderten nur das einfache und arme Leben gesehen haben, welches sich heute auf der Insel bewegt, wenigstens sind in dieser ganzen Zeit keine andern Denkmäler entstanden, als durch den Bau oder Wiederaufbau der zahlreichen kleinen Kirchen (παρεκκλήσια gemeinhin, sonst ἐκκλησάκια genannt), deren Stelle sogar noch heilig gehalten wird, wenn auch der letzte Stein schon verschwunden ist oder in den Trümmern oft nur noch ein abergläubischer Cultus, der indessen durchaus nicht auf das griechische Volk beschränkt ist, mit allerlei aufgehängten und angebundenen Zeuglappen sein Wesen treibt, die man von der Kleidung kranker Personen abreisst, um denselben durch das Auf-

1) So sprechen nach Herrn Dr. Metropulos Mittheilung auch die Epiroten [illegible].

2) Ähnlich σκύτη βλέπειν Aristoph. Vesp. 643.

3) Die Umwandlung von θ in φ ist im Griechischen sehr bekannt: Thulem heisst Φίβας, Thura Φυρί. Ich hörte es indess sehr schwankend, in 'Ανθρωπε' (oben) klang es wie φ, in θέω habe ich es wenigstens als θ notirt, vielleicht irrig. φ für θ siehe auch Ross Inselr. III, S. 167.

hängen der Fetzen an geweihter Stelle Genesung zu schaffen. Es ist mir bei einer dieser Kirchen (Ἁγία Παρασκευή in der Palaeópolis) aufgefallen, dass die Orientirung bei ihr nicht eingehalten ist und ebenso wie diese ist auch die heutige Kirche im Dorfe mit ihrer Apsis nahezu nach Süden gewandt. Die grösste und anscheinend älteste Kirchenruine auf der Insel ist die schon erwähnte vom Kloster Christós auf der Nordseite des Gebirges, auf die ich noch zurückkomme. Von den Kirchen abgesehen sind die jüngsten Bauwerke die an drei Stellen, im Dorfe, in der Palaeópolis und am Phonià, als Ruinen erhaltenen Festungsbauten mit viereckigen Thürmen. Sie wurden vor der Eroberung Samothrakis durch die Türken (1457) erbaut, als dieses mit Thasos, Imwros und Limnos als Theil des byzantinischen Kaiserreiches unter den Gateliusi, den Fürsten von Mitylini und Herren von Ainos, stand.

Aus dieser Periode rühren noch die drei auf Taf. III, n. 7, 8 und 10 abgebildeten Inschriftsteine von weissem Marmor her, von denen die zwei ersten an dem Thurme der Schlossruine in der Chóra, der letzte als Eckstein des höchstgelegenen Thurmes der Festungsruine in der Palaeópolis sich findet. Der erste und letzte derselben ist bereits durch Franz nach Abschriften Kieperts in den Annali dell' inst. di corr. arch. 1842, p. 136 ff., Tav. d' Agg. P. n. 1 und 2 mitgetheilt[1]).

Der erste Stein (Taf. III, n. 7) trägt in vier Feldern den einköpfigen Adler, das Gateluzi-Palaeologische Wappen[2]), den Doppeladler und viertens ein Monogramm, in dem Franz den Namen Palamedes, irgend ein Bewohner von Samothraki[3]) vor mehr als dreissig Jahren den der Palaeologen erkennen wollte. Des in dem Monogramme enthaltenen Γ wegen ist wohl das Letztere das Richtige. Die zu beiden Seiten vertheilte Inschrift lautet:

I. [1]Καὶ τοῦτον ἀνήγειρεν ἐκ [2]βάθρων πύργον μέγας [3]ἀριστεὺς φιλόπολις [4]αὐθέντης Αἴνου λαμπρᾶς [5]πόλεως καὶ τῆς ὧδε νήσου [6]Παλαμήδης ἔνδοξος Γατελιοῦζος.

II. [1]ὃς καὶ τοῦτο ἔστησεν ἐν [2]χρόνοις ἔργον πατρίοις δέκα[3] — [illegible] καὶ πρός γε [4]ἐννακοσίοις καὶ χιλίοις [5]ἑξῆς φοβερὸν ὁ λαμπρὸς [6]φρούριον πολεμίοις.

Das τ in ἔργον II, Zeile 2 wird ein Irrthum meiner Abschrift sein. Die Lücke II, Zeile 3 füllte Franz durch καὶ τέσσαρα in Uebereinstimmung mit den Zahlzeichen linker Hand unten, welche auf der Kiepertschen Abschrift 6944 gelesen sind, aus. Ich konnte auf dem Steine von diesen sehr zerstörten Zahlzeichen nur die ersten beiden, welche ich wie Kiepert las, erkennen, die Züge aber, welche ich von den zwei letzten erhalten fand, stimmten nicht mit dem MS Kieperts überein. Ebensowenig erlauben die deutlichen Buchstaben meiner Abschrift II, Zeile 3, welche hier ziemlich genau mit der Kiepertschen übereinstimmt, die von Franz gemachte Ausfüllung. In den linker Hand unten auf dem Steine senkrecht untereinander stehenden Buchstaben vermuthe ich die Angabe des Tages, 26. März (κς μαρτ).

Den zweiten Stein (Taf. III, n. 8) habe ich, da er sehr verwittert und sehr hoch am Thurme angebracht ist, nur ungenau lesen können. Die Felder tragen von links vom Beschauer an gerechnet zuerst den einköpfigen Adler, es folgt dann ein schmaler Streifen mit den senkrecht unter einander gestellten Anfangsbuchstaben des Namens Palamedes, hierauf das Mittelfeld mit dem Gateluzi-Palaeologischen Wappen und zuletzt wieder das Monogramm der Palaeologen. Die den oberen und unteren Rand füllende Inschrift lautet abgesehen von der Jahrzahl:

— Palamedes Paleol[ogu]s Gatilu[sius] dominus Enoy se hedificar[i fe]cit hanc turrim die XXVI marcii.

Offenbar unrichtig habe ich die Jahreszahl abgeschrieben, in der an der Stelle des L eher ein X passen

---

[1]) Der ebendaselbst unter n. 3 mitgetheilte Inschriftstein ist mir auf Samothraki nicht mehr zu Gesichte gekommen. Der von mir in Kastro auf Imwros abgeschriebene Stein (Taf. III, n. 11) ergibt aber eine richtigere Lesung, als die bei Franz a. a. O. möglich.

[2]) s. oben S. 37.

[3]) Richter Wallfahrten im Morgenlande (Berlin 1822) S. 444.

würde. Auf der Seite des Steines linker Hand steht in untereinander geschriebenen Ziffern die Jahreszahl nach konstantinopolitanischen Jahren der Welt, abermals nicht vollständig lesbar: 69.9. Die Tagangabe des 26. März, welche in der lateinischen Inschrift vollkommen deutlich ist, glaube ich ähnlich wie auf dem ersten Steine in den rechter Hand in das Feld mit dem Palaeologischen Monogramme eingeschobenen Zeichen zu erkennen: Μ̄ (Μαρτίου) κς.

Die beiden oben beschriebenen Steine am Schlosse der Chóra sind mit Sorgfalt gearbeitet. Mit der grössten Nachlässigkeit und entsprechend unorthographisch aufgekratzt ist dagegen die Inschrift auf dem Ecksteine des Thurmes in der Palaeópolis (Taf. III, n. 10). Da sie sehr deutlich erhalten ist, so stimmt meine Abschrift mit der von Kiepert a. a. O. bis auf eine kleine Verschiedenheit in der Form des W Zeile 4 durchaus überein.

'Ανεντίστη ἐκ θεμελίου τὸ φρούριον τοῦτο ἕος τέλους ἐν ἐπιστασίᾳ Στρωλοντο.θω. Den Namen am Schlusse las Franz Στρωθλου τοῦ δο[υκό]ς?. Ich weiss für die vollkommen deutlichen Buchstaben, hinter deren letztem, dem ω, Nichts fehlt, keine passende Lesung.

Ich kann mich jetzt zur Beschreibung der Ruinen der alten Stadt Samothrake auf der noch heute Palaeópolis genannten Stelle am Nordufer der Insel wenden, zu deren Veranschaulichung ich eine auf Messung beruhende Planskizze beilege (Taf. XIII).

Wenn man sich in einiger Entfernung nördlich vom westlichen Vorgebirge der Insel (dem ἀκρωτήρι) auf dem Meere befindet, so sieht man den 'Αγ. Γεώργιοςberg sich in langer waldiger Linie gen Norden abwärts dem Meere zustrecken; ein kleiner Felseinschnitt sondert die letzte Kuppe, die dann mit stärker geneigtem Abhange spitz ins Meer ausläuft. Unten an der Spitze ragt Etwas aufrecht hervor; das sind die Thürme, das erste was am Morgen meiner Ankunft die aufgehende Sonne aus dem Dunkel hervortreten liess. Der Fuss der Kuppe ist voll Baumwuchs, aus dem sich den kahlen oberen Rücken zum Gipfel hinauf eine leise gebogene Linie zieht; das ist die kolossale Ringmauer der ältesten Stadt. Die tiefer gelegenen Strecken bedeckt Baumwuchs und Gestrüpp und entzieht die Ruinen auch in grösserer Nähe dem Auge; besonders üppig wuchern dickstämmige Platanen in den feuchten Gründen; der schräg aufsteigende Berg ist dagegen nur mit einer kurzen Rasendecke, auf der wenige Oelbäume verstreut sind, bedeckt; sein Gipfel tritt als ein Gewirre nackter Felsen aus dem Erdreich hervor, ebenso zeigt der östliche Abhang und der nördliche nahe dem Meere das freistehende Gestein in grossen Massen; auf einer solchen senkrecht abgeschnittenen Wand, die uralter Epheu hoch umklettert, gleich oberhalb des Magazi am Strande, stehen die Ruinen eines mittelalterlichen Schlosses, dessen Thürme und dessen mittelalterliche Inschrift ich schon erwähnt habe. Die fortdauernde Bedeutung der unmittelbar darunter liegenden Küstenstelle als Landeplatz, der den Zugang der Felshöhe auf zwei Seiten sperrende jähe Abhang und die Fülle von Baumaterial in den Ruinen der alten Stadt, aus welchem die Burg zum guten Theile erbaut ist, mussten ebenso viele Gründe für die Anlage derselben an dieser Stelle sein.

Ein wirklich staunenerregendes Werk ist nun aber die alte Mauer, die am Ostabhange des Berges meistens da erscheint, wo die Natur einen weniger steilen Zugang gelassen hat, die in den Lücken der Felsen des Berggipfels hier und da steht, von dessen Höhen sich nach WNW in ziemlich vollständiger Erhaltung den Bergabhang hinabzieht und jenseit eines tiefen Wasserbettes sich allmälig nach NNW dem Meere zuwendet, bis sie hier auf dem Rande eines Felsabhanges endet. Längs des Ufers sind keine Spuren einer solchen Befestigung. Sie ist aus dem Gesteine, welches sich an Ort und Stelle findet, erbaut und man erkennt noch heute auf dem Gipfel des Berges, welchen die Mauer ersteigt, einzelne Plätze wo Steine gebrochen sind. Der Herr Geheime Hofrath Hausmann in Göttingen erklärt das Gestein nach einigen ungenügenden Proben für ein eisenschüssiges Kieselgestein, dessen grosse Härte ein Grund gewesen sein wird, dass den Baustücken keine regelmässige Form gegeben ist. Blöcke der verschiedensten Grösse (ich bemerkte mir das Maass von einem mit 1,20 Meter Höhe und 1,10 Meter Länge) sind, so wie gerade ihre Bruchflächen an einander passen, aufgeschichtet und nähern sich nur an dem einen grössesten Thore der Quaderform; hier haben die Ecksteine gradlinig behauene Horizontalflächen und die Ecke bildet eine scharfe senkrechte Linie (siehe das Titelblatt). Die erhaltene Höhe der Mauer ist sehr wechselnd; an dem genannten grossen Thore, einem der besterhaltenen Stücke, hebt sie sich noch 5,00 bis 6,00 Meter hoch. Die bedeutende Mauerdicke ist nicht etwa wie bei manchen andern altgriechischen Mauern in der Mitte durch kleineren Steinschutt gefüllt, sondern ganz durch liegen die grossen Blöcke; die Dicke ist sehr verschieden, an den Thoren habe ich sie zu 2,30, 3,60, 4,30 und 3,60 Metern gemessen. Ein Bindemittel ist nicht angewandt; durch die eigene Wucht seiner Theile hat der Bau sich die Jahrtausende hindurch erhalten und nur, wo das grosse Gewicht vielleicht auf einer schwachen Stelle der unregelmässigen Fügung lastete, liegen die Blöcke in wilder Unordnung übereinandergestürzt am Berghange. Die Mauer scheint keine Thürme gehabt zu haben; der gradlinige Verlauf derselben ist unterbrochen, indem in unregelmässigen Abständen rechtwinklige Knicke sich wiederholen, so dass man von dem jedesmal entstehenden Vorsprunge ab den Aussenraum vor der nächsten Mauerstrecke bestrich, der nahende Feind also von zwei Seiten angegriffen wurde. Dieselbe Befestigungsart ist bei der ohne Zweifel weit später erbauten Mauer angewandt, welche zwischen Κρεμνοί und Ἀγαρνεί den weiten Zugang von der Eleusinischen in die attische Ebene abzusperren bestimmt war [1]). Auf dem Plane ist zu sehen, dass in einem Vorsprunge das Thor (c bezeichnet) auch grade so in den Knick hineingelegt ist, wie an der obengenannten attischen Mauer alle Thore; ein anderes Thor (b), das erste vom Berggipfel in der westnordwestlich verlaufenden Mauer liegt dicht neben dem Vorsprunge, also auch durch ihn geschützt. Das einzige, weil es das abgelegenste ist, vollkommen erhaltene Thor (a, eine Ansicht auf Taf. XIV) liegt noch in bedeutender Höhe nördlich unterhalb des Felsgipfels [2]), wo von Osten her zwischen den Felsen ein gangbarer Aufweg war; innerhalb neben dem Thore sieht man auf das Meer zu den Füssen steil hinab und überblickt weithin die Küsten von Rumelien, vor denen wie ein Wachtposten die alte samothrakische Bergfeste liegt. Die Bedeckung des Thores bilden zwei Lagen über einander vorgekragter abgeschrägter Blöcke, deren geringen Abstand oben eine dritte Lage schliesst. Dieselbe Construction zeigt das Thor b, dessen Decksteine indessen nicht mehr vorhanden sind; an dem sehr zerstörten Thore c hat sich ein Deckstein wenig unterstützt wie schwebend erhalten. Der grösste Thorbau liegt unten (auf dem Plane d); zwei grade vorspringende Mauern schliessen den 9,20 Meter weiten Eingang ein, der dadurch eine Länge von 12,40 Meter erhält; eine Bedeckung findet sich hier nicht mehr. (Eine Ansicht des Thores von Innen giebt das Titelblatt).

Unterhalb des nahe am Meere felsig abfallenden Bergfusses, über dem die letzten Stücke der östlichen Mauerstrecke stehen, liegen in der Richtung auf die kleine vorliegende Landspitze zu anfangs an einem kleinen Hügel dann über das flache Steingeröll des Ufers hin einige grosse Blöcke desselben Steines, aus dem die ganze Mauer erbaut ist; um andere Blöcke der Art, die ins Meer hinaus liegen, schäumt die Uferwelle und weiter hin verräth die tiefgrüne Färbung des Wassers noch mehre dergleichen unter der Meeresfläche. Der Baron de Behr sieht hierin gewiss mit Recht die Reste eines alten dem Baue der Umfangsmauern gleichzeitigen Molo, welcher den von der Natur ungeschützten Landeplatz wenigstens gegen die Nordostwinde deckte. Dass an der Stelle des sumpfigen behuschten Uferflachlandes zwischen den Trümmern des Molo und dem verlassenen Magazi ehemals Meer gewesen sei, erzählen sich die alten Leute auf der Insel noch heute. Im Periplus des Skylax (67) heisst es Σαμοθράκη νῆσος καὶ λιμήν. In diesem Hafen der Stadt lag ohne Zweifel die Flotte des Cn. Octavius, welche den König Perseus von Macedonien nach Samothrake verfolgte (Liv. XLV, 5. 6.). Livius erzählt, wie König Perseus nach dem Morde des Euander im Heiligthume zuletzt aufs Aeusserste getrieben mit Hülfe eines Kreters Oroandes,

[1]) Gerhards arch. Anz. 1858, p. 197*.

[2]) Die Blau'sche Skizze legt es unrichtig oben auf den Berggipfel. Dass der Berg, wie Blau und Schliemann angeben, nach dem Thore πύργι genannt werde, habe ich nicht erfahren können.

der von seinen Handelsreisen her die thrakischen Küsten kannte, nach Kotys zu entfliehen dachte. Das zur Flucht bestimmte Schiff lag im Hafen Demetrium, welcher gewiss nicht der Hafen der Stadt war, wenn dort die Anwesenheit der römischen Flotte bei der Flucht des Königs zu fürchten war. Ueberdies heisst es bei Livius: Demetrium est portus in promontorio quodam Samothracae: ibi lembus stabat. Das einzige Vorgebirge, wenn man mit diesem Namen auch flache Landzungen bezeichnet, auf Samothrake ist nun aber die Landspitze im Westen, welche deshalb jetzt schlechthin das Vorgebirge (τὸ ἀκρωτήρι) heisst. In dasselbe eingeschlossen liegen, wie ich schon oben erwähnte, zwei Salzseen angeblich von bedeutender Tiefe. Die Einwohner klagten mir gegenüber mehrfach, dass sie keine Regierung hätten, welche ihnen hülfe, den einen dieser Salzseen mit dem Meere zu verbinden und so sich einen Hafen, dessen gänzlicher Mangel so hemmend sei, zu verschaffen. Ob Spuren einer solchen Verbindung eines der beiden Salzseen mit dem Meere aus alter Zeit noch zu erkennen sind, habe ich an Ort und Stelle leider nicht untersucht; ich zweifle jedoch nicht, dass diese Verbindung bestand und einer der Salzseen im Akrotiri, der den Samothrakiern jetzt zur Anlage eines Hafens geeignet scheint, in alter Zeit das Demetrium portus in promontorio quodam Samothracae war, wo das Schiff stand, in dem König Perseus unbemerkt zu entfliehen dachte. Hatte also auch die Kunst im Alterthume zwei Häfen auf Samothrake hergestellt, so blieb die Bezeichnung der Insel bei Plinius (nat. hist. IV, 12, 23) als vel importuosissima omnium für die natürliche Beschaffenheit doch immer noch richtig.

Ausserhalb der kolossalen Umfassungsmauer, durch welche der Umfang einer alten Stadt deutlich bezeichnet ist und zwar im Westen derselben auf bergigem dünn bewaldeten Terrain, welches von den Thälern dreier Bäche, die später zu einem verbunden ins Meer gehen, durchschnitten wird, liegen sehr ausgedehnte Ruinen. Ich beginne deren Beschreibung mit denen, welche von dem westlichsten Bache (in seinem oberen Laufe Köpach genannt) und dem mittleren umflossen werden. Sie bedecken von Süden nach Norden einen Raum von ungefähr 150,00 Meter Längenausdehnung. Aufrecht steht kein grösserer Bautheil mehr; nur einzelne Mauerstücke und Fundamente stehen noch zwischen dem Gewirre von Architecturtheilen die sich, bald gehäuft bald mehr zerstreut oder ohne Beachtung ihres ursprünglichen Sinnes reihenweise zusammengefügt, ausbreiten. Von Süden ausgehend, wo ein Mauerstück aus polygonen Steinen die Grenze des Trümmerfeldes bildet, stösst man alsbald auf die übereinandergestürzten Theile eines dorischen Säulenbaues. Das Material ist Kalktuff und jetzt bedeutend verwittert; einzelne besser erhaltene Details machten mir den Eindruck eines Baues aus wirklich griechischer Zeit vor der römischen Herrschaft, während die meisten übrigen Bauten, die wir hier umher kennen lernen werden, aus römischer oder wenigstens nachalexandrinischer Zeit sein müssen. Die Kalktuffsäulen haben achtzehn Kannelüren, deren eine in lichter Weite 0,12 Meter mass, wobei ich jedoch nicht weiss, ob die betreffende Trommel vom untern oder vom obern verjüngten Theile der Säule herrührte. Viele Blöcke dieses dorischen Baues, wahrscheinlich eines Tempels, sind umher verstreut oder verschleppt; die Stelle des Baues selbst ist aber unzweifelhaft durch die grosse Masse besonders von Säulentrommeln kenntlich, die auf einem Haufen augenscheinlich so wie sie gefallen unberührt liegen geblieben sind. Nach Norden von diesem Platze weiter gehend, steigt man zwischen bunt umherliegenden Trümmern, die zum Theil von dem ebengenannten dorischen Baue stammen, umher; an einigen Stellen sind dieselben in gebogenen Reihen zusammengesetzt, ich kann mir weder erklären zu welchem Zwecke noch zu welcher Zeit. Das Trümmergebiet wird im Osten durch eine mit Unterbrechungen stehen gebliebene Mauer begrenzt, an die sich an ihrem Nordende im rechten Winkel nach Westen gerichtet ein aus Polygonen errichtetes Mauerstück ansetzt. Der Lage nach könnte das Ganze wohl ein Theil der Einfassung eines Tempelbezirks, in dem dann der beschriebene dorische Bau der Tempel gewesen wäre, sein. Nördlich jenseit des Polygonmauerstückes bleibt der Boden eine Zeit lang frei von Trümmern; da wo sie wieder in grosser Menge auftreten, erkennt man zwischen ihnen Fundamente, welche ein ziemlich gleichseitiges Viereck bilden (drei Seiten mass ich zu 36,00, die vierte südliche zu 37,00 Meter); von den Seiten dieses Vierecks springen nach Innen wieder kurze Mauerstücke vor, welche Ueberreste innerer Abtheilungen des Baues sein müssen; ziemlich in der Mitte verlaufen Steinlagen in einer Kreisform. Alles ist aus regelmässigen Quadern zusammengefügt, nur an der Südwestecke bemerkte ich dazwischen eingesetzt Säulentrommeln und zwei grosse Marmorblöcke, die ursprünglich offenbar für einen andern baulichen Zweck bestimmt gewesen sein mussten. Die ganze Anlage ist ein Räthsel und wird es ohne Ausgrabungen wohl bleiben; diese müssten sich vor Allem auf das eben durchlaufene Trümmergebiet richten, welches ohne Zweifel den Platz der eigentlichen heiligen Gebäude bedeckt.

Wir gehen jetzt in einiger Entfernung südlich von dem vierseitigen Baue über den mittleren Bach, der an zwei Stellen noch gemauerte Einfassung an beiden Felswänden zeigt. Den Trümmern nach schien es mir nicht unwahrscheinlich, dass etwa, wo wir den Bach passiren, seine beiden hohen Ufer durch eine Brücke verbunden waren (Plan lit. B). Wenn wir das rechte Ufer da erreichen, wo ein kleiner Wasserzufluss von dieser Seite dem Bache in einer Vertiefung zufliesst, so haben wir gleich rechter Hand ein im rechten Winkel vorspringendes Polygonmauerstück. Wir folgen von dort dem Ufer des Baches aufwärts nach Süden und stossen alsbald auf einen neuen Trümmerhaufen, nicht von jenem Kalktuff, sondern von glänzendem weissen Marmor. Auf Samothrake findet sich kein Marmor; die Blöcke, die im Alterthume hier verbaut waren, bestehen alle aus einem dem thasischen vollkommen ähnlichen Gestein und sind ohne Zweifel aus den ausgedehnten Steinbrüchen auf Thasos herübergebracht. Der Bau war ein Säulenbau dorischen Stils, vielleicht wieder ein Tempel, nach der Bildung der Details indess späterer Zeit angehörend, als der genannte dorische Säulenbau aus Kalktuff. Das dorische Ornament eines Mäander und ein Astragalus darüber sind in Relief ausgeführt, was auch auf eine spätere Bauzeit hindeuten dürfte. Die Säulen haben zwanzig Kanneluren, eine ihrer Trommeln mass ich auf 2,86 Meter im Umfang, an zwei verschiedenen Trommeln unten und weiter oben von der Säule eine Kannelure zu 0,13 und eine zu 0,15 Meter lichter Weite. Ein scheinbar unverrückter Block des Fundamentes zeigte eine nahezu nordsüdliche Längenrichtung. Mehr als diese ungenügenden Angaben kann ich als einzelner Reisender leider nicht geben. Wir kehren wieder um. Abwärts am rechten Ufer des Baches unterhalb des kleinen schon erwähnten Zuflusses stand auf einer kreisförmigen Plateform ein Rundbau von weissem Marmor. Oberhalb der Plateform grenzt dieselbe eine Mauer aus mit Mörtel verbundenen Polygonen ab; die Marmorstücke des Prachtbaues liegen theils auf der Stelle des Baues, theils hinabgestürzt am Abhange bis unten in das Bett des Baches hinunter; eine grosse Menge ist erhalten, dass aber die Masse derselben noch weit beträchtlicher war, bezeugt ein grosser runder Kalkofen, der gleich daneben steht und den man erst seit Kurzem ausser Thätigkeit gesetzt hat. Aus den obenauf liegenden Stücken lässt sich erkennen, dass der Rundbau, dessen Fundament einen Durchmesser von 19,60 Meter hat, von schlanken korinthischen Halbsäulen[1]) mit 11 Kanneluren umgeben war, an deren unteren Zwischenwänden in Relief kleine Altäre angebracht waren, abwechselnd mit einer Patere und einem mit herabhängenden Binden geschmückten Ochsenschädel geziert. Diese unteren Zwischenwände erhoben sich nur zur Höhe einer Balustrade, über der sich die Wand zu viereckigen vorn mit der aufsteigenden Halbsäule verzierten Pfeilern umbildete, die dann unter sich auch wieder verbunden waren. Diese den Zwischenraum zwischen den Pfeilern schliessende Verbindung, vielleicht nur ein Gitterwerk, lässt sich aus dem jederseits in den vorhandenen Pfeilerstücken befindlichen Falze schliessen, in welchen sie eingelassen gewesen sein muss. Mehre Simsbalken zeigen durch ihre Concavität, dass sie nach dem Innern des Baues gewandt waren, von dessen Gesammtorganismus ich mir keine klare Vorstellung machen kann. Ein halb verschütteter Marmorblock

[1]) Ein Fussstück (0,51), ein Mittelstück (1,30) und ein Kopfstück (1,30) einer Halbsäule messen zusammen 3,11 Meter in der Höhe, das gemessene Mittelstück war aber an einer Seite abgebrochen, so dass selbst, wenn diese drei Stücke die ganze Säule zusammensetzten, die Gesammthöhe derselben mehr als das angegebene Mass betrug.

(etwa 1,60 Meter lang und 0,40 Meter hoch) am Platze des ursprünglichen Baues trägt in gespreizter Grösse die Inschrift:

ΛΑΙΟΥΘΥΓΑ
ΕΟΙΣΜΕΓΑΛ

λ oder μ]είου θυγά[τηρ
θ]εοῖς μεγάλ[οις

Blau und Schlottmanns Bericht Nr. 6. Nach Kiepert in den Annali dell' Inst. 1842, p. 139 f. Die Kiepert'sche Abschrift stellt dieses Fragment mit einem zweiten zusammen, welche Franz so ergänzt: Βασ]ίλισσα [ἡ δεῖνα, τοῦ δεῖνος] θυγά[τηρ, β]ασιλέ[ως τοῦ δεῖνος γυνὴ θε]οῖς μεγάλ[οις —

In dem Bette des Baches, an dessen steilem Ufer die Blöcke des Rundbaues zum Theil herabgestürzt sind, liegen auch Stücke, die von andern Bauten herrühren müssen. Ein Friesbalken von weissem Marmor (2,13 Meter lang) ist offenbar von dem westlichen Rande des Baches herabgefallen, da oben auf dem letzteren ein gleicher Friesbalken von denselben Formen und Massen noch liegen geblieben ist; der unten liegende trägt die Aufschrift in grossen Buchstaben:

ΝΔΡΟΥΜΙΛΗΣΙΑΘ

ἡ δεῖνα .... ά]νδρου Μιλησία θ[εοῖς μεγάλοις.

Ann. dell' Inst. 1842, p. 140, n. 9.

Schlägt man von dem Rundbaue aus die Richtung nach Osten ein, so kommt man dicht vor dem Rande des dritten östlichsten Baches auf eine kleine ebene Fläche, deren in Kreisform verlaufende Pflasterung mit kleinen Steinen mir ihre frühere Benutzung als Dreschtenne anzudeuten scheint, obgleich die jetzigen Tennen auf Samothraki nur einen geebneten Erdboden statt der sonst meist in Griechenland üblichen und jedem Besucher des [illegible] τοῦ 'Ολυμπίου Διός in Athen bekannten Steinpflasterung haben[1]). Auf dem mannshoch abfallenden Felsen im Norden dieser Fläche sind Spuren aus dem Alterthume, zwei längliche Vertiefungen und zwei Löcher, der Art, wie sie sich an den Plätzen in Griechenland, wo Votivplatten und Bilder aufgestellt waren (z. B. unter der Μεσογεία östlich vom Hafen Ζέα in Attika) so häufig finden. Oestlich am jenseitigen Ufer des Baches bemerkt man zwei vorspringende Quadermauern, deren einer eine gleiche auf dem diesseitigen Ufer genau entspricht[2]), woraus man hier etwa auf eine Ueberbrückung des Bettes in alter Zeit schliessen könnte. Die beiden auf dem rechten Ufer vorspringenden Quadermauern gehören zu dem Baue, der auf der Insel unter dem Namen Φυλακή (das Gefängniss) bekannt und schon von Blau und Schlottmann besucht ist. Die Seiten einer Erderhöhung sind von Quadermauern gestützt; die zwei an der Westseite davon vorspringenden Stücke, deren einem ein gleiches auf dem jenseitigen Ufer des Baches entspricht, habe ich eben erwähnt. In der Nordseite, wo die Mauer mannshoch steht, öffnet sich schräg einwärts laufend ein gewölbter Gang oder Kanal, so hoch verschüttet, dass man nur kriechend hineinkommen kann, dessen dunkles Innere die Inselbewohner eben mit einem Gefängniss vergleichen, wie auf Karpathos ein Grab ebenso φυλακή genannt wird (Ross Inselr. III, S. 53). Die genannten Reisenden, welche, wie man mir sagte, nicht selbst in das Innere hineingedrungen sind, behaupten, dass man „kriechend durch einen etwa zwanzig Schritt langen Gang zu einer viereckigen Kammer von mässiger Grösse" gelange. Ich habe den Gang in grader Richtung 10,00 Meter weit kriechend verfolgt; so weit sieht man

[1]) Von einer hier früher befindlichen Inschrift Ἱερὸν τῶν καλῶν (Blau und Schl. Bericht p. 608) haben mir dieselben Leute, welche die beiden genannten Reisenden führten, auch erzählt. Wenn man einmal daran glauben will, so kann keinesfalls der Platz mit einer solchen Benennung in Verbindung stehen. Auf dem durchaus gebirgigen Boden giebt es nur die kleine Fläche von 15 Schritt im Durchmesser, deren „auch wohlerhaltenes Pflaster" keineswegs aus dem Alterthume ist. Der von denselben Reisenden weiterhin erwähnte Ἱερὸν τοῦ βασιλέως ist keine wirklich unter den Leuten allgemein übliche Ortsbenennung; gleich wie die Theorie von Königen, die in alter Zeit auf ihrer Insel herrschten, träumen, so hatte auch einer meiner Begleiter nur so seinen eignen Gedanken, dass der βασιλεὺς εἰς αὐτὸν τὸν καιρὸν hier gegangen sein möchte. Von demselben Manne haben, wie es scheint, auch Blau und Schlottmann ihre Nachrichten eingezogen.

[2]) Diese letztere auf meinem Plane nicht angegeben.

Nichts als die gleichförmig fortgehende Tonnenwölbung; er kann sich aber nur 14,30 Meter im Ganzen gradeaus erstrecken, da sein Eingang nur so weit vom steil abfallenden Rande des Baches entfernt ist; dort muss der Gang entweder abschliessen oder nach Osten umbiegen. Ein Hirtenjunge versicherte, so weit hineingekrochen zu sein, bis eine Baumwurzel den bis dahin in gerader Richtung fortlaufenden Gang sperre. Vor der Φυλακή liegt ein 2,35 Meter langer dreigetheilter Friesbalken von weissem Marmor, auf seinem oberen Streifen mit den Buchstaben:

......ΣΠΤΟΛΕΜΑΙΟΣΠ......

Das dazu gehörige von Blau und Schlottmann mit diesem zugleich ausgegrabene Stück (Ber. n. 7), welches die Inschrift Βασιλεὺς Πτολεμαῖος Π... ergänzt, fand ich nicht mehr. Die nahebei befindliche „gemauerte verliessähnliche Vertiefung," von der Blau und Schlottmann sprechen (Ber. S. 607), ist ein Kalkofen, wie der schon oben erwähnte am Rundbau.

Auf dem rechten Rande des Baches ein gutes Stück unterhalb der Φυλακή nach Norden steht ein Gemäuer aus grossen Blöcken aus dem Alterthume. Dicht dabei stehen allerlei Trümmer (dreier mittelalterlicher, jetzt der Erde gleich gemachter Thürme: Blau und Schlottmann Ber S. 610), darunter die einer Kirche, deren Namen man nicht mehr zu nennen weiss; ich las hier ein Fragment einer lateinischen Marmorinschrift auf; die Buchstaben stehen „in cursiver Unregelmässigkeit zwischen vorher gezogenen Doppellinien (Taf. XVI, n. 9).

Damit habe ich die beiden Hauptgruppen[1]) der Bauten der Palaeópolis aus dem Alterthume beschrieben, die Umfangsmauer der Stadt[2]) und die vermuthliche Stelle der Heiligthümer. Die Mauer können wir zu den ältesten Denkmälern auf griechischem Boden zählen, wenn für eine genauere Bestimmung ihrer Zeit auch kein Anhalt gegeben ist; sie gehört mit der einst von ihr umschlossenen Stadt in eine frühe Zeit selbstständiger Macht Samothrakes, von welcher auch Besitzungen am gegenüberliegenden Festlande[3]) Zeugniss ablegten, in der aber die Mysterien als solche auf Samothrake noch nicht existirten oder doch keinenfalls einen Ruf wie später hatten, einer Zeit, der auch die homerischen Gesänge angehören[4]); denn hätten die Heiligthümer eine hohe Bedeutung in der Zeit des Mauerbaues gehabt, so ist es undenkbar, dass man sie nicht mit in den Kreis der Befestigung gezogen hätte. Unter den vorhandenen Bauresten der Heiligthümer reichen die ältesten, die des westlichen dorischen Säulenbaues keinenfalls auch nur annähernd an das Alter des Mauerbaues; die bei weitem grössere Masse derselben, der marmorne östliche dorische Säulenbau, der Rundbau und die sog. φυλακή, fallen dem Stile nach jedenfalls erst nach Alexander den Grossen; hier mag hinzugefügt werden, dass unter allen gefundenen Inschriften, mit Ausnahme derer auf dem Relief des Agamemnon, Talthybios und Epeios (Müller Arch. §. 96, 18, noch eine Abbildung bei Overbeck Gesch. der gr. Plast. I, S. 137), also einer, die sich, so weit man sehen kann, nicht auf die Mysterien bezieht, keine ist, welche über das fünfte Jahrhundert v. Chr. zurückreicht. In der Periode der Blüthe der Mysterienfeiern von Samothrake war meiner Ansicht nach die gewaltige Befestigungsmauer ein verlassenes Werk; die Insel suchte sich nicht durch Mauern, sondern durch den Ruf ihrer Heiligkeit zu schützen. Alle Spuren an Ort und Stelle weisen nämlich darauf hin, dass in der spätestheidnischen Zeit der bewohnte Theil, den Lauf der alten Stadtmauer durchschneidend, sich zwischen

---

[1]) Im Westen der Palaeópolis sah ich eine von Palaeochora, die in der Ferne wohl Bautrümmern ähnlich sehen, bemerkte und danach 'ς τὸ λιθάρι genannte Höhe, wo indessen nach glaubwürdiger Versicherung der Einwohner keine Ruinen sich finden. Danach halte ich die Angabe einer „butte conique surmontée de ruines" westlich von der Palaeópolis auf dem Plane des Baron de Bohr für einen Irrthum.

[2]) Blau und Schlottmann (Ber. S. 610) nennen die Mauer die „Abgrenzung des unzweifelhaft ältesten heiligen Bezirks." Ebenso irrig glaubte Richter (Wallfahrten im Morgenlande. Berlin 1822, S. 443) an den mittelalterlichen Festungsthürmen oberhalb des Landeplatzes Stücke des alten Tempels und sogar dessen Fundamente zu finden.

[3]) τὰ Σαμοθρηίκων τείχεα Herod. VII, 108.

[4]) Vergl. [illegible] Samothracia in den Miscell. Hafn. ed. Münter I, 1818, fasc. II, p. 91 sqq.

den Heiligthümern und dem Landeplatze, den beiden Punkten, um die sich der Verkehr beständig bewegen musste, hinzog; auf dieser Strecke stehen hier und da allerlei Mauerstücke, einige davon aus Polygonen erbaut, eine Menge von Stein- und besonders Ziegel- und Scherbengebröckel ist hier verstreut und gerade hier ist eine bedeutende Lücke in der alten Mauer, die, so weit sie damals hinderte, weggebrochen sein wird; auf derselben Strecke endlich stehen die Ruinen von vier kleinen Kirchen, vielleicht auf der Stelle alter Heiligthümer erbaut, vielleicht auch Beweise für eine in christlicher Zeit fortgesetzte Bewohnung der Stelle. Keine von alle diesen Spuren zeigt sich oben den Berg hinauf, wo die alte Mauer gewiss in der Zeit, in welcher der Raum zwischen dem Landeplatze und dem Hafen der eigentlich bewohnte war, so verlassen lag, wie heute, von eben so geringem Nutzen, wie manches Stück mittelalterlicher Befestigung in unsern heutigen Städten, aber gewiss schon damals von den Besuchern der heiligen Feste als ein Denkmal aus grauem Alterthume angestaunt.

Ich gehe zu einer Zusammenstellung der übrigen kleinen von ihrer Stelle gerückten Monumente der alten Stadt von Samothrake über, welche sich theils noch in der Palaeópolis selbst, theils in der χώρα, wie man das einzige Dorf der Insel schlechthin nennt, theils am verfallenen Kloster Χριστός erhalten finden.

Der gewöhnliche Weg von der χώρα nach dem Landeplatze der Palaeópolis führt die Trümmerstätte der Heiligthümer rechts lassend über den von da herabkommenden Bach, welcher nach einer auf seinem rechten Ufer gelegenen verfallenen Kirche Paraskewí (παρασκευή) heisst; am Meere angekommen biegt der Weg um den felsigen Bergabhang nach rechts und läuft am Strande bis zu dem verlassenen Magasí. Oberhalb der Kirche Paraskewí liegt ein oblonger Sarkophag ohne Verzierung oder Inschrift, der hier in der Nähe ausgegraben ist; im Berichte von Blau und Schlottmann (S. 617) heisst es, dass drei Gerippe darin gefunden seien und dass in dem Munde des einen Gerippes eine Art Gabel von Kupfer lag, die in den Besitz der genannten Reisenden überging. Einige Marmorbalken liegen am Seeufer, wo der Weg um den Bergabhang biegt. Von den vier Inschriften, Fragmenten von Namenlisten frommer Mysten und Theoren, welche Blau und Schlottmann an der Stelle einer verschütteten Kirche (Plan Litt. A) fanden und von denen sie eine mitnahmen, war zur Zeit meines Besuches keine mehr am Platze zu sehen; die eine (Ber. S. 620, n. 11) ist jetzt im Dorfe (s. unten). Ein an derselben Stelle gefundenes Relieffragment, von dem in der arch. Zeit. 1856, Tafel XCV, n. 7 eine Vorstellung gegeben ist, ist nicht das, was die Reisenden darin zu erkennen glaubten, sondern ein Stück jener häufigen Reliefs, die den Todten gelagert, seine Frau neben ihm sitzend u. s. w. darstellen. Dieses Stück hatte die Beine des Stuhls, auf dem ein Stück Gewand der darauf sitzenden Frau noch zu sehen war, neben dem Stuhle aber das kleine Mädchen mit dem Schmuckkästchen in der Hand, welches auf vielen dieser Reliefs sich findet, erhalten. Es ist jetzt in der χώρα in einem Hause vermauert und nicht mehr zu sehen. Auf der Strecke zwischen dem verlassenen Magasí und dem alten Molo steht in Gebüsch und Sumpf eine dorische Säulentrommel und ein prachtvolles korinthisches Wandpfeilerkapitäl von weissem Marmor, etwa 0,[illegible] Meter hoch. Diese Stücke meinen die Leute, wenn sie von den Steinen sprechen, an die man, als hier noch ein Hafen war, die Schiffe angebunden hätte. Das mittelalterliche Kastell mit seinen drei Thürmen auf der Felshöhe besteht grossentheils aus Marmorstücken der mannigfachsten alten Bauwerke, zum Theil mit Sculpturen und Inschriften; korinthische Säulentrommeln, ein Marmorbalken mit einem Friese von fünf Triglyphen aus später Zeit, ein dorischer Triglyph (0,[illegible] Meter hoch) fielen mir auf. An zweien der Thürme sind zwei Reliefplatten von weissem Marmor verbaut [1]) (Taf. XII, n. 1 u. 2). Jedesmal sechs weibliche Figuren in langen Gewändern führen in streng regelmässiger Bewegung sich bei den Händen fassend einen Tanz auf; auf der einen Platte schlägt dann eine, es ist nicht bestimmt zu erkennen ob bärtige, langgekleidete Gestalt ein Tympanon; das ihr zunächst stehende Weib scheint einen Kranz in der Linken zu halten. Die For-

[1]) Schon Richter erwähnt sie (Wallfahrten etc. S. 443) und Blau und Schlottmann haben in der arch. Zeit. 1856, Taf. XCV, n. 8 eine Art von Abbildung gegeben.

men sind die als heilig überlieferten alterthümlichen des hieratischen Stils, entsprechend dem im samothrakischen Cultus, wie Diodor (V, 47) berichtet, absichtlich festgehaltenen alten Sprachformen; mit der grössten Uebereinstimmung folgen sich die Gestalten eine der andern; sich bei den Händen fassend, auf die Fusspitzen gehoben, den rechten Fuss vorgesetzt, die eine vorwärts, die andere rückwärts blickend, so dass immer zwei sich ansehen, bewegen sie sich im Relief von Rechts nach Links; nach einer Regel gefältelt, nach der vor dem Leibe ein schlichter Streif herabfallen musste, lassen die bis auf die Füsse reichenden Chitones einzelne Körpertheile scharf durchscheinen; ein kleiner Ueberwurf hängt über die Arme herab; eine Binde umgiebt die erhaltenen Köpfe. Wenn wir auf dem Relief einen Tanz, wie er wirklich bei den Mysterienfeiern ausgeführt wurde, dargestellt glauben dürfen, so sehen wir zunächst wieder [1]), dass auch Weiber zu den Feiern Zutritt hatten, dann dass rauschende Instrumente (τύμπανον, ἠχεῖον) bei denselben, wie bei denen der Kybele und Demeter [2]), deren Namen der samothrakischen Göttin von den Alten gegeben werden [3]), im Gebrauche waren und endlich beachten wir die geheiligt alterthümliche, strenge Regelmässigkeit der Tanzbewegungen, die auch in den folgenden Worten des Statius [4]) betont ist:

> tunc thyrsos pariterque levant pariterque reponunt
> multiplicantque gradum modo quo Curetes in actu
> quoque pii Samothraces eunt.

Der folgende Inschriftstein ist an dem grösseren Thurme quer in einiger Höhe verbaut; die nach aussen und die nach unten liegenden Seiten haben Inschrift; ich las nur auf der nach aussen gewandten:

Λ
ΚΛΙΠΛΙ
ΛΤΕΛ
Ν . ΙΚΟΣ
ΜΦΥ
ΓΑΜΟΣ
ΕΙΣΙΔΩΡΟΣ
ΕΠΑΦΡΟΔΙ
ΠΑΣ
ΟΔΗΜΟΣ

Annali dell' inst. 1842, p. 140, n. 10. Kieperts Abschrift Z. 1: ΛΩ, Z. 3: ΛΤΕΛΓΤΘ, Z. 5: ΓΛΛΦΥΙ, Z. 6: ΓΑΛΛΟΣ, Z. 7: Ende: ΔΕ. Z. 9: ΟΥΠΑΙΖΟ. Meine Abschrift lässt die Lesung ἀπελεύθερος in Z. 3 nicht zu, Z. 4: Νικόσ]τρατος, Z. 5: Πά]μφυ[λος, Z. 7: ἐ[λεύθερος, Z. 8: Ἐπαφρόδ[ιτος. Das quer geschriebene ὁ δῆμος gehört einer älteren Benutzung des Steines an, ehe das Namenverzeichniss darauf geschrieben wurde. Die Buchstabenformen sind die aus der Zeit der römischen Herrschaft (Franz el. ep. gr. p. 231), doch stehen die Schenkel des M schräg.

Die folgende Inschrift an demselben Thurme mit der Inschriftfläche nach unten vermauert ist schon von Blau und Schlottmann theilweise freigelegt und grossentheils (Ber. S. 623, n. 15) mitgetheilt; ich gebe sie vollständig. (Der Stein ist 0,34 Meter hoch, 0,48 Meter lang.)

---

[1]) Lobeck Aglaoph. p. 1289. — Eine Frau, wenn ich recht gelesen habe, in dem Verzeichniss der Mysten s. unten.
[2]) daselbst p. 1225, n.
[3]) daselbst p. 1226.
[4]) Achill. II, 157, angeführt bei Lobeck Agl. p. 1291.

ΕΠΙΒΑΣΙΛΕΩΣΙΦΙΚΡΑΤΟΥΣΤΟ....
ΘΕΩΡΟΙΔΑΡΔΑΝΕΩΝ
ΜΥΣΤΑΙΕΥΣΕΒΕΙΣ
ΠΑΥΣΑΝΙΑΣΔΙΦΙΛΟΥ
ΔΙΟΝΥΣΙΟΣΣΚΟΠΙΟΥ
ΑΝΤΙΟΧΟΣΣΚΟΠΙΟΥ
ΑΚΟΛΟΥΘΟΣΠΑΥΣΑΝΙΟΥΟΜΙΛΟΣ
ΜΥΣΤΑΙΡΙΕΙ
LVENEIΛIVΣ·L·F·POΛΛION·ΔIONYSIOS·I·SED
Q·ACORENVS·Q·L·ALEXSANDER

Ἐπὶ βασιλέως Ἰφικράτους τοῦ .....
Θεωροὶ Δαρδανέων,
Μύσται εὐσεβεῖς,
Παυσανίας Διφίλου,
Διονύσιος Σκοπίου,
Ἀντίοχος Σκοπίου,
Ἀκόλουθος Παυσανίου ὅμιλος.
Mystai piei
L. Veneilius. L. F. Pollion Dionysios. I. Seb [?]
A. Acorenus. Q. L. Alexsander.

Blau und Schlottmann Z. 1 am Ende TOY. Die Buchstabenformen sind dieselben, wie in der vorhergehenden Inschrift, nur dass der zweite senkrechte Strich des Π hier kurz ist.

An dem untersten Thurme ist ein Friesbalken von weissem Marmor (1,40 Meter lang, 0,47 Meter hoch) mit der Inschrift (Blau und Schlottmann Ber. S. 621, n. 12):

ΕΠΙΒΑΣΙΛΕΩΣΤΕΙΣΙΑΓΟΥΚΡΙΤΩΝΟΣ
ΗΛΙΩΝΘΕΩΡΟΙ
ΜΥΣΤΑΙΕΥΣΕΒΕΙΣ
ΑΝΤΑΝΔΡΟΣΘΕΟΔΩΡΟΥ
ΑΡΙΣΤΟΚΡΑΤΗΣΑΝΤΙΦΑΝΕΟΣ

Ἐπὶ βασιλέως Τιμα.. ω Κρίτωνος.
Ἠλείων θεωροί,
Μύσται εὐσεβεῖς,
Ἄντανδρος Θεοδώρου,
Ἀριστοκράτης Ἀντιφάνεος.

Blau und Schlottmann Z. 1: ΓΥΣΙΛΕΟΥ. Z. 2: ΗΛΕΙΩΝ. Der Name des βασιλεύς ist auf dem Steine sehr verwischt; ein A ist sein drittletzter Buchstabe nicht. Die Buchstabenformen sind wieder die gewöhnlichen aus der Zeit der römischen Herrschaft.

Ein Fragment, welches ich am unteren Thurme liegen sah, verdient kaum die Mittheilung:

.....ΘΙΩΝ
......ΟΔΟΙ
.........Ν......
..........Ο.ΟΥ

Die folgende grössere Inschrift steht auf einem jetzt verkehrt im unteren Theile des Kastells liegenden Marmorblocke (etwa 1,00 Meter lang und 0,35 Meter hoch).

		ΑΙΞΙΠΠΟΣ........
.......ΕΙΟΥ	ΑΛΕΞΙΜΑΧΟΣ...........	ΣΩΣΙΓΕΝΗΣΔ.........
......ΟΙ	ΠΥΘΙΑΣΑΜΑΡΔΙΔΟΣ	ΚΟΛΟΦΩΝΙΟΙ
.......ΡΟΣΜΕΝΕΚΡΑΤΟΥ	ΚΥΖΙΚΗΝΟΙ	ΜΗΤΡΟΔΩΡΟΣΔΩΡΟΘΕΟΥ
.......ΟΣΒΑΚΧΙΟΥ	ΠΑΡΜΕΝΙΣΚΟΣΑΡΙΣΤΕΩΣ	ΔΗΜΗΤΡΙΟΣΜΗΝΟΦ·ΝΤΟΥ
.....ΝΑΝΔΡΟΥ	ΦΙΛΟΞΕΝΟΣΦΙΛΟΞΕΝΟΥ	Κ·ΜΑΙΟΙ
	ΕΡΕΣΙΟΙ	ΑΡΤΕΜΙΔΩΡΟΣΚΑΙΑΝ........
.......ΕΩ	ΑΡΧΕΛΑΟΣΑΡΙΣΤΩΝΑΚΤΟΣ	ΟΙΑΠΟΛΛΩΝΙΔΟΥ
.....ΚΡΑΤΟΥ	ΑΓΕΛΑΟΣΕΥΜΕΔΟΝΤΟΣ	ΤΗΙΟΙ
		ΗΡΟΦΙΛΟΣΑΘΗΝΑΙΟΥ
.........ΝΟΣ		ΝΕΑΝΔΡΟΣΝΕΑΝΔΡΟΥ
.........ΟΥ		ΠΑΡΜΕΝΙΩΝΠΑΡΜΕΝΙΩ......
		ΤΟΥΚΟΙΝΟΥΤΩΝΕΙ......
		ΤΕΧΝΕΙΤΩΝΤΩΝ..........
		ΚΑΙΕΛΛΕΣΠΟΝΤΟΙ.......
		ΔΟΝΗΔΗΣΜΗΤΡΟΔΩΡΟΥ
		ΑΘΗΝΙΚΩ......................

		Αἴξιππος —
— ίου	Ἀλεξίμαχος —	Σωσιγένης Δ —
— οι	Πυθιάς Ἀμαρδίδος.	Κολοφώνιοι.
— ρος Μενεκράτου,	Κυζικηνοί.	Μητρόδωρος Δωροθέου,
— ος Βακχίου,	Παρμενίσκος Ἀριστέως,	Δημήτριος Μηνοφ[ά]ντου.
— Με]νάνδρου.	Φιλόξενος Φιλοξένου.	Κ[υμ]αῖοι.
	Ἐρέσιοι.	Ἀρτεμίδωρος καὶ Ἀν —
— εω	Ἀρχέλαος Ἀριστώνακτος.	οἱ Ἀπολλωνίδου.
— κράτου	Ἀγέλαος Εὐμέδοντος.	Τήϊοι.
		Ἡρόφιλος Ἀθηναίου,
— νος		Νέανδρος Νεάνδρου,
— ου		Παρμενίων Παρμενίω[νος.
		Τοῦ κοινοῦ τῶν ἐ —
		τεχνιτῶν τῶν [ἀπὸ Ἰωνίας
		καὶ Ἑλλ[η]σπόντο[υ.
		Δονήδης Μητροδώρου,
		Ἀθηνικῶ[ν —

Die Buchstaben in Columne 1 und 3 sind kleiner, als in Columne 2, in 1 und 3 ist der Querstrich des A gerade, in 2 gebrochen. Die Buchstabenformen weichen im Ganzen nicht von denen zur Zeit der römischen Herrschaft gebräuchlichen ab.

Noch ein Bruchstück eines gleichen Verzeichnisses von demselben Kastelle geben Blau und Schlottmann (Ber. S. 621, n. 14), welches mir nicht zu Gesicht gekommen ist. Dicht an dem untern Theile des Kastells wurde in meiner Gegenwart folgendes Anfangsstück eines ψήφισμα ausgegraben und in die χώρα in das Haus des Geistlichen Nikólaos gebracht. (Breite 0,35, erhaltene Höhe 0,28. Die Stele war mit einem Giebel versehen.)

Inschrift	Umschrift
ΕΔΟΞΕΝΤΕΙΒΟΥΛΗΙΒΑΣΙΛΕΥΣ	Ἔδοξεν τῇ βουλῇ. Βασιλεὺς
ΛΕΟΘΑΡΣΗΣΠΥΘΟΚΛΕΙΔΟΥ	Λεωθάρσης Πυθοκλείδου
ΕΙΠΕΝΕΠΕΙΔΗΠΤΟΛΕΜΑ	εἶπεν. Ἐπειδὴ Πτολεμα[ῖ-
.....ΑΜΕΙΝΙΟΥΓΟΡΤΥΝΙΟΣ	ος] Ἀμεινίου Γορτύνιος [πρόξε-
.....ΣΩΝΤΗΣΠΟΛΕΩΣΓ..........	νο]ς ὢν τῆς πόλεως ο[———χρεί-
...ΣΠΑΡΕΧΟΜΕΝΟΣ..............	ας π]αρεχόμενος [—·—δημοσ-
ΛΕΙΚΑΙΚΟΙΝΗΙΤ..................	ίᾳ] καὶ κοινῇ τ[ῇ] πόλει —
..ΚΑΙΤΟΙΣΕΝΤ...................	— καὶ τοῖς ἐντ[υγχάνουσιν αὐτῷ
ΤΩΝΠΟΛΙΤΩ....................	τῶν πολιτῶ[ν . - ——
...ΟΒΕΒΟΥ.......................	———— ————

Die Buchstaben haben die zur Zeit der römischen Herrschaft gebräuchlichen Formen.

Ich gehe nun zu den Monumenten über, welche sich in der χώρα finden und dorthin, wie mir die Leute ausdrücklich bei jedem einzelnen versicherten, aus der Palaeópolis gebracht sind. Zum Festrollen der Erddächer ihrer Häuser gebrauchen die Leute, wie es vielfach auch in Kleinasien Sitte ist[1]), kleine Stein-Cylinder; ein solcher von weissem Marmor liegt auf jedem Hause. Da nun auf der Insel kein Marmor ist, benutzt man dazu die Stücke, die sich zahlreich in der Palaeópolis finden, und auf diese Weise mag manches wichtige Schriftstück unter den Händen von Meister Johann (Μαστορογιάννης), dem Steinmetzen des Dorfes, zu Grunde gegangen sein.

In der Nähe der sogenannten φυλακή ist das Kapitäl eines Wandpilasters von weissem Marmor (Taf. XII, n. 3), 0,31 Meter breit, 0,20 Meter hoch, gefunden, welches ich in einem Hause im Dorfe zeichnete. Das Feld zeigt im Relief zwei Greifen, die über ein Reh herfallen (nicht Einhörner wie in der arch. Zeit. 1856, Taf. XCV, n. 6 und im Bericht von Blau und Schlottmann S. 624); das Werk gehört der Zeit wenigstens nach Alexander d. Gr. an. Das damals in demselben Hause befindliche Grabrelief mit der Darstellung eines Reiters (Taf. X, n. 6) war vom λιμένας von Thasos dorthin gebracht.

Die nächsten zwei Fragmente sind in Häusern eingebaut (beide etwa 0,17 Meter breit, weisser Marmor).

ΕΥΑΘ	ΙΦΟΡΟΝ
ΑΡΙΔ	ΤΟΝΙΑC
ΤΗΝΞ	.ΚΟΥΝΚΟΙ
ΘΕ	

Buchstabenformen aus der Zeit der römischen Herrschaft.

Ein Postament von weissem Marmor, 0,34 Meter breit, 0,47 Meter tief, bis etwa 0,25 Meter hoch erhalten, vor der Kirchenruine Ἅγ. Δημήτριος im Dorfe. Auf der Vorderfläche:

ΠΥΘΑΙΣ	Πυθαὶς
ΣΦΗΤΙΟΥ	Σφηττίου.

Π mit kurzem zweiten Schenkel, Θ mit einem Punkte in der Mitte, Α mit geradem Querstriche, Σ mit horizontalstehendem obersten und untersten Striche, Υ oben beiderseits nach aussen etwas umgebogen.

Platte mit unregelmässigen Rändern, etwa 0,30 Meter breit und 0,45 Meter hoch, von weissem Marmor. Im Dorfe aussen am κοφανεῖον τοῦ Γεωργίου eingemauert; weniger vollständig bei Blau und Schlottmann Ber. S. 620, n. 11.

---

[1]) Ritter Erdk. IX, 1, 158.

ΜΥΣΤΑΙ
ΕΥΣΕΒΕΙΣ
ΝΙΚΗΦΟΡΟΣ
ΦΙΛΟΣΤΡΑΤΟΣΔΙΟΝΥ
ΘΕΟΣΔΑΟΣΕΥΗΜΕΡΟΣ
ΕΠΑΜΙΝΩΝΔΑΣΤΑΙΟ
ΡΑΣΒΙΘΥΣ

Μύσται
εὐσεβεῖς.
Νικήφορος,
Φιλόστρατος, Διονύ-
σιος, Δᾶος, Εὐήμερος,
Ἐπαμινώνδας, ____
_, Βίθυς.

Fragment von weissem Marmor, etwa 0,25 Meter breit; im Innern des Hauses eines gewissen Ἀναγνώστης Πεόργερης verbaut. Blau und Schlottmann Ber. S. 622, n. 16.

Ν Η Θ Ε Ν Τ Ε Σ Α
ΞΕ ΑΣΤΥΠΑ.....
ΝΟΚΡΑΤΗΣΠΟΛΥΚΛΕ.....
ΒΑΤ...Λ........
ΑΓΑ...........
Κ ΩΙΟΙ
ΡΟΥ ΑΠΣΤΟΙ....

Z. 2: zwischen ΞΕ und ΑΣΤ u. s. w. stand Nichts; also nicht Ξε[ναγόρ]ας Τυρα[ννίωνος, wie Blau und Schlottmann ergänzen; sie haben ΑΣΤΥΡΑ. Es ist Ἀστυπαλαιεῖς, denen die Κῷοι Z. 6 folgen. Z. 3: — νοκράτης Πολυκλε —, Z. 4: Blau und Schlottmann: ΒΑΤ (Βάτ[ταλ]ος?), Z. 5 und 6 fehlen bei Blau und Schlottmann, Z. 7 Blau und Schlottmann nur ΡΟΥ. Der letzte Name ein Ἀρ]ιστό[νικος oder ähnlich?

Weisser Marmor, an einem Hause verbaut. Etwa 0,36 Meter breit und 0,32 Meter hoch erhalten. Blau und Schlottmann Ber. S. 623, n. 17 nicht vollständig.

ΕΩΣ
ΕΓΕΝΟΝΤΟ
ΜΥΡΙΝΑΙΩΝ
ΝΥΣΙΟΣ ΜΥΟΣ
ΠΥΘΑΓΟΡΑΣΗΡΑΚΛΕΙ
ΤΟΥ
...ι..ΟΥ
...ΟΥ

...Ο
...ΟΣ
...ΞΕΝΟΥ
.....ΟΥ

Ε.........................
.ΤΟΣΤΟΥ...............
ΟΙΔΕΠΡΟΞΕΝΟΙΤΗ...
ΩΣΕΓΕΝΟΝΤΟΘΕΩ....
ΡΑΓΕΝΟΜΕΝΟΙΣΑΝ.....
ΑΔΗΡΙΤΟΣΘΕΡΣΑΝΔ....
ΔΗΜΗΤΡΙΟΣΑΡΤΕΜΩΝ..
ΘΑΛΗΣΗΡΑΚΛΕΙΔΟΥ..
ΚΩΙΩΝ
ΦΑΙΝΙΠΠΟΣΔΗΜΟΚΡΑΤ
ΚΑΛΛΙΚΡΑΤΗΣ...ΛΗΠΙΑ..
ΤΗΙΩΝ
ΑΓΑΘΟΚΛΗΣΑΠΟΛΛ.....

Ἐπὶ βασιλέως ———νος
οἵδε πρόξενοι τῆς πόλεως] ἐγένοντο
θεωροὶ παραγενόμενοι] Μυριναίων.
Διο]νύσιος Μυός,
Πυθαγόρας Ἡρακλεί-
του,
——— ου
— —
——— ου
—— ο —

Ἐ[πὶ βασιλέως ———
. τος τοῦ ———
οἵδε πρόξενοι τ[ῆς πόλε-
ως ἐγένοντο θεω[ροὶ πα-
ραγενόμενοι Σαν[αίων.
Ἀδήριτος Θερσάνδ[ρου,
Δημήτριος Ἀρτέμωνος,
Θαλῆς Ἡρακλείδου.
Κῴων.

—— ος Φαίνιππος Δημοκρά[του],
—— ίνου Καλλικράτης Φι[λι]σκίδ[ου],
—— ου Τ[ί]μων.
Ἀγαθοκλῆς Ἀπολλ[——

Den Buchstabenformen nach fällt die Inschrift gegen die Zeit der römischen Herrschaft.

Weisser Marmor. In der verfallenen Kirche Ἅγ. Νικόλαος im Dorfe. 0,32 Meter breit und 0,35 Meter hoch erhalten. Blau und Schlottmann Ber. S. 621, n. 13.

Ε Ι.......Α ....,
Τ Η Σ Π Ο Λ Ε Ω Σ...............
Α Λ Ι Κ Α Ρ Ν Α Σ Ε Ι Σ
Μ Ε Ν Ε Κ Ρ Α Τ Η Σ Μ Ε Ν Ε Κ Ρ Α Τ Ο Υ Μ Η Τ Ρ Ο Δ
Φ Υ Λ Η Σ Ε Ρ Μ Ι Ο Υ
Μ Η Ν Ο Δ Ο Τ Ο Σ Α Π Ο Λ Λ Ω Ν Ι Ο Υ
Κ Ο Λ Ο Φ Ω Ν Ι Ο Ι
Ν Ι Κ Α Ν Ω Ρ Μ Η Ν Ο Φ Ι Λ Ο Υ
Κ Ι Σ Τ Α Ι Ο Σ Α Π Ο Λ Λ Α
Ε Φ Ε Σ Ι Ο Ι
Θ Ε Ο Φ Ι Σ Ν Ι Κ Ο Σ Τ Ρ Α Τ Ο Υ
Θ Ε Μ Ι Σ Τ Α Γ Ο Ρ Α Σ Ε Υ Ε Λ Θ Ο Ν Τ Ο Σ

Ἐ[πὶ β]ασ[ιλέως .... πρόξενοι ἐγένοντο]
τῆς πόλεως θ[εαροὶ παραγενόμενοι]
Ἁλικαρνασεῖς.
Μενεκράτης Μενεκράτου Μητροδ[ώρου,
Φύλης Ἑρμίου,
Μηνόδοτος Ἀπολλωνίου.
Κολοφώνιοι.
Νικάνωρ Μηνοφίλου,
Κισταῖος Ἀπολλᾶ.
Ἐφέσιοι.
Θέοφις Νικοστράτου,
Θεμισταγόρας Εὐελθόντος.

Blau und Schlottmann: Z. 1, 1 ff. ΣΙ....ΙΑΣ, Z. 2, 6 ff. ΛΕΩΣΗ, Z. 4, 15 ff. ΚΡΑΤΟΥΣ nichts mehr, Z. 9 ΜΥΘΑΙΟΣΑΠΟΛΛΩ, Z. 12 fehlt. Den Buchstabenformen nach etwa gleichzeitig mit der vorigen Inschrift.

Die von Blau und Schlottmann im Dorfe abgeschriebene (Ber. S. 623, n. 18) und von Sauppe (Jahresbericht über das Wilhelm-Ernestinische Gymnasium. Weimar 1856. S. 15) ergänzte Inschrift, in der dem Könige Lysimachus göttliche Ehren zuerkannt werden, habe ich nicht mehr zu sehen bekommen und ebensowenig die nach Kieperts Abschriften in den annali dell' inst. p. 140, n. 8, n. 11, und p. 141, n. 14 (tav. d'agg. P. 3, mittelalterlich) mitgetheilten Inschriften.

Nach dem Kloster Χρυσής, das auf halber Berghöhe oberhalb der heissen Quellen an der nördlichen Abdachung des Inselgebirges liegt, hat man sich mühsam ohne Weg durch Wald und Dickicht hinaufzuarbeiten; das Buschwerk am Bergabhange durchziehen zahlreiche gehäufte Reihen von Steinen, Spuren früherer Bodencultur. Auf etwas freierem Boden, wo nur einige alte Bäume ihre kahlen Aeste aufstrecken, steht die verfallene Kirche und verschiedene Reste ehemaliger Bewohnung, für welche die Tradition den Namen eines Klosters Χρυσής giebt. Ich habe an diesem Platze durchaus Nichts auffinden können, was auf eine

Bewohnung schon in altgriechischer Zeit schliessen liesse, während Blau und Schlottmann Spuren alter aus grossen Steinen gebauter Wohnungen und Reste einer aus polygonen unbehauenen Blöcken aufgeführten Mauer, deren Gestalt und Lauf nicht genau mehr zu erkennen sei, nennen. Hieraus und aus dem Material, aus dem die Kapelle erbaut ist, schliessen sie auf ein griechisches Heiligthum an dieser Stelle. Spuren von Wohnungen sind da, an denen sich aber durchaus keine griechische Bautechnik zeigt; es sind eben die Gebäude des Klosters, an dessen früherer Existenz hier nicht zu zweifeln ist. Eine natürliche Felslage in der Nähe kann nur auf den ersten Blick den Schein eines Bauwerkes hervorrufen; die übrigen Steinaufhäufungen hier und da haben nicht die geringste Aehnlichkeit mit den verschiedenen nicht leicht zu verkennenden Constructionen der Polygonmauern altgriechischer Zeit. Die Kirche besteht allerdings grossentheils aus alten Baustücken und Inschriftsteinen; die Inschriften sind aber bis auf eine einzige ganz dieselben Verzeichnisse von Festgesandten und Eingeweihten, welche sich in der Palaeópolis finden, so dass ich bei dem gänzlichen Mangel an Spuren altgriechischer Bauten an dieser Stelle der Ansicht bin, dass das Material zu dem Kirchenbau hierher aus der Palaeópolis herbeigeholt wurde, als von dem einzigen Orte auf der Insel, wo sich in den Trümmern der alten Bauten Marmor fand. Dass von daher das zwei Stunden davon entfernte Dorf noch beständig seinen Marmorbedarf bezieht, habe ich erwähnt.

Die an der Kirche von Kloster Χριστός verbauten Inschriften sind folgende.

Weisser Marmor. In der äusseren Thür der Kirche linker Hand; Blau und Schlottmann Ber. S. 615, n. 3. Meine Tafel XVI, n. 10.

...... μος [καὶ ... κ]ράτης 'Αρχία
δαις 'Αφροδίτῃ
Καλλιάδι.

Blau und Schlottmann Zeile 1: ΗΚΟΣ....ΑΡΑΤΟΥΑΡΧΙΑ, Zeile 3: ΚΑΛΛΔΙ

Der Stein giebt mit voller Deutlichkeit Καλιάδι. Der Cultus der Aphrodite auf Samothrake ist schon daher bekannt, dass nach Plinius (n. h. XXXVI, 25) Skopas ihr Bild und das des Pothos und Phaëthon[1]) arbeitete, „qui Samothrace sanctissimis caerimoniis coluntur."

Weisser Marmor. 1,31 Meter lang, 0,38 Meter hoch. Ueber der inneren Thür der Kirche als Deckstein. Blau und Schlottmann Ber. S. 616, n. 1, 2.

PI[illegible]Σ.ΡΟΣ
ΣΙΛΗΝΟΥ

..... ΟΣΑΡΙΔΕΙΝΟΥΚΡΑΤΗΣΚΡΑΤΗΤΟΣ
ΚΥΞΙΚΗΝΟΙ
.... ΩΡΟΣΜΙΔΙΟΥΑΡΧΙΠΠΟΣΑ.ΙΣΤΙΩΝΟΣ
.ΛΙΚΑΡΝΑΣΣΕΙΣ
...... ΙΕΛΛΝΤΟΥΜΟΣΧΟΣΜΟΣΧΟΥ
.ΑΥΝΙΟΙ
.....ΡΡΙΧΟΥΒΕΛΛΕΡΟΦΟΝΤΗΣΑΓΙΟΣ
.... ΑΣΤΙΜΩΝΟΣ
ΑΛΑΒΑΝΔΕΙΣ
..... ΝΙΑΣΟΝΟΣΟΦΥΣΕΙΜΙΝΝΙΩΝΟΣΠΑΜΦΙΛΟΣΑΠΟΛΛΩΝΙΟΥCΥΕ
ΔΑΡΔΑΝΕΙΣ
.....ΛΛΟΣΑΝΤΗΝΟΡΟΣΔΕΙΦΙΛΟΣΜΗΝΙΟΥ

ΕΠΙΒΑΣΙΛΕΩΣΠΥΘΙΩΝΟΣΤΟΥ
ΚΕΡΑΜΗΤΩΝΘΕΩΡΟΙ
ΜΥΣΤΑΙΕΥΣΕΒΕΙΣ
ΙΕΡΟΚ.ΗΣΔΗΜΗΤΡΙΟΥΤΟΥΜΟ
ΑΡΙΣΤΟΜΕΝΗΣΑΡΙΣΤΟΜΕΝΟΥΣ
.ΑΘΥΟΘΕΣΙΑΝΑΕΑΩΡΟΘΕΟΥ
ΕΥCΕΒΗCΜΙC

[1]) Brunn Gesch. der griech. Künstler I. S. 321.

— ος Ἀριδαίκου, Κράτης Κράτητος.
Κυζικηνοί.
——τρος Μηδίου, Ἄρχιππος Ἀριστίωνος.
Ἁλικαρνασσεῖς.
—— Μηλάνθου, Μόσχος Μόσχου.
Κ[ε]ιάνιοι.
— Πυ[ρ]ρίχου, Βελλεροφόντης Ἄγιος,
—ας Τίμωνος.
Ἀλαβανδεῖς.
—ν Ἰάσ[ω]νος, ὁ φύσει Μενίππου, Πάμφιλος Ἀπολλωνίου.
Δαρδανεῖς.
—λαος Ἀντήνορος, Δείφιλος Μηνίου.

—— ——
Σιληνοῦ

Ἐπὶ βασιλέως Πυθίωνος τοῦ —
Κεραμητῶν θεωροί,
Μύσται εὐσεβεῖς.
Ἱεροκλῆς Δημητρίου τοῦ Μη—
Ἀριστομένης Ἀριστομένους,
— Θεοδοσίου δὲ Δωροθέου.
εὐσεβὴς Μίσ[γ]ης von ungeschickter Hand zugeschrieben,

ebenso das ЄΥϾ hinter Ἀπολλωνίου, woraus wohl ein εὐσεβής werden sollte. Das Verzeichniss linker Hand ist älter, das rechter Hand nachher zugeschrieben. In dem ersteren ist das Σ noch mit nicht horizontalstehenden Schenkeln, das A dagegen mit gebrochenem Querstriche, die Buchstabenformen im Ganzen denen aus der Zeit der römischen Herrschaft entsprechend. In dem Verzeichnisse rechter Hand wechseln das runde Σ und E mit den älteren eckigen Formen dieser Buchstaben. Die abweichenden Lesarten bei Blau und Schlottmann sind ohne Bedeutung: links, Z. 3, 5: N.

Aussen in der Nord- und Südmauer der Kirche sind zu Wandpfeilern sechs ziemlich gleich grosse (1,05 hoch [ursprünglich die Länge], 0,38 breit [ursprünglich die Höhe]) Blöcke weissen Marmors verbaut; zwei derselben an der Nordwand tragen alte Inschriften, deren Zeilen bei der jetzigen Lage der Blöcke im Bau aufrecht stehen. Von der ersten Inschrift geben Blau und Schlottmann ein Bruchstück Ber. S. 615, n. 4.

NITLAS MISTAE PIEI

(Lateinische verwitterte Inschrift.)

ΕΠΙΒΑΣΙΛΕΩΣΑΡΙΣΤΩΝΟΣΤΟΥ
ΙΦΙΚΡΑΤΟΥΣΜΥΣΤΑΙΕΥΣΕΒΕΙΣ
ΘΕΩΡΟΙΔΑΡΔΑΝΕΙΣ
ΛΥΣΙΜΕΝΗΣΑΠΟΛΛΩΝΙΔΟΥ
ΑΠΟΛΛΟΔΩΡΟΣΔΕΙΝΟΚΛΕΟΥΣ
ΣΥΜΜΥΣ. ΑΙ.ΣΟΚΛΗΣ
ΟΛΥΜΠΙΟΔΩΡΟΥ
ΠΑΤ. . .ΟΣΚΑΙΑΠΟΛΛΩΝΙΔΗΣ
ΟΙΑΛΕΞΙΜΑΧΟΥ
ΔΙΟΝΥΣΙΟΣΔΙΟΔΩΡΟΥ
ΜΕΝΟΦΑΝΤΟΣΦΙΛΟΚΡΑΤΟΥΣ
ΑΚΟΛΟΥΘΟΙ
ΑΡΤΕΜΙΔΩΡΟΣΕΥΗΜΕΡΟΥ

ı ⊞ ε ⋈ < ⊃ +

Ἐπὶ βασιλέως Ἀρίστωνος τοῦ
Ἰφικράτους. Μύσται εὐσεβεῖς.
Θεωροὶ Δαρδανεῖς.
Λυσιμένης Ἀπολλωνίδου,
Ἀπολλόδωρος Δεινοκλέους,
—— —— [κ]αὶ [Π]ροκλῆς
Ὀλυμπιοδώρου,
Πατ . . . ος καὶ Ἀπολλωνίδης
οἱ Ἀλεξιμάχου,
Διονύσιος Διοδώρου,
Μ[η]νόφαντος Φιλοκράτους.
Ἀκόλουθοι.
Ἀρτεμίδωρος Εὐημέρου.

Die lateinische Inschrift linker Hand war zu verwittert, um sie in der mir zugemessenen Zeit lesen zu können; zu derselben gehört das oben stehende — nitlas Mistae piei. Das Kreuz und Σημεῖα ist nach der Verwendung des Steins zum Kirchenbaue angeschrieben.

Linker Hand auf demselben Blocke mit der folgenden steht gleichfalls eine so verwitterte Inschrift, dass ich sie nicht entziffert habe.

Α.....................ΜΑΧΟΥΑΠΟΛΛΩΑΡΧΕΠ....... ....

....

ΣΩ..........ΗΣΑΡΙΣ.ΕΟΥΔΙΟΝΥΣΙΔΩΡΟΣΑΡΙΕΝ............

....

ΘΕ   ΣΤΟΣΑΚΡΙΣΙΟΥΝΥΜΦΩΝΚΑΛΛΙΚΡΑΤ..............

ΑΛΙΚΑΡΝΑΣΣΕΙΣΑΝΤΙΠΑΤΡΟΣΦΑΝΙΠΠΟ...............

ΣΜΕΝΟΙΤΟΥΑΝΤ..ΑΤΡΟΣΑΝΤΙΠΑΤΡΟ.........

ΚΛΑΞΟΜΕΝΟΙ

ΣΙΜΩΝΑΡ....ΒΟΥΛΟΥΑΣΚΛΗΠΙΑΔΗΣΑΠΟΛ............

ΘΑΣΙΟΙ

ΔΗΜΕ...ΑΣ......ΑΧΟΥΦΑΝΟΛΕΩΣΣ.Σ.................

ΜΑΡΩΝΙΤΑΙ

ΕΠΙΚΡΑΤΗΣΑΛΙΑΡΧΟΥΑΡΙΣΤΟΒΟΥΛΟΣΑ.................

ΑΒΔΗΡΙΤΑΙ

ΔΙΟΝΥΣΙΟΣΔΙ...ΣΙΟΥΑΡΧΑΓΟΡΑΣΑΡ....................

'Α—— . ————μάχου, 'Απόλλω[ν] 'Αρχεπ[τολέμου.

——— — —— — . ————— —. —— ——

Σω—— ης 'Αριστίου, Διονυσόδωρος ——— ———

——————————————— ——————

Θε—— στος 'Ακραίου, Νύμφων Καλλικράτ[ους.

'Αλικαρνασσεῖς. 'Αντίπατρος Φανίππο[υ,

— —ς Μενοίτου, 'Αντ[ίπ]ατρος 'Αντιπάτρου.

Κλαζομέν[ι]οι.

Σίμων 'Αρ[ιστο]βούλου, 'Ασκληπιάδης 'Απολ——

Θάσιοι.

Δημέ[ας — ———άρχου, Φανόλεως Σ.ο———

Μαρωνῖται.

'Επικράτης 'Αλιάρχου, 'Αριστόβουλος 'Α ——

'Αβδηρῖται.

Διονύσιος Δι[ονυ]σίου, 'Αρχαγόρας 'Αρ—— ¹)

Es bleibt jetzt noch eine Klasse von Denkmälern zu erwähnen, die Münzen. Von den Leuten auf Samothraki wurden mir dergleichen häufig gezeigt, so z. B. eine kleine Silbermünze von Chios (geflügelte Sphinx n. L. R.: Löwenkopf n. L. in flachem Quadrat), mehre Tetradrachmen von Maroneia, eine Silbermünze des Geta, eine kupferne von Thasos (Tafel XX, n. 1: Herakleskopf n. R. R.: Bogen mit Amphora darin, ΘΑΣΙΩΝ, Keule und im Monogramm ΗΡΑΚ) und ausser einigen byzantinischen auch eine venetianische Münze (geflügelter Löwe mit Nimbus, das Schwert haltend, von vorn, SANCT. MARC. VEN — R.: CANDIA). Bei weitem am meisten sah ich aber Kupfermünzen von Samothrake selbst²). Es waren folgende:

---

¹) Ein Bruchstück einer lateinischen Inschrift auf weissem Marmor von Samothrake, deren letzte Reihe als M[y]stae pii zu lesen ist, ist mitgetheilt in der Descr. des méd. et ant. de Mr. le Comte de Behr par François Lenormant (Paris 1857), S. 274, n. 35:

IO.COI
OVETV
OMPEIANC
XIII . XII . XI .
YSTAEPII

²) S. ausser Eckhel d. n. auch Sestini lettere V, p. XLIV, Chois. Gouff. voy. pitt. I, pl. XVI, n. 6. 7. Wenn es überhaupt noch nöthig

Pallaskopf n. R., hinter ihm ein Stern. R.: Thronende weibliche Figur mit Scepter in der Linken und Schale in der Rechten n. L., unter dem Throne ein unerkenntlicher Gegenstand. Umschrift: ..ΑΜΟΘΡΑΚΩΝ (Taf. XX, n. 2).

Pallaskopf n. R. R.: Vordertheil eines Widders n. R. ΣΑΜΟ (Taf. XVIII, n. 11).

Pallaskopf n. R. R.: Widderkopf n. L. ΣΑΜ (Taf. XVIII, n. 10)[1]. Von dieser wie von den zwei vorher genannten Münzen sah ich nur ein Exemplar.

Pallaskopf n. R. R.: Thronende weibliche Figur mit einem Modius auf dem Kopfe, einem Scepter in der Linken und einer Schale in der Rechten; unter dem Throne auf einem Exemplare ein sitzendes vierfüssiges Thier. ΣΑΜΟ vor der Figur wiederholt sich auf allen Exemplaren, hinter derselben steht der auf den verschiedenen Wiederholungen der Münze wechselnde Name ohne Zweifel des βασιλεύς[2]), nach welchem auch die Inschriften datirt sind. Sechs von mir erworbene Exemplare haben die Namen ΜΗΤΡ, ΑΘΗΝΑ, ΑΙΣΧΡΙ, ΤΕΙΣ, ΘΕΩΝΔ (Θεώνδας Liv. a. a. O.)[3]), ΤΕΙΣΙΣ (Taf. XVIII, n. 7. 9). Die sitzende Gestalt der Kehrseite stimmt in der ganzen Haltung und durch den Modius (Löwe? unter dem Sessel Taf. XVIII, n. 9) wohl mit den gewöhnlichen Darstellungen der Kybele überein, deren Namen Sestini für das Münzbild gebraucht und den man auch im Alterthume neben anderen der Samothrakischen Göttin zu geben pflegte[4]). Diese Münze sah ich auf Samothraki sehr häufig; die auf Taf. XVIII, n. 9 abgebildete wurde in meiner Gegenwart in der Palaeópolis gefunden.

Ueberblicken wir nun noch einmal die gesammten Inschriften von Samothrake, deren keine über das fünfte Jahrhundert v. Chr. zurückgesetzt werden kann, so finden wir in denselben folgende Städte bei den Mysterienfeiern vertreten: Elis, Dion (auf Chalkidike oder in Makedonien), Sane (auf Pallene oder am Athos), Thasos, Abdera, Maroneia, Kyzikos (viermal)[5]), Abydos[6]), Dardanos (dreimal), Eresos, Kyme, Klazomenai, Teos (zweimal. Auf die Gesandten von Teos folgen das eine Mal die des Kollegs der dionysischen Künstler von Ionien und Hellespont[7]), welches also zur Zeit der Inschrift noch auf Teos seinen Sitz hatte. S. Strabo p. 643), Kolophon (zweimal), Ephesos, Alabanda, Halikarnassos (dreimal), Keramos, Kos (zweimal), Astypalaia und Gortyn auf Kreta. Daneben finden sich auch einzelne Inschriften von Römern, bei denen ja der Glaube an die Samothrakischen Mysterien Aufnahme fand, so dass sogar die Samothrakischen Götter mit denen der Römer mehrfach vermischt wurden[8]). Zum grossen Theile werden die Besucher als Festgesandte ihrer Städte ausdrücklich bezeichnet. Sonst mochte der Einzelne kommen um die Alterthümer

---

ist, so wird eine Beziehung dieser Münzen auf Same Cephallenia (Abh. der k. bair. Ak. $18^{44}/_{45}$, S. 50) durch den Fundort völlig widerlegt.

[1]) Vergl. Prokesch-Osten in den Abh. der Berl. Ak. 1845, Taf. I, n. 3: AR. Weiblicher Kopf nach Links, verschleiert und mit Aehren geschmückt (?). R.: Widderkopf n. L. im Quadratum incusum. N. 4: AE. Behelmter Pallaskopf n. R. R.: ΣΑΜ, darunter Widderkopf n. L., daneben ein Caduceus.

[2]) Liv. hist. XLV, c. 5. 6: Theondam, qui summus magistratus apud eos erat (regem ipsi adpellant) ad Persea mittunt.

[3]) Die ersten fünf jetzt in der Sammlung des arch.-numism. Instituts der Universität Göttingen. Herr Münzconservator Postolakkas macht im Αἰών 12. Ἰουνίου 1858 eine Schenkung von zehn gleichen Münzen an die Münzsammlung in Athen durch einen griechischen Herrn aus Gümüldschina bekannt; dort kommen noch die Namen ΑΙΤΦΑΝ und ΠΟΛΥΚ vor.

[4]) Lobeck Aglaoph. p. 1226.

[5]) C. I. Gr. 2157. 2158. Boeckh zu C. I. Gr. 2663, P. II, p. 921.

[6]) C. I. Gr. 2160.

[7]) Boeckh zu C. I. Gr. n. 3067, p. 657 sq.

[8]) Lobeck Aglaoph. p. 1243.

zu beschauen [1]), um ein Gelübde zu erfüllen, um die Gottheit wegen eines Vergehens zu versöhnen, die Meisten gewiss in dem Glauben, sich leichter die Gnade der Götter verdienen zu können, wenn sie auf deren Hauptaltären Opfer darbrächten [2]). Glauben wir nun trotz dieses weitverbreiteten Rahmes Samothrakischer Mysterienfeiern, deren zu Grunde liegende heilige Sagen immerhin einer tieferen Auffassung fähig sein mochten, dass die Priester den Besuchern nicht tiefe ethische oder physische Weisheit, sondern nur todte Förmlichkeiten und Litaneien boten [3]), so werden wir dadurch wieder auf die Aehnlichkeit [4]) der Rolle geführt, welche in demselben Meere heute der heilige Berg Athos, der Berg schlechthin genannt, übernommen hat. Was ich in den Steininschriften auf Samothraki und Imwros las, was die Münzbilder von Samothrake, Imbros und Lemnos bezeugen, trat mir auf der Reise im lebendigen Bilde entgegen, wenn ich mit ganzen Zügen von Wallfahrern, deren Ziel der Berg war, zusammentraf, wenn mir ein Priester, der seine erste Zeit auf dem Athos verbracht hatte, oder ein Heiligenmaler, der dort in den üblichen drei Jahren seine todte Kunst gelernt hatte oder irgend ein Anderer, der einmal auf dem Athos in Arbeit gewesen war, von den Wundern des Berges, von der Fülle seiner Natur, dem Frieden des Lebens dort, den Reichthümern und Alterthümern der Klöster, den grossen Gaben, die dieser oder jener vornehme Besucher an die Geistlichen ausgetheilt habe, mit Vorliebe erzählten oder wenn ich der Sage zuhörte, die den Athos mit anderen Punkten des umliegenden Meeres verbindet. Wie heute die Metochis der Athosklöster, in denen ich so oft gastfreundliche Aufnahme fand, waren vor Alters die Heiligthümer einer dem samothrakischen Cultus verwandten Götterverehrung namentlich auf Lemnos und Imbros verbreitet; mit derselben Andacht, mit der der griechische Schiffer oder Wanderer heute nach dem Athosgipfel hinüberblickt, mochte das Auge der Alten den ragenden Berg von Samothrake suchen, während eine vielleicht ebenso ungebildete Priesterschaft damals auf Samothrake, wie heute am Athos althergebrachte immer gedankenloser überlieferte, dem Volke gegenüber aber mit dem Glanze alter Heiligkeit umgebene Gebräuche ausübte und dabei Sitte, Sprache und Kunst in unbeweglicher Starrheit fesselte.

Was wir aber auch über eine Meinung oder einen Glauben denken mögen, so steht immer als Vermittler zwischen uns und ihm der Mensch, aus dessen Empfindung er entsprang. So schrieb Wilhelm von Humboldt vom Montserrat bei Barcelona und der Wanderer, der den halbverwischten Spuren des hellenischen Volkes nachgeht, wird nicht ohne Bewegung die einsame Berginsel Samothraki betreten, welche einst der Glaube dieses Volkes heiligte, als Schaaren von Wallfahrern den Strand belebten, dessen schweigende Einsamkeit heute nur der Ruf der Hirten stört. Um der Geschichte des hellenischen Volkes willen wird aber auch Jeder, der in ihr einen würdigen Gegenstand seiner Beschäftigung sieht, wünschen, dass mit grösseren Mitteln, als sie dem einzelnen Reisenden bis jetzt zu Gebote standen, Ausgrabungen besonders auf der Stelle der alten Heiligthümer und an dem mittelalterlichen Schlosse, wo viele Inschriftsteine zusammengebracht zu sein scheinen, unternommen würden, ein Plan, dessen Ausführung schon früher, wenn ich nicht irre, Bendtsen in seiner Arbeit über Samothrake [5]) als ein königliches Werk bezeichnet hat. Man würde bei solchen Ausgrabungen auf reiche Ergebnisse auch ausser der Entdeckung von Fundamenten der Gebäude um so mehr rechnen können, als von Samothraki, welches seit langer Zeit fast gar keinen Schiffsverkehr gehabt hat, alte Steine nicht wohl so viel, wie es unter Anderm auf Thasos

---

1) wie Germanicus. Tac. Ann. II, 54: cupidine veteres locos et fama celebratos noscendi — Illum in regressu sacra Samothracum visere nitentem, obvii aquilones depulere.

2) Lobeck Aglaoph. p. 1288.

3) Lobeck a. a. O. p. 1296.

4) Ich finde diese Parallele auch bei Conybeare and Howson life and epistles of St. Paul. II, p. 307.

5) Miscellanea Hafniensia ed. Münter. I, 1818, tom. II, p. 91 sqq.

geschehen ist, ausgeführt sein können und die Bevölkerung der Insel zu gering ist, als dass sie selbst mit Hülfe der Rumilioten des gegenüberliegenden Festlandes durch die Verwendung der alten Denkmäler zu Bausteinen und Kalk nahezu Alles hätten zerstören können; wurden ja auch sowohl während der Anwesenheit von Blau und Schlottmann, als während meiner eigenen das eine Mal ein Relief, das andere Mal eine Inschrift dicht unter der Oberfläche des Bodens gefunden. Einer solchen Unternehmung, welcher die türkische Regierung so wenig Hindernisse in den Weg legen würde, wie noch neuerlich den Ausgrabungen der Engländer bei Budrun, müsste ein Schiff zu Gebote stehen, welches die nöthigen Werkzeuge an Bord hätte. Die menschlichen Arbeitskräfte würden sich in dem Dorfe auf Samothraki selbst finden.

IMWROS UND LIMNOS.

Die Inseln Thasos und Samothraki haben wir durchwandert, eine jede von eigenthümlicher Bedeutung und wesentlich verschieden von der anderen durch ihre Natur und die Denkmale ihres Menschenlebens. Thasos, durch grösseren Zwischenraum von den drei übrigen Inseln des thrakischen Meeres getrennt, ihrer Gebirgsbildung nach ihnen ganz unähnlich und vielmehr zu dem nächstliegenden Festlande gehörig, ist ein marmornes Inselgebirge, ausgezeichnet durch Metallreichthum, dessen Höhen unzerstörbare Fichtenwaldung überzieht und zählt unter seinen Bauwerken die eines alten, selbstständigen und reichen Staates. Samothraki, ein eichenbewachsener hochragender Berg im Meere, dem der Marmor, das auf Thasos herrschende Gestein, ganz fehlt, ohne Hafenbildung an den Küsten, scheint von der Natur wohl zur Ernährung einer auf sich selbst beschränkten alles Verkehres nahezu beraubten Ansiedlung, wie wir sie heute auf der Insel finden, geschaffen, aber ihre Denkmäler beurkunden das regste Leben in vergangener Zeit. Wir fanden da Ueberreste einer gegen die kleine Insel unverhältnissmässig umfangreichen Stadtanlage, Marmorbauten, zu denen jeder Stein erst übers Meer herbeigeschafft werden musste, Inschriften endlich, die in ihrer geringen erhaltenen und bis jetzt entdeckten Zahl doch noch ein und zwanzig Städte der umliegenden Küsten- und Inselwelt nennen, welche ihre Vertreter zu den Feiern eines hochberühmten Geheimdienstes schickten. Wieder ein ganz anderes landschaftliches Bild und auch ganz andere Geschichte werden wir auf Imwros und Limnos finden. Die Gebirge von Imwros erscheinen unbedeutend neben dem wolkentragenden Rücken Samothrakis und der bei weitem grössere Theil der Insel ist vollkommen baumlos. Noch flacher und kahler liegt die weitgestreckte Limnos, die grösste der vier thrakischen Inseln, auf der man kaum während einer ganzen Tagereise den Schatten auch nur eines Baumes sieht und die von der Ferne her gesehen sich nur als ein langer schmaler Streifen auf dem Meereshorizonte zeichnet [1]). Schon eine dünne Nebelschicht, über welcher die Felspyramide des Athos mit abgeschnittenem Fusse wie frei schwebend aufsteigt, verdeckt sie völlig dem Auge. Limnos und Imwros liegen nun aber nahe da, wo die Enge vom Hellespont bis zum Bosporus den Verkehr zwischen zwei grossen Meeren auf einen schmalen Weg zusammendrängt, wie ein Blick auf die Menge der Segel von der Südküste von Imwros aus mir in unmittelbarer Anschauung zeigte. Dadurch sind beide Inseln schon früh aus ihrer geographischen Lage gleichsam herausgerückt in nahe Verbindung mit entlegeneren Punkten getreten. Es hat sich auf ihnen keine so selbstständige Geschichte wie auf Thasos und Samothraki gebildet. Nach der Besitznahme der thrakischen Chersonesos durch Miltiades, des Kypselos Sohn [2]), unterwarfen sich von dort aus die Athener beide Inseln, welche als wichtige Stationen der Strasse, auf welcher sich die attische Macht wie über Euboea und Skyros nach der Chersonesos erstreckte, fortan mit attischen Bürgern besetzt und, so lange eine attische Macht bestand, von dieser festgehalten wurden. Wie sehr auf diese Weise attisches Wesen auf Lemnos und Imbros Fuss fasste, ist

---

1) Tenuis Lemnos: Valerii Flacci Argon. II, 431.

2) Herod. VI, 34 sqq.

bekannt [1]). Die Frucht meiner Reise, auf welcher schon, sobald ich Imvros betreten hatte, auch mein Auge durch die kahlen Bergzüge lebhaft an Attika erinnert wurde und auf der ich dann bald in jedem Steine mit Bild und Schrift Attika wiederfand, kann ich also für diesen Punkt nur darin sehen, dass durch einzelne neue Beweise das Bekannte noch bestimmter vor Augen tritt, dass neben die schriftliche Ueberlieferung sich auch die gleichzeitigen Denkmäler stellen und dass wir namentlich die attische Kunst auf Lemnos und Imbros aus eigener Anschauung jetzt zuerst kennen lernen.

---

1) Thuc. VII, 57: Ἀθηναῖοι — καὶ αὐτοὶ τῇ αὐτῇ φωνῇ καὶ νομίμοις ἔτι χρώμενοι Λήμνιοι καὶ Ἴμβριοι —

Am 17. Juni gegen Mittag zogen die Schiffer an der Kamariótissa auf Samothráki das Kaïk, welches ich nach Imwros gemiethet hatte, vom flachen Strande ins Meer, warfen Steine als Ballast hinein und bei frisch wehendem Südwest machten wir uns auf die Fahrt. Erst waren wir lange bemüht dem Winde entgegen um das Akrotíri, die weitvorgestreckte flache Landspitze im Westen der Insel, zu kommen, bis sich die Schiffer entschlossen, einen Mann ans Land zu setzen, der das Fahrzeug bis zur Spitze des Akrotíri hinaufzog. Kaum waren wir so weit, als sich der Wind, der von jetzt an uns günstig gewesen sein würde, legte. Langsam führten uns nun ein schwacher Windhauch und die Ruder Samothráki entlang, dessen Südküste anfangs flach, dann mehr ansteigend und jenseit des Plátanos als schroffe Felsenwand, zuweilen noch von einem schmalen flachen Kieselsaume am Fusse umgeben, oft aber vom Gipfel ab in einer ununterbrochenen senkrechten hier und da mit weissen Streifen im Gesteine durchzogenen (τῆς γραιᾶς τὰ πανιά) Klippenmasse sich in die Tiefe des Meeres verlierend zu unserer Linken stand. Jenseit des Ammos, dessen flache Landestelle, die einzige an diesem steilen Südostufer, uns als ein weisser Streifen erschien, wandten wir Samothráki den Rücken, indem wir unsere Fahrt nach Kástro, dem gewöhnlichen Landeplatze auf der Nordküste von Imwros richteten. Der Tag verging und erst drei Stunden nach Sonnenuntergang lief unser Kaïk, dessen Kiel im dunklen Meere eine leuchtende Furche nach sich zog, in den Hafen von Kástro ein. Wie wir still neben einigen da liegenden Fahrzeugen hinglitten, wurden meine Schiffer von anderen, die ich noch Tages zuvor auf Samothráki gesprochen hatte, angerufen, welche fragten ob sie den μπάρδος brächten und sich rühmten, die Ueberfahrt schneller als wir, in vier Stunden vom Phoniás auf Samothráki bis Kástro, gemacht zu haben. Da es so spät geworden war, brachte ich die Nacht bei hellem Himmel, an dem der wachsende Mond stand, im Schiffe zu.

Früh Morgens am anderen Tage betrat ich den kleinen zum Anlanden für die Kaïke bestimmten Molo und den Strand, auf dem nur einige Magasiá liegen. Dicht hinter ihnen steigt einerseits ein hoher kahler Berg mit den Trümmern einer verlassenen Festung auf, andrerseits zur Rechten öffnet sich eine Aussicht in eine angebaute Ebene, in welcher auf einer Anhöhe eine Ortschaft, das Dorf Gliki, erscheint. Das Gestein des Festungsberges, welcher als Halbinsel zwischen zwei Meeresbuchten, einer engeren und tieferen, Kárdamos genannt, im Osten, und einer weiteren flacheren, Agios Nikólaos genannt, im Westen, vorspringt, bricht bei einer gegen das Meer zu schräg aufsteigenden Schichtung nach dieser Seite hin zuletzt mit kahlem jähen Felssturze, der sich unmittelbar ins tiefe Meer versenkt, ab, während durch dieselbe Schichtung nach der Landseite hin ein allmälig und gleichmässig sich absenkender Rücken gebildet wird, auf dessen der kühlenden Seeluft unzugänglicher der glühenden Südsonne entgegengekehrten steinigen Fläche das Dorf Kástro, vom Meere aus nicht sichtbar, liegt.

Landeinwärts nach Süden dehnt sich hinter dem Berge von Kástro die angebaute von kahlen Bergzügen umschlossene Ebene aus, von einem Flüsschen durchflossen, welches als das grösste der Insel den Namen des μεγάλος ποταμός führt. Es nähert sich etwa in der Mitte der Nikólaosbucht dem Meere, fliesst dann aber durch einen vom Meere aufgeworfenen schmalen Kieseldamm gehemmt eine lange Strecke ostwärts, immer in gleicher Richtung mit der Küste und nur durch den schmalen Kieselstreifen vom Meere getrennt, bis es erst nahe am Fusse des Kástroberges bei den Magasiá seinen Ausfluss findet.

Um die Ebene des μεγάλος ποταμός mit einem Blicke zu übersehen, führe ich meinen Leser gleich auf den Felsberg Arassiá am südlichen Ende der Ebene, unter dessen nordwestlichem Fusse her der μεγάλος ποταμός, dessen obere Zuflüsse vorwiegend von Westen nach Osten verlaufend in enger zwischen den Bergen eingeschlossenem hügligen Terrain sich sammeln, in die grössere Ebene eintritt, in welcher er dann seinen Lauf nahezu von Süden nach Norden richtet. Auf halber Höhe des Arassiáberges, auf seinem bis hierher nicht sehr steil ansteigenden für das Pferd noch gangbaren nordöstlichen Abhange, tritt ein starker kalter Quell hervor, der in seiner Nähe an dem sonst ziemlich kahlen Bergabhange Baumwuchs und einige Anpflanzungen hervorgerufen hat. Oberhalb desselben setzt sich steiler und felsiger der Kamm des Berges auf, ohne jede Spur von Vegetation, wie meistens die Berghöhen von Imwros, seiner Länge nach von SO. nach NW. gestreckt und gegen SW. mit jäher unersteigbarer Klippenwand abgeschnitten. Oben befinden sich die zerfallenen Ueberreste einer mittelalterlichen oder noch neueren Befestigung und ein kleines Kirchlein der Panagiá. Schon an der Quelle, wo einige schattige Bäume einen Ruheplatz bieten, übersieht man unter sich die ganze Ebene, welche vom μεγάλος ποταμός durchflossen sich nach NNO. gegen das Meer hin öffnet. Die Ebene sah ich im Juni von kahlen gelblich scheinenden Bergen zu beiden Seiten umgeben als einen Teppich reifender Kornfelder, zwischen denen sich vereinzelt umfriedete mit Bäumen besetzte Gärten bemerklich machten. Mit rothen Dächern und zum Theil mit anliegenden dunklen Baumflecken lagen um das Thal herum die vier Orte Theodóro, Kástro, Gliki und Panagiá, dieses aus den Abtheilungen Panagiá, Phratsi und Awlabiú bestehend, ausserdem noch am Bergfusse linker Hand vom Flusse das Kloster Konstantínos, ein Metóchi vom Athos, welches einen guten Theil der Aecker umher in Besitz hat. Der von hier aus rundlich erscheinende Rücken mit dem Dorfe Kástro und den Festungstrümmern darüber trat da, wo die Ebene sich nach dem Meere öffnete, hervor und bildete zusammen mit den an beiden Seiten zunächst wieder beginnenden Bergen zwei der Nikólaos- und der Kárdamosbucht entsprechende Einsenkungen, deren letztere, weil sie ziemlich enge ist, reichlichen Windzug zu veranlassen scheint; wenigstens standen grade vor ihr eine ganze Reihe von Windmühlen. Weiter in die Runde reicht der Blick oben auf dem höchsten Kamme des Arassiáberges. Hier erscheint zugleich mit der fruchtbaren Ebene am μεγάλος ποταμός und im Gegensatze zu ihr auch die Westseite der Insel, ein durchweg bergiges mit einer Menge kahler Kuppen gefülltes Land. Nach Osten sieht man die Küste in dem mit ihr durch einen Sandisthmus, in welchem das Meer ein salziges Binnenwasser (Ἁλική) zurückgelassen hat, verbundenen Vorgebirge Kephaló vorspringen, nach Westen erhebt sich mit breitem Rücken der Agios Ilias, der höchste Berg von Imwros, an dem reichlich herabfliessende den μεγάλος ποταμός speisende Wasseradern glänzen, nach WNW. liegt auf der untern Lehne des oben zackigfelsigen Agios Dimitriosberges das Dorf Agridiá. Nur die zwei hohen Ilias- und Dimitriosberge verdecken für das Auge das Meer, welches sonst rings um die Insel ausgebreitet erscheint, mit der Bergmasse von Samothráki in NW., mit den fernen Küsten des rumelischen Festlandes, mit dem deutlich erkennbaren Eingange in die Dardanellen nach OSO., mit der flachen Kuppe von Tenedos, der noch näher liegenden kleinen Insel Kúberno (Κούμπερνο) und mit den Küsten Kleinasiens, die sich nach Süden hin in den Duft der Ferne verlieren.

Wie schon der Umblick von der Höhe des Arassiáberges vermuthen liess, fand ich es, nachdem ich die ganze Insel kennen gelernt hatte, bestätigt, dass die durch den grössten Wasserlauf hervorragte Ebene derselben, ausser der nur an wenigen Punkten im Südwesten der sonst grossentheils sehr sterilen[1]) bergigen Insel eine grössere Strecke anbaufähigen Bodens vereinigt liegt, zu allen Zeiten der Platz der reichsten Entfaltung des Menschenlebens auf Imwros hat sein müssen. Heutzutage liegen von den sechs Dörfern, in welchen die Bewohner der Insel leben, vier in der Ebene am unteren Laufe des μεγάλος

[1]) Man versicherte, dass kaum der achte Theil des Flächeninhaltes der Insel bebaubar sei.

ποταμός, an dessen Ausflusse unter dem Fusse des Festungsberges von Kástro zugleich der besuchteste Landeplatz ist. Im Alterthume aber, als die Strassen auf dem die Erdtheile der alten Welt umgebenden Ocean noch nicht eröffnet waren, der Verkehr dieser Erdtheile unter sich ein reges Treiben gerade im mittelländischen Meere hervorrief und mächtige Seestaaten daselbe unter ihrem Schutze ungestörter sich entfalten liessen, da bestand auf Imwros, welches heute kaum den Bedürfnissen seiner geringen Bevölkerung genügt, ein städtischer Mittelpunkt und auch dieser lag an der Ebene des grössten Flussthales im Nordwesten der Insel, auf und an dem Berge von Kástro. Dieser bot in seiner natürlichen Bildung als eine herrschende Höhe zwischen zwei zum Anlanden geeigneten Meeresbuchten eine von den Griechen für ihre auf Seemacht gegründeten Städte offenbar sehr gesuchte[1]) Lage, wie sie schon das homerische Lied[2]) der Stadt seines grössten Seevolkes, der Phäaken, anweist. Auf derselben Höhe sah auch das Mittelalter die bedeutendste Befestigung von Imwros, bis vor der Faust der Türken hier Alles fiel und Nichts wiederstand, der Seeraub die Ansiedelungen von der Küste verscheuchte, in Folge wovon auch die höchsten Beamten der Insel sich mehr in das Innere nach ihrem heutigen Sitze im Dorfe Panagiá zurückgezogen haben werden. Der heutige Landeplatz mit seinem schwachen Verkehre befindet sich noch hinter den Trümmern des Hafendammes der alten Stadt und auf der alten Stadthöhe in dem kleinen Dorfe Kástro, dem elendesten der Insel, welches gleichfalls seine Lage an der vom Meere aus unsichtbaren Rückwand des Berges in den Zeiten der Seeräuberei eingenommen haben muss[3]), hat die Kirche, auch hier bis zur Zähigkeit der alten Tradition anhängend, ausgehalten; das einfache Kirchengebäude der Mitrópolis und der Despótis, welcher in seiner Amtswohnung neben der Kirche seine Gefälle einsammelt, um die Summe, die er zur Bezahlung seines erzbischöflichen Stuhles in Konstantinopel hat erlegen und wahrscheinlich erst erborgen müssen, mit Wucher wiederzugewinnen, sind heute die einzigen Repräsentanten der alten Herrschermacht, zu der Natur und Geschichte die Felshöhe am Ausgange der Ebene des grossen Flusses einmal erhoben hatten.

Ich habe acht Tage in einem der Magaziá am Landeplatze von Kástro zugebracht, um die auf dem Platze der alten Stadt noch vorhandenen Ueberreste aus dem Alterthume zu verzeichnen und habe in gleicher Absicht von hier aus die ganze Osthälfte von Imwros besucht, wobei mir die freundliche Hülfe des Archidiakon Warnáwas vom Kloster Kutlumus am Athos, eines geborenen Imwriers, an dessen Persönlichkeit ich nie ohne Hochachtung denken werde, von grossem Nutzen war. Derselbe hatte die alten Denkmäler seiner Heimath nicht unbeachtet gelassen, einige Inschriften auch selbst in einer athenischen Zeitschrift, der Νέα Πανδώρα vom Jahre 1857, S. 372, bekannt gemacht, und seiner Führung verdanke ich die meisten Funde, welche ich von Kástro aus gemacht habe.

Auf der Höhe des Berges von Kástro, am Rande über dem ins Meer abfallenden Steilabhange desselben, stehen die ausgedehnten Ruinen der mittelalterlichen Festung. Neben ihr auf einer Stelle, die man jetzt 'ς ταῖς γούβαις nennt, sind die Spuren früherer Wohnungen noch kenntlich und innerhalb der Festung zeigen die Leute die Stelle der alten Mitrópolis, welche erst später nach der Zerstörung der Burg mitsammt dem Dorfe hinter den Berg geflüchtet ist. Das Festungsgemäuer besteht aus rohen mit Kalk verbundenen Bruchsteinen, so dass in den Mauern schon durch das Material und bessere Bearbeitung einige Blöcke von weissem Marmor auffallen, welcher im Gebirge von Imwros durchaus nicht vorkommt, in den Stücken aber, die sich aus dem Alterthume bearbeitet vorfinden, ganz dem thasischen

---

[1]) Dieselbe Lage hatte z. B. Myrina auf Lemnos, die Stadt Tenedos, Mitylene auf Lesbos, die thrakische Neapolis (jetzt Kawálla).

[2]) Od. VI, v. 262: αὐτὰρ ἐπὴν πόλιος ἐπιβήομεν — ἣν πέρι πύργος
ὑψηλός, καλὸς δὲ λιμὴν ἑκάτερθε πόληος,
λεπτὴ δ' εἰσίθμη·

[3]) vergl. z. B. die heutige Lage Athens.

Marmor gleich sieht. Der eine Marmorblock, in der Ostwand eines Thurmes eingesetzt (Taf. III, n. 5), trägt die Inschrift:

Μανουὴλ ὁ Ἀσάνης
ὁ Λασκάρης. ἔτος 6950.

Nach Kieperts Abschrift in den Ann. dell' inst. di corr. arch. 1842, p. 142. Das Jahr ist 1442 nach Christi Geburt. Die Familie Laskaris s. Du Cange familiae Augustae Byzantinae (Lut. Par. 1682) p. 216 sqq.

Ein anderer Marmor (Taf. III, n. 13) trägt nach dem üblichen Kreuze des Einganges nur den Namen:

Ὁ Ἀσάνης.

Ich lasse gleich hier sämmtliche mir auf Imwros bekannt gewordenen, derselben der Eroberung der Insel durch die Türken vorangehenden Periode angehörigen Inschriften folgen.

Ausdrücklich gesagt, dass er aus den Festungsruinen auf dem Berge von Kástro hergeschafft sei, wurde mir von dem aussen an der Nordwand der Kirche im Dorfe Panagiá verbauten, etwa 0,85 Meter langen Marmorblocke (Taf. III, n. 9), dessen Aufschrift wiederum Asan als Vollender eines Thurmes nennt:

Καὶ πύργον τόνδ' ἡμιτέλεστον πρὶν ὄντα Ἀσάν[ης] τελεσοῖ αἰωνὸς τηλαλωτέστι.

Denselben Fundort gab man für ein kleineres an derselben Kirche eingesetztes Inschriftfragment auf weissem Marmor an (Taf. XVII, n. 5).

Ein anderer Marmor, dessen fast ganz zerstörte Inschrift (Taf. III, n. 6) dieselbe wie auf dem zuerst mitgetheilten (Taf. III, n. 5) gewesen zu sein scheint, findet sich an einem in einiger Entfernung südlich unterhalb Kástro befindlichen Brunnen, der die Aufschrift Πηγὴ Νεγρόφου 1715 trägt, zugleich mit nachher anzuführenden Inschriftsteinen aus altgriechischer Zeit verbaut.

Der Stein, dessen Inschriftrest ich auf Taf. III, n. 2 gebe, ohne eine Lesung zu versuchen, befindet sich im Narthex der Mitrópolis von Kástro.

Auf einem weissen Marmor rechter Hand an der vorderen Thür des Vorhofes der Mitrópolis von Kástro ist die Inschrift Taf. III, n. 12 roh eingekratzt; der erste auf das Kreuz des Einganges folgende Name ist mir unklar, dann folgt: ὁ Τζουσίκας.

In einem Nebenhause der Wohnung des Despótis in Kástro steht ein vierseitiger mit einer Fussgliederung versehener weisser Marmor, 0,72 Meter hoch, 0,53 Meter breit und etwa 0,36 Meter dick (Taf. III, n. 11). Auf seiner Vorderseite steht zuoberst das Gatelusi-Palaeologische Wappen [1]), darunter die Inschrift, welche ich folgendermassen glaube lesen zu dürfen:

Ὁ δοῦλ[ος] τοῦ ὑψηλοτάτ[ου
ἡμ[ῶν] αὐ[θέντου] Ἰω[άννης] Λασκάρη[ς
ὁ Ῥοντακῖνος.
Ἔτους 6964,
Ν[οεμβρίου] 4.

Der αὐθέντης, dessen Name nicht genannt wird, dessen Wappen aber über der Inschrift steht, ist der Fürst von Mitylíni aus der Familie Gatelusio, welche den Titel αὐθέντης auch sonst führen (Taf. III, n. 7) und zwar war der Regent des Jahres der Welt 6964, d. h. 1456 nach Christus, Dominicus Gatelusio [2]). Wenn der Ἰωάννης Λασκάρης ὁ Ῥοντακῖνος derselbe ist, welcher nach einer mir nur aus Kieperts Abschrift bekannten Inschrift (Ann. dell' inst. 1842, tav. d' agg. P. n. 3; p. 141, n. 14) einen Bau auf Samothráki aufführte (denn ΙωΛΑCΚΑΙΙΙCΘΡΟΝΤΑΚΙΝ ist dort offenbar zu lesen: Ἰω. Λασκά[ρ]ης [ὁ] Ῥοντακῖ[νος]), so ist auch die Jahreszahl auf jener Abschrift (Franz: 1306 nach Christus) unrichtig wiedergegeben; denn auf dem vorliegenden Inschriftsteine von Imwros ist sie deutlich erhalten und unzweifelhaft 6964, das heisst 1456 nach Christus, zu lesen. Wie übrigens die Abkürzung über dem AT in Zeile 2 mit meiner Lesung zu vereinigen ist, weiss ich nicht.

---

1) s. oben S. 37.

2) Friedländer a. a. O.

Von der attischen Colonistadt Imbros steht Weniges, nur die Trümmer des Hafendammes, ein Stück der Umfangsmauer und einige Gräber, noch sichtbar an seiner alten Stelle[1]).

Von den beiden den Stadtberg einschliessenden Buchten ist die im Osten gelegene, Kárdamos, so sehr dem Nordwinde ausgesetzt, dass sie von den Schiffern nicht benutzt wird. Der Landeplatz, an dem auch ich Imwros zuerst betrat, liegt vielmehr an der westlichen Bucht Agios Nikólaos, an derselben Stelle, an welcher auch der Haupthafen der Stadt im Alterthume sich befand. Die Trümmer seines Hafendammes, mächtige unordentlich übereinander geworfene Blöcke, die unterhalb des felsigen Fusses des Schlossberges beginnend, über ein Stück angeschwemmten Sandes hinlaufend, dann ins Meer vortreten und den Landeplatz vor dem schwersten Andrange der Wogen von Norden her schützen, verrathen noch heute im Vergleiche mit dem kleinen Molo, den sich die jetzige Bevölkerung nahebei gebaut hat, das Werk einer Viel vermögenden Zeit.

Offenbar gerade deshalb, weil sich der Verkehr auch aller folgenden Zeiten ausschliesslich in der Richtung auf die Landestelle der Nikólaosbucht zu bewegt hat, ist auf der verlassenen Ostseite des Stadtberges ein bedeutendes Stück der Umfangsmauer der alten Stadt vollständiger Zerstörung entgangen. Nahezu von Süden nach Norden verlaufend steht es, durchweg aus grossen Quadern des am Orte selbst brechenden Gesteines aufgeführt, in einiger Höhe oberhalb der Kárdamosbucht bis zu einer Länge von etwa 48,80 Metern, wenn auch nicht mehr in voller Höhe, noch aufrecht.

Lässt sich hier also die Begrenzung der Stadt noch deutlich erkennen, so geben nach Süden hin die in den felsigen Boden am Fusse des Stadtberges eingehauenen oblongen, so viel ihrer frei liegen, des Inhalts und der Bedeckung beraubten Gräber, welche jedenfalls nach attischer Sitte ausserhalb der Stadt lagen, einen Anhaltspunkt, um deren Ausdehnung auf dieser Seite zu bestimmen. Ungewiss muss es dagegen bleiben, wie weit sie sich im Anschlusse an den Hafen gegen Westen in der Ebene nach dem μεγάλος ποταμός hin erstreckte. Die Steine, auf welche der Feldarbeiter in dieser Gegend in solcher Menge stösst, dass man z. B. eine Mauer um ein ganzes Grundstück von den auf demselben gefundenen Steinen ziehen konnte, erinnern auch ihn heute noch an eine grosse Ansiedlung, welche vor Alters hier gestanden haben müsse. Ebenso wissen die Leute, dass nach einem Regen das ablaufende Wasser an den Abhängen des Schlossberges Münzen, geschnittene Steine und dergleichen Dinge herunterzuspülen pflegt, ohne dass man darauf weiter achtete; höchstens gehen die Kinder suchen, um Spielzeug zu haben oder wenn sie [illegible] finden, sie ihren Müttern als Schutzmittel gegen allerlei Zauber für die Säuglinge zu bringen.

Ausser den erwähnten in den Fels gehauenen Gräbern sah ich in derselben Gegend, aber ausser einem einzigen schon von ihrem ursprünglichen Platze verschleppt, mehre Sarkophage, deren Seiten mit einer roh ausgeführten, wie mir schien unvollendet gebliebenen guirlandenähnlichen Verzierung in Relief versehen und ohne Inschrift waren.

Gehen wir nun zu der bunten Reihe einzelner Alterthümer, namentlich Sculpturen, Münzen, geschnittener Steine und Inschriften über, welche ich, wie sie mir auf dem Boden der alten Stadt aufgestossen sind, im Folgenden zusammenstelle.

Der Archidiakon Warnáwas zeigte mir als in einem Grabe zusammengefunden eine kleine runde Bleibüchse mit Deckel, ein Thongeräth in Gestalt einer hohlen Röhre, welche unten sich zu einem breiteren Fusse erweiterte, scheinbar ein Untersatz für ein anderes Geräth (etwa 0,11 Meter hoch), dann zwei der gewöhnlichen langgezogenen in der Mitte bauchigen oben und unten engeren Thongefässe (das eine unverletzte 0,15 Meter hoch)[2]), ferner eine schlichte viereckige Bronze- oder Kupferplatte. In demselben

---

[1]) Ein Theater, welches Blau und Schlottmann auf dem Wege vom Dorfe Kástro nach dem Brunnen 'Αγίων Νυμφῶν (doch gewiss der mit der Aufschrift πηγὴ Νυμφῶν) erkennen wollten, habe ich nicht gefunden.

[2]) Abgebildet z. B. zur Rechten des Skeletts in dem zu Samo auf Kephallenia aufgedeckten Grabe bei Stackelberg Gräber der Hell. Taf. VII.

Grabe wurde auch eine runde Metallplatte, also wohl ein Spiegel, die, ehe ich die Dinge sah, verloren gegangen war, gefunden.

Derselbe Geistliche übergab mir zwei bei Kástro gefundene Fragmente von weissem Marmor, um sie einer Sammlung in Athen als Geschenk von ihm zu übergeben. Sie befinden sich gegenwärtig in der Antiquitätensammlung der Bibliothek von Athen (Taf. XIX nach einer Photographie in der Grösse der Originale). Kann man an dem einen Stücke nur noch ein Auge, Stirn und einen Theil des Haares erkennen, so reicht das, was von dem andern Kopfe eines Jünglings noch erhalten ist, hin, um mit voller Sicherheit ein Werk attischer Kunst darin zu erkennen, welches nicht nur im ganzen Charakter den Köpfen vom Friesrelief des Parthenon oder denen mancher attischen Grabreliefs nahesteht, sondern auch im Einzelnen in dem rechten heruntergezogenen Mundwinkel eine vielen Köpfen des Parthenonreliefs gleichfalls eigenthümliche Bildung, die ich bis jetzt nicht zu erklären versuche, wiederholt.

Ausser einigen Sculpturwerken, welche ich nachher bei Gelegenheit der mit ihnen verbundenen Inschriften zu erwähnen haben werde, kann ich aus Kástro diesen beiden der Phidiasschen Kunstperiode nahe liegenden Köpfen nur noch ein Relief von weissem Marmor aus bedeutend späterer Zeit hinzufügen (Taf. XV, n. 4). Dasselbe fand ich an einem Hause nahe bei der zur Wohnung des Despótis führenden Hofthür eingemauert. Das helle Weiss der unzerstörten Marmoroberfläche zeigte, dass es erst vor Kurzem unter der Erdoberfläche gefunden sein konnte. Dargestellt sind darauf die beiden neben einander stehenden Gestalten des Asklepios und Telesphoros, beide, obwohl der obere Theil des Reliefs mit den Köpfen fehlt, kenntlich genug; die neben dem linken Fuss des Asklepios befindliche Halbkugel ist der auch andern Asklepiosbildern beigegebene Omphalos [1]. Wie der Stil, lässt auch schon die Darstellung des Telesphoros an sich [2]) auf ziemlich späten Ursprung des Reliefs schliessen.

Unter den Münzen, welche mir in Kástro und in den übrigen Dörfern auf Imwros gezeigt wurden, waren immer besonders viele attische Silbermünzen, dann Kupfermünzen von Alexandria Troas mit dem Kehrbilde des weidenden Pferdes [3]), ausserdem zahlreiche Kupfermünzen von Imbros selbst, deren vier ich nach den von mir auf der Insel erworbenen Stücken auf Taf. XXI, n. 9—12 habe abbilden lassen. n. 9. Männlicher Portraitkopf n. R. innerhalb eines geperlten Randes. Runde mit sechs Speichen innen versehene Marke. R.: Die zwei Dioskurenhüte jeder mit einem Stern über sich, zwischen ihnen der Hermesstab, unten IM. n. 10: Athenekopf n. R. innerhalb eines geperlten Randes. R.: Stehende (nach anderen Münzen weibliche) Figur in langem Gewande, in der Linken eine Lyra (die Rechte nach andern Münzen ausgestreckt mit einer Schale). Umher: IM BPIΩN. n. 11: Weiblicher Kopf n. R. R.: ithyphallischer Hermes, in der Rechten einen langen etwas gekrümmten Gegenstand, in der Linken eine Schale haltend, seitwärts . MBPOY.

Geschnittene Steine wurden mir ebenfalls in Kástro mehrfach angeboten; ich bemerkte einen vertieft geschnittenen Karneol mit der Figur eines Dionysos mit Becher und Thyrsos und einem Panther zu seinen Füssen, eine antike Glaspaste mit einem Herakles und kaufte einen vertieft geschnittenen Karneol (Taf. XXI, n. 13) mit einer Schale in der Mitte, drüber und drunter einer Maus und einem Delphin, an den Seiten Mohnkopf und Kornähre.

Von den alten Inschriftsteinen in Kástro stelle ich die in der Mitrópolis meistens im Fussboden der Kirche erhaltenen voran.

Weisser Marmor. 1,40 Meter hoch, 1,53 Meter breit. Im Fussboden der Mitrópolis in Kástro. Ueber

---

[1]) Wieseler in Müller und Oesterleys Denkm. d. alt. Kunst. Bd. II, zu n. 770.

[2]) O. Jahn die Heilgötter. Aus den Ann. des Ver. für Nassauische Alterthumskunde und Gesch. Bd. VI, 1859 bes. abgedr. S. 9.

[3]) Neben diesem Beweise lebhaften Verkehrs zwischen Troas und Imbros tritt auch die Angabe Strabos, dass gleiche Götterculte in beiden Gegenden sich fanden, p. 203: μάλιστα μὲν τὸν ἐν Λήμνῳ καὶ Ἴμβρῳ τοὺς Καβείρους τιμᾶσθαι συμβέβηκεν, ἀλλὰ καὶ ἐν Τροίᾳ κατὰ πόλεις —

der Inschrift sind die auf attischen Grabsteinen üblichen zwei Rosetten und die genannten Personen sind sämmtlich Attiker aus den Demen Ἰκαρία, Παιανία und Ἄφιδνα. Buchstabenformen = Franz el. ep. gr. p. 149.

ΧΑΙΡΙΓΕΝΗΣ	Χαιριγένης
ΑΓΑΣΙΟΥ	Ἀγασίου
. ΚΑΡΙΕΥΣ	Ἰ]καριεύς.
ΤΙΜΟΣΤΡΑΤΗ	Τιμοστράτη
ΚΤΗΣΙΟΥ	Κτησίου
ΠΑΙΑΝΙΕΩΣ	Παιανιέως.
ΑΝΔΡΟΚΡΙΤΟΣ	Ἀνδρόκριτος
ΔΙΟΔΩΡΟΥ	Διοδώρου.
ΑΦΙΔΝΑΙΟΣ	Ἀφιδναῖος.
ΧΑΙΡΥΛΛΑ	Χαίρυλλα
ΧΑΙΡΙΓΕΝΟΥ	Χαιριγένου
ΙΚΑΡΙΕΩΣ	Ἰκαριέως.
ΧΑΙΡΙΓΕΝΗΣ	Χαιριγένης
ΑΝΔΡΟΚΡΙΤΟΥ	Ἀνδροκρίτου
. ΦΙΔΝΑΙΟΣ	Ἀ]φιδναῖος.

Weisser Marmor. 0,95 Meter hoch, 0,61 Meter breit. Im Fussboden der Mitrópolis in Kástro. Die oberen Namenreihen — über der mittleren Columne achtzehn bis zwanzig — sind ganz unleserlich.

....	....	....
....	ΑΡΙΣΤΟ.......	....
ΑΝΤΙΓΕΝΗΣ	ΣΩ.............	....
ΑΝΤΙΓΕΝΗΣ	ΗΥΘ............	....
ΑΡΙΣΤΟΤΕΛΗΣ	ΛΕ.............	....
ΣΙΜ . ΩΝ	ΚΛΕΩΝΥΜΟΣ	....
. ΥΝΝΩΙ	ΠΥΘΟΔΩΡΟΣ	ΛΥΚΟΦΡΩΝ
ΚΛΕΟΒΟΥΛΟΣ	. ΕΙΔΥΛΟΣ	ΑΘΗΝΟ.......
ΦΙΛΙΠΠΟΣ	.......ΝΙΔΗΣ	ΚΑΛΛΙ..........
. ΙΚΩΝ	ΑΝΤΙΦΑΝΗΣ	ΠΑΥΣΑΝΙ....
. ΞΗΚΕΣΤΟΣ	ΑΙ . ‹ΡΩΝ	ΣΩΣΙΚΡΑΤΙ..
ΑΝΑΞΙΚΡΑΤΗΣ	Ν . . ΝΙ......	ΔΙΟΝΥΣΙΟ.
ΤΙΜΟΣΘΕΝΗΣ	Λ....ΙΣΤΡΑΤΟΣ	ΝΙΚΙΑΣ
ΦΩΚΙΩΝ	....ΝΙΠΠΟΣ	ΕΠΙΓΕΝΗΣ
ΑΞΙ‹ΧΟΣ	......ΑΣ	ΝΙΚΩΝ
ΦΙΛΑΙΓΙΔΗΣ	ΚΑΛΛΙΑΣ	ΑΜΦΙΚΛΗΣ
ΤΙΜΟΔΗΜΟΣ	ΝΙΚΟΜΑΧΟΣ	ΗΙΛΑΔΙΩ›....
ΣΜΙΚΡΟΣ	. ΑΡΜΕΝΙΔΗΣ	ΝΙΚΟΚΡΑΤΗΣ
ΘΕ . ΙΣΤΙΟΣ	ΑΡΙΣΤΑΡΧΟΣ	ΜΑΡΩΝ
. Ι . ΟΔΗΜΟΣ	ΛΥΣΙΣΤΡΑΤΟΣ	Σ . ΚΡΑΤΗΣ
. . Λ . ΗΠΟΣ	. ΝΙΟΧΟ .	ΒΟΥΚΑΤΤΗ .
. . ΑΓΟΡΑΣ	ΦΙΛΙΝΟ .	ΒΟΥΚΑΤΤΗ .
	ΠΟΛ.........	ΣΩΛ^ΜΟΣ

	'Αριστο —	
'Αντιγένης	Σω —	
'Αντιγένης	Ποθ —	
'Αριστοτέλης	Λε —	
——— - ———	Κλεώνυμος	
Τ]υννώ[νδας [?]	Πυθόδωρος	Λυκόφρων
Κλεόβουλος	Φ]είδωλος	'Αθηνο —
Φίλιππος	——— νίδης	Καλλι —
M oder N]ίκων	'Αντιφάνη[ς	Παυσανί[ας
Ε]ὐήμεστος	Αἰ[σχ]ρων	Σωσικράτ[ης
'Αναξικράτης	——— ———	Διονύσιος
Τιμοσθένης	Λυσ]ίστρατος	Νικίας
Φωκίων	— νικος	'Επιγένης
'Αἴσχος	———	Ν[ίκ]ων [?]
Φιλι[π]ίδης	Καλλίας	'Αμφικλῆς
Τιμόδημος	Ναύμαχος	———
Σμίκρος	Π]αρμενίδης	Νικοκράτης
Θε[μ]ίστιος	'Αρίσταρχος	Μύρων
Φ]ι[λ]όδημος	Λυσίστρατος	Σωκράτης
Φ[ί]λ[ι]ππος	'Η]νίοχο[ς	Βουκάττη[ς
Δι]αγόρας	Φιλῖνο[ς	Βουκάττη[ς
	Πολ —	Σώ[δα]μος

Was für einem Kataloge die Namen, welche grösstentheils entschieden attischen Klang haben, angehören, weiss ich nicht zu bestimmen. Buchstabenformen gleich denen der vorigen Inschrift.

Weisser Marmor. 0,20 Meter breit erhalten. Im Fussboden der Mitrópolis in Kástro. Unter der Inschrift die beiden Rosetten der attischen Grabsteine.

ΣΤΡΟΒΙΛΟΣ
ΧΡΗΣΤΟΣ

Kleines Stück weissen Marmors daselbst:

ΜΒΡΙΟΣ ......"Ιμβριος

Auf einem weissen Marmor daselbst konnte ich von einem Namenkataloge nur die Endungen ἵμος, ίας, όμαχος und den Namen 'Αριστόδημος erkennen.

Weisser Marmor. Etwa 1,30 Meter lang. Daselbst.

Μ...	———
ΕΥΣΘΕΝΟ....	Εὐσθένο[ς
ΚΟΛΟΝΗΘΕΝ	Κολωνῆθεν.

Grabstein eines Attikers aus dem Demos Κολωνός. Die Kleruchen blieben attische Bürger [1]).

Weisser Marmor. 0,33 Meter breit. Daselbst.

ΦΙΛΟΜΑΘΗΣ	Φιλομάθης
ΕΥΧΑΡΙΣΤΟ..	Εὐχαρίστο[υ
ΤΕΝΕΔΙΟΣ	Τενέδιος.
ΕΦΕΣΟΣΦΙΛΟ	Ἔφεσος Φιλο-
ΜΑΘΟΥΔΗΜΟ	μάθου δημό-
ΣΙΟΣΧΑΙΡΕ	σιος . χαῖρε.

[1]) Boeckh Staatshaushalt der Athener (2. Ausg.) I, S. 556—55

Stück eines dreigetheilten Architraves von weissem Marmor. 0,42 Meter lang, etwa 0,22 Meter hoch. Daselbst. Auf den drei Abtheilungen, deren obere immer über die untere vorspringt, ist erhalten:

ΩΣΤΗΣΝΕΜΕΣΕΩ
ΙΟΥΜΑΡΑΘΩΝΙΟ
ΝΟΣΚΗΤΤΙΟΥ

Ἐπὶ ἱερε]ίας τῆς Νεμέσεω[ς τοῦ δεῖνα
ἡ δεῖνα τοῦ ——]ίου Μαραθωνίο[υ θυγάτηρ
τοῦ ——]νος Κηττίου [γυνή.

Die Ergänzung der ersten Reihe ist deshalb mehr als zweifelhaft, weil an den Weihinschriften der Sessel zu Rhamnus (C. J. Gr. 461. 462) — und an den Cultus der Nemesis von Rhamnus wird man auf dem attischen Imbros doch denken müssen, wie ja auch gleich die zwei attischen Demen Μαραθών und Κηττός in der Inschrift folgen —, Priesterinnen genannt sind.

Weisser Marmor, 1,22 Meter lang und 0,10 Meter hoch, als Platte des Seitenaltars links in der Mitrópolis von Kástro verkehrt eingesetzt.

ΕΠΙΧΑΡ-ΙΣ	ΚΤΗΣΩ	ΕΥΚΤΗΜΩΝ
ΕΥΚΤΗΜΟΝΟΣ	ΕΠΙΧΑΡΟΥ	ΕΥΔΙΚΟΥ
		ΟΛΥΝΘΙΟΣ

Ἐπιχάρης oder Ἐπίχαρις	Κτησὼ	Εὐκτήμων
Εὐκτήμονος.	Ἐπιχ[ά]ρου.	Εὐδίκου
		Ὀλύνθιος

Fragment von weissem Marmor. Im Fussboden der Mitrópolis in Kástro.

....
....
....
...ΠΕΡΤΟ....
...ΟΣ·ΛΑΣ....
..... ΠΙΑΜ...
ΕΥΧΗΝ

Platte von weissem Marmor etwa 0,45 Meter hoch und breit (Taf. XVI, n. 5). Von den gewöhnlichen Reliefs der Grabsteine, auf denen ein Mann beim Mahle ruhend dargestellt ist, sind im oberen Theile des Steins nur der Tisch, die Füsse der Kline und der Scheukknabe erhalten. Von der sehr verwischten Inschrift unter dem Relief erkenne ich nur den Schluss — Μιλήσιος χ[αῖ]ρε[1]. Das χαῖρε wiederholt sich in einem Kranze unten.

1) Grabsteine von Milesiern sind auch in Attika sehr häufig. Es ist indessen kein attischer Demos: Ross Demen von Attika (herausg. v. M. H. E. Meier) S. 63 f.

Weisser Marmor. 0,41 Meter hoch und 0,23 Meter breit erhalten. Wird in der Mitrópolis aufbewahrt. Buchstabenformen = Franz el. p. 149.

```
.............................................
...........ΔΟΝΠΡΟ.......................
.......ΝΠΡΩΤΩΙΜΕΤΑ..................
ΝΩΙΑΓΑΘΟΝΟΤΟΥΑΝΔΡΟΚΕΙ..........
.ΝΑΓΡΑΨΑΙΔΕΤΟΔΕΤΟΨΗΦΙΣΜ........
ΜΑΤΕΑΤΟΥΔΗΜΟΥΕΝΣΤΗΛΕΙΛΙΘΙΝ.....
ΣΤΗΣΑΙΕΝΤΕΙΑΥΛΕΙΤΟΥΠΡΥΤΑΝΕΙΟΥ....
ΔΕΤΗΝΑΝΑΓΡΑΦΗΝΤΗΣΣΤΗΛΗΣΜΕΡΙΣ..
..ΟΝΤΑΜΙΑΝΤΟΕΚΤΗΣΔΙΑΤΑΞΕΩΣ

ΟΔΗΜΟΣ
```

Blau und Schlottmann Ber. S. 632 geben dieselbe Inschrift und lesen Z. 1: ΔΟΝΤΠΡΟ, Z. 3 Anfang: ΤΩΙΑΓ, Z. 4 Ende: ΦΙΣΜ....ΔΕ, Z. 9: ΟΔΗΜΟΣ fehlt.

______δον προ______________
____ν πρώτῳ μετὰ ______________
νῳ ἀγαθῶν ὅσου ἂν δοκεῖ _________
ἀ]ναγράψαι δὲ τόδε τὸ ψήφισμ[α τὸν γραμ-
ματέα τοῦ δήμου ἐν στήλῃ λιθίν[ῃ καὶ
στῆσαι ἐν τῇ αὐλῇ τοῦ πρυτανείου[. Εἰς
δὲ τὴν ἀναγραφὴν τῆς στήλης μερίσ[αι
τ]ὸν ταμίαν τὸ ἐκ τῆς διατάξεως.

'Ο δῆμος.

An der Wohnung des Despotis unmittelbar neben der Kirche sind dann die beiden folgenden Inschriftsteine erhalten.

Ueber der Thür der Metropolitenwohnung ist ein weisser Marmor eingesetzt, 0,82 Meter breit, 0,25 Meter hoch. Blau und Schlottmann Ber. S. 631, n. 18.

ΟΙΕΡΑΣΑΙ'ΕΝΟΣ	'Ο ἱερασά[μ]ενος
ΤΟΥΠΑΤΡΩΟΥΑ	τοῦ πατρῴου 'Α-
ΠΟΛΛΩΝΟΣ-Α	πόλλωνος - 'Α-
ΧΙΛΛΕΥΣΕΠΙΧΑ	χιλλεὺς 'Επιχά-
ΡΟΥΚΗΤΤΙΟΣ-Η	ρου Κήττιος - [ἥ]-
ΡΩΣ-' ΙΡΕ	ρως - [χα]ῖρε.

Der Verstorbene war attischer Bürger aus dem Demos Κηττός und Priester des attischen Apollon Patroos.

Aussen an der Wohnung des Metropoliten ist in einiger Höhe ein Grabstein von weissem Marmor verbaut, auf dem in Relief ganz attischen Stiles eine sitzende Frau dargestellt ist, unter ihrem Stuhle der Arbeitskorb zur Bezeichnung des häuslichen Fleisses der Verstorbenen [1]). Darunter die Inschrift:

Καλλινίκη
Τίτου
Σαρωνλίου
θυγάτηρ.
χαῖρε.

Kallinike auch als attischer Schiffsname bekannt.

Endlich fand ich noch im Dorfe Kástro und in dessen nächster Umgebung die folgenden Inschriftsteine.

Taf. XVI, n. 6. Ein sechzehnzeiliges Bruchstück, von dem ich nicht genau mehr weiss, wo im Dorfe ich es abgeschrieben habe.

Taf. XV, n. 7. Weisser Marmor. In einem Hause in Kástro aufbewahrt. Oben ist der Untertheil einer männlichen Figur in Relief, unten der Anfang eines ψήφισμα erhalten. Relief wie Inschrift tragen besonders ausgesprochen attischen Charakter. Zeile 3 ein Bürger des attischen Demos Ἄφιδνα.

Taf. XVII, n. 6. Weisser Marmor. An einem Hause in Kástro verbaut. Unter zwei Kränzen steht die Grabschrift:

Μόσχος Λυσιδίου Ἀγρυλεύς. χαῖρε.

Taf. XV, n. 6. Weisser Marmor. In der Umfangsmauer eines Gartens dicht bei der Skala von Kástro eingemauert. Die aufgekratzte Inschrift ist durch die Lettern des Drucks bei Blau und Schlottmann Ber. S. 632, n. 27 entstellt. Z. 2: ἐπὶ Φλ[αβίου] Ἑρμαγ[ένους.

An dem Brunnen unterhalb Kástro, der durch seine Aufschrift als πηγὴ Νικηφόρου 1715 bezeichnet ist, an welchem auch der schon oben angeführte mittelalterliche Inschriftstein (Taf. III, n. 6) sich befindet, sind ebenfalls mehre Marmore mit Inschriften aus dem Alterthume verbaut. Auf dem einen derselben ist nur innerhalb eines Kranzes noch ἡ βουλή lesbar. Besser erhalten ist die Inschrift eines zweiten Marmors (1,80 Meter lang, 0,30 Meter breit), welche unvollständig bei Blau und Schlottmann Ber. S. 633, n. 28 [2]) mitgetheilt ist. Sie nennt drei attische Bürger aus dem Demos Στειριά.

ΙΛΛΙ	....
. ΛΕΟΦΩΝΕΠΙΧΑΡΟΥΣΤΕΙΡΙΕΤ	Κ]λεοφῶν Ἐπιχάρου Στειριεύ[ς.
. ΕΙΚΑΔ . ΣΣΚΑΜΑΝΔΡΙΟΥΣΤΕ	Ν]εικάδ[η]ς Σκαμανδρίου Στε[ι]ριεύς.
. ΚΑΜΑΝΔΡΙ.ΣΣΚΑΜΑΝΔΡΙΟΥΣΤΕ	Σ]καμάνδρ[ο]ς Σκαμανδρίου Στε[ι]ριεύς.
ΟΚΛΕΙΑ ΚΤΗΣΙΒΙΟΥ ΓΙΜ	... όκλεια Κτησιβίου . . .

Ganz nahe bei Kástro liegt auch die verfallene kleine Kirche des heiligen Geórgios, in welcher ich einen weissen Marmor (0,33 Meter breit) fand, von dessen Inschrift nur die folgenden zwei Namen noch zu lesen waren.

....	....
ΧΑΡΙΣΘΕΝΟ..	Χαρισθένη[ς.
ΣΩΣΤΡΑΤΗ	Σωστράτη.

Von dieser Zusammenstellung der Ueberreste der alten Stadt Imbros gehe ich zu den Alterthümern über, welche ich auf meinen von Kástro aus weiter in die Umgegend unternommenen Streifzügen meistens

[1]) S. oben S. 66, Anm. 1. In die metrische Grabschrift einer Frau ist das Lob der Arbeitsamkeit mit den Worten καὶ ἐργάτις nachträglich eingeschoben: C. J. Gr. n. 804.

[2]) Daselbst noch eine Inschrift von demselben Brunnen, die mir entgangen ist. S. auch Ann. dell' inst. 1842, p. 161, n. 15. Tav. d' agg. P. 4.

nach Anweisung des Archidiakon Warnáwas habe finden können und von denen manche ebensowohl, wie die beiden obenerwähnten mittelalterlichen Inschriftsteine an der Kirche von Panagiá, von denen es mir ausdrücklich gesagt wurde, von der Stelle der alten Stadt her verschleppt sein können.

In geringer Entfernung von Kástro linker Hand von dem nach Gliki führenden Wege liegt das kleine Kloster τοῦ Ταξιάρχη, wo mein Freund Warnáwas seine Schule hielt. Auf der Schwelle der Thür eines dazu gehörigen Gartens zeigte er mir einen alten Grabstein von weissem Marmor (Taf. XVII, n. 6), dessen ältere gut geschriebene Inschrift bis auf ein — ιου . χαῖρε verlöscht und durch eine spätere roh geschriebene ersetzt ist. Diese lautet:

Θαλλοῦς Ἀπολλωνίου Μαρωνίτις . χερι (statt χαῖρε).

Von dem Monastiráki τοῦ Ταξιάρχη geht man in etwa einer Viertelstunde bis zu dem am Berge gelegenen Dorfe Gliki. Weder in der Kirche, die, nach Landesbegriffen sehr stattlich, mit vielen bunten Bildern verschiedener Heiligen in den von der Kirche geweihten starren byzantinischen Formen zu einem wahrhaft abschreckenden Götzentempel herausgeschmückt ist, noch sonst im Dorfe fand ich Reste aus dem Alterthume, nur dass man mir in einem Hause einen Delphin von weissem Marmor mit dem Kopfe nach unten gerichtet und ursprünglich, wie es schien, als Fuss zu irgend einem Geräthe oder als Trunk zu einer Statue gehörend, zeigte. Dagegen sprach man mir im Kaffenion von einem Marmorbilde, das sich in einem Kirchlein des heiligen Dimitrios nahe beim Dorfe befinde, und ein Alter, dessen Frau die Kirche, namentlich den nöthigen Oelvorrath für die Lampe zu besorgen pflegte, der deshalb den Heiligen gewissermassen als sein Eigenthum oder doch ihm besonders nahestehend ansah (ὁ Ἅγιος εἶναι ὁ ἰδικός μου, sagte er) und um so mehr ein bei dieser Gelegenheit abfallendes Bakschisch glaubte für sich in Anspruch nehmen zu dürfen, machte meinen Führer dahin. Wir erreichten nach einem Wege von einigen zehn Minuten an dem steinigen vollkommen kahlen Bergrücken hin die kleine Kirche, wo ich mich begnügte, das erwähnte Bild mit wenigen Strichen zu skizziren (Taf. XV, n. 8). Der weisse Marmor zeigt im vertieften Felde unter einem Giebel in Relief dargestellt eine thronende Kybele, deren Haupt mit einem Modius bedeckt ist, deren Füsse auf einem Schemel ruhen. Ihre rechte Hand lässt sie auf den Kopf eines ihr zur Seite sitzenden Löwen herab, während die Rechte gehoben erscheint, als hielte sie ein Scepter. Es ist zu bemerken, dass auch dieses Bild mit attischem Cultus in Verbindung steht. Stephani[1]) bemerkt, dass ausserhalb Attika, wo dergleichen Kybeletempelchen ausserordentlich häufig sind, ihm solche nirgends vorgekommen seien. Derselbe führt sie auf den Cultus der μήτηρ θεῶν, deren Bild schon Phidias arbeitete, zurück, einen in Attiká altheimischen Cultus, den aber besonders erst die spätere Zeit angefangen habe zu pflegen, wie er daraus schliesst, dass sämmtliche bekannt gewordene Reliefs, wie auch wieder der vorliegende imbrische, später Technik angehören.

Nahe bei Gliki liegt auch das Parakklisi des heiligen Wasilis (Βασίλης), an dessen Hinterwand eine Platte von weissem Marmor mit Inschrift (Taf. XV, n. 2) sich befindet. Abermals führt uns die Inschrift

Διὶ ὑψίσ[τῳ]
Ἀθηναίω[ν]
Ἀρίστων
εὐχῆς [ἕνεκα?]

einen athenischen Cultus, den des Zeus Hypsistos, auf Imbros vor und zwar erlauben auch ihre Buchstabenformen die Annahme, es sei derselbe Zeus Hypsistos gemeint, dessen Cultus sich in römischer Zeit auf dem Platze der alten Pnyx angesiedelt hatte[2]).

Ich berührte dieses Parakklisi auf dem Wege nach einer andern östlich von Gliki, gleichfalls noch auf dem Gebiete desselben Dorfes gelegenen Kirche des heiligen Andreas, nach der Gegend, in der sie

[1]) Mém. de l'acad. imp. des sciences de St. Pétersbourg, tom. VIII, 1855, p. 319—322.

[2]) Ross: Pnyx und Pelasgikon S. 16 ff. Die Inschriften C. J. Gr. n. 497—506.

liegt, Sto Kamári (ς τὸ καμάρι) beibenannt, an welcher eine merkwürdige Tafel von weissem Marmor, deren Inschrift Archidiakon Warnáwas bereits in der Νέα Πανδώρα, freilich ungenau, hat abdrucken lassen, sich aussen über der Thür eingesetzt findet. Aus der Gestalt der Einrahmung, wie aus den Buchstabenformen der Inschrift selbst geht hervor, dass dieselbe erst aus der Zeit der römischen Herrschaft über Griechenland herrührt. Die Abschrift, wie ich sie auf Taf. XV, n. 9 gebe, habe ich mehre Male vergleichen können, so dass ich für ihre Genauigkeit einstehe.

Θεοὶ μεγάλοι,
θεοὶ δυνατοί,
ἰσχυροὶ καὶ
Κασμειλε —?
Ἄναξ πατ —?
οι? Κοῖος,
Κρεῖος, Ὑ —
περίων,
Ἰαπετός,
Κρόνος.

Dass der Beiname θεοὶ μεγάλοι, θεοὶ δυνατοί gerade auch den Samothrakischen Gottheiten häufig gegeben wurde, ist gewiss[1]), ebenso gewiss, dass Imbros mit Samothrake den Cultus der Kabiren theilte[2]). Schon eine bisher vereinzelt stehende Notiz bei Photius erklärte die Kabiren für Titanen[3]). Die vorliegende imbrische Inschrift nun nennt als die θεοὶ μεγάλοι, θεοὶ δυνατοί, ἰσχυροί — die bekannten in Hesiods Theogonie[4]) und in einem orphischen Fragmente[5]) aufgezählten Titanen Κοῖος, Κρεῖος, Ὑπερίων, Ἰαπετός und Κρόνος, auch ganz in derselben Reihenfolge wie in den beiden angeführten Stellen. Der vorhergehende Ἄναξ erscheint in der milesischen uns von Pausanias erhaltenen[6]) Sage als der Sohn der Gaea, also als Bruder der genannten Titanen. Die Form ΚΑΣΜΕΙΛΕ —? in Zeile 4 und die Lücke mit den Buchstaben ΠΑΤ — ΟΙ in Zeile 5, 6 befriedigend zu erklären, überlasse ich Kundigeren.

Kehren wir nun nach dieser Durchsuchung von Gliki und Umgegend nach Kástro zurück, um wiederum von da aus einem neuen Ausfluge zu folgen, den ich am 20. Juni in Begleitung des trefflichen Archidiakon Warnáwas zunächst nach Kloster Konstantin unternahm. Doch halte ich für einfacher, hieran auch gleich Alle das anzuschliessen, was ich in der Nähe von Kloster Konstantin, in Theodóro, in Panagiá und dessen Umgebung bis zum Gipfel der Arassiá hinauf und endlich auf einem Ritte nach der 'Aliki im Südosten der Insel erst an den folgenden Tagen gesehen habe.

---

1) s. Lobeck Aglaoph. p. 1213. 1221. 1243. 1244.

2) Steph. s. v. Ἴμβρος. derselbe p. 1209 angeführt bei Lobeck Aglaoph. p. 1210.

3) bei Lobeck Aglaoph. p. 1249: Κάβειροι δαίμονες· ἐκ Λήμνου διὰ τὸ τόλμημα τῶν γυναικῶν μετακληθέντες. Εἰσὶ δὲ ἤτοι Ἥφαιστοι ἢ Τιτᾶνες.

4) v. 133 ff.:

(Γαῖα) — αὐτὰρ ἔπειτα
Οὐρανῷ εὐνηθεῖσα τέκ' Ὠκεανὸν βαθυδίνην,
Κοῖόν τε Κρεῖόν τε, Ὑπερίονά τ' Ἰαπετόν τε,
Θείαν τε Ῥείαν τε Θέμιν τε Μνημοσύνην τε,
Φοίβην τε χρυσοστέφανον, Τηθύν τ' ἐρατεινήν.
τοὺς δὲ μέθ' ὁπλότατος γένετο Κρόνος ἀγκυλομήτης,
δεινότατος παίδων·

5) n. VIII:

τίκτεν ἡ γῆ — παῖδας ἄλλους τοσούτους,
Κοῖόν τε Κρεῖόν τε μέγαν, Φόρκυν τε κραταιόν,
καὶ Κρόνον Ὠκεανόν θ' Ὑπερίονά τ' Ἰαπετόν τε.

6) Paus. I, 35, 6: (Μιλήσιοι λέγουσιν) εἶναι Ἀστέριον μὲν Ἄνακτος, Ἄνακτα δὲ Γῆς παῖδα.

Wir ritten von Kástro ab durch das seichte Wasser des Megálos Potamós, auf dessen linkem Ufer der Weg[1]) aufwärts uns an einer verfallenen Kirche der heiligen Apostel (τῶν ἁγίων Ἀποστόλων) vorbeiführte. Man hatte sie kürzlich etwas ausgebessert und dabei war der von Blau und Schlottmann (Ber. S. 628, n. 20) mitgetheilte Inschriftstein so weit verbaut, dass ich nur das auf Taf. XVII, n. 1 Gegebene noch sehen konnte.

Ehe wir Kloster Konstantin erreichten, bogen wir von dem Wege dahin nach Rechts hin ab und ritten das Thal eines kleinen Baches aufwärts. Wo sich dasselbe weiter oben hin mit ziemlich hohen Abhängen verengt und dicht unterhalb der Stelle, an welcher das wenige Wasser von einer schroffen Höhe herabgestürzt kommt, in nordwestlicher Richtung vom Kloster Konstantin ab, liegen auf der Höhe beider Ufer Mauerreste aus hellenischer Zeit, auf der Insel bekannt als der Pýrgos sto Roxádo (ὁ πύργος ς τὸ ῥοξάδο). Sie sind aus Quadern von zum Theil bedeutender Grösse aufgeführt. Ein dem Bette des Baches parallel gerichtetes Mauerstück steht auf dem rechten Ufer; etwas weiter aufwärts auf dem linken bilden zwei Mauern einen nach dem Bache zu und zwar stromabwärts gerichteten spitzen Winkel, während hier eine dritte Mauer, noch fast mannshoch und 8,50 Meter lang erhalten, parallel mit dem Laufe des Baches oben auf der von diesen im Winkel zusammenstossenden Mauern gehaltenen terassenartigen Erderhöhung steht. Der Zweck dieser Bauten, welche keiner befestigten Ortschaft angehört zu haben scheinen, an so entlegener Stelle, an der nie eine Strasse gegangen sein kann, ist mir räthselhaft.

Wieder abwärts der grossen Ebene zu reitend, erreichten wir nach etwa einer Viertelstunde am Fusse des Berges das Kloster Konstantin, an dessen Thür zahlreiche Erntearbeiter ihr Mahl hielten. Von den zwei oder drei Mönchen des Klosters wurden wir gut aufgenommen, trotz der Fasten mit allerlei von der Kirche verbotener Speise bewirthet und fanden dann auch einige Ausbeute an Inschriften im Kloster.

Christliche Inschrift auf einem 0,15 Meter langen an der Absis der Kirche eingemauerten weissen Marmor:

ΟΘΕΟϹΟΙΔΕ ὁ θεὸς οἶδε.

Auf einem 0,63 Meter hohen weissen Marmor, der an einer Aussenthür des Klosters eingesetzt ist, steht mit senkrecht untereinander gestellten Buchstaben später Zeit das Wort χ]αρτοφορίων[—

(Beide Inschriften nach Kieperts Abschrift auch in den Annali dell' Inst. 1842, p. 142, n. 18. 17. Daselbst unter n. 16 findet sich auch noch eine Grabschrift, die mir nicht mehr zu Gesichte gekommen ist.)

Auf einem mitten in der Klosterkirche stehenden Säulenstumpfe mit sehr zerstörten Kannelüren ist quer über dieselben hin geschrieben ausser noch mehren ganz verwischten Buchstaben zu lesen:

ΑΤΛΟΣ
ΣΟΛΓΙΚΙ..
ΟΡΑΣΙΓΓΟΣ

Αὖλος
Σαλωνῖκ[ος
Θ]ρ[ά]σιππος.

Im Heiligsten der Klosterkirche befindet sich ein antiker Marmorsessel, dessen vordere Füsse in Löwenklauen enden. Zuoberst auf der hier senkrecht stehenden, 0,50 Meter breiten viereckigen Fläche zwischen den vorderen Füssen und unter dem Sitze, also an derselben Stelle, wo auch die Marmorsessel vor dem Tempel der Nemesis in Rhamnus[2]) und der Sessel des Potamon im Hofe der Kathedrale von Mitylini[3]) ihre Inschriften tragen, steht die Inschrift:

---

[1]) Irrig, wie schon ein Blick auf die Karte zeigt, verlegen Blau und Schlottmann den Weg von Panagiá nach Kástro auf das linke Ufer des Flusses, wenn sie selbst auch da geritten sein mögen.

[2]) Unedited Antiquities of Attica chap. VII, pl. 5.

[3]) Siehe C. J. Gr. n. 2183 und ausser den da genannten Abbildungen: Texier voyage en Asie mineure pl. 128.

ΔΙΟΝΥΣΩΙΜΕΙΔΙΑΣ
ΤΗΛΕΜΑΧΟΥΠΑΛΛΗΝΕΥΣ

Διονύσῳ Μειδίας
Τηλεμάχου Παλληνεύς.

Der Sessel ist also ein Weihgeschenk abermals eines attischen Bürgers und zwar aus dem Demos Παλλήνη.

An dem unteren Abhange desselben Berganges mit Kloster Konstantin, nur weiter südlich, liegt das Dorf Theódoro. Hier fand ich aussen an der Vorderseite der Kirche des heiligen Geórgios, um deren Schlüssel ich, da ich sie verschlossen fand, mich vergeblich bemühte, eine grosse schön erhaltene Grabstele von weissem Marmor, 1,63 Meter hoch und 0,48 Meter breit. Die Stele, wie sie jetzt ist, oben horizontal abgeschnitten, trägt zuoberst nach attischer Sitte zwei aus je drei concentrischen Kreisen gebildete Rosetten, darunter die Inschrift:

ΣΩΣΤΡΑΤΟΣ
ΣΩΣΤΡΑΤΟΥ
ΚΡΙΩΕΥΣ

Σώστρατος Σωστράτου Κριωεύς,

endlich noch weiter unten im Olivenkranze

ΟΔΗ
ΜΟΣ

ὁ δῆμος.

Wie also die ganze Form der Stele attischer Weise entspricht, so nennt auch die Inschrift einen attischen vom Volke mit einem Kranze geehrten Bürger aus dem Demos Κριώα.

Theódoro verlassend schlug ich am 21. Juni den Weg nach Panagiá ein, welcher auf einer Brücke über den Megálos Potamós führt, dessen Ufer hier hoch und steil sind. An dem Abhange des linken Ufers oberhalb der Brücke hat der Fluss mehrere Steinsärge blossgelegt. Der eine davon ist wohl erhalten, der Länge nach von Südwesten nach Nordosten gerichtet und liegt jetzt in der auffallenden Tiefe von reichlich zwei Mannslängen unter der Oberfläche des sandigen Uferbodens. Nachdem ich über die Brücke das andere Ufer des Flusses erreicht hatte, verliess ich den weiter nach Panagiá führenden Weg und wandte mich rechter Hand nach Süden, um den Arassiáberg zu erreichen und zu ersteigen. Ich habe schon oben, um einen Ueberblick über die Insel Imwros zu geben, von der weiten Aussicht, die sich mir während der Mittagsruhe an dem kalten Quell auf halber Höhe des Berges, so wie nachher von dem höchsten Kamme aus darbot, gesprochen und habe deshalb hier nur eine Weihinschrift auf einem vierseitigen weissen Marmor zu verzeichnen, welcher jetzt über der Thür der kleinen Panagienkirche oben auf dem höchsten Bergrücken eingesetzt ist (Taf. XVII, n. 2).

Τύχῃ

Ἀγορανομήσαντα αὐτ[?] Ἀπολλω ——— Ἀ]λεξάνδρου εὐχὴ[ν] ἀνέθηκεν.

Beim Hinabsteigen vom Arassiáberge fand ich in einer verfallenen Kirche am Fusse desselben ein Bruchstück einer Inschrift aus byzantinischer Zeit auf einem weissen Marmor, welcher später zu einem Säulenkapitäl eines christlichen Baues verarbeitet, jetzt links vom Altare der Kirche verbaut war (Taf. XVII, n. 3).

Ich kehrte dieses Mal vom Arassiáberge nach Kástro zurück, will mich hier aber gleich nach Panagiá wenden. Im Orte selbst habe ich Ausbeute an Ueberresten des Alterthums, abgesehen von den bereits angeführten mittelalterlichen Inschriften, nicht gehabt und aus der nächsten Umgegend kann ich auch nur die drei folgenden Inschriften, deren zwei obendrein schon bekannt sind, mittheilen.

1. Weisser Marmor. Etwa 1,20 Meter hoch und 0,31 Meter breit. In der Kirche des heiligen Nikúlaos südöstlich oberhalb Panagiá.

Da mir die zwei mittleren Zeilen nicht klar sind, mag es genügen, darauf hinzuweisen, dass die Namen oben und unten, nach denen ich das Ganze für eine Grabschrift halten würde, beide Male wieder attische Bürger, oben einen aus dem Demos Στειριά, unten Kleopatra, die Tochter eines Νίκανδρος ἐξ Γαργηττιῶν nennen.

2. Länglicher Untersatz von weissem Marmor, 0,40 Meter lang und 0,13 Meter hoch. Ueber der Thür der Kirche Agia Marina (in der Gegend Dukemádes nach Blau und Schlottmann, welche die Inschrift mittheilen: Ber. S. 627, n. 18).

ΑΣΚΛΗΠΙΩΙΑΝΕΘΕΣΑΝ	Ἀσκληπιῷ ἀνέθεσαν
ΔΙΟΠΕΙΘΗΣΔΙΟΓΕΙΤΟΝΟΣΠΑΙΑΝΙΕΥ	Διοπείθης Διογείτονος Παιανιεύ[ς],
ΧΑΡΗΣΦΙΛΩΝΟΣΣΦΗΤΤΙΟΣ	Χάρμης Φίλωνος Σφήττιος.
ΕΠΙΙΕΡΕΩΣΧΑΡΗΤΟΣ	Ἐπὶ ἱερέως Χάρητος.

Die Weihenden sind abermals zwei Attiker aus den Demen Παιανία und Σφηττός.

3. Vierseitiger Block von weissem Marmor. Die vordere Seite 0,35 Meter hoch und 0,66 Meter breit. Auf der oberen Fläche ist ein viereckiges Einsatzloch. In der Kirchenruine Agii Apóstoli[1]) sieht

[1]) Meine Begleiter sprachen von einem alten Tempel an der Stelle dieser Kirche, wie auch Blau und Schlottmann (Ber. S. 627) aus verschiedenen Aeusserungen glauben schliessen zu können, dass ein solcher hier gestanden habe, den sie dann der Weihinschrift wegen für einen Tempel des Hermes halten. So viel ich gesehen habe, ist kein Grund zu dieser Annahme. Die umherliegenden Bautrümmer konnte ich nur für Ueberreste eines älteren christlichen Baues halten; die Inschrift allein kann, da solche Steine (ἐπιγραφόπετραις) an den Kirchen oft von entlegenen Punkten herbeigeschleppt werden, Nichts beweisen; die Meinung der Ortsbewohner endlich ist ohne alle Bedeutung, da die gemeinen Griechen aller Orten, wo sie Trümmer sehen, mit der Annahme eines ναός (oder ἱερός) sehr bei der Hand sind. — An einer Kirche der Panagiá gegenüber der obenerwähnten der Agia Marina finden sich alte Quadern und Bruchstücke von Ornamenten in Marmor. Einen bestimmten Anhalt, wo eine Cultusstätte, von der Blau und Schlottmann (Ber. S. 626) sprechen, festzustellen, geben auch diese nicht. — Die „Ruinen höher hinauf auf der Spitze des Berges," von denen ihr Führer denselben Reisenden erzählte (Ber. S. 626), können nur die mittelalterlichen Festungsreste auf dem Arnoniberge sein.

weit von Panagiá am Wege von diesem Orte nach der eben genannten Kirche der Agia Marina. (Taf. XVII, n. 9. Blau und Schlottmann Ber. S. 627, n. 19.) Inschrift:

Νικόδαμο[ς] Ἑρμῇ.

Es ist diese nicht die einzige auf den imbrischen Cultus des Hermes bezügliche Inschrift. Schon vor längerer Zeit ist die metrische Weihinschrift zweier Brüder, attischer Bürger, an den Hermes von Imwros nach England gebracht worden (C. J. Gr. n. 2156) und eine andere, in welcher dem Hermes Geweihte vorkommen, habe ich noch mitzutheilen (Taf. XV, n. 1). Von der Bedeutung des Hermescultus auf Imbros legen, um mich hier nur an einen Beleg zu halten, der zur Hand ist, die Münzen der Insel, auf deren Kehrseiten man das ithyphallische Bild des Gottes erkannt hat, augenfälliges Zeugniss ab (Taf. XX, n. 11)[1].

Am 26. Juni habe ich von Panagiá aus auch das Südostende von Imwros besucht, welches als eine Landzunge, deren äusserster Vorsprung Kap Kephaló genannt wird, sich ins Meer vorstreckt. Sein vorderer Theil besteht zum Theil aus felsigen Massen, welche in der Gegend Ston Balon ('ς τὸν Μπάλον) im Norden, mit steiler Uferwand aus dem Meere aufsteigen. Hinter diesem früher offenbar einmal eine abgesonderte Inselklippe bildenden Theile und ihn jetzt mit dem übrigen Körper der Insel verbindend hat sich ein flacher von einem Meere bis zum anderen etwa eine Stunde breiter, querüber aber von den letzten Hügelausläufern der Insel bis zu den ersten Kornfeldern auf dem sich wieder hebenden Rande des Vorgebirglandes eine halbe Stunde Weges messender Sandisthmus angeschwemmt, in welchem nach Süden nur durch einen natürlichen Damm gegen das Meer geschlossen ein salziges Binnenwasser (ἁλυκή) zurückgeblieben ist. Die übrige Fläche des Isthmus besteht aus losem Sande, der vom Winde in rundliche Haufen getrieben wird (daher ἀμμόλοφοι von den Imwrioten genannt); Binsen dehnen sich an einigen Stellen in grösseren Massen aus, während sie an anderen namentlich nach der Mitte des Isthmus zu erst in einzelnen Büscheln sich in dem losen Sande festsetzen. Von Ueberresten des Alterthumes habe ich weder auf dem von Panagiá her durch kahl bergiges nur in seinen Thälern angebautes Land führenden Wege, noch am Isthmus und auf dem wieder einigen Feldbau erlaubenden, sonst aber ganz öden Vorgebirglande von Kap Kephaló irgend Etwas gehört oder gesehen. In der Gegend Ston Bálon sollen noch Spuren eines verfallenen Dorfes zu sehen sein und nicht weit davon berührte ich zwei Parakklisia, Παρασκευή und Παναγία Καλαμβδοῦ genannt; ausserdem liegt am nördlichen Ufer des Isthmus ein verfallener im Mittelalter oder später aus rohen Steinen mit Mörtel aufgebauter Thurm, gewiss deshalb zur Wache hierher gestellt, weil wenig nördlich davon eine Küstenstelle 'ς τὸ καλάμι liegt, die noch heute von den Schiffern hin und wieder als Landeplatz benutzt wird.

Von diesem Besuche des Südostendes von Imwros kehrte ich über Panagiá nach Kástro zurück und da meine Arbeit hier beendet war, nahm ich vom Archidiakon Warnáwas Abschied, um nach Skinúdi (Σχινοῦδι), dem einzigen Dorfe im Westen der Insel überzusiedeln. Während mein Gepäck dahin auf dem nächsten Wege vorausging, schlug ich selbst einen andern ein, um vorher noch ein Metóchi Dimítrios auf der Nordküste und den Ort Agrídia zu berühren. Am Metóchi Dimítrios war ich allerdings schon einmal von Kástro aus gewesen[2], ohne aber damals eine Inschrift, über deren Vorhandensein ich jetzt noch sicherere Nachricht eingeholt hatte, gefunden zu haben. Von Kástro ritt ich durch die Ebene, über den Megálos

[1]) Siehe sonst: Gerhard Myth. I, §. 271, 2. Preller Myth. S. 240 ff.

[2]) Bei diesem Besuche, den ich weiter nicht erwähnt habe, nahmen wir unseren Rückweg vom Murtári ab durch die Berge, in denen am Wege einige Höhlungen sich finden ('ς τῆς καλόγριας σπήλαιαις heisst die Stelle). Bei Kloster Konstantinos kamen wir in die Ebene am Megálos Potamós hinab und berührten hier am Bergrande nordwärts reitend einige auf die Ausdehnung von einigen Mannslängen in den Boden eingesetzte formlose Steine, die mein Führer für das Grab eines dreitägigen Kindes (τριημέρου παιδί, wie er sagte) erklärte. Für ein solches Riesengrab halten auch die Bewohner von Theológo auf Thasos eine Stelle, die mir, ich glaube auf dem Wege von Theológo nach der Aliki, im Walde gezeigt wurde; es liege ein alter Hellene da (ἕνας τῶν παλαιῶν Ἑλλήνων), sagte mein Pferdetreiber dort.

Potamós und jenseits zu dem steinigen Rücken des westlich von der Nikólaosbucht steil über dem Meeresufer hinziehenden Gebirges Diámala hinauf, dann oben auf diesem entlang, wo ich zur Rechten tief unter mir das Meer, zur Linken weithin die Ebene am Megálos Potamós und die ferneren Bergzüge der Insel übersah, bis ich auf schwierigem Wege den Abhang hinunter das kleine Uferthal Murtári erreichte. Hier sogleich weit von der Küste abbiegend liess mich mein Führer den gegenüberliegenden Berghang durch Gestrüpp und über wild zerstreutes Gestein mich hinaufarbeiten, wie ich nachher hörte, den rechten Weg nur deshalb vermeidend, um einigen am Strande von Murtári gelandeten Schwammfischerbarken, denen man auf den Inseln nicht recht traut, auszuweichen. Die Höhen, welche wir jetzt erstiegen, heben sich endlich bis zur höchsten Spitze des Agios-Dimitriosberges. So kahl dessen Felsgipfel oben in der Sonnengluth steht, so frischgrün ist es an seinem Fusse nach dem Meere zu, wo mehre Quellen mit Bäumen untermischten Feldern und Weinpflanzungen ein üppiges Wachsthum geben, zwischen deren Laubfülle hier und da einer der gewaltigen Felsblöcke, wie sie vom Gipfel des Dimitriosberges herab rundum verstreut liegen, hell heraussieht. Ziemlich weit abwärts nach dem Meere zu, wo man die volle Aussicht auf die Gebirgsinsel von Samothráki vor sich hat, liegt an diesem Nordabhange des Dimitriosberges das kleine Metóchi gleichen Namens, bestehend aus einer Kirche und Wohnung für einen Kalójeros. Dasselbe gehört zum Kloster des Sinaï und ist deshalb von allen Abgaben an die Türken frei.

Man hat Grund an dieser Stelle Angesichts Samothrakes, wo die Fruchtbarkeit des Bodens bei grösserem Menschenreichthum der Insel und bei Sicherheit der Küsten so sehr zur Ansiedlung auffordern musste, ein altes Heiligthum des Hermes anzunehmen, da zwei jetzt an der Kirche verbaute weisse Marmorsteine mit Inschriften, wie mich der alte Kalójeros versichert, an der Stelle unmittelbar neben der Kirche, als man seinem Vorgänger das Grab grub, gefunden sind und man bei dieser Gelegenheit unter der Erde noch auf anderen Marmor, den man hat liegen lassen, gestossen ist.

Der eine Stein (0,8 Meter hoch) mit der folgenden durch Behauung in christlicher Zeit an den beiden Seiten zerstörten Inschrift ist aussen im Narthex über der Kirchenthür eingesetzt.

ΥΦΙΛΙΑ
ΙΛΟΥΜΕΝ — Φιλουμέν[ου?

Der zweite Inschriftstein dient als Altarplatte im Heiligsten der Kirche. Es ist das Eckstück eines Gebälkes von weissem Marmor, welches mit doppeltem durch einen Astragalos getrennten Blätterkyma in erhabener Arbeit geziert ist. Das Ornament und die darunter hinlaufende Inschrift wird durch die Spur eines davor aufsteigenden, seinem Umrisse nach korinthischen Kapitäls unterbrochen (Taf. XV, n. 1). Auf der Inschrift Οἱ τετελεσμένοι Ἑρμῆ ἐφ' ἱερέως Φιλίππου τ[οῦ δεῖνα. beruht meine Vermuthung, dass unter den Bauten, welche im Alterthume ohne Zweifel hier standen, ein Heiligthum des Hermes gewesen sei. Die Weihungen sind offenbar den Samothrakischen verwandt, in denen, wie schon Herodot (II, 51) berichtet, die heilige Sage gerade des Hermes geoffenbart wurde.

Das Metóchi verlassend umritt ich zuerst durch die Anpflanzungen am Nordfusse, dann über kahlere Strecken im Osten den Dimitriosberg bis an das unten am aufsteigenden Südfusse desselben Berges gelegene Dorf Agrídia. Der ganze Abhang des Berges auf dieser Seite von den zerrissenen und zerbröckelten Klippen des Gipfels herab bis weit hinunter zu der anliegenden Niederung ist wie übersäet mit Felstrümmern. Die Niederung unterhalb des Dorfes dagegen, welche dem oberen Laufe des Megálos Potamós, bevor er in seine weite untere Ebene eintritt, einige kleine Wasseradern zusendet, erscheint dem Auge als ein buntes Gemisch von wechselnden mit Anpflanzungen, mit Bäumen und Gestrüpp, mit Felsblöcken dazwischen bedeckten Anhöhen und Einsenkungen. Dann über ihr im Westen steigt der kahle rundliche Rücken des höchsten Berges von Imbros, des Propheten Ilias, länglichgestreckt auf, kaum mit einem Anfluge von fahlem Grün auf der blassröthlichen Farbe seiner Bergmasse.

Da ich in Agrídia, ausser dass man mir eine attische Silbermünze zu Kaufe gab, keinerlei Alterthümer fand, setzte ich bald meinen Weg nach Skinúdi fort. Sobald wir den Agios-Iliasberg zur Rechten hatten, der sich von hier aus nicht mehr als ein langgezogener Rücken, sondern als ein spitzer Gipfel darstellt, verwandelte sich die umgebende Landschaft in eine jener weiten Bergöden, denen man auf griechischem Boden mitunter begegnet, erhaben in ihrer Stille und Einförmigkeit, wie das Meer und unsere heimathlichen Haiden. Ohne Spur von Anbau oder Bewohnung, baum- und strauchlos bis auf einige kaum bemerkbare Reste verkümmerter Fichten, steigt ein gerundeter Bergrücken über dem andern auf, reiht sich ein langgestreckter Abhang an den andern, auf deren einfarbiger Fläche von blühendem Oleander gefüllte Wasserläufe als rothe Streifen herunterziehen. Nicht weit vor Skinúdi am Wege lag ein auffallend grosser Haufen von Steinen, ἀναθεματίσματα genannt, an den sich eine Sage von einem Dimarchen in Skinúdi, der hier gesteinigt sein soll, knüpft. In dieser Todesart lebt also eine Sitte, zu welcher die steinige Natur des Bodens in sehr vielen griechischen Gegenden die Hand bietet, ebenso wie wir sie bei den alten Griechen in mythischer und historischer Zeit vielfach kennen lernen [1]), noch heute in der Sage fort. Ich hatte Kástro einige Stunden nach Sonnenaufgang verlassen; dennoch war es über den Umweg mit Aufenthalt im Metóchi Dimitrios und in Agridia Abend geworden, als ich das Dorf Skinúdi zu Gesichte bekam, dessen zahlreiche Häuser von vereinzelten Baumgruppen umgeben zwischen ganz kahlen sich allmälig herabsenkenden Berglehnen ausgedehnt erschienen. Das Dorf ist in dieser Lage hier im Innern der Insel, wo das Meer auch nicht einmal sichtbar ist, in einer kaum irgend eines Anbaus fähigen Gegend und stundenweit von seinen Aeckern, die meistens an der Südküste der Insel liegen, entfernt, nur unter dem Drucke der Seeräuberei vergangener Jahrhunderte entstanden und die natürliche Folge der Aufhebung dieses Druckes ist, dass schon einzelne Familien sich auf einem dem Pýrgos, dem gewöhnlichen Landeplatze für den Westen von Imwros, nahegelegenen Punkte angesiedelt haben, gewiss um das ganze Dorf allmälig nach sich zu ziehen.

Mein Aufenthalt in Skinúdi, Erkundigungen bei den Bewohnern und Streifereien in der Umgebung, wobei ich manche Inschriften und Sculpturen als Denkzeichen des Lebens im Alterthume fand, haben mir doch aufs Neue gezeigt, dass auf der westlichen Hälfte so wenig, wie sonst auf der Insel ausser beim Dorfe Kástro irgend eine Spur einer alten städtischen Niederlassung vorhanden ist, von der ja auch keine Ueberlieferung spricht. In der Stadt am Halbinselberge und Landeplatze von Kástro pulsirte das Leben von ganz Imbros.

In Skinúdi selbst befinden sich zunächst in der Kirche Agia Marina zwei alte Grabsteine.

Der eine wird lose in der Kirche aufbewahrt (Taf. XV, n. 3). Es ist ein weisser Marmor, 0,44 Meter breit und 0,80 Meter hoch, oben in Giebelform abgeschlossen und zeigt in Relief die Darstellung einer sitzenden Frau mit einem kleinen Kinde in den Armen, vor der ein Mädchen mit dem Schmuckkästchen steht. Die ganze Darstellung ist eines jener rührend einfachen Familienbilder, wie sie die Athener auf ihre Grabsteine setzten und obwohl sehr verwischt zeigt das Relief noch klar genug den Stil attischer Kunst. Ausserdem nennt auch die Inschrift (Blau und Schlottmann Ber. S. 635, n. 30)

Θάλλουσα Ἀλεξάνδρου Κολλυτέως γυνή, χρηστή.

unter der noch ein Kranz zu erkennen ist, den bekannten attischen Demos Κολλυτός[2]) als den des Mannes der Verstorbenen.

Der zweite Grabstein ist über der Seitenthür der Kirche eingesetzt. Der weisse Marmor, 0,28 Meter breit und 0,43 Meter hoch, trägt die sehr späte Inschrift:

---

[1]) Wachsmuth hellen. Alterthumsk. II, 1. Abth. S. 437 ff.

[2]) Durch einen angeblich auf Imwros noch üblichen Ortsnamen Καλλίδα kann man das Κολλυτός nicht mit Blau und Schlottmann erklären.

TECCAPATEKNAΛΙΠΚ .
NEIKHΦOPOCENΘAΔE
KEIMAI
ENXPHCTHCAΛOXOYΠNETL
ΛΙΠΚΝΠΑΛΑΜΑΙC
EYΔAIMKNEΛENHΠAΙΔOC
MOPONOYKEΓΙΔOYCA
AΛΛOΠATHPETΛIΛOYNO
OYXOCIA
EIΔEΓAPOΦΘAΛMOICTO .
EMONNEKYN
EIΔEΔETEKNOYΠKU...
TIΛΔINEKCKIAKKIE.....
MENON

Z. 8 ist das letzte Zeichen und das N an dritter Stelle von rechts unsicher. Z. 12 ist das letztgegebene Zeichen unsicher. Z. 13: alle Zeichen hinter dem ω an zehnter Stelle sind sehr unsicher.

Τέσσερα τέκνα λιπὼ[ν] Νεικήφορος ἐνθάδε κεῖμαι,
Ἐν χρηστῆς ἀλόχου πνεῦ[μα] λιπὼν παλάμαις.
Εὐδαίμων Ἑλένη παιδὸς μόρον οὐκ ἐσιδοῦσα,
Ἀλλ' ὁ πατὴρ ἔτλη . . . . οὐχ ὅσια·
Εἶδε γὰρ ὀφθαλμοῖς τὸ[ν] ἐμὸν νέκυν ————
Εἶδε δὲ τέκνου ——— .. ————

Ein Bruchstück eines Reliefs von weissem Marmor sah ich in Skindili im Besitze eines gewissen Hadschi Konstantin, der angab, es in der Nähe des Landeplatzes Pýrgos gefunden zu haben (Taf. XV, n. 10). Nur die linke Seite des Reliefs ist erhalten, aus der sich aber leicht das Ganze als eine jener zahlreichen dem Todtencultus dienenden Darstellungen erkennen lässt, auf der also mehr nach Rechts hin jedenfalls der Todte, mit dem Tische mit Früchten vor sich, ausgestreckt auf der Kline lag. Die ihm zur Seite sitzende Gattin ist auf dem Bruchstücke noch erhalten und ebenso die hinter ihr nahenden kleiner gebildeten fünf menschlichen Gestalten, welche die Rechte anbetend gegen den Heros erheben.

Endlich fand ich auch noch das Relief in weissem Marmor, von welchem ich auf Taf. XVII eine Abbildung gebe, im Innern eines Hauses in Skindili in die Wand eingelassen. Es ist nach der Aussage der Besitzer aus Balát in der Anatoli jenseit Brussa, wie sie die Lage näher bezeichneten, von ihrem Vater, der dort als Maurer arbeitete, mitgebracht. Das Relief ist eine gewöhnliche Handwerksarbeit; die Abbildung ist treu, wie ich sie an Ort und Stelle genommen habe und giebt alles Wesentliche genau an, obgleich die Hausbesitzer mir kaum das Zeichnen erlaubten und ich sehr eilig sein musste aus Furcht, man möge mich vor Beendung der Skizze unterbrechen. Der genannte Fundort kann nur die Stadt „Balat oder Bolat“ sein, welche auf dem Wege von Brussa nach Bergama liegt und sowohl von Kiepert, als von Lebas besucht ist[1]), welcher letztere in seinem grossen noch unvollendeten Reisewerke eine Abbildung der Stadt und eines dort befindlichen Sarkophages giebt[2]), so wie er auch eine dort gefundene Inschrift mitgetheilt hat[3]); eine kurze Beschreibung der zahlreichen antiken Reste, besonders Sarkophage, daselbst, aus welchen hervorgeht, dass Balat an der Stelle einer alten Stadt gelegen ist, haben wir von demselben Rei-

[1]) Kiepert Memoir über die Construction der Karte von Kleinasien S. 83.
[2]) Voyage archéologique. Itinéraire 50. 51.
[3]) Revue de philologie, de littérature et d'histoire anciennes T. I, 1845, p. 715.

senden [1]). Diese alte Stadt aber muss Blaudos gewesen sein [2]), welche, den Tafeln seines Reisewerkes nach zu urtheilen, jetzt auch Lebas als durchaus verschieden von Blaundos ansieht, das durch Münz- und Inschriftfunde, so wie durch Ptolemaios Ansetzung als viel weiter südlich bei dem heutigen Suleimanli gelegen erwiesen ist. Die Platte, 25,50 Meter hoch und 18,50 Meter breit, war, wie es scheint, oben in Giebelform geschlossen. Auf dem Relief ist zur Linken eine auf einem Stuhle mit Lehne sitzende unbärtige Gestalt dargestellt; unter ihren Füssen findet sich der Fussschemel; es ist nicht deutlich, ob die bis auf die Füsse reichende Gewandung den ganzen Oberkörper bedeckt oder den rechten Arm bloss lässt. Den Kopf scheint eine Binde zu umgeben. In der Rechten hält die thronende Gestalt eine ungeschickt dargestellte Schale und mit der Linken stützt sie sich auf einen Stab mit verdicktem und dann spitz zulaufendem oberen Ende. Um einen Baum, der einer Palme ähnelt, windet sich zur Seite der beschriebenen Figur eine Schlange; vor der Figur steht ein Altar, zu dem von der rechten Seite her zwei Gestalten herantreten. Die vordere, einem Manne gleichend, dessen über die linke Schulter geworfenes Obergewand den rechten Arm frei lässt, wirft mit der rechten Hand Rauchwerk auf den Altar. Diese Handlung ist vollkommen deutlich. Man erkennt die drei beim Halten der Weihrauchkörner zusammengedrückten Finger, eine Bewegung, welche auch im Aristophanes erwähnt wird, wenn in den Vespen [3]) Xanthias von seinem gerichtssüchtigen alten Herrn sagt, von der Gewohnheit den Stimmstein zu halten seien ihm die drei Finger zusammengedrückt, wie einem, der Weihrauch opfere am Neumondsfeste, wozu der Scholiast sogar nicht verschmäht hinzuzufügen, dass diese drei Finger der Daumen, Mittel- und Zeigefinger seien, ganz wie auf unserem Relief. Die Figur hinter der Opfernden erhält durch das über den Kopf gezogene Gewand das Ansehen einer Frau, dafür spricht auch das länger auf die Finger herabfallende faltige Untergewand.

Die Unterschrift, in der der Doppelstrich des ersten P nur ein Versehen des Arbeiters sein kann, lautet:

Μένανδρος Ἀθηνοδώρου Διὶ σαξίῳ εὐχήν.

Den Zeus Saazios halte ich für identisch mit dem in unseren Mythologien vielfach besprochenen Sabazios, wie ihn bei weitem die meisten Ueberlieferungen nennen, dessen Namen vereinzelt indess auch Sebazius, Sebadius, Sabadius, Sabandios, Sebesios geschrieben vorkommt, einer phrygischen Gottheit, deren Cultus sich indess weiter verbreitete, wie wir ihn besonders sowohl in Athen, als in Rom kennen, und die meistens mit Dionysos, mehrfach aber und zwar gerade in Inschriften mit Zeus [4]) identificirt wurde. In der Form σαξίῳ der vorliegenden Inschrift wird das Ξ für Ζ ein Fehler des Steinhauers sein, das fehlende β dagegen gehört einer Form des Namens an, die neben zahlreichen anderen Beispielen von Wortformen, deren ursprüngliches Digamma zwischen zwei Vokalen bald zu υ [5], bald zu β [6]) wurde, bald ganz ausfiel [7]), durchaus nicht auffallend ist. Während alle oben aufgezählten Formen des Namens das β zeigen, findet sich das υ in dem Namen der thrakischen Stadt Σαυαδία, welche man bereits mit Σαβάζιος und Σαβάδιος zusammengestellt hat [8]); dem reiht sich also Σαάζιος (verschrieben Σαάξιος) als diejenige Form an, in welcher das ursprüngliche Digamma ganz ausgefallen ist. Dass Blaudos (Balat) auf phrygisch-mysischem Grenzgebiete, also in der von den Griechen als die Heimath des Sabaziocultus angesehenen Gegend lag, will ich wenigstens erwähnen. Eine Bestätigung der Identificirung von Σαάζιος (Σαάξιος) mit Σαβάζιος finde ich aber in der neben der thronenden Gottheit unseres Reliefs sich um den Baum ringelnden Schlange, da gerade

---

1) a. a. O. in der Revue de philologie etc.

2) Kiepert bei Franz fünf Inschriften und fünf Städte in Kleinasien. Berlin 1840. S. 22. Letronne sur quelques points de la géographie ancienne de l'Asie mineure. Extrait du journal des savants 1845, p. 16 sq.

3) v. 94 ff.

4) Gruteri C. J. p. XXII, n. 4. 5. 6. Spon. Miscell. Erud. Ant. Sect. III, n. XIV. Clem. Alex. Protrept. ed. Dan. Heins. S. 9. Jul. Firm. Mat. de err. prof. rel. ed. Bursian S. 15. Orph. hymn. 48. Valer. Max. I, 3, 2.

5) bei den asiatischen Aeoliern s. Ahrens de gr. ling. diall. I, S. 35 ff.

6) bei den Dorern s. das. II, S. 44 ff.

7) bei den Boiotern s. das. I, S. 171 und später im attischen Dialekte fast ausnahmslos.

8) Wesseling ad Hierocl. Synecd. p. 635 citirt in Stephani thes. ling. gr. unter Σαβάζιος.

die Schlange das Symbol des Sabazios war [1]), ja bei den Mysterienfeiern desselben die Stelle des Gottes vertrat, ein Umstand, der so bekannt war, dass ein Abergläubischer, sobald er eine Schlange sah, sich darunter den Sabazios selbst denken konnte [2]).

Darstellungen des Sabazios hat hat man in den bärtigen langbekleideten Dionysosidolen auf römischen Sarkophagen erkennen wollen [3]), die auf dem Kopfe einen Modius, in den Händen Thyrsus und Tympanum tragen. Diese Vermuthung, durch keinen Beweis unterstützt, wird durch den Vergleich mit der mitgetheilten einzigen sicheren Darstellung des genannten Gottes geradezu widerlegt, da die letztere weder die bärtige Bildung, noch den Modius, noch das allerdings bei der sabazischen Festfeier gebrauchte Tympanum, noch den Thyrsus zeigt, das wesentliche Symbol der Schlange aber jenen Gestalten auf den Sarkophagen fehlt.

Am ersten Tage meines Aufenthaltes in Skinúdi, nachdem ich in der Frühe mich um die oben mitgetheilten Alterthümer im Dorfe bemüht hatte, machte ich Nachmittags in Begleitung des Schullehrers einen Gang nach dem **Palaeókastron** [4]) von Skinúdi, das in einer Entfernung von einer halben Stunde in etwa südlicher Richtung vom Dorfe auf einem mit kahlen Seiten schräg ansteigenden Berggipfel liegt, von dessen Höhe man eine weite an der Südküste ausgebreitete mit den Kornfeldern der Skinudier bedeckte Ebene überblickt. Diese Lage auf einer Berghöhe, die zurückgezogen im Innern der Insel eine fruchtbare Gegend überwacht, ist eine solche, wie sie die mittelalterlichen Festungen auf den griechischen Inseln, nicht aber feste Plätze aus der Blüthezeit der Inseln im Alterthume zu haben pflegen. Entschieden mittelalterlich sind aber auch die vorhandenen Ueberreste von Bauten, einige Ringmauern, ein nach oben verjüngter Rundthurm und drei kleine Kirchen innerhalb der Mauern, sämmtlich von kleinen Bruchsteinen mit Mörtel aufgeführt. Zwei altgriechische Inschriftsteine, welche sich am heiligen Tische einer der drei Kirchen, die dem Agios Dimitrios geweiht ist, verbaut finden, können von jedem beliebigen anderen Platze zum Kirchenbau hergeschleppt sein. Die Inschrift des einen Steines, scheinbar eines Grabsteines, war mir ganz unleserlich. Der zweite Stein, das obere Bruchstück eines Grabsteines von weissem Marmor (0,42 Meter breit, 0,32 Meter hoch), welches zu oberst noch den Ansatz einer Palmettenkrönung erkennen lässt und auf einer vorderen Fläche die zwei Rosetten der attischen Grabsteine zeigt, trägt über und zwischen diesen Rosetten die Aufschrift, welche eine Verstorbene als Tochter und Frau zweier attischer Bürger aus dem Demos Κηφισιά nennt.

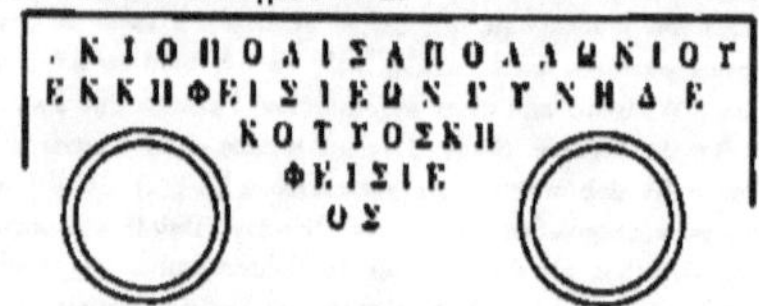

——όπολις Ἀπολλωνίου ἐκ Κηφισιέων, γυνὴ δὲ Κότυος Κηφισιέ[ω]ς.

Am zweiten Tage nach meiner Ankunft im Dorfe besuchte ich von Skinúdi aus eine nordwestlich davon gelegene Gegend am Meere, welche man **Mármara** nennt, schon dem Namen nach hier irgend welche

---

1) Clem. Alex. Protr. rec. Dan. Heins. S. 9. Arnob. adv. gent. lib. V. Jul. Firm. Mat. de errore prof. rel. rec. Bursian S. 15.

2) Theophr. Charact. (Schneider) 25.

3) Zoëga bassir. I, S. 104, Anm. 121. Gerhard etr. Spiegel I, S. 70, Anm. 140.

4) Von Kiepert besucht (Ber. der Berl. Ak. 1855, S. 634 Anm.) und, so viel ich mich erinnere, auf seiner Kartenskizze in der Mustoxydischen Schrift über Imbros angegeben. Für die Annahme, es könne an dieser Stelle eine altgriechische Ortschaft gelegen haben, fehlt jeder Grund.

Ueberreste des Alterthums vermuthend. Die Bergstrecken, welche ich auf dem Wege dahin durchritt, waren mit junger Fichtenwaldung besetzt. Es ist die einzige Stelle auf Imwros, wo ich Wald gesehen habe und der Holzmangel ist daher auch so gross, dass der Lehrer in Skinúdi mir versicherte, in seinem neugebauten Hause sei auch nicht ein Stück Holz, das nicht von aussen nach Imwros eingeführt sei. Als ich die Abdachung des Gebirges nach dem Meere zu erreichte, trat im Morgenduft auf dem spiegelglatten Meere Samothraki mit seinen felsigen Wänden hervor, dem man nirgends zu Lande so nahe ist, wie hier. Der erste Halt wurde an einem kleinen Kloster des heiligen Nikólaos gemacht, welches nur aus der Kirche und Wohnung für einen Kalójeros bestand, mit dem ich nach einem wenig entfernten andern Kloster der Panagiá ging, wo mich der greise Kalójeros, der hier auch ganz allein neben seiner Kirche hauste, als ich nach alten Inschriften fragte, am Stabe gebückt nach der Kirche führte, mir auch als Franken den Zutritt in das dem Laien der griechischen Kirche verschlossene Heiligste zum heiligen Tische gestattete, dessen Platte aus einem antiken Grabsteine gemacht war. Von weissem Marmor, über 1,30 Meter hoch und 0,30 Meter breit, war er zu oberst mit den zwei Rosetten der attischen Grabsteine verziert und trug darunter die Grabschrift eines attischen Bürgers aus dem Demos Ῥαμνοῦς:

.ΕΟΧΑΡΗΣΔΙΟΓΕ

ΝΟΥΡΑΜΝΟΥΣΙΟΣ

ΗΡΩΣ

Λ]ε[ω]χάρης Διογένου Ῥαμνούσιος ἥρως.

Darunter im Kranze:

ΧΑΙΡΕ χαῖρε.

Dann kehrte ich zum Nikólaoskloster zurück und stieg von da zu der flachen Küstenstelle Mármara, die am Ausgange eines mit einem kleinen Wasser gegen das Meer mündenden Thales liegt, hinab, fand indessen, wie mir der Kalójeros vom heiligen Nikólaos schon vorher gesagt hatte, von den Marmorstücken, welche früher hier gelegen haben sollen und der Oertlichkeit den Namen gegeben haben, gar Nichts mehr.

Von diesem Ausfluge kehrte ich schon um Mittag nach Skinúdi zurück und verabredete mit dem Schullehrer für den folgenden Tag einen Besuch der Gegenden auf der Südküste, in denen die Felder der Skinudier liegen und die ich schon von der Höhe des Palaeókastro einmal überblickt hatte. Hier, wie in der Ebene des Megálos Potamós werden dieselben Getreidearten, die ich auch auf Samothraki fand, nämlich Weizen (στάρι), Gerste (κριθάρι) und Hafer (βρώμη) angebaut. Ausserdem hat man auf Imwros seit einigen Jahren angefangen, ein Färbekraut, das ich nur ρουνά nennen hörte, anzupflanzen. Der Weinbau leidet seit einer Reihe von Jahren unter der Traubenkrankheit. Sobald man aus den das Dorf Skinúdi umschliessenden Bergen herabkommt, sieht man die Ebene voller Kornfelder weithin bis zu der flachen Südküste hin sich ausdehnen, überall in ihr zerstreut die Dámia, die kleinen nur während der Zeit der Feldarbeit bewohnten Hütten. Am Tage, als wir diese Gegend durchritten (30. Juni), waren die Leute an einzelnen Stellen mit der Ernte beschäftigt; sie schnitten das Korn mit der Sichel, wo es aber zu sparsam stand, pflückten sie die einzelnen Halme mit der Hand ab. Wir schlugen zuerst die südöstliche Richtung auf ein Vorgebirge Sykiá (der Name ist auf der Karte vergessen, es ist das durch ein Flüsschen und eine vorliegende Klippe kenntliche Vorgebirge östlich von Pýrgos) zu ein, bis zu einer kleinen Kirche der Archángeli, vor der ein jetzt vertieft im Boden liegendes Badegefäss von weissem Marmor schon durch das der Insel fremde Material, aus dem es gearbeitet war, einige Aufmerksamkeit erregte. An einem Brunnen in der Nähe dieser Kirche fand sich auch eine rohe Inschrift auf weissem Marmor mit erhaben ausgehauenen Buchstaben (Taf. III, n. 1), in welcher der Namen Laskaris vorkommt. Die Richtung auf das Vorgebirge Sykiá verlassend wandten wir uns jetzt rechter Hand nach einer Anhöhe hart an der Küste mit einer verfallenen Eliaskirche. Der Platz selbst bot weiter nichts Bemerkenswerthes,

Pyrgos Badegefäss.

gewährte aber einen freien Umblick über das Meer, welches heute bei frischem Winde voll von Segeln war, die nach den Dardanellen gingen oder daher kamen. Wir setzten unsern Weg nun weiter westwärts die Küste entlang fort, bis wir den Pýrgos, den Hauptlandeplatz auf dieser Seite von Imwros, erreichten. Eine rings in das Meer hinein von Klippen umgebene Felsanhöhe ist mit dem übrigen flachen Strande durch einen angeschwemmten Sandstreifen verbunden, so dass das Ganze einen nach SSO in das Meer auslaufenden Vorsprung bildet. Auf der vorderen Höhe stehen eine verfallene Kirche der Agía Anna und die Trümmer eines Thurmes, der dem Platze den Namen gegeben hat[1]); auf dem Sandisthmus liegen einige Magasiá für den Bedarf der Schiffer, die mit ihren Kaïken zu beiden Seiten am flachen Ufer des Isthmus anlegen. Nach kurzer Rast am Pýrgos ritten wir wieder landeinwärts und über einige Höhen in eine weiter westlich gelegene wieder mit Kornfeldern bedeckte nach dem Meere hin offene Niederung, die, ich weiss nicht ob ganz oder nur ein Theil von ihr, nach einer Kirche des heiligen Φωκᾶς vom Volke 'ς τὰ Φῶκα genannt wird. Vergebens durchsuchte ich mehre am Wege liegende Parakklisia nach Alterthümern. Als wir von der Gegend Sta Phóka wieder auf den vom Pýrgos heraufführenden Weg, der jetzt den Bergen zu immer mehr zu steigen beginnt, zurückgekehrt waren und ihn nach Skinúdi zurück einschlugen, sahen wir bald zu unserer Rechten am Berge einen Platz, wohin sich bereits einige Einwohner von Skinúdi übergesiedelt hatten und den, wenn er sich bei dauernder Sicherheit des Meeres bewährt, allmälig einmal das ganze Dorf gegen seine heutige Lage eintauschen wird. In Agios Geórgios, einem Metóchi vom Kloster Láwra am Athos, hielten wir noch einmal kurze Rast, auch hier, ohne irgend welche Alterthümer zu finden. Nachher nahe vor Skinúdi fand sich in einer Kirche des heiligen Joánnis ein Bruchstück einer Platte von weissem Marmor, auf deren erhabenem Rande die Inschrift aus christlicher Zeit

..ΥΠΕΡΕΥΧΗΣ,Κ.ΣΩΤΗΡΙΑΣ........

— ὑπὲρ εὐχῆς καὶ σωτηρίας ——

(vergl. Ross Inselreisen IV, S. 66. 68 und meine Taf. XVI, n. 1) noch zu lesen war.

Ich hatte mir aus der Schrift des Mustoxydis noch zwei Punkte, das Dämonókastron im äussersten Westen der Insel und ein etwa östlich von Skinúdi gelegenes Palaeó Kastráki gemerkt und zu untersuchen vorgenommen. Indessen, wie schon Blau und Schlottmann (Ber. S. 634) von Baaresten am Dämonókastron Nichts erwähnen, so versicherten mir auch die Leute in Skinúdi ganz bestimmt, dass man es nur so genannt habe, weil es ein Berg voll von Abhängen und gewaltigen Felsblöcken sei, wie ja bei uns solche Bildungen wohl Teufelsmauer und ähnlich genannt werden, dass aber nicht die geringsten Spuren alter Bauwerke dort zu finden seien. Als Palaeó Kastráki zeigte mir mein Pferdeführer aus Kástro von ferne eine Bergkuppe und behauptete, es seien Festungstrümmer und mehre Parakklisia oben; da aber die Namen, welche er den letzteren gab, die der Parakklisia auf dem von mir besuchten Palaeókastro nahe Skinúdi waren, so beruhte seine Angabe vielleicht auf einem Irrthume. Ich musste das um so eher annehmen, als die Bewohner von Skinúdi, denen das ganze Gebiet gehört, Nichts von Festungsresten in jener Gegend wissen wollten, mir allerdings eine andere Stelle in der Nähe vom Kap Sykiá, wo einige Hütten standen, unter dem Namen Kastráki zeigten, aber versicherten, dass auch dort kein alter Baurest vorhanden sei. Endlich war ich nach dem ganzen Aussehen der felsigen Kuppe, auf die der Führer aus Kástro seine Festung verlegte, der Ueberzeugung, dass dort wenigstens keine altgriechische Bauanlage gestanden haben dürfte.

Ich glaubte somit meine Arbeit auch auf der Westseite von Imwros für beendet ansehen zu können und benachrichtigte den Schiffer „Kaptan Triandáphyllos", der mich am Pýrgos erwartete, dass ich zur Ueberfahrt nach Límnos bereit sei.

---

[1]) Blau und Schlottmann geben auch seinen türkischen Namen: Dschifut-Kalessi d. i. Judenthurm; ihre Beschreibung der Lage desselben ist mir unverständlich.

Die sehr geringe Anzahl von Alterthümern, welche ich trotz vielfacher genauer Erkundigung und der freundlichen Unterstützung des Schullehrers in Skinúdi, an den ich durch Archidiakon Warndwas empfohlen war, im westlichen Theile von Imwros habe auffinden können und die zu der Zahl meiner Funde in der Umgegend des Megálos Potamós in ähnlichem Verhältnisse stehen, wie das einzige Dorf Skinúdi im Westen zu den zahlreichern Dörfern im Nordosten, zeigte mir aufs Neue, dass zur Blüthezeit der Insel im Alterthume, wie noch heute in ihrem Verfalle, das Antlitz von Imbros nach Nordosten gewandt war, dahin der Verkehr ging, dort auch die zahlreichsten und stattlichsten Ansiedlungen neben der befestigten Hauptstadt selbst vorhanden waren, an den fruchtbaren Strecken der Südwestküste dagegen nur dorfartige Niederlassungen bestanden.

Unser kleines Kaik verliess den Pýrgos auf Imwros bei Vollmondschein nach Mitternacht und mit günstigem Winde kamen wir trotz der Strömungen, die der alte Schiffer, der nicht genug Ballast eingenommen hatte, zu fürchten schien, so weit, dass bei Morgengrauen der Alte mir Kabo Pláka, die Nordostspitze von Limnos, zu unserer Linken zeigen konnte. Je mehr der Tag anbrach, desto höher hoben sich unter dem dunkeln Wolkenhimmel tief geschwärzt die Wogen vor einem erwachenden heftigen Nordostwinde und die roth aufgehende Sonne fand uns schon hinter dem Kap Sotiras, von dem starken Wellengange in die Bucht Purniá hineingetragen, an deren innerstem Punkte Kókkinos, gemeinhin Kótschinos genannt, wir landeten. Ausser einigen Magasiá dicht am Strande giebt es da keine menschliche Wohnungen. Als besondere Merkwürdigkeit des Platzes zeigte man mir auf einer Anhöhe dicht am Meere eine kleine Panagiakirche, unter der eine Treppe tief hinab zu einem geweihten Wasser (ἁγίασμα) führt. Verschiedene Mauerreste um die Anhöhe her und zahlreiche mit Kalk verbundene Steinbrocken zeigen, dass hier in den letzten Jahrhunderten ein fester Platz gewesen ist, über dessen Zerstörung ich Nichts weiss, der aber schon bei Chalcocondylas [1]) unter den beiden Namensformen Κόκκινος und Κότζινος erwähnt wird. Ich hatte die Absicht, von Kókkinos ab geradeswegs nach dem Hauptorte der Insel auf der Westküste, nach Kástro, welches wir bei günstigerem Wetter zu Schiffe erreicht haben würden, zu reiten, und während ich ausgeschickt hatte, die dazu nöthigen Thiere herbeizuschaffen, ging ich nach dem nächstgelegenen Dorfe, Alpáti (Ἅγιος Ὑπάτιος) [2]), weil mir schon auf Imwros ein Heiligenmaler gesagt hatte, dass in der Kirche dieses Dorfes eine alte Inschrift sei. Ich fand das Dorf, in welchem eine Moschee ausser der Kirche auf die Beimischung von Türken in der Bevölkerung von Limnos hindeutet, der Ernte wegen ganz ausgestorben; nur eine alte Frau zeigte sich, mit deren Hülfe dann doch der Epitropos der Kirche des heiligen Athanásios gefunden wurde, der mir dieselbe öffnete. Die Inschrift (Taf. XVIII, n. 2), welche schon den Schriftformen nach aus römischer Zeit ist, liegt in dem Fussboden des Heiligsten linker Hand vom Altare.

———————————————— προσώπῳ καὶ ———— ἀγαλλόμενον

Κρατεῖνον

σοφώτατον φαίδιμον ἄνδρα πολιτείας τε πάσας ἀσφαλῶς ἀνύσαντα καὶ πλεονάκις ἀρετῆς πολείτας ἀμίμψαντα [sic]. Σῶν ἕνεκα ... στήλην ταύτην ἀνέστησαν Ἡφαιστιέων πολεῖται γηραιὸν τὸν εὐεργέτην.

ψ[ηφίσματι] δ[ήμου].

---

[1]) lib. VI, edit. Paris. p. 161. — Im Jahre 1476 haben die Venetianer Kokkino auf Limnos gegen die Türken s. Lebeau hist. du bas-empire, tome XXVII, p. 373.

[2]) auf der engl. Karte sind die etwas entstellten Namen von Alpati und dem südlicher gelegenen Drepanídi vertauscht.

Die Stadt, deren Bürger diese Inschrift machen liessen, Hephaistia, eine der zwei alten Städte auf Lemnos[1]), glaubte der Reisende Belon an der Stelle von Kótschinos ansetzen zu dürfen[2]) und hieraus scheint, als man den Namen Kótschinos irrthümlich auf ein noch mehr östlich gelegenes Dorf übertrug, weiterer Irrthum über die Lage dieser Stadt entstanden zu sein, worauf ich, da ich die wirkliche Lage von Hephaistia mit Sicherheit nachher werde bestimmen können, jetzt weiter nicht eingehen will. Nur so viel mag hier genügen, dass die ganze Anlage, wie auch die Bauweise der einzelnen Ueberreste von Kótschinos durchaus mittelalterlichen Ursprung verrathen, mir auch Niemand auf Limnos Funde von Alterthümern am Kótschinos von der Art, wie sie die Plätze altgriechischer Städte zu bezeichnen pflegen, erwähnt hat.

Bei meiner Rückkehr von Alpáti zum Kótschinos fand ich die nöthigen Thiere bereit und konnte gleich den Weg nach Kástro antreten. Derselbe führte zuerst über die Strecke, welche sich in einer Breite von einer guten Stunde Weges zwischen den beiden von Norden und Süden eingreifenden und den Körper der Insel gleichsam einschnürenden Meerbusen, Purniá und Múdros, als grossentheils flaches und zu Feldbau benutztes Land ausdehnt. Als schon einige Höhen hinter uns die nördliche Bucht der Purniá verdeckten, trat in einiger Entfernung zu unserer Linken die blaue Fläche des Múdros wie eines ausgedehnten Sees hervor. Die von der Sommerhitze schon verbrannten Felder, durch die wir hinritten, waren ganz ohne Baumwuchs, wie auch die rundlichen ringsum sich aneinander reihenden Bergkuppen vollkommen kahl erschienen. Ebenso entbehrten die elenden Steinhütten der Dörfer, die wir zur Rechten und Linken zu Gesichte bekamen, gänzlich der Umgebung mit Bäumen. Nach etwa drei Stunden Weges vom Kótschinos ab erreichten wir, nachdem wir einen höheren Bergsattel überstiegen hatten, die warmen Bäder von Limnos am Fusse des Iliasberges[3]) mit halb verfallenen Gebäuden für die Besucher, welche das Wasser zum Baden und Trinken als Heilmittel gegen rheumatische und Hautkrankheiten gebrauchen. Von da ging es zunächst zwischen einigen Gärten hindurch und dann bergabwärts in eine kornbedeckte Ebene hinab. Fast ganz von Bergen umschlossen, die kahl wie alle bisher gesehenen doch statt der einförmig rundlichen Formen mannigfaltigere fein bewegte Umrisse zeigten, gewährte dieselbe nur an einer Stelle einen schmalen Durchblick nach dem Meere und dem fernen Athos hin. Als ich diese Ebene durchschritten hatte, gebot mir auf einer Anhöhe, welche der Weg erstieg, ein überraschender Anblick Halt. Wo die langgezogenen kahlen Berge vor mir eine Senkung bildeten, erschien die von den Mauerzügen der türkischen Festung über ihren schroffen Wänden gekrönte weit in das Meer hineingelagerte Felshalbinsel von Kástro, mit ihren scharfen Formen die Horizontlinie des Meeres durchbrechend, welches den Fuss der Felsmasse geradlinig abschneidend vor ihr tief herein bis an den flachen nur mit ein paar unbedeutenden Felshöhen besetzten Isthmus herantrat. Auf diesem die Felsburg mit der übrigen Landmasse der Insel verbindenden Isthmus, über welchen wieder das Meer durchblickte, dehnte sich die Stadt Kástro mit einigen ganz stattlich aussehenden Häusern und zwei schlank aufsteigenden Minarets aus. Auch an dem rechter Hand sich zu der Meeresbucht hinabreichenden Berge, dessen Gipfel eine Windmühle trug, war eine Häuserabtheilung sichtbar. Vor uns zog sich unser Weg zuerst über die steinigen Bergabhänge allmälig abwärts und dann in der Ebene zwischen vereinzelten Baumgruppen bis der Stadt zu, welche wir denn auch bald nachher erreichten[4]).

Für die Dauer meines Aufenthalts in Kástro richtete ich mich in einem der für Reisende bestimmten Zimmer (ξενοδοχεῖον stand hier und da an den Thüren angemalt) in der Mitrópolis ein. Unter den

---

1) Ptolem. III, 13, §. 47: Λῆμνος νῆσος, ἐν ᾗ πόλεις δύο. U. A. bei den Auslegern zu Steph. Byz. s. v. Ἡφαιστία. Λῆμνος. Μύρινα.

2) Les observations de plusieurs singularités et choses memorables, trouvées en Grece, Asie etc. Par Pierre Belon du Mans. A Paris 1554. p. 25: la ville d' Ephestia, maintenant dicte Cochyno — vgl. p. 28. In der lateinischen Uebersetzung: Petri Bellonii Cenomani plurim. singul. et memorab. rerum etc. ab ipso conspectarum observationum. Antwerpiae 1589. p. 60.

3) so und nicht Thermae heisst derselbe.

4) Eine ungenügende Ansicht von Kástro im Atlas zu Richters Wallfahrten im Morgenlande Taf. 14.

Herren, mit welchen ich Verkehr hatte, bin ich dem Herrn Takos, königl. griechischem Consularagenten, besonders dankbar für seine Angaben über den heutigen Zustand der Insel, wie ich sie im Folgenden mittheile.

Limnos[1]) hat 22,000 Einwohner, darunter 2000 Türken, die übrigen griechische Christen. Von diesen allen leben in der Hauptstadt Kástro 4000 Christen und 800 Türken, die übrigen Einwohner sind in 32 Dörfern, deren Zahl, wenn man ganz kleine Ansiedlungen mitzählt, auch noch höher angegeben wird, über die Insel zerstreut. Etwa 75 der in Kástro wohnenden Türken bilden die Besatzung des durch seine natürliche Lage sehr festen Schlosses auf der Felshalbinsel, durch dessen Schutz es auch nur zu erklären ist, dass sich der Ort Kástro auch in den vergangenen Jahrhunderten des Seeraubes unmittelbar an der Küste gehalten hat.

Die ganze Insel ist so entblösst von Baumwuchs, dass wie auf Imwros alles Nutzholz von aussen, meistens von Thasos und Rumelien eingeführt wird. Daher sind denn die Wohnungen der Landbewohner ganz aus kleinen Bruchsteinen höchst elend aufgebaut.

Der gebirgige Theil der Insel wird nur als Schafweide benutzt. Für die Viehzucht gefürchtete wilde Thiere giebt es nicht. Die Insel ernährt etwa 40,000 Schafe, von denen Wolle und Käse in ziemlich beträchtlicher Menge ausgeführt wird. In den ebeneren Strecken befinden sich 250,000 Strummata Ackerland unter dem Pfluge, zu deren Bearbeitung 2000 Joch Ochsen gehalten werden; ausserdem giebt es Weinpflanzungen und wenige Gärten. Die Feldarbeit verrichten fast ausschliesslich die Christen, da der türkischen Bauern kaum 200 sind, die übrigen grundbesitzenden Türken ihre Felder von christlichen Arbeitern bestellen lassen. Hier, wie auch auf Tenedos und Mytilini, wurde mir indess versichert, dass der Grundbesitz von Tage zu Tage mehr aus den Händen der Türken in die der Christen übergeht, eine Folge grösserer Thätigkeit und Betriebsamkeit der letzteren in jeder Arbeit und jedem Verkehr. Die Feldfrucht ist namentlich Gerste, die gerühmt wird und von deren jährlichem Ertrage von 200 bis 300,000, in guten Jahren sogar bis 500,000 Kilo etwa die Hälfte zur Ausfuhr kommt, dann Weizen im Ertrage von etwa 80,000 Kilo jährlich. Die einzige in Menge gebaute Oelpflanze ist Sesam, deren Ertrag aber nicht einmal den Bedarf der Insel deckt, so dass diesem Mangel durch Einfuhr von Olivenöl abgeholfen wird. Der Weinbau leidet jetzt seit sechs Jahren von der Traubenkrankheit, gab sonst aber nahe an 500,000 Okka vortrefflichen Weines und 100,000 Okka Weingeist und lieferte ausserdem noch das sogenannte Pekmés, ein süsses Getränk, dessen sich die Türken zum Ersatze für den Wein bedienen.

Wie es keinen Wald auf Limnos giebt, so wird auch die Pflege fruchttragender Bäume sehr vernachlässigt. Oelbäume giebt es auf der ganzen Insel nicht, Maulbeerbäume stehen vereinzelt hier und da in den Gärten, so dass auch die Seidenwurmzucht, mit der sich in den Dörfern einige Weiber beschäftigen, nur unbedeutend sein kann, von anderen Fruchtbäumen endlich finden sich allerdings Aprikosen-, Feigen-, Mandel-, Granatäpfel- und Kirschbäume, doch in so geringer Zahl, dass keine dieser Früchte zur Ausfuhr kommt.

Von andern Culturpflanzen finden sich Bohnen, Zwiebeln, diese wichtige Kost der gemeinen Griechen heute wie vor Alters, Lauch und Baumwolle und Taback angebaut, die letzteren beiden in grösserer Menge, so dass von der Baumwolle sich die ganze Landbevölkerung der Insel kleidet, der Taback aber noch theilweise zur Ausfuhr kommt. Ein wenig Bienenzucht wird getrieben; man kann, da es kaum Bäume auf Limnos giebt, die Stöcke hier nicht wie auf Samothraki in ausgehöhlten Baumstämmen haben, sondern macht dazu Kasten aus vier Brettern.

Das Meer um die Insel gilt für sehr reich an Fischen, auch an Austern und Schwämmen „zweiter

---

[1]) Den auf unsern Karten noch immer gebrauchten italiänischen Namen Stalimene kennt jetzt auf Limnos Niemand, weder Grieche, noch Türke.

Qualität-, um derentwillen im Sommer Schwammfischer namentlich aus dem Königreiche Griechenland herkommen.

Der Handelsverkehr auf Limnos, an dem sich Múdros, der grösseste Ort an der südlichen Meeresbucht gleichen Namens, nur schwach betheiligt, concentrirt sich in der Hauptstadt Kástro und ist dort so bedeutend, dass drei Consularagenturen fremder Mächte sich in Kástro befinden, eine königlich griechische, englische und holländische, deren letzte wie es scheint gar keine Interessen zu vertreten hat, deren erste dagegen nahe an 200 ansässige Schutzuntergebene unter sich hat. Auch kommt von der Schiffszahl der Insel (20,000 Tonnen) der grösste Theil von 12,000 Tonnen auf Fahrzeuge königl. griechischer Flagge, die in Syra gebaut sind, die übrigen 8000 Tonnen gehen unter türkischer Flagge, gehören aber fast allein christlichen Eigenthümern an, da nur an drei bis fünf Schiffen Türken einen Compagnie-Antheil haben.

Die beiden höchsten Würdenträger der Insel residiren in Kástro, der türkische Kaimakam und der christliche Erzbischof, der letzte mit dem Titel Μητροπολίτης Λήμνου καὶ 'Αγίου Εὐστρατίου καὶ ἔξαρχος παντὸς Αἰγαίου πελάγους. Der letztere Theil des Titels ist ohne Bedeutung namentlich seit dem Bestande des Königreichs Griechenland. Die kleine Insel 'Αγίου Εὐστρατίου südlich von Limnos, gewöhnlich 'Αϊ Στράτη genannt, mit angeblich zweitausend christlichen Einwohnern, die allerlei Gartenfrüchte und Färbeeicheln zur Ausfuhr bringen, gehört auch unter die Verwaltung des Paschas von Limnos.

Selbst den gegenwärtigen Erzbischof, welcher in der äusseren Erscheinung seiner hohen Gestalt, seines regelmässigen Gesichtes und seines langen schwarzen Bartes die Eigenschaften besitzt, welche bei dem gemeinen Griechen die Achtung vor ihrem Priester zu steigern vermögen, nicht ausgenommen, ist der Klerus von Limnos, im Ganzen fünf und dreissig Priester, in deren Händen bei einer Regierung wie die türkische hauptsächlich die Sorge für Religion und Bildung liegt, durchweg höchst unwissend. Zahlreiche stattlichere Kirchen, deren Bau die türkische Regierung sonst nicht erlaubte, sind in der letzten Zeit gegen Erlegung von oft bedeutenden Summen an die Pforte allerdings aufgeführt, aber wenn auch die Hauptstadt eine höhere Schule (ἑλληνικὸ σχολεῖον, so genannt, weil man auch altgriechisch darin lehrt) und zwei Volksschulen (ἀλληλοδιδακτικὰ σχολεῖα, nach der in den griechischen Volksschulen allgemein eingeführten Bel-Lancasterschen Methode so benannt), eine für Knaben mit 120, eine für Mädchen mit 80 Zöglingen, deren Lehrer aus dem Königreiche Griechenland gerufen werden und ausserdem noch der zweitgrösseste Ort Múdros eine Volksschule besitzt, so ist auf der ganzen übrigen Insel keine einzige Schule vorhanden.

Die Gesammtabgaben von Limnos an die türkische Regierung betragen 899,000 Grusch, die sich folgendermassen vertheilen:

1)	Soldatenabgabe (Askerié), ist an die Stelle der Kopfsteuer (Charáz), von welcher das Hathumajun die Christen befreite, getreten, als eine Abgabe dafür, dass die Christen nicht zum Soldatendienste gezogen werden	180,000 Grusch.
2)	Zoll (τελωνεῖον)	120,000 Grusch.
3)	Ernteabgabe (φόρος ἐπικαρπίας)	500,000 Grusch.
4)	(φόρος προσωπικός)	72,000 Grusch.
5)	Weinsteuer	15,000 Grusch.
6)	Viehsteuer	12,000 Grusch.
		899,000 Grusch.

Kehren wir jetzt wieder nach Kástro zurück. Dass dieser Platz, welcher jedenfalls seit dem sechzehnten Jahrhunderts der herrschende auf Limnos gewesen ist und es noch heute ist, auch im Alterthume eine ähnliche Bedeutung gehabt habe, ist schon, wenn wir dabei auf seine natürliche Beschaffenheit sehen, um so wahrscheinlicher, da die Küstenbildung einer zur Festung geeigneten Felshalbinsel mit flachem Strande zum Landen der Schiffe auf beiden Seiten, wie ich sie schon bei Gelegenheit der Hauptstadt von Imbros als diejenige bezeichnet habe, auf welcher viele Städte des seefahrenden Griechenvolkes erwuchsen und gediehen, sich hier so vollständig und günstig gelegen, wie sonst nirgends auf der Insel, vorfindet (s. Taf. XIV). Mancherlei, wenn auch vor dem an derselben Stelle stets fortgesetzten städtischen Leben auf eine kleine Zahl zusammengeschmolzene Ueberreste einer alten befestigten Ansiedlung, die ich nachher im Einzelnen aufzählen werde, erheben diese Wahrscheinlichkeit zur Gewissheit. Dass aber von zwei alten Städten der Insel die auf der Westseite gelegene, auf deren Markte bei Sonnenuntergang der Schatten des Athos[1]) die eherne Kuh traf, also Myrina, diejenige war, welche auf der Stelle des heutigen Kástro lag, hat schon Belon erkannt, mit ihm Choiseul-Gouffier angenommen und wohl nie Jemand bezweifelt.

Wollen wir den schwachen Spuren der alten Myrina im heutigen Kástro nachgehen, so wenden wir uns zuerst zu der Festung auf der Felshalbinsel; denn von einer Unterstadt ist kein Baustein mehr an alter Stelle über der Erde sichtbar. Es war am 8. Juni, als ich dem Kaimakam meinen Besuch machte und von ihm auf mein Anliegen, die Festung sehen zu dürfen, die Erlaubniss dazu nebst allerlei Entschuldigungen, dass es keine gute Festung, sondern nur ein alter Bau sei, dann auch einen Kawás zur Begleitung erhielt. Schon ehe wir den Felsabhang hinaufsteigend das Thor des äusseren Mauerringes erreicht hatten, bemerkte ich linker Hand, auf der nahe dem Hafen zu gewandten Seite des Bergfelsens ein Stück jener fast unverwüstlichen altgriechischen Mauern, von unregelmässigen Quadern ohne Bindemittel auf den Fels aufgebaut. Näher hinangehend fand ich unterhalb dieses Mauerstückes den Felsen an verschiedenen Stellen mit Treppenstufen und anderen theils rechtwinklig, theils anders gestalteten Einhauungen bedeckt, Spuren alter Bewohnung, wie sie unter Anderem auch die Felshügel auf der Westseite von Athen bedecken und deren Bestimmung im Einzelnen nicht mehr nachzuweisen ist. Durch das äussere Thor, an dem uns eine Wache von zwei Soldaten in Empfang nahm — ausser denen ich nur noch einen dritten, der beim Officier oben uns den Kaffee brachte, als Besatzung auf der ganzen Festung zu sehen bekommen habe — gelangten wir in einem kurzen im Winkel nach links zu einem zweiten Thore hin umbiegenden Gang zwischen hohen Mauern, in deren einer dem vom ersten Thore Eintretenden grade gegenüber ein weisser Marmor (Taf. III, n. 3) eingesetzt war. Das Monogramm der Palaeologen in der Mitte des Steines, welches auch auf den Wappensteinen der zugleich Limnos beherrschenden Fürsten von Mitylini, der Palaeologo-Gatilusi (Taf. III, n. 7. 8) erscheint, setzt den Ursprung dieser Festungsbauten in jene Zeit und die Türken bezeichnen sie mit dem für Bauten aller Art, die älter als ihre Eroberung sind, üblichen Namen dieses Mal also, da jene Familie ursprünglich genuesisch war, in gewisser Weise richtig als genuesisch. Bei unserm weitern Umgange im Innern der Festung, von deren vorspringender Höhe das Auge die ganze Westküste von Kap Murzephlós im Norden bis zum Stivíberge im Süden beherrscht, überraschte mich die schroffe Unzugänglichkeit, mit der die Wände der Felsburg über dem Meere stehen und die, namentlich wenn wir erst die offenere Lage der zweiten alten Stadt von Limnos damit werden vergleichen können, als die wahren Gründe erscheinen müssen, auf die sich bei der Eroberung der Insel durch Miltiades die Myrinaeer stützten, wenn sie, wie Herodot erzählt[2]), nachdem die Hephaistiaeer schon nachgegeben hatten, noch zu behaupten wagten, der Chersones sei nicht Attika. Spuren der alten Bewohnung bemerkte ich auf dem an den meisten Stellen nackt liegenden Felsboden in verschiedenen Behauungen ähnlich denen, welche ich schon an dem Felsabhange nach dem Hafen zu

---

[1]) Rhode Res Lemnicae p. 11 sq. — Ich sah am Strande von Kástro am 2. Juli die Sonne ein wenig rechts vom Athos untergehen.

[2]) VI, 140: Ἡφαιστιέες μὲν νυν ἐπείθοντο, Μυριναῖοι δὲ οὐ συγγινωσκόμενοι εἶναι τὴν Χερσόνησον Ἀττικὴν ἐπολιορκέοντο, ἐς ὃ καὶ αὐτοὶ παρέστησαν. — Im Jahre 1657 nahm Köprili Mohammed die Festung erst nach dreiundsechzigtägiger Belagerung durch Capitulation den Venetianern ab (Hammer Gesch. des osman. Reiches VI, S. 27). Lange lagen auch die Russen unter Graf Orloff im Jahre 1770 davor (sechzig Tage: Hammer a. a. O. VII, S. 229. drei Monate: Finlay Greece under Othoman and Venetian power p. 316).

erwähnt habe und ein Stück altgriechischer Mauer von gleicher Bauart, wie das ebenfalls schon beschriebene, trägt noch heute auf dem Gipfel des Halbinselberges als untere Schicht den innersten Ring türkischer Festungsmauer.

Auf dem Raume zunächst hinter dem Isthmus, welcher die Festungshalbinsel mit der übrigen Küste verbindet, liegt die Stadt, nach der Festung schlechthin Kástro genannt, deren zunächst unter der Festung gelegener Theil sonst den Namen Wartsi (Βαρσῶν) führt, während ich für einen andern seiner Lage nach mir unbekannten Theil den Namen Tschái (Τζάι) hörte. In der Bucht südlich von der Festung befindet sich der mit einigen Steindämmen aus neuerer Zeit umgebene Hafen und an diesen Verkehrsplatz der Schiffe schliesst sich zunächst am Lande der Verkehr auf dem Basar, an welchen wieder die älteren Theile der Stadt mit ihren engen Strassen, das eigentliche Türkenviertel, stossen, wogegen sich an dem flachen Strande nördlich von der Festung eine Reihe zum Theil sogar ansehnlicher Häuser in angenehmer der kühlenden Seeluft offener Lage hinzieht, die alle von Griechen bewohnt dem Strande den Namen des ῥωμαικὸς γιαλός gegeben haben. Da der Mensch am meisten zerstört, was der Mensch geschaffen hat, so giebt es, wie schon gesagt, hier in der Stadt so gut wie keine Spur der alten Myrina mehr. Einzelne unauslöschliche Zeichen hat allerdings die alte Ansiedlung in verschiedenen Behauungen des Gesteines, ähnlich denen, die ich an und auf dem Festungsberge erwähnt habe, auch an der vereinzelten Felshöhe, welche sich über dem Türkenviertel erhebt, zurückgelassen. Ausserdem habe ich in einem Hause am griechischen Strande eine Grabstele von weissem Marmor (0,42 Meter breit) gesehen, deren oberen Abschluss eine reiche Palmette bildet und deren vordere Fläche über den zwei auf attischen Grabsteinen gewöhnlichen Rosetten die folgende Inschrift trägt.

ΕΥΘΙΠΠΟ ΑΜΕΙΝ
ΟΚΛΕΙΔΟΑΧΑΡΝΕΥΣ

Εὔθιππο[ς] Ἀμεινοκλείδου Ἀχαρνεύς.

Die Endung ΚΛΕΙΔΟ hatte der Steinhauer erst irrig mit Auslassung des Κ eingehauen und das nachher berichtigt, so dass unter dem Κ noch das Λ, unter dem Λ noch das Ε, unter dem Ε noch das Ι und unter dem Δ noch das weiter zurückstehende Δ zu erkennen ist. Die Form der Grabstele ist rein attisch und der Begrabene ein Acharner, einer der attischen Kleruchen in Myrina. — Am Hafen dicht an der Stelle, wo ich später das Schiff zur Abfahrt bestieg, fand ich eine weibliche Marmorstatue ohne Kopf und Arme, ohne Zweifel eine Artemis. Das einfache Gewand fällt der ruhig stehenden Figur bis auf die Füsse herab, auf der Brust läuft darüber hin von der rechten Schulter unter dem linken Arme durch das Köcherband, durch welches namentlich die Bedeutung der Figur als Artemis gesichert wird. Es ist jedenfalls zu beachten, dass dieses Motiv des Köcherbandes, welches die Brust durchschneidet und die anmuthigste Verwirrung in tausend kleinen Falten, die den Busen umspielen, veranlasst, ein Motiv, welches an zahlreichen antiken Statuen der Artemis im langen Gewande wiederholt ist und besonders an der sogenannten Artemis Kolonna in Berlin höchste Bewunderung erregt hat[1]), hier an einem Werke, welches schon seinem Fundorte nach geradezu für attisch gelten muss, erscheint, so dass es also offenbar der attischen Kunst, dieser Meisterin in Behandlung des Gewandes, seinen Ursprung verdankt.

Ein in Kástro gefundenes Relief, nach der Beschreibung des Herrn Consularagenten Dukas einen Reiter, einen Altar mit Flamme, eine Schlange und ein Schwein, darstellend, auf welchem in dem Reiter jedenfalls ein Verstorbener gemeint war, ist durch Vermittlung des genannten Herren in Besitz des englischen Consuls an den Dardanellen, Herrn Calvert, übergegangen.

Endlich habe ich von Myrina noch zwei Kupfermünzen der Stadt mit dem attischen Gepräge des

---

[1]) Friederichs, Praxiteles (Leipzig 1855). S. 102, dessen Worte ich gebraucht habe, glaubte die Artemis Kolonna auf Praxiteles zurückführen zu dürfen.

Pallaskopfes und auf der Kehrseite der Eule und das eine Mal der Inschrift MY, das andere Mal MYPI zu erwähnen, die ich auf Limnos erworben habe (Taf. XX, n. 8. 14)[1]).

Diesen dürftigen Ueberresten der alten Stadt würde eine genauere Durchsuchung der Felsabhänge der Festungshalbinsel, die, obgleich von mir beabsichtigt, dann bei meiner durch eine Schiffsgelegenheit nach Tenedos plötzlich veranlassten Abreise unterblieb, vielleicht noch das Eine oder Andere, etwa im Felsen erhaltene Inschriften, hinzufügen können.

Von Kástro aus habe ich sämmtliche Dörfer der Westseite von Limnos in einzelnen Ausflügen besucht. Diese Ausflüge will ich, so geringen Erfolg sie auch für den Hauptzweck meiner Reise gehabt haben, den einzelnen Tagen nach im Folgenden verzeichnen.

Mein erster Ritt (Sonntag 4. Juli) ging von Kástro zunächst auf das südwestlich gelegene Dorf Platí zu. Ein Thurm auf einem Vorgebirge rechter Hand (Thevates der englischen Karte) erschien durch das Fernrohr als ein mittelalterlicher Bau. Weiterhin die Stiwiberge, welche die Hauptmasse der am weitesten nach Südwesten vorspringenden Spitze von Limnos bilden, zur Rechten lassend erreichten wir die Ebene mit dem Dorfe Tothános. Auf dem ganzen Wege stellt sich die Oberfläche der hier bergigen Umgegend so baumlos, so kahl, so trocken, gelb in der Sonnengluth ausgebreitet dar, wie man es ohne Abwechselung findet, so weit man auf Limnos kommt. Mit wahrer Freude begegnet das Auge nach dem eintönigen Anblick dieses Landes der Bildung der Küsten, die selten so mannigfaltig sein mag, wie hier. Es ist ein ununterbrochener Wechsel von Buchten und Vorgebirgen in allen Grössen. Die Vorgebirge treten starrend von kleinen Felsgeklüfte oder auch als flachgerundete nur gegen das Meer schroff abgeschnittene Rücken in dasselbe hinein, oft als isolirt der übrigen Küste vorliegende Massen, mit ihr nur durch einen dünnen Sandstreifen verbunden, dessen Linie sich in immer feinerer Schwingung im sandigen Uferraume der anstossenden Bucht fortsetzt und dieser ganze Formenreichthum tritt in den schärfsten Umrissen durch den Gegensatz des bis in die äussersten Landspitzen hin gleich glühendgelb gefärbten Bodens mit dem tiefen Blau der Meeresfläche, in der die Küsten lagern, hervor. Von Tothános in östlicher Richtung ritten wir über den Platz Kaláwria, wo die Trümmer einiger Häuser und einer kleinen Kirche liegen, in die Ebene eines Flusses hinab, um den sich, obgleich er fast ausgetrocknet war, üppige Gärten ausdehnten in deren Schatten wir Mittagsruhe hielten. Die Gegend heisst Simatá. Nach beendeter Ruhe erreichten wir das Dorf Kondiá, über dem auf einer Felshöhe Reste einer mittelalterlichen Befestigung liegen. Von hier suchte ich das südlich vom Dorfe nahe am Ufer der Kondiábucht gelegene Kástro oder Wriókastro auf. Die ovale oben abgeplattete Höhe dieses Namens, deren Rand der Steinwall eines Hirten (μανδρί) umgiebt, ähnelt allerdings in der ganzen Form sehr dem Platze einer altgriechischen festen Stadt, einige Quaderblöcke sind nebenbei an einer Hütte verbaut, sonst ist aber auch nicht die geringste Spur alter Bewohnung zu bemerken. Ich war an dieser Stelle dem Isthmus sehr nahe, welcher nach der Halbinsel Phakós führt, deren Gebirge der englischen Karte nach nächst der Skopiá im Nordwesten die bedeutendste Höhe (1106 engl. Fuss) auf Limnos erreicht. Ich habe dieselbe nicht besucht. Nach allen eingezogenen Erkundigungen ist es ein Bergland mit unbedeutendem Anbau, ohne Dorf, nur von Hirten benutzt, die ihre Mandris, ihre Hürden da haben. Auch irgend welche alte Baureste sollen nicht da sein; dagegen hörte ich von dem Ziegelgemäuer einer verfallenen Befestigung auf der kleinen Insel Kastriá im Südosten des Phakós am Eingange der Múdrosbucht mehrfach sprechen. Nach allen mir gemachten Beschreibungen der Leute, namentlich eines Papás im Dorfe Skandáli, der oft hinüber gewesen war, um allerlei da wachsendes Kraut abzuernten, und nach dem, was ich selbst später vom Schiffe aus auf der Fahrt von Kástro nach Tenedos davon erkennen konnte, gehört diese Befestigung dem Mittelalter an. Vom sogenannten Kástro ritt ich wieder zurück dicht bei Kondiá vorbei nach dem nahebei gelegenen Dorfe Smandriá, in dessen Nähe ein halbverfallener Thurm aus neuerer Zeit steht. Im Dorfe selbst sah ich einen

---

[1]) Vergl. Choiseul-Gouffier voy. pitt. II, pl. 16, n. 1.

Sarkophagdeckel von weissem Marmor, in der Form ganz denen auf Thasos entsprechend, umgekehrt als Wassertrog am Brunnen liegen. Ein Ritt von zwei und einer halben Stunde brachte mich von Smandriá wieder in mein Quartier in Kástro. Der Weg führte auf einem altausgetretenen Pfade, wie mir schien mit Spuren alter Wagengleise [1]), durch eine Bergeinöde, in der sich die Höhen mit starren Klippenmassen erheben. Daran lehnen Erdschichten, die dünn mit Kraut bewachsen sind und nur geringen Raum für Anbau geben. Ausser einigen Hasen sah ich kein lebendes Wesen.

Denselben Weg schlugen wir am folgenden Tage (5. Juli) Anfangs ein, bogen dann zur Rechten von ihm ab, um eine Stelle Palaeosimatá, nahe dem gestern besuchten Simatá, aufzusuchen, auf der sich aber Nichts als einige Trümmer eines zerstörten Dorfes fand. Weiter reitend liessen wir Smandriá zur Rechten, ein verlassenes Metóchi Phthéri ('Αγ. 'Ελευθέριος) zur Linken und erreichten dann das Dorf Portianó. In der Kirche, welche wie die meisten auf Limnos, neu und bunt herausgeputzt war, zeigte man mir ein oblonges, 0,21 Meter langes Kistchen von weissem Marmor in der Form eines Sarkophages, offenbar eine ὀστοθήκη. Von Portianó ritten wir nach dem Dorfe Psepérago, in dessen Kirche einige Blöcke, scheinbar von einem altgriechischen Baue herrührend, vermauert sind. Auch in dem folgenden Dorfe Agriónis fand sich in der Kirche nur eine schlecht gearbeitete Deckenkassette von weissem Marmor. Gar keine Ueberreste aus dem Alterthume boten die folgenden nach Agriónis an diesem Tage von mir noch besuchten Ortschaften, zunächst ein von Agriónis ab näher nach dem Strande zu gelegenes Metóchi des Athos, 'Αλάκου πύργος, dann Sarpi und endlich das ziemlich ausgedehnte, aber halb in Trümmern liegende Liwadochóri. Die Gesammterscheinung der Landschaft fand ich wie am vergangenen Tage, hatte aber heute schon von Portianó ab die tiefblaue, in das kahle Land eingreifende Fläche der Múdrosbucht vor mir. Den Rückweg von Liwadochóri, auf dem mir ein einziger Garten durch das reiche Grün seiner Bäume auffiel, nahmen wir über die warmen Bäder nach Kástro, welches heute Abend von den Feuern zur Vorfeier des morgenden Joannisfestes strahlte.

Mein Ziel am folgenden Tage (6. Juli) war die gebirgige Nordwestgegend von Limnos mit dem äussersten Vorgebirge im Nordwesten, Kap Murzephlós. Wir schlugen von Kástro ab einen Pfad ein, welcher in nördlicher Richtung oberhalb der Küste verlaufend weiterhin am Rücken des Athanásiosberges bis etwa zur halben Höhe desselben hinansteigt. Von hier bemerkten wir um eine auf einem einzelnen Felsen am Strande gelegene Kirche her die Versammlung der noch von mehren Seiten die Bergwege herab in ihren bunten Festkleidern zur Panigyris des heiligen Joánnis herbeiziehenden Dorfbewohner; vielen begegneten wir dann noch, als wir das Dorf Káspaka am nordöstlichen Abhange des Athanásiosberges erreichten. Von Káspaka ritten wir, nachdem wir uns vergebens nach „alten Steinen" im Orte erkundigt hatten, bald weiter nach Kurnós, von Kurnós nach Sárdis und wieder weiter mit einem kurzen Aufenthalte zur Mittagsruhe in einem Garten bis nach Swérdia. Hier fanden wir beim Papa Theophánios und seiner mit gewaltigem Körperumfange gesegneten Papadiá, bei denen mein Agogiat, obwohl Türke, gleich als alter Freund vorsprach, gute Aufnahme. Der alte Priester zeigte mir über der Thür der kleinen Kirche des heiligen Dimítrios [2]) das verwischte Relief eines Verstorbenen zu Pferde, vor dem eine mit anbetend gehobener Hand stehende menschliche Gestalt noch zu erkennen war (Taf. XVIII, n. 5), und von ihm konnte ich auch genauere Erkundigung über das Kap Murzephlós einziehen. Unseren Ritt fortsetzend erreichten wir dann das Dorf Katálako auf einer Höhe in einem Thale mit steilen Bergseiten, an welchen eine Stelle in nordwestlicher Richtung vom Dorfe, so viel ich durch das Fernrohr gesehen habe, ohne irgend welche Spur von Bauten den Namen Kástro trägt, und endlich mit Dunkelwerden in einem ziemlich weiten nach Norden zu gegen das Meer geöffneten Thale das Metóchi Gurmátos, wo wir die

---

1) Wagen sind jetzt auf Limnos nicht mehr im Gebrauch, während noch Villoison bemerkt (Ann. des voyages, de la géogr. et de l'hist. II, p. 153): (l'isle de Lemnos) est la seule où j'aie vu rouler des voitures.

2) Der Stein wird wahrscheinlich in der neuen im Bau begriffenen Kirche der Ἅγιοι Ἀνάργυροι verwandt werden.

Nacht zuzubringen dachten. Ein zwerghafter Mönch nahm uns, den Franken und den Türken, denn auch an der Thür aufs beste in Empfang. Ausser ihm fanden wir im Metóchi nur noch einen Mönch, den Ikónomos, welcher Gurmátos und zugleich noch ein benachbartes Metóchi Cháraka mit Knechten und Mägden für das Kloster Láwra am Athos verwaltete. Die ganze an diesem Tage durchrittene bergige Gegend hatte ich vollkommen kahl gefunden, nur hin und wieder mit einigen angebauten Stellen. Jetzt brach liegende künstliche Terrassen an den Bergabhängen zeigten aber, dass früher dieser Anbau sich weiter erstreckt habe. Ebenso steril und ohne allen Wald soll nun nach Aussage der beiden Mönche von Gurmátos das ganze den Nordwesten von Limnos füllende bis zur höchsten Höhe der Insel (1410 englische Fuss) sich erhebende Gebirge sein, dessen bewohnte Grenze die von mir besuchten Dörfer Káspaka, Kurnós, Sárdis, Swérdis, Katálako und das Metóchi Gurmátos bilden. Weiter hinein, wo nur einige Hirten ihre Ziegen und Schafe treiben, liegt keine Ortschaft mehr.

Meine Absicht war gewesen, am folgenden Tage von Gurmátos ab das Vorgebirge Murzephlós zu besuchen, weil dort sowohl auf älteren Karten [1]), als auch noch bei Choiseul-Gouffier ein Paleokastro angegeben wird. Nun hatte mir aber schon Papa Theophánios in Swérdis, der seit zwanzig Jahren den Hirten auf Murzephlós Messe zu lesen pflegt, versichert, dass dort Nichts von alten Ruinen vorhanden sei, sondern nur eine Steinmauer, welche die Hirten in früherer Zeit quer über den Isthmus, welcher den Zugang zu der Felshalbinsel des Murzephlós bildet, zum Schutze ihrer Heerden gegen die Seeräuber aufgehäuft hätten. Dasselbe bestätigten mir die Mönche in Gurmátos, so dass ich mich auf diese Aussage hin entschloss, den Besuch des Murzephlós, der einen ganzen Tag gekostet haben würde, aufzugeben. Später bei meiner Besteigung des Kastells von Kástro habe ich allerdings doch von dort aus durch das Fernrohr einen Bauüberrest mit zwei Rundbogen neben einander auf der Höhe von Murzephlós gesehen; so viel ich aber davon erkennen konnte, erschien mir das Ganze als ein mittelalterliches Bauwerk.

Mit Sonnenaufgang am anderen Tage (7. Juli) gingen die Mönche an ihre Morgenandacht. Als sie beendet war, wir unsern Kaffee und die Kirche einige Groschen für die Bewirthung erhalten hatte, verliess ich das Metóchi, zuerst in dem nach dem Meere zu flach mündenden Thale eine Strecke weit hinabreitend. Ehe wir das Ufer erreichten, wo die Ruine eines Thurmes, der ganzen Beschreibung nach aus dem Mittelalter, welcher damals die flache Landestelle hier bewachte, stehen soll, bogen wir rechts in das Gebirge ab und kamen nach einer guten Stunde nach Cháraka, dem andern Metóchi von Láwra. Ohne langen Aufenthalt setzten wir von da den steinigen Weg über die kahlen Bergrücken in südöstlicher Richtung fort, bis wir oberhalb des Dorfes Perpári zu den schon abgeernteten sonnenverbrannten Feldern der weiten Ebene hinabstiegen, welche sich vom innersten Strande der flachen Múdrosbucht ab landeinwärts nach Norden hinaufzieht. In ihrem oberen Theile liegen die Dörfer Perpári, Kronídi, Atschkí und Karpás, welche ich eines nach dem andern besuchte, ohne aber irgend welche alte Denkmäler dort zu finden. Nach der Mittagsruhe in Karpás schlugen wir unsern Rückweg nach Kástro zunächst über Kundráki, ein grossentheils zerfallenes Dorf, ein. Ueber demselben liegt ein Berg Palaeókastro, den ich, da kaum einige Spuren mittelalterlichen Bauwerks sich oben zeigten, nicht erstieg. An seinem Fusse, wo eine Quelle ist, hatte ein Türke kürzlich einen Garten angelegt und dabei mehre Stücke Marmor, die auf Limnos, welches selbst so wenig wie Imwros Marmor besitzt, immer ursprünglich von einem antiken Werke herrühren müssen, gefunden. Einen zerschlagenen Säulenfuss sah ich noch neben der Gartenmauer liegen. Weiterhin berührten wir das Dorf Kurúni [2]). Von hier aus sahen wir ziemlich weit ab das Türkendorf Léra liegen, etwas linker Hand von einer auf den Gipfel des Iliasberges zu gedachten geraden Linie. Das ebenfalls von Türken bewohnte kleine Dorf Ipsil blieb uns beim Weiterreiten rechter Hand liegen. Der Weg

---

[1]) z. B. L'archipelago opera di Marco Boschini. Venetia 1658. S. 429.

[2]) weil ich seine Lage nicht genau anzugeben wusste, fehlt Kurúni auf meiner kleinen Karte; vielleicht ist es dasselbe mit Strutis. Die Namen Lera und Strutis sind auf der englischen Karte nicht richtig angesetzt.

vereinigte sich nun mit dem, welchen ich schon einmal vom Kótschinos ab nach Kástro gemacht hatte und führte mich also auf bekannter Strasse an den Thermen vorbei nach Sonnenuntergang nach Kástro selbst zurück.

Alle meine von Kástro ab unternommenen Ausflüge haben also nur die äusserst geringen Funde geliefert, welche ich bisher erwähnen konnte. In fast jedem Dorfe von Límnos sah ich neue Kirchen zum Theil noch im Bau begriffen, indem die hohe Pforte jetzt leichter als früher allerdings gegen Zahlung oft bedeutender Geldsummen die Erlaubniss, eine Kirche in ansehnlicher Höhe, die bei Ertheilung der Erlaubniss bestimmt gemessen angegeben wird, ertheilt und man kann immerhin vermuthen, dass gerade diese zahlreichen Neubauten an dem fast gänzlichen Mangel alter Denkmäler mit schuld sind, da namentlich in Gegenden, wie Límnos, wo sich kein Marmor findet, die marmornen Werkstücke aus dem Alterthume gesuchtes Material zum Kirchenbaue sind. Wenn nun aber bei den älteren ärmlich zusammengeflickten Kirchen, aus denen man schon auf eine noch schlechtere Lage der christlichen Unterthanen der Pforte in jener Zeit schliessen kann, die Steine, wie man sie fand, vermauert wurden und auf diese Weise doch manche Inschrift und manches Bildwerk gerettet blieb, so wird bei den heutigen Bauten eine grössere Sorgfalt aufgewandt, indem man die Steine für ihren neuen Zweck behaut und damit wird der Stempel, den manche noch aus alter Zeit tragen, für immer verwischt.

Am Freitag den 9. Juli machte ich, um nun auch den östlichen Theil der Insel kennen zu lernen, Anstalt, mein Quartier von Kástro nach dem Dorfe Kondopáli zu verlegen. Mein Diener ging mit dem Gepäcke auf dem nächsten Wege, der schon mehrfach erwähnten über die warmen Bäder führenden Strasse, dahin; ich selbst verfolgte dieselbe nur bis dicht jenseit der Bäder, wo ich den Iliasberg zu meiner Rechten nach rechts hin von ihr abbog, hier bald die nur aus wenigen Häusern bestehenden Ansiedelungen (τσιφλίκια) Chartlá, Laopáti und Kukiú berührte und dann zur Zeit der grössten Mittagshitze in der Gegend Lakkowódi, wo nach Aussage meines Agogiaten alte Marmorstücke vorhanden sein sollten, in einem um ein tiefes ausgemauertes Becken voll klaren kalten Quellwassers sich schattig ausbreitenden Fruchtgarten einen willkommenen Platz zur Mittagsruhe fand. Einige Marmorstücke, welche aber sämmtlich nur byzantische Formen zeigten, lagen allerdings nahe an der Gartenmauer umher. Der Tag war sehr heiss und erst nach längerer Ruhe ritten wir weiter nach dem Metóchi Mitrópolis. Dasselbe gehört der Mitrópolis in Kástro. Ich schrieb von dem Deckbalken der einen Kirchenthür die auf die Erbauung bezügliche Inschrift (Taf. XVIII, n. 1) ab, die ich, zerstört wie sie ist, allerdings Anderen zu erklären geben muss. In der Bank unter dem Nárthikas vor der Kirche fand ich ausserdem noch einen weissen Marmor mit einem theilweise verwischten Distichon (Taf. XVIII, n. 6):

Π[ά]σαν εὐμενέτης ——————

τοῖσιν προφρονέως ἐς ἱρὰ ἐρχομένοις.

Einen Sarkophag ohne Bild und Inschrift benutzte man in einem der Wirthschaftsgebäude als Vorrathsbehälter. Da ich im Metóchi nicht zu Nacht bleiben konnte, wurde noch die kurze Strecke nach dem Dorfe Karpás zurückgelegt und hier im Kaffenion Quartier genommen.

Am anderen Tage (10. Juli) waren wir vor Sonnenaufgang wach und machten uns auf den Weg über Palaeopretório, ein grossentheils zerstörtes Dorf, in dem verschiedene alte Werkstücke und ein Sarkophagdeckel von weissem Marmor sich finden, nach Wáros. Unter dem Nárthikas der Dorfkirche εἰσόδου τῆς Παναγίας sind dort zwei beschriebene Marmorstücke verbaut. Das erste (0,37 Meter breit und 0,49 Meter hoch), unten abgebrochen, oben horizontal endend, gehört einer Grabstele aus der Zeit, in welcher attisches Wesen auf Límnos herrschte, an. Seine vordere Fläche trägt die zwei den attischen Grabstelen eigenthümlichen Rosetten und unter diesen die folgende Inschrift:

Σ Υ Ν Θ Η Μ Α	Σύνθημα
Η Ρ Α Κ Λ Ε Ι Ω Τ Ι Σ	Ἡρακλειῶτις
ΣΟΦΩΝΟΣΣΙΝΩΠΕΩΣ	Σόφωνος Σινωπέως
Γ Υ Ν Η	γυνή.

Das zweite (Taf. XVIII, n. 4) gehört spätbyzantinischer Zeit an. In Zeile 4 ist der Palaeologenname erhalten. Von Wáros ritten wir weiter über **Talikná** und **Romanó**, das letztere mit einer grossen neuen mit Heiligenbildern bunt ausstaffirten Kirche, nach **Kómi** und von da nach **Drepanídi**. Ich hatte erfahren, dass hier im Besitze eines Kafedschis, mit Namen Anagnóstis Papá Sáha, sich ein alter Stein mit Bildwerk befinde. Als wir den Anagnóstis von einer nahe beim Dorfe gelegenen Windmühle herbeigeholt hatten, zeigte er mir in seinem Hause einen zum Kaffeemörser ausgehöhlten weissen Marmor, welcher ursprünglich eine jener in Attika gewöhnlichen Grabvasen mit flachem Relief war, welche man früher, als sie zuerst bei Marathon beobachtet wurden, mit der zu engen Benennung marathonischer Gefässe belegte. Auf Taf. XVIII, n. 3 gebe ich das Relief der Vorderseite in flüchtigem Umrisse, so gut ich ihn in Gegenwart des Besitzers, der mich, um für den Marmor einen hohen Kaufpreis zu erlangen, bald am Zeichnen zu hindern anfing, auf das Papier bringen konnte. In sehr flachem fast nur in Umrissen gearbeiteten Relief, auch hierin ganz der Weise der in Attika gefundenen gleichen Denkmäler entsprechend, ist eine jener rührend einfachen Scenen des Abschiedes, mit denen attische Sitte die Gräber zierte, dargestellt. Ueber der sitzenden weiblichen Figur steht der Name Κάλλις, über dem vor ihr stehenden Manne der Name [illegible]. Das ganze Denkmal ist als eins der Werke rein attischer Sitte und Kunst auf dem von attischen Kleruchen besetzten Lemnos merkwürdig. Gefunden wurde es in der „Palaeópolis", einem Platze an der Purniábucht, auf welchen ich noch zurückkommen werde. Als ich meine Skizze nothdürftig vollendet, die Verhandlungen wegen Ankaufs des Marmors sich zerschlagen hatten, wartete ich noch das Ende der grössten Mittagshitze im Nárthikas der Kirche von Drepanídi ab und ritt dann weiter nach dem Dorfe **Kalliópi**. In der Nähe desselben dicht bei einer Kirche der h. Anna stehen zwei Sarkophage, der Länge nach von WSW nach ONO gerichtet, auf dem oberen Rande der Langseite des einen derselben die sehr verwitterte, nur in ihrem Anfange und Schlusse einigermassen erhaltene Inschrift:

ΝΑΤΗ . ΗΠΓ Mitte zerstört ΤΩΑΝΡΕΑΥΤΗΕΦΑΑ

von welcher ich nur ein τῷ ἀνδρὶ ἑαυτῆς erkenne. Auf der einen Schmalseite steht in einem Kreise ein Kreuz und zu dessen beiden Seiten ΜΡ ΘΥ (μήτηρ θεοῦ). Die untere Hälfte dieses Kreises ist zerstört. Nach viertelstündigem Ritte von der Kirche der heiligen Anna ab erreichte ich das grosse hoch und frei gelegene Dorf **Kondopúli** und das dort inzwischen für mich bereit gehaltene Quartier, von dessen Fensteröffnung aus ich das ganze his zur flachen Ostküste sich hinabdehnende baumlose Land mit der weissglänzenden Fläche der zur Zeit ausgetrockneten Megáli Alíki, eines im angeschwemmten Boden zurückgebliebenen salzigen Binnenwassers, weiterhin das Meer und in der Ferne ganz zur Linken ein Stück der Berge von Imwros übersah.

Auf Choiseul-Gouffiers Karte von Limnos, welche den Karten der folgenden Zeit selbst noch nach der vortrefflichen Aufnahme der Insel durch die Officiere des englischen Schiffes Beacon im Jahre 1835 zur einzigen Grundlage gedient hat, ist irrthümlich an die Stelle von Kondopúli der Name Kótschinos gesetzt, während wir die mit diesem Namen zu bezeichnende Oertlichkeit bereits am südlichsten Ende der Purniábucht, wo ich landete, kennen gelernt haben. Wie es scheint einzig und allein deshalb, weil der ältere Reisende Belon an der Stelle von Kótschinos, dessen wirkliche Lage er offenbar sehr gut kannte, die alte Stadt Hephaestia geglaubt hatte ansetzen zu dürfen, ist nun seit Choiseul-Gouffier mit der Verrückung des Namens Kótschinos auch Hephaistia als an der Stelle des heutigen Kondopúli, das man eben irrig als Kótschinos bezeichnete, gelegen angenommen. Wiederum durch diese Annahme geleitet haben selbst noch die englischen Seeofficiere, welche allerdings den Namen Kótschinos an der Stelle von Kondopúli fallen gelassen und durch den richtigen ersetzt haben, nun doch Hephaistia wenn auch mit einem Fragezeichen bei Kondopúli stehen lassen. Vielleicht mag man zugleich zufrieden gewesen sein, bei einer solchen Bestimmung der Lage von Hephaistia mit der Angabe des Ptolemaios [1]: Ἡφαιστιὰς μεσόγειος zusammenzutreffen.

[1] Geogr. III, 13, 47.

Dennoch hat Hephaistia oder Hephaistias nicht gelegen, wo heute Kondopúli liegt. Ich habe in Bezug hierauf jetzt nur so viel anzuführen, dass in und um Kondopúli sich keine Spur eines alten Bauwerkes findet und dass der Aussage der Einwohner nach ebenso wenig irgend welche kleinere Gegenstände aus dem Alterthume hier gefunden zu werden pflegen. Nur drei alte Inschriftsteine finden sich in den Kirchen des Dorfes verbaut. Der erste, ein Block von weissem Marmor (0,55 Meter lang und 0,28 Meter hoch) ist im Innern der Kirche Agios Dimitrios dicht vor dem Heiligtum im Fussboden eingesetzt. Ueber den Fundort wusste man nichts mehr.

```
 |.............Λ...........................|
.|N. . . . . . ΙΑΝΠΑ.......................|
 |...........ΟΝΦΛΙΕΙΣ......................|
 |...............ΛΙΕΡΑΣ....................|
 |............ΟΥΣΕΚΤΩΝΙ....................| . .
```

Z. 3: Φλ[υ]εῖς? Z. 5: ἐκ τῶν ἰδίων.

Die zwei anderen sind aussen an der Kirche Agia Anastasia, welche ganz über einem ἁγίασμα, einem in viereckigem Quaderbassin gefassten und mit Brettern bedeckten Quellwasser, erbaut ist, eingemauert. Von beiden sagten mir die Leute, dass sie aus der „Palaeópolis" hierher gebracht seien. Eine bis auf das χαῖρε verwischte Grabschrift hat auf dem einen derselben gestanden, während auf dem anderen die Buchstaben

```
|ΝΙΟΥΘΕΟ
|Λ.ΟΚΟΝ
```

noch zu erkennen sind.

Schon mehrfach hatte ich auf Limnos von einem an der Purniábucht gelegenen Platze unter der Bezeichnung „Palaeópolis" sprechen gehört. Man hatte mir gesagt, dass von dort her die meisten alten Marmorstücke zu den Kirchenbauten (ἐκκλησιόσπιτες) geholt würden, dass sich viele Münzen daselbst fänden und von dem Grabgefässe in Drepanidi, sowie von den zwei letztgenannten Inschriftsteinen in Kondopúli war mir, wie ich erwähnt habe, als Fundort ausdrücklich diese Palaeópolis bezeichnet. Hierhin richtete ich denn meinen nächsten Ausflug (11. Juli) von Kondopúli ab, bereits in der Hoffnung, in der heutigen Palaeópolis die Lage der alten Stadt Hephaistia feststellen zu können, welche ich bereits vergeblich am Kótachinos, wo vor Jahrhunderten Belon dieselbe angenommen hatte und ebenso vergeblich an der Stelle von Kondopúli, wohin späterer Irrthum seit Choiseul-Gouffier den Namen Kótachinos und damit auch Hephaistia versetzte, gesucht hatte.

Das nächste Ziel unseres Rittes war eine nördlich von Kondopúli noch in einiger Entfernung vom Meere liegende Berghöhe, die mir schon, da ich von Imwros her in die Purniábucht einfuhr, als das Kastrowúni, der Schlossberg, gezeigt worden war. Auf seiner kahlen Höhe liegen die unbedeutenden Ruinen einer mittelalterlichen Festung, Mauerstücke von kleinen mit Mörtel verbundenen Steinen und ein jetzt wenigstens unterirdischer Raum mit einer von kurzen Stützen getragenen Decke, welchen mir einige Bewohner von Limnos, die Bücher gesehen hatten, als die Ueberreste des alten lemnischen Labyrinthes nannten, von dem allerdings Plinius noch sagt: exstant adhuc reliquiae eius[1]), von dem aber heutzutage auf Limnos keine Spur mehr gefunden wird. Weiterhin reicht von hier oben der Blick über das nackte Land von Limnos und über das Meer. Nach Osten hin erscheint Imwros jenseits über den Höhen der Nordspitze von Limnos, vor diesen dehnt sich unter uns eine weite bebaute Ebene aus, deren niedrigster Theil, die Megáli Alíki, zu Zeiten noch unter Salzwasser steht und vom Meere nur durch einen angeschwemmten Damm getrennt ist. Nach

[1]) Nat. hist. XXXVI, 90.

Norden hin sehen wir tief in das Gestade der Insel die Bucht **Ekatón Kephaláes** eingreifen, ihr innerstes sichtlich stark versandetes Becken durch eine enge Einfahrt mit dem äusseren Theile der Bucht verbunden. Ueber diesen hinaus streckt von rechts her die hier gebirgige Insel zwei lange Zungen eine hinter der anderen vor, deren entfernteste Agios Sotiras heisst und endlich gerade über die enge Einfahrt des innersten Beckens und diese zwei Landzungen weg liegt auf dem Meereshorizonte langgestreckt das Gebirge von Samothraki. Die Strandgegend im innersten Winkel des versandeten Beckens von Ekatón Kephaláes ist es nun, welche den Namen der **Palaeópolis** trägt und schon von hier oben am Berge aus fällt es in die Augen, dass die Zuschwemmung ihres Hafens eine alte Stadt an dieser Stelle langsam vernichten musste. Ein paar Tschiflikia zwischen den Ackerfeldern ist Alles, was die Palaeópolis heute von menschlicher Ansiedlung zeigt. In einem solchen Tschiflik wohnte jetzt zur Sommerzeit ein gewisser Geórgis. Diesen suchten wir der uns in Kondopúli gegebenen Weisung zufolge, nachdem wir vom Kastrowúni hinabreitend auf den Feldern der Palaeópolis angekommen waren, zuerst auf und fanden in ihm, der hier herum jeden Stein kannte, einen kundigen und auch willigen Führer. Gleich beim ersten Ausruhen in seiner Hütte erzählte er eine Sage, welche den Namen Ekatón' Kephaláes erklären soll und die grösste Aehnlichkeit mit einer anderen hat, deren ich bei Kakirächi auf Thasos Erwähnung gethan habe. Bei einem Einfalle von Seeräubern flüchtete sich ein schönes Weib, so hiess es, droben am Kastrowúni in eine Höhle, verlor aber auf der Flucht ein Seidenknäuel aus der Tasche und an dem losgewickelten Faden fanden die Verfolger ihr Versteck, bemächtigten sich ihrer, geriethen dann in Streit über ihren Besitz und dabei fielen hundert Mann. Davon heisst die Bucht noch heute Ekatón Kephaláes. Eine Halbinsel kahler Berge, welche vom Lande aus gesehen in flach gerundeten Umrissen und allmälig ansteigend erscheinen, gegen das Meer hin aber nach Norden in felsigem Absturze enden und nach Nordosten in eine unter die Wasserfläche sich verlaufende klippige Spitze auslaufen, schiebt sich durch einen ziemlich breiten flachen Isthmus mit der übrigen Insel verbunden in die grosse Nordbucht von Limnos, die Purniá, ein und bildet so zusammen mit dem östlichen Gestade derselben die äussere und innere, durch einen engen Wasserdurchgang verbundene Bucht von Ekatón Kephaláes. Die bergige Halbinsel ist steinig und ohne Vegetation, dagegen werden die Flächen des Isthmus angebaut. Von ihren Feldern hier sagen die Leute, sie liegen 'ς τὴν παλαιόπολιν. Der Boden dieser Felder, zu denen ich mit dem Geórgis zunächst von seiner Hütte hinausging, besteht mehr aus Steinen, als aus Erde und zwar ist es nicht allein das natürliche Gestein, sondern man bemerkt bald zwischendurch Brocken mit allerlei Spuren der Menschenhand. Geórgis versicherte, dass Marmorstücke, Münzen, geschnittene Steine, Glas- und Thonbruchstücke ihnen bei der Feldarbeit unter die Hände fielen; er wiederholte mir, dass die ganze Insel ihren Bedarf an Marmor für die Kirchen von hier beziehe und führte mich zu einer Stelle, wo vor Kurzem, seiner ganzen Beschreibung nach zu urtheilen, ein Mosaikfussboden gefunden war, den man indessen wieder verschüttet hatte. Nahe bei seiner Hütte lag ein dorisches Kapitäl. Wie wir so nach der Küste im Westen zu über die Felder hingingen, auf denen die Ackerleute von den Steinen, um sich ihrer möglichst zu erwehren, hin und wieder grosse Haufen aufgeschüttet hatten, stiessen wir an mehren Stellen im Boden auf die Oeffnungen alter Cisternen und Brunnen. Dann zeigte mir der Geórgis nahe an der Küste, wo das Trümmergebiet im Südwesten seine Grenze hat, eine Gegend, in der sie mehrfach auf alte Gräber gestossen wären, welche also auch hier ausserhalb des bewohnten Platzes angelegt gewesen sind. Wir wandten uns nun zurück den Anhöhen der Halbinsel zu, deren oberste Kuppe, Klas genannt, wir erstiegen. Als wir auf der Höhe, welche die Ummauerung einer alten Viehhürde (παλαιομάνδρα) trägt, angelangt waren, bemerkte ich gleich auf dem jenseitigen Abhange eine alte Mauer, die nun ihrer ganzen Ausdehnung nach verfolgt wurde (Taf. XIV.). Von dem nördlichen jäh über dem Meere stehenden Abhange der Halbinsel, Galliáes genannt, an läuft sie in gekrümmten Linien an der Höhe Klas hinan und dicht unter deren Gipfel her nach der Südostspitze der Halbinsel wieder abwärts, wo ihre Spur an der Gripówola, wie die Leute die Stelle nennen, endet. An den meisten Stellen ist sie nur als ein erhöhter Erdstreifen, aus dem Gemäuer von kleinen Steinen hervorsieht, kenntlich; an einer Stelle, wo dieses freier heraustritt, misst es 2,50 Meter in der Dicke. Aus der Art des Mauerwerkes, welches aus kleinen unbehauenen Steinen besteht und aus dem ganzen Zuge der Mauer, der so viel ich weiss ganz abweichend von der Weise altgriechischer Befestigungen verschiedene ohne irgend welche Winkel in einander übergehende Krümmungen verfolgt, lässt sich mit Bestimmtheit entnehmen, dass dieser Mauerbau in später, wahrscheinlich erst in byzantinischer Zeit entstanden ist. Dass der Platz zu dieser Zeit überhaupt noch bewohnt war, beweisen schon einige umherliegende mit dem Kreuz in Relief verzierte Marmorstücke. Von der Orypówola stiegen wir an das Ufer, welches einwärts an der innern Bucht von Ekatón Kephalaes hin verläuft, hinab. An der Stelle der engsten jetzt ganz versandeten Einfahrt zu dieser inneren Bucht bemerkte ich unter der Wasserfläche einen eine Strecke weit querüber laufenden Mauerstreifen, offenbar eine alte Anlage, um die Hafenbucht noch enger zu schliessen. Der Küste weiter nach Innen folgend kamen wir gleich darauf an eine kleine ebene Fläche, welche von einer Cisterne mit einem Süsswasserquell dicht am Strande Tschesmé genannt wird. Offenbar hat hier im Alterthume ein von weissem Marmor in jonischem Stile aufgeführter Bau gelegen. Leichte Erhöhungen des Bodens bezeichnen noch die Stelle, wo Theile davon verschüttet liegen müssen und gleich daneben fand ich ein jonisches Kapitäl von weissem Marmor, (seine untere Kreisfläche, welche auf der Säule aufsass, 0,41 Meter im Durchmesser) und eine dazu gehörige Säulenbasis (ihre obere Kreisfläche, auf der die Säule aufsass, 0,43 Meter im Durchmesser). Dann gingen wir zur Hütte des Geórgis zurück. Er und einige andere Leute, welche wir in der Palaeópolis antrafen, zeigten uns eine ganze Anzahl von Kupfermünzen, die sie an Ort und Stelle gefunden hatten, der Mehrzahl nach Münzen der Stadt Hephaistia[1]) und des Kaisers Constantius. Am Abend war ich wieder in Kondopúli. Hier erzählte man mir, dass kürzlich eine kleine goldene Figur in der Palaeópolis gefunden und an einen Goldschmied in Kástro verkauft sei, wo ich sie später selbst gesehen habe. Es war ein Ohrgehänge, Eros als kleiner nackter Junge mit Flügeln, deren einer abgebrochen war (die Figur etwa 0,02 Meter hoch), von höchst gewöhnlicher Arbeit[2]). Nach und nach brachten mir die Leute in Kondopúli verschiedene Alterthümer zur Ansicht und zum Kaufe herbei, darunter fünf vertieft geschnittene Karneole, sämmtlich in der Palaeópolis gefunden. Die Darstellungen ohne grossen Kunstwerth waren folgende: 1. Zeus stehend, nur hinter ihm hängt von der Schulter ein Gewand herab, die gehobene Linke stützt sich auf das Scepter, die Rechte nach vorn ausgestreckt hielt etwas (hier war der Stein beschädigt). 2. Athena stehend im langen Gewande mit Helm, Schild und Lanze, welche sie mit gehobener Rechten hält. 3. Jugendlicher Apollo, unbekleidet bis auf ein Gewand, das man hinter seinem Rücken herabfallen sieht; er stützt sich mit dem linken Ellenbogen auf einen Pfeiler, auf welchem ein Dreifuss steht; in der vorgestreckten Rechten hält er, wie es scheint, einen Zweig. 4. Die Dioskuren in gleicher Haltung unbekleidet nebeneinander stehend, der eine mit der rechten, der andere mit der linken Hand hoch hinauf an die aufgestützte Lanze fassend[3]). 5. Scheinbar männlicher Kopf mit Strahlen umgeben. — Von den Münzen, welche ich in Kondopúli sah, waren die meisten Kupfermünzen von Hephaistia, doch erwarb ich auch ein Silbertetradrachme von Athen mit dem alterthümlichen behelmten Kopfe der Athene n. R. und auf der Kehrseite der Eule, den zwei Oelbaumblättern mit Beere, der Mondsichel und der Inschrift ΑΘΕ, Alles im flach vertieften Vierecke. Ebenfalls in Kondopúli kam

---

1) 5 der besterhaltenen Exemplare, die ich an verschiedenen Orten auf Lemnos erwarb, s. Taf. XX, n. 3. 4. 5. 6. 7. Drei davon (3. 5. 6.) zeigen einen jugendlichen männlichen Kopf, einmal (n. 6) innerhalb eines geperlten Randes, auf dem R. aber einmal (3) den Widder, welcher auch auf den Münzen von Samothrake erscheint, und ΗΦΑ, das andere Mal eine Fackel, daneben oben die zwei Hüte der Dioskuren mit je einem Stern darüber, die wiederum auch auf der Münze von Imbros (n. 8) vorkommen, und ΗΦΑΙ, das dritte Mal wieder die Fackel, daneben den Heroldstab, der ebenfalls auf der imbrischen Münze sich findet, und ΗΦΑΙ. Eine vierte Münze (4) hat den Athenakopf der herrschenden Stadt angenommen, daneben steht auf dem R. der Widder und ΗΦΑΙ. Endlich n. 7 hat das rein attische Gepräge des Athenakopfes und der Eule mit ΗΦΑ auf der Kehrseite.

2) Mein Reisegefährte Philippos Dimitriu hat es gekauft und mit nach Athen genommen.

3) Die Symbole der Dioskuren auch auf den Münzen von Hephaistia.

mir die etwa der Zeit der römischen Herrschaft angehörige Kupfermünze (Taf. XX, n. 8) zu, welche den behelmten Athenekopf n. R. innerhalb eines geperlten Randes und auf der Kehrseite einen bärtigen Kopf n. R., hinter ihm aber einen dem Lituus entfernt ähnlichen (s. die genaue Abbildung) Gegenstand trägt [1].

Die Palaeópolis an der Bucht von Ekatón Kephalaes ist uns nichts anderes, als das Trümmerfeld der vom Erdboden vertilgten zweiten Stadt von Lemnos, **Hephaistia**. Dass die Versuche, diese Stadt am Kótschinos, an der Purniábucht oder bei Kondopúli anzusetzen, verkehrt waren, habe ich bereits gezeigt. Die Karte der englischen Admiralität setzt nun den Namen von Hephaistia mit einem Fragezeichen sowohl nach Kondopúli, als auch nach Múdros, dem Hauptorte an der Bucht gleichen Namens. Múdros ist heute der zweitgrösseste Ort auf Limnos, dort ist nächst Kástro auch der bedeutendste Schiffsverkehr und so konnte eine solche Vermuthung, auch im Alterthume habe die zweite Stadt von Lemnos an demselben Platze gelegen, wohl entstehen. Indessen sind in und um Múdros, wie ich mich überzeugt habe, nicht die geringsten Spuren einer altgriechischen Niederlassung. Ich kann hier kurz sein. Da ich die ganze Insel sehr genau bereist habe, kann ich versichern, dass nur zwei Plätze auf ihr sind, wo sich Ueberbleibsel einer unzweifelhaft städtischen Ansiedlung aus altgriechischer Zeit finden; der eine ist Kástro, der zweite die Palaeópolis an der Bucht Ekatón Kephalaes. Da nun andererseits alle alten klar redenden schriftlichen Zeugnisse nur zwei Städte auf Lemnos, Myrina und Hephaistia, nennen, die Stadt Myrina aber ohne Zweifel an der Stelle des heutigen Kástro lag, so muss die Palaeópolis der Ueberrest des alten Hephaistia sein. Es ist kaum nöthig, einen weiteren Beweis hierfür daraus herzunehmen, dass die grosse Mehrzahl der in der Palaeópolis gefundenen Münzen Kupfermünzen von Hephaistia sind. Da man mir mehrfach auf Limnos versicherte, die Palaeópolis sei der Hauptfundort von Marmorblöcken für die Kirchenbauten der Insel, mir auch im Einzelnen bei dem Grabgefässe in Drepanidi (Taf. XVIII, n. 3) und den zwei mitgetheilten Inschriften in Kondopúli die Palaeópolis als Fundort genannt wurde, so wird auch die Inschrift, welche die Hephaistiaeer dem Krispinos setzten (Taf. XVIII, n. 2), von dort her nach der Kirche des nicht sehr entfernten Aipáti gebracht sein. Wenn bei der Eroberung von Lemnos durch Miltiades dieser zuerst Hephaistia angegriffen haben soll, so ist das ganz in Uebereinstimmung mit seiner Fahrt von der Chersonesos her, auf welcher er zuerst die Stadt auf der Ostseite von Lemnos berühren musste und wenn uns Herodot weiter erzählt, dass Hephaistia sich ergab, während Myrina es erst auf eine Belagerung ankommen liess, so stimmt dieser Gang der Dinge sehr wohl mit der von Natur nicht sehr festen Lage der Palaeópolis und andererseits der gewaltigen Felsenburg von Kastro überein [2]. Später überliefert uns Galen [3], dass er den Platz, wo die angeblich heilkräftige Erde von Lemnos gegraben wurde, besucht habe und dass derselbe im Gebiete von Hephaistia liege, eine Angabe, die abermals durchaus zu der Ansetzung von Hephaistia in der Palaeópolis passt, da der noch heute bekannte und von mir besuchte Fundort der heiligen Erde südlich von der Purniábucht nahe am Kótschinos, also höchstens zwei Stunden von der Palaeópolis liegt. In der Geographie des Ptolemaios [4]) stehen nun allerdings die Worte: 'Ηφαιστιὰς μεσόγειος, woraus ich aber

---

[1]) Herr Dr. C. O. Schmidt macht mich auf eine ähnliche Münze aufmerksam, von der Prokesch-Osten sagt (Inedita meiner Sammlung autonomer altgriech. Münzen. Wien 1859. Aus den Denkschriften der Akad. der Wiss. B. 9): „Eine AE. 5 von Lemnos (bärtiges Haupt R.: ΛΗΜ behelmter Kopf) befand sich in der Sammlung des Herrn von Ivanoff in Smyrna und wurde von Borrell nach Lemnos gelegt". Diese Münze würde also mit dem Namen der ganzen Insel geprägt sein; denn eine Stadt Lemnos gab es nicht (s. Rhode Res Lemnicae p. 11). — Münzen von Lemnos mit einem unbärtigen Kopfe mit einem Kopfbande n. R. R: ..MNO. Ithyphallischer Satyr n. R. AE. 3 und AE. 2. Derselbe Typus ..MNAIΩN s. Fr. Lenormant descr. des méd. ant. de Mr. le comte de Behr (Paris 1857. 8°.) n. 68. 69.

[2]) s. oben.

[3]) s. unten.

[4]) III, 13. 47. — Rhode (Res Lemnicae p. 13) vermuthet, wenn man Hephaistia jetzt am Meere (am Kótschinos nämlich) suchen wolle, so müsse die Notiz des Ptolemaeus aus einer Quelle stammen, zu deren Zeit das Vorgebirge Chryse zwischen Hephaistia und dem Meere noch nicht untergegangen gewesen sei. Ptolemaios ist so nicht zu retten: an der Stelle der Palaeópolis würde nie eine Stadt entstanden sein, so lange die günstige Küstenbildung für eine solche, im Wesentlichen der Art, wie ich sie bei Gelegenheit der Stadt Imbros besprochen habe, nicht vorhanden war.

eben weiter nichts folgern, als dass auf des Ptolemaios von ihm an jener Stelle beschriebener Karte Hephaistia falsch angesetzt war. Dass die Palaeópolis noch in christlicher Zeit bewohnt war, zeigen, wie schon gesagt ist, die dort noch vorhandenen mit Kreuzen geschmückten Steine und der Dominikaner Mich. le Quien schreibt im vorigen Jahrhunderte in seinem Oriens christianus unter Lemnos [1]): Episcopi sedes Hephaestiae quondam fuit, nunc vero, ea diruta, in monasterio St. Pauli [2]) pontifex degit, haud procul ab oppido Livado Chorio. Dass die gänzliche Versandung ihres Hafens endlich den Verfall von Hephaistia herbeigeführt haben muss, habe ich oben erwähnt.

Den Tag nach dem Besuche in der Palaeópolis verwandte ich auf eine Untersuchung des von Kondopúli ab nach Nordosten bis zum Kap Pláka [3]) vorgestreckten Theiles von Limnos [4]). Die weisse ausgetrocknete Salzfläche der Megáli Alíki zu unserer Rechten ritten wir durch eine weite Ebene, mit der, welche sich nördlich an die Múdrosbucht anschliesst, die ausgedehnteste auf der Insel. Sie ist grösstentheils mit angebauten Feldern bedeckt. Vor ihrer flachen Küste nach Osten hin erstrecken sich weit in das Meer hinaus unter dessen Oberfläche die Klippenbänke der Mýthonaes und offenbar sind diese, welche die Gewalt des von den Dardanellen her andrängenden Meeresstromes brechen, der Anlass, dass sich hinter ihnen diese bedeutende Ebene angeschwemmt hat, deren Ursprung aus dem Meere sowohl das salzige Binnenwasser der Megáli Alíki, als auch der salzige Beigeschmack des Brunnenwassers auf ihrer ganzen Strecke hinreichend bezeugen. Wir ritten ohne Unterbrechung nur einmal nördlich von der Alíki einige Tschiftlikia berührend bis in die Gegend von Vriókastro, wo wir bei einem Tschiftlik Halt machten. Andere menschliche Ansiedlungen, als solche vereinzelte Hütten oder Tschiftlikia, wie die Griechen sie auf Limnos mit türkischem Namen nennen, giebt es auf der ganzen Strecke, welche ich an diesem Tage besuchte, also von den Dörfern Kondopúli und Alpáti ab bis zu dem Nordostvorgebirge Pláka, nicht [5]). Das Gebiet der ganzen Gegend gehört nach den oben genannten zwei Dörfern; in der Ebene sowohl, als in den westlich und nördlich von ihr beginnenden Bergen ist sie vollkommen ohne Baumwuchs. Ich fand in der Hütte, wo wir Halt gemacht hatten, mehre Männer, von denen drei mich nach den Ruinen von Vriókastro, wie ich in Kondopúli hörte, oder Oreókastro, wie sie selbst sagten, begleiteten. Diese Ruinen liegen im Angesichte von Samothraki und Imwros auf einer Felserhöhung, welche ursprünglich offenbar nur ein vereinzelter hervorragender Theil der anliegenden unterseeischen Mýthonaes, jetzt durch einen langen sandigen Streifen mit der übrigen mit Binsen bewachsenen Küste zusammenhängt. Von dieser vorspringenden Höhe aus erkannte ich deutlich, wie sich die Mýthonaes hier als horizontal gelagerte Bänke in geringer Tiefe unter der Meeresoberfläche ausbreiten und nach den auf der englischen Seekarte verzeichneten Tiefenmessungen scheint diese Art der Lagerung auf ihrer ganzen Ausdehnung vorzuherrschen. Diese Untiefen hat man bekanntlich als die Ueberreste der versunkenen Insel Chryse und des alten Vulkanes Mosychlos ansehen wollen [6]), eine Ansicht, über welche anstatt meiner nur ein Naturforscher an Ort und Stelle wird entscheiden können. Die Ruinen des Vriókastro gehören einer mittelalterlichen Festung an. Als wir von dem schmalen Sandstreifen ab nach der felsigen Höhe hinaufstiegen, passirten wir zuerst zwei niedrige aus Steingeröll zusammengetragene Mauern, die von den Hirten, welche ihre

---

1) Paris. 1740. Tom. I, p. 961. 962.

2) Dieses ist das jetzt sogenannte Metóchi Mitrópolis, ehemals alte Residenz, noch heute zur Mitrópolis, die jetzt in Kástro ist, gehörig. Ich habe dasselbe schon berührt.

3) Ausser auf der englischen Karte pflegt dieser Name schon seit Belon in Blava entstellt zu sein. Ich finde keinen hinreichenden Grund, dieses Vorgebirge für das Ἑρμαῖον λέπας Λήμνου (Aesch. Ag. 283. Dind.) und das Ἑρμαῖον ὄρος (Soph. Phil. 1459. Dind.) zu erklären (s. Rhode Res Lemnicae. Vratislaviae 1829. p. 6).

4) Sämmtliche auf der Karte von Choiseul-Gouffier in diesem Theile der Insel angesetzte Namen sind irrig.

5) Die Namen Petse und Naxis auf der englischen Karte habe ich nicht gehört. Keinesfalls sind es Dörfer.

6) Ukert in Bertuchs allgem. geogr. Ephem. Bd. 39, 1812. S. 361 ff.

Thiere dahinter absperren, herrühren. Dann gingen wir über Gräber weg und über eine Stelle, die meine Begleiter für die der früheren Kirche erklärten. Ein querüber laufender Graben machte den dann folgenden höheren Theil der Felsen noch unzugänglicher. Oben angelangt fand ich die Trümmer der aus kleinen unbearbeiteten Steinen bestehenden Mauern, im Inneren derselben mehre Cisternen, deren eine ziemlich gross und überwölbt ist. Ich liess mich, da meine Begleiter von einer alten Inschrift, die unten darin sei, fabelten, in dieselbe hinab, fand aber Nichts der Art. Die äusserste Spitze der Felshöhe ist wieder bedeutend niedriger und gehörte nicht zur Festung, die unter ihrem Abhange auch hier wieder einen querüber laufenden Graben hat. Bei der Rückkehr zu der Hütte des einen meiner Begleiter zeigte mir dieser einen in der Wand vermauerten weissen Marmor (0,25 Meter breit), den er von dem Vrókastro hergebracht haben wollte. Die erhaltenen Buchstaben einer Inschrift

—— ΦΙΚΙΟΣΧ ——

liessen nur erkennen, dass es ein in seiner Aufschrift mit dem gewöhnlichen χαῖρε schliessender Grabstein, der zu dem Festungsbaue im Mittelalter verwandt sein kann, gewesen sei. Ich setzte darauf meinen Ritt in westlicher Richtung bis an das gegenüberliegende Gestade fort und verfolgte dasselbe in derselben Richtung bis zu dem äussersten Vorsprunge, dem Kap Agios Sotiras, welches die letzte Grenze des Umfangs der Purníbucht nach Nordosten bildet. An seiner nach dem Inneren der Bucht gewandten Seite liegt ein durch einen alten künstlichen Steindamm gebildeter kleiner Hafen (τὸ αὐλάκι τοῦ ἁγίου Σωτῆρος) mit einer gleichnamigen Kirche am Ufer, welcher noch heute von den Schiffern gelegentlich als Zufluchtsort benutzt wird. Dieses Mal war kein Schiff dort. Der Nordwind trieb die Wogen in rascher Folge weissschäumend auf die zerstreuten Steine des alten Molo. Von hier ab ritt ich dann über die überall gleich kahlen Berghöhen wieder zu der Ebene an der Megáli Alikí und dann nach Kondopúli zurück.

Mir blieb jetzt nur noch die Südosthalbinsel von Limnos zu besuchen übrig. Am 13. Juli ritt ich über Kallópi, dann nach Süden zu über die vollkommen trockene Fläche eines kleinen Salzsees, der nach dem nahen Dorfe Kómi Komigiöl oder τῆς Κάρης ἡ λίμνη genannt wird, an einigen Hütten, Wunochóri genannt, vorbei bis zu dem nächsten Dorfe Kamínia. Ehe wir dieses erreichten, bemerkte ich links am Pfade ein oblonges, der Länge nach von OSO nach WNW gerichtetes, in den natürlichen Fels gehauenes und jetzt offenes und leeres Grab. Weiterhin kamen wir an einigen Hütten, die Woróskopo heissen, vorüber an einen Quell, unterhalb dessen links am Wege ein Garten liegt, rechter Hand aber einige Trümmer einer Befestigung aus dem Mittelalter. Von hier aus wurden zuerst oben an den nach dem Meere zu liegenden Bergen die Ruinen einer Festung mit zwei grossen zusammengestürzten Thürmen sichtbar. Als wir diese Höhe erreicht hatten, fanden wir die Thürme aus Quadern bestehend, den ganzen Festungsbau als ein mittelalterliches Werk. Nach Süden hin überblickte man von hier oben eine weite angebaute Ebene mit drei Dörfern Agia Sophia, Phsin und Skandáli; der Schutt einer zerstörten Ortschaft lag am Fusse des Festungsberges selbst. Ich ritt in die Ebene, über welcher sich im Nordwesten das Paradiesgebirge, das dritthöchste von Limnos, erhebt, hinab, besuchte die drei genannten Dörfer nach der Reihe, durchsuchte auch die Kirchen, ohne einen Ueberrest aus dem Alterthume zu finden. Nach einer kurzen Mittagsruhe und Mahlzeit von Brod und Honig am Dorfbrunnen von Skandáli schlug ich meinen weiteren Weg nach Nordwesten zu ein, auf welchem mir der Papás des Dorfes bis zu den Ruinen einer zerstörten, wenn ich nicht irre, Agios Theódoros genannten Ortschaft das Geleite gab und verfolgte ihn dann weiter über die kahlen öden Höhen der Westabdachung des Paradiesgebirges bis nach Múdros, welches ich von Skandáli ab gerechnet in etwa zwei Stunden erreichte. Die Múdrosbucht ist, wie ich mich beim Bade am Abend überzeugen konnte und wie die englische Seekarte genauer angiebt, äusserst flach. Der Ort, welcher ihm den Namen giebt, mit Kondopúli das grösseste Dorf der Insel, liegt in geringer Entfernung vom Strande, unmittelbar an demselben aber zwei oder drei blank und neu aussehende Magazine griechischer Kaufleute. Baureste aus altgriechischer Zeit giebt es in Múdros gar nicht; aus älterer Zeit wusste man im ganzen Dorfe nur einen verfallenen Thurm, an dessen Stelle ehemals ein

Kloster gestanden haben sollte, zu zeigen. Eine östlich vom Orte gelegene Höhe nennen die Leute Palaeókastro, die ich dann auch am folgenden Morgen (14. Juli) besucht habe. Von oben überblickt man die Múdrosbucht und jenseit der Landenge des Phakós die Bucht von Kondiá, in das tiefe Meeresblau treten die vielfach zertheilten und eingeschnittenen kahlen Küstenstriche mit ihrer eigenthümlich gelben Färbung scharf abgegrenzt hinein. Die Festung, deren Ruinen auf dem Berggipfel zerstreut liegen, ist aus dem Mittelalter oder auch noch späterer Zeit. Vom Palaeókastro ritt ich nach Krusopúlo, dem letzten bisher von mir noch nicht besuchten Dorfe der Insel, wo man mit dem Neubau einer grossen Kirche beschäftigt war, dann abermals über die salzige Fläche des Sees von Kómi und erreichte schon gegen Mittag Kondopúli.

Am 15. Juli schickte ich mein Gepäck von Kondopúli wieder nach Kástro zurück und machte mich selbst dahin auf den Weg, wobei indess noch ein Platz besucht werden sollte, ohne den gesehen zu haben ich Limnos nicht wohl verlassen durfte, der Platz, wo im Alterthume wie noch bis heute eine für heilkräftig gehaltene Erde gegraben wurde. Ihr Ruf als Heilmittel war bei den Alten so gross[1]), dass Galen, um sie an Ort und Stelle zu untersuchen, auf seiner Reise deshalb nach Lemnos ging, dem wir denn auch eine Beschreibung der Art ihrer Gewinnung zu jener Zeit und eine Angabe der ihr beigelegten Eigenschaften verdanken[2]). Von den Griechen und Römern ging der Glaube an die Heilkraft dieser Erde auf die Griechen der Neuzeit und die Türken über, welche letzteren nach dem, was ich auf Limnos hörte, derselben eine ähnliche Kraft zuschreiben, wie sie die Alten dem Thone vom Vorgebirge Kolias in Attika beilegten[3]), indem sie glauben, dass Trinkgefässe aus der lemnischen Erde ein aus ihnen getrunkenes Gift unschädlich machen. Man betrachtete bald diese Erde als die einzige Merkwürdigkeit der Insel[4]) und bei dem Verluste von Limnos an die Venetianer im Jahre 1656 und der Wiedereroberung durch Köprili Mohammed im folgenden Jahre, soll der Bedeutung der Insel als „Fundgrube des gesiegelten Thones“ besondere Erwähnung gethan sein[5]). Wie bei den Griechen eine Priesterin religiöse Förmlichkeiten bei Gewinnung der Erde verrichtete[6]), so setzte sich ein gleicher feierlicher Brauch unter den Türken fort[7]). Wie im Alterthume der Name des Arzneimittels Λημνία σφραγίς von den auf die einzelnen Stücke gedrückten Siegeln herrührte, so tragen die von den Türken gemachten viereckigen Stücke, deren eins ich vom Apotheker in Kástro erhielt, einen türkischen Stempel. Deshalb verbreiteten sich diese Erdstücke auch unter dem Namen terra sigillata nach dem Abendlande und findet sich diese Benennung noch in unsern Heilmittellehren, welche die Erde für eine eisenhaltige Thonerde erklären. Freilich soll der Gebrauch als Heilmittel bei uns jetzt ziemlich aufgegeben sein. Hat die Sache demnach auch gegenwärtig ihre Bedeutung verloren, so halte ich es doch für der Mühe werth, wenigstens die Lage des Platzes, wie ich ihn gefunden habe, genau zu bezeichnen, welcher Jahrtausende lang in so hohen Ehren gehalten ist; denn obgleich sowohl Belon[8]) als Albacarius[9]) denselben vollkommen richtig ansetzen, auch kein hinreichender Grund ist, den von dem Letztgenannten beschriebenen Punkt für einen andern, als den von

---

[1]) Rhode Res Lemnicae p. 19 sqq.

[2]) Galen περὶ τῆς τῶν ἁπλῶν φαρμάκων κράσεως καὶ δυνάμεως l. Med. gr. opp. ed. Kühn. tom. 12, p. 173 sqq.

[3]) Plutarch. lib. de Audit. pag. 42 angeführt in Holstenii adnot. in Steph. Byz.

[4]) Francesco Piacenza (L'Egeo redivivo. Modena 1688. 4°) giebt auf der Uebersichtskarte zu p. 91 auf Lemnos Nichts an, als die Worte terra sigillata.

[5]) v. Hammer Gesch. des osman. Reiches V, S. 650. VI, S. 27.

[6]) Galen l. c. p. 173: εἰς τοῦτον τὸν λόφον ἥ τε ἱέρεια παραγενομένη, καθ' ὃν ἔφην καιρὸν ἀφικέσθαι τῆς νήσου, καί τινα πυρῶν τε καὶ κριθῶν ἀριθμὸν ἐμβάλλουσα τῇ γῇ καὶ ἄλλα τινὰ ποιήσασα κατὰ τὸν ἐγχώριον νόμον, ἐμπλήσασα μὲν ὅλην ἅμαξαν τῆς γῆς.

[7]) Belon du Mans les observations etc. p. 30.

[8]) Les observations etc. p. 29.

[9]) s. Matthioli Comm. in lib. V. Dioscor. cap. LXXIII.

Galen besuchten zu halten[1]), so ist er doch auf der Karte der englischen Admiralität gar nicht, auf der Karte bei Choiseul-Gouffier ganz falsch angesetzt, bei uns daher nicht bekannt.

Von Kondopúli ab ritt ich nach Drepanídi. Hier fand ich eine alte Frau, welche sich erbot mich zu dem Platze, wo man die heilige Erde (τὸ ἅγιον χῶμα von den Griechen, von den Türken, wenn ich recht verstand, Kimantan genannt) zu graben pflege, hinzuführen. Sie verfolgte mit mir zuerst den von Drepanídi nach dem Kótschinos führenden Weg, an welchem hier und da Vorrathsbehälter mit runder Oeffnung in den Felsboden hineingearbeitet waren, bis wir uns einer Gruppe von kahlen Hügeln zu unserer Linken näherten, die wir dann den Weg verlassend hinanstiegen.

Schon vorher, nachdem wir kaum einige zehn Minuten gegangen waren, war die Alte ermattet und hatte ihr Führeramt einem Manne, den wir am Wege fanden, abgetreten. Oben an den Hügeln kamen wir nun an einigen Hütten, welche mein neuer Führer Kokkalá nannte, vorüber und standen bald darnach auf der Höhe an einer verschütteten Grube. Die Stelle liegt gerade südlich vom Kótschinos. Hier wird, wie mir mein Begleiter erzählte, in jedem Jahre am 6. August am Feste τοῦ Χριστοῦ σωτῆρος vor Sonnenaufgang die heilige Erde gegraben. Es ist eine grosse Festlichkeit dabei, der türkische Chódscha und der griechische Papás verrichten ihre Gebete, die Türken schlachten ein „Kurban", meistens ein Lamm, während die Griechen, welche zu jener Zeit die vierzigtägigen Fasten der Panagia haben, sich mit Fischen begnügen. In Uebereinstimmung mit der Beschreibung Galens und Belons fand ich über den ganzen Hügel hin einen dürren Boden ohne alle Vegetation, von einer verfallenen dem Heiligen des 6. August geweihten Kirche, welche Belon und Albacarius erwähnen, konnte ich nichts mehr erfahren, dagegen trafen wir beim Hinabsteigen nach dem Kótschinos zu, also unter dem nördlichen Abhange des Hügels eine reichlich fliessende Quelle, Phthelídia genannt. Belon erwähnt gleichfalls eine Quelle in dieser Gegend, Albacarius aber drei, zwei an der Nord- und eine an der Südseite des Hügels, die ich nicht gesehen habe. Von der Quelle ab erreichten wir den Kótschinos in etwa einer Viertelstunde. Hier fand ich mein Reitpferd wieder vor und kehrte nun auf bekannter Strasse nach Kástro zurück, unterwegs von einem Regengusse, für mich den ersten nach einem vor siebenundzwanzig Tagen auf Samothráki gefallenen, überrascht.

Im Hafen von Kástro fand sich gleich am folgenden Tage ein mit Ziegeln, die nicht weit von Kástro gebrannt werden, beladenes nach Tenedos bestimmtes Schiff zur Abfahrt bereit. Diese günstige Gelegenheit liess mich auf einen Besuch des kleinen südlich von Límnos gelegenen Eilandes Aïstráti, welches Leake auf seiner Reise berührt hat, um so leichter absehen. Am 17. Juli verliessen wir mit günstigem aber schwachen Winde den Hafen von Kástro, umfuhren das Vorgebirge Tigáni mit seiner vorliegenden Klippe, die sich unter der Meeresfläche nur durch die grüne Färbung des sonst blauen Wassers verrieth, und segelten langsam immer der Südseite von Límnos entlang. Der kleine Inselgipfel von Aïstráti blieb weit in der Ferne zu unserer Rechten und bald hinter uns zurück. Mit einbrechender Nacht setzten die Schiffer die Fahrt nicht weiter fort, sondern gingen in der Bucht von Kaminia auf der Ostküste von Límnos in einiger Entfernung vom Lande vor Anker. Als ich früh am andern Morgen erwachte, hatte das Schiff in leisem Gange bereits die Bucht wieder verlassen. Unser Ziel, die flachrundliche Inselkuppe von Tenedos, lag in fernem Dufte vor uns. Allerlei sprachen unsere Schiffer von den Untiefen der Mýthonaes, welche wir links liessen; besonders gefährlich seien sie, weil die Strömung aus den Dardanellen leicht das Schiff aus seinem Kurse heraus auf sie zu führe, ihre Klippenbänke aber würden fleissig von Schwammfischern aufgesucht und diese mögen dann auch die Geschichten von versunkenen Städten, die, wie meine Schiffer behaupteten, da unten liegen, den Leuten erzählen. Lange ging es bei schwachem Winde nur mit den Rudern langsam vorwärts.

[1]) Dieser Zweifel stützt sich auf die Worte des Galen: φαίνεται γὰρ (ὁ λόφος) ἐρυθρότατος [illegible] κατά γε τὴν χρόαν [illegible] τὸ μηδὲν ἐν αὐτῷ φύεσθαι im Vergleiche mit denen des Albacarius: (collis) fertilis est totus, et arborum, plantarum et frumentaceorum [illegible].

Das war eine ermüdende leidige Arbeit und als dann erst ganz leise ein Lufthauch sich in das schlaff hängende Segel legte, es hin und wieder aber immer kräftiger aufbauschte, bis endlich die Ruder bei Seite gelegt wurden und das Schiff ohne Arbeit der Schiffer vor dem wachsenden Winde in schneller Fahrt dahinging, da fühlte man recht, was in dem Bilde des alten Liedes liegt, das einst an diesem Meere klang:

Wie wenn ein Gott Schiffleuten nach sehnlichem Harren den Fahrwind
Sendet, nachdem arbeitend mit schöngeglätteten Rudern
Lange das Meer sie geregt und müd' hinsanken die Glieder:
So auch erschienen sie beide, (Hektor und Alexandros), den sehnlich harrenden Troern.

Rasch rückten wir nun Tenedos, deren westliche Uferabhänge weiss über den Wassern herschienen[1], näher und liefen mit dem Abenddunkel in den Hafen der Stadt ein.

---

[1]) Steph. Byz. Τένεδος — ἐκαλεῖτο δὲ Λευκόφρυς.

Berichtigungen.

Seite 10, Zeile 25 statt „Kreissegmente" lies „sphäroidischen Ausschnitten".

Zu Seite 55. Herr Archivsecretair Dr. Grotefend macht mich darauf aufmerksam, dass auf dem Inschriftsteine (Taf. III, n. 8) das so sicher et cetera zu lesen ist, mit 7, der auch in den Handschriften gewöhnlichen Abkürzung für et und c geschrieben.

Seite 89, Zeile 5: Kallinike u. s. w. ist zu streichen.

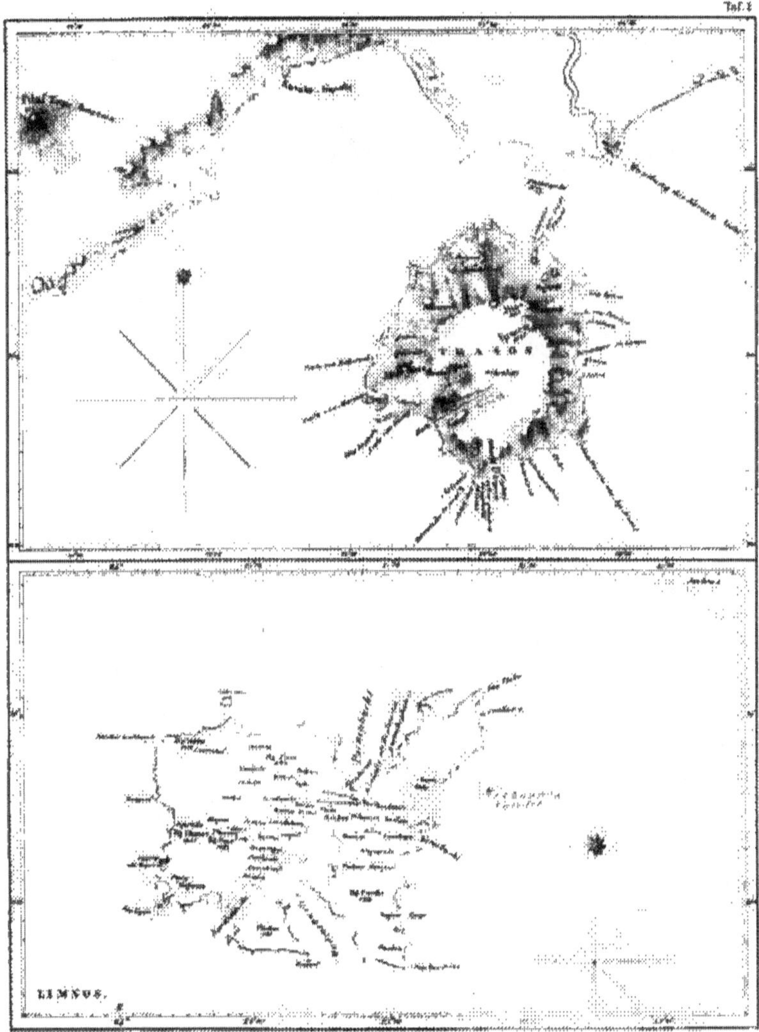
THASOS
LIMNOS.

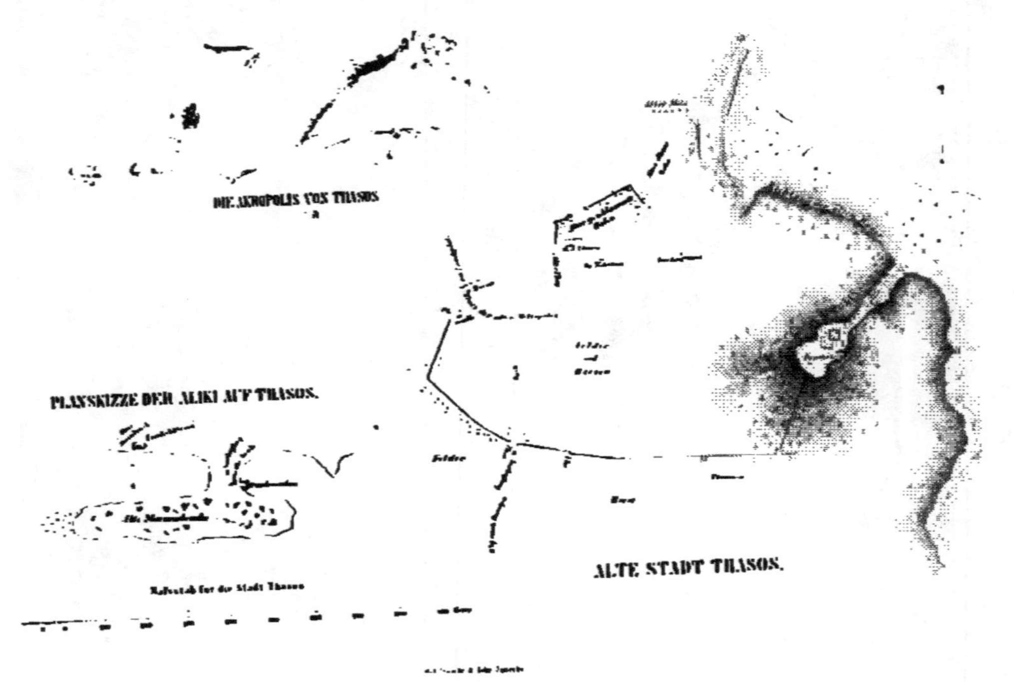
DIE AKROPOLIS VON THASOS
PLANSKIZZE DER ALIKI AUF THASOS.
Felder
ALTE STADT THASOS.
Maßstab für die Stadt Thasos

Taf. III

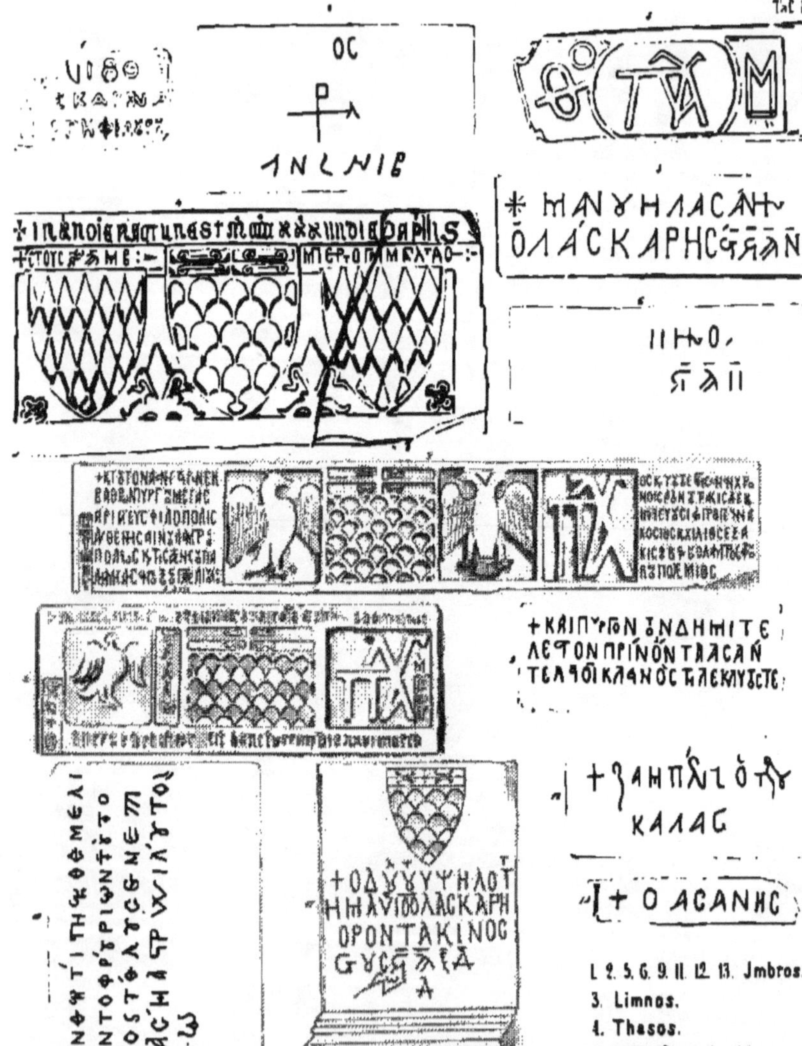

1. 2. 5. 6. 9. 11. 12. 13. Jmbros.
3. Limnos.
4. Thasos.
7. 8. 10. Samothraki.

0, 46 hoch. 1, 24 lang

0, 46 hoch. 1, 14 lang

THASOS.

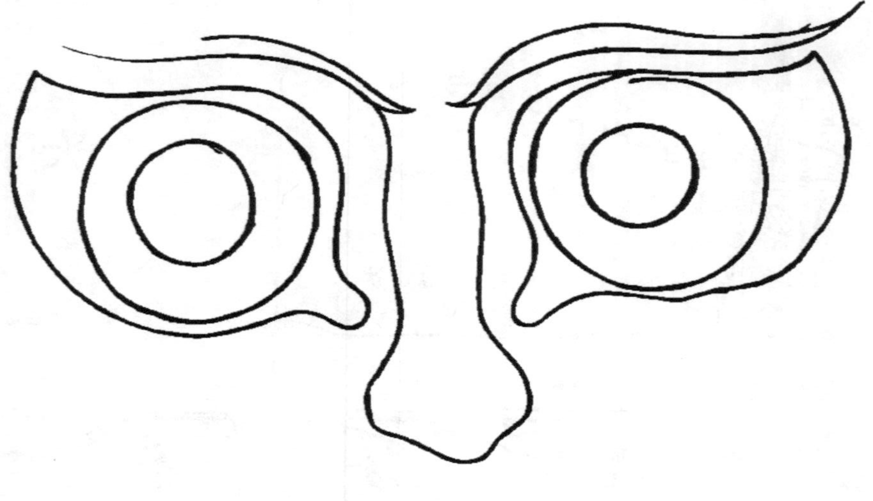

THASOS.

Der Stein 1. 10 hoch c. 2. 65 breit

THASOS.

1, 30 breit. 0, 90 hoch.

Thasos.

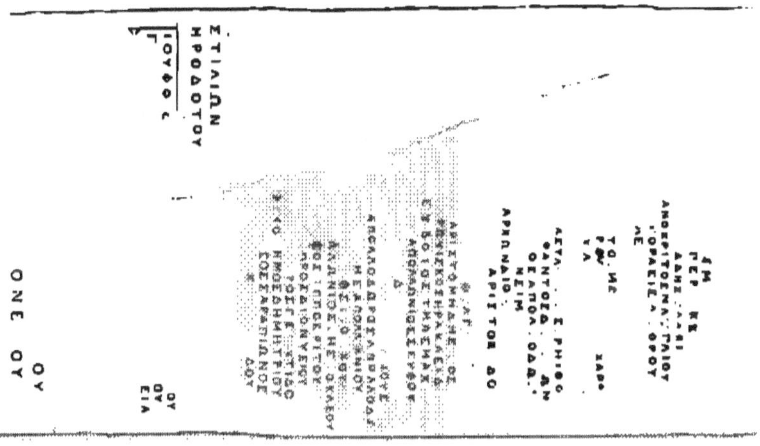

ΚΑΤΙΛΛΙΟ ... ΗΣ
ΔΗΜΗΤΡΙΑΤΟΔΕΠ . ΜΗΣΑΣΛΙΘΟΥ
. . ΛΛΙΣΜΑΛΕΚΙΡ . . . ΚΣ
ΖΩΗΣΠΑΡΕΣΧΕΝΕΝΕΝΙ. ΟΙ.ΟΙΣΜΟΙΡΩΝΝΟΜΟΣ
ΣΙΚΑΙΧΗΛΟΣΕΧΣΙΔΣΜΛΣΛ . . . ΝΑΥΤΑΙΞΣΑΙΟΙΙΙΝ
ΨΥΧΗΣΒΗΣΜΣΘΣΝΦΘΣΝΣΟΜΑΙΙΦΡΑΔΣΩΣ
ΗΙΘΕΟΙΣΓΑΡΕΔΩΚΕΘΟΣΟΣΜΣΤΑΜΟΙΡΑΝΟΑ
ΩΕΖΩΟΥΣΙΛΑΛΙΝΠΑΣΙΝΣΠΙΧΘΟΝΙΟΙΣ
ΟΥΘΑΜΑΠΑΡΟΣΝΙΚΗΣΙΝΣΓΩΧΟΡΟΝΣΥΡΥΝΑΟΥ . . Ν
ΝΚΑΧΣΓΑΡΜΕΛΥΓΡΑΝΜΗΤΕΡΑΠΟΦΘΙΜΕΝΙ
ΟΥΤΕΜΕΝΥΜΦΟΚΟΜΟΙΣΘΑΛΑΜΟΙΣΙΝΕΣ . . ΙΛΚΕΝΟΣ
ΚΟΥΡΙΔΙΟΝΓΣΝΣΤΗΣΠΡΟΣΠΟΣΙΝΣΡΥΟΜΣΝΗΝ
ΛΛΛΣΤΙΜΑΔΜΗΤΗΝΑΤΑΛΟΦΡΟΝΑΜΟΙΡΣΚΙΧ . Ν . Ν
ΧΡΥΣΙΔΑΚΑΙΓΑΜΙΗΣΣΛΠΙΔΟΣΣΣΤΣΡΣΣΣΝ
ΑΙΔΙΟΥΜΝΗΜΗΣΤΥΝΒΟΝΣΠΑΙ .

THASOS.

1

2

Thasos.

Taf. X.

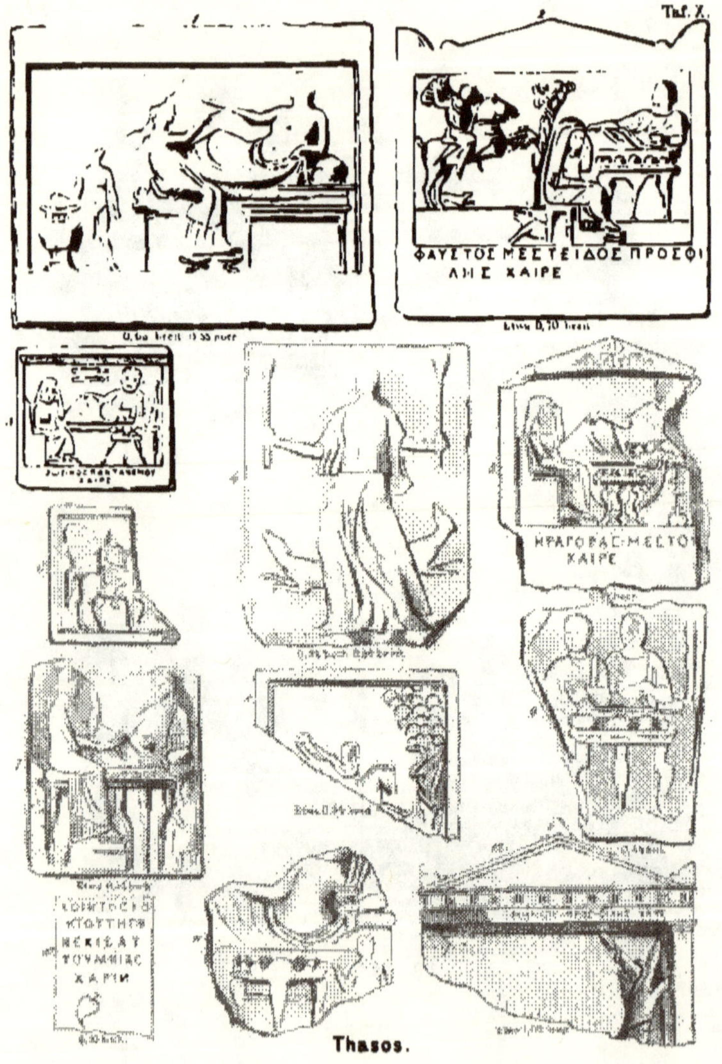

Thasos.

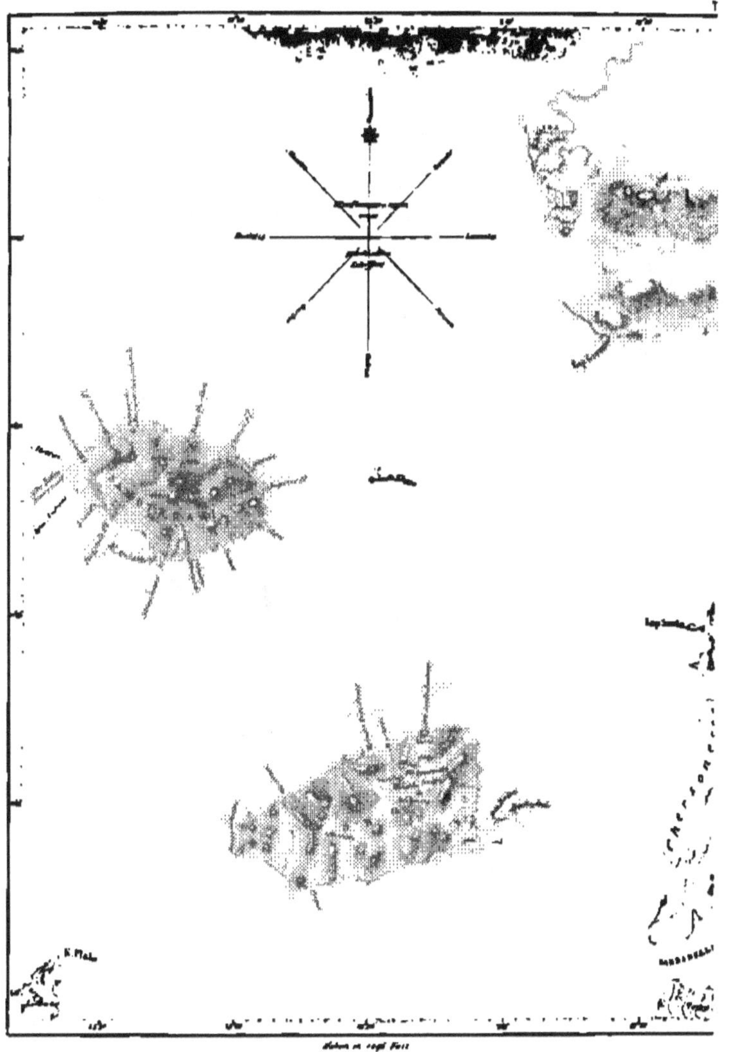

c. 0, 73 lang. c. 0, 31 breit.

nicht gemessen.

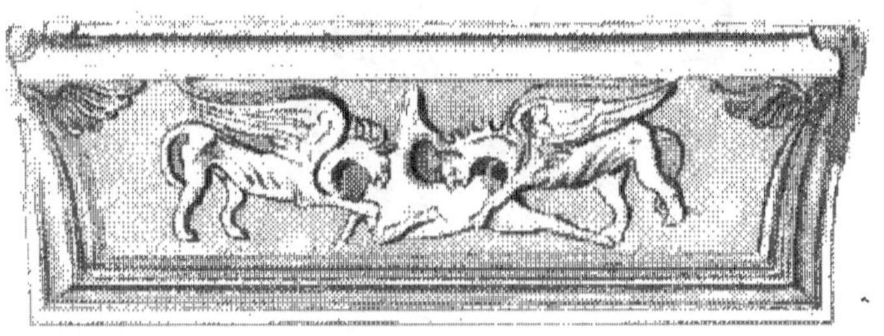

Unten 0. 67 breit. 0, 29 hoch.

SAMOTHRAKE.

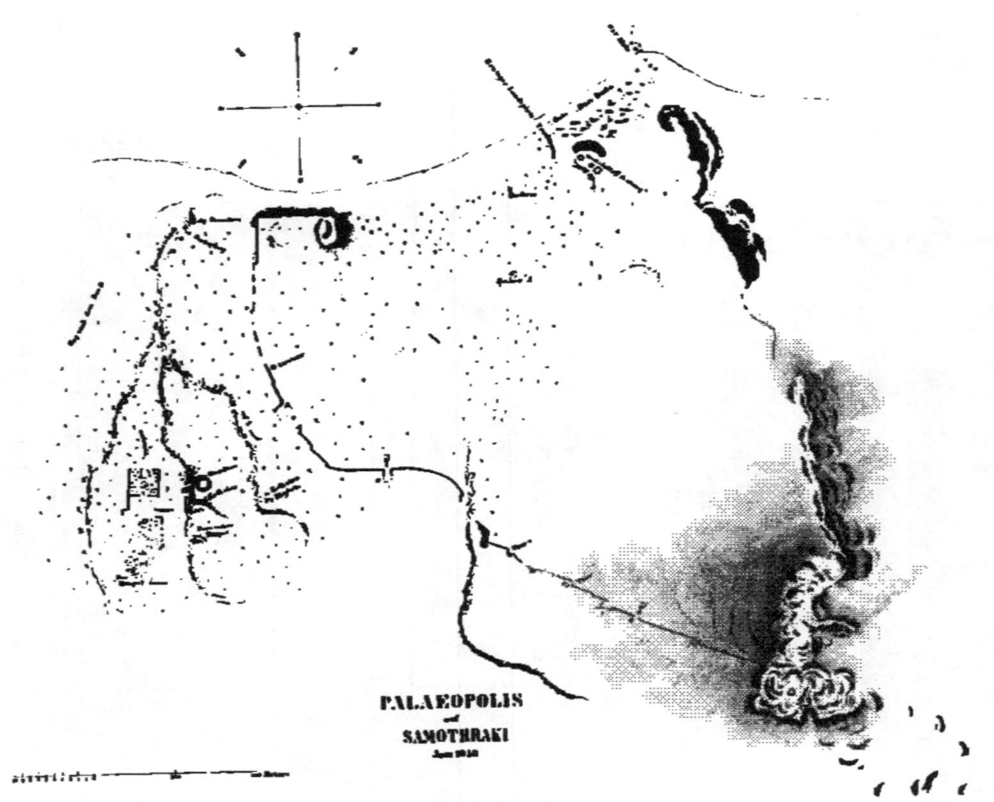
PALAEOPOLIS
and
SAMOTHRAKI

Taf. XIV.

Samothraki.

Taf. XV

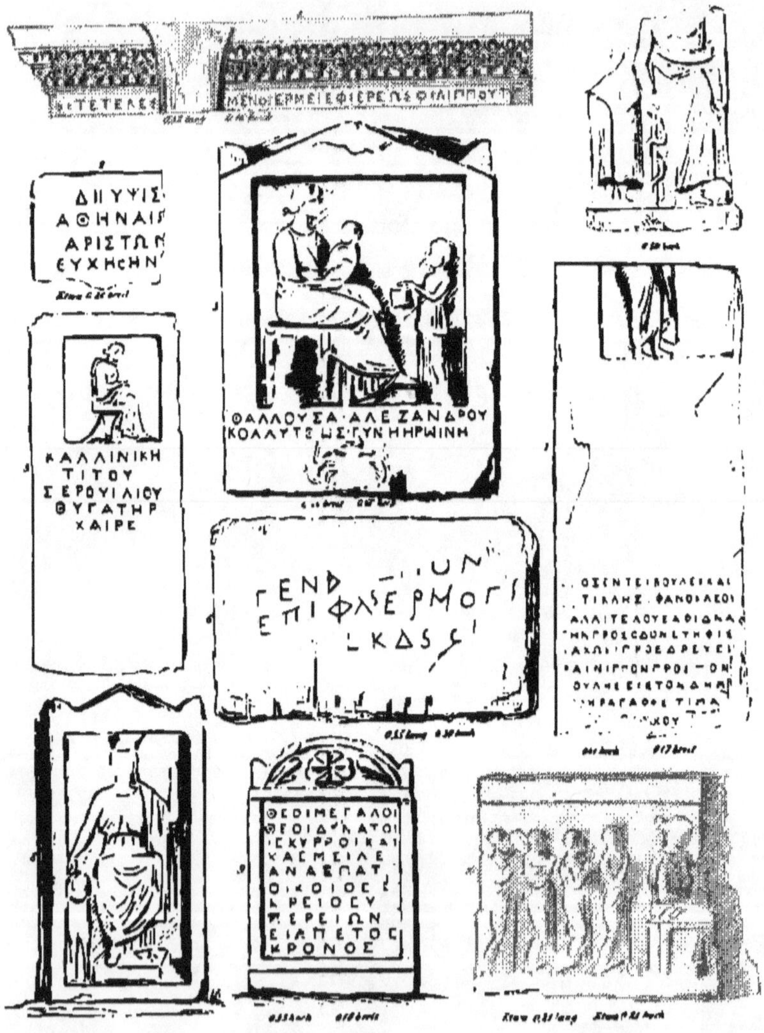

ΔΙΙ ΥΨΙΣ
ΑΘΗΝΑΙΣ
ΑΡΙΣΤΩΝ
ΕΥΧΗΣΗΝ
ΘΑΛΛΟΥΣΑ ΑΛΕΞΑΝΔΡΟΥ
ΚΑΛΛΙΝΙΚΗ
ΤΙΤΟΥ
ΣΕΡΟΥΙΛΙΟΥ
ΘΥΓΑΤΗΡ
ΧΑΙΡΕ
ΘΕΟΙ ΜΕΓΑΛΟΙ
ΚΡΟΝΟΣ

Taf. XVI

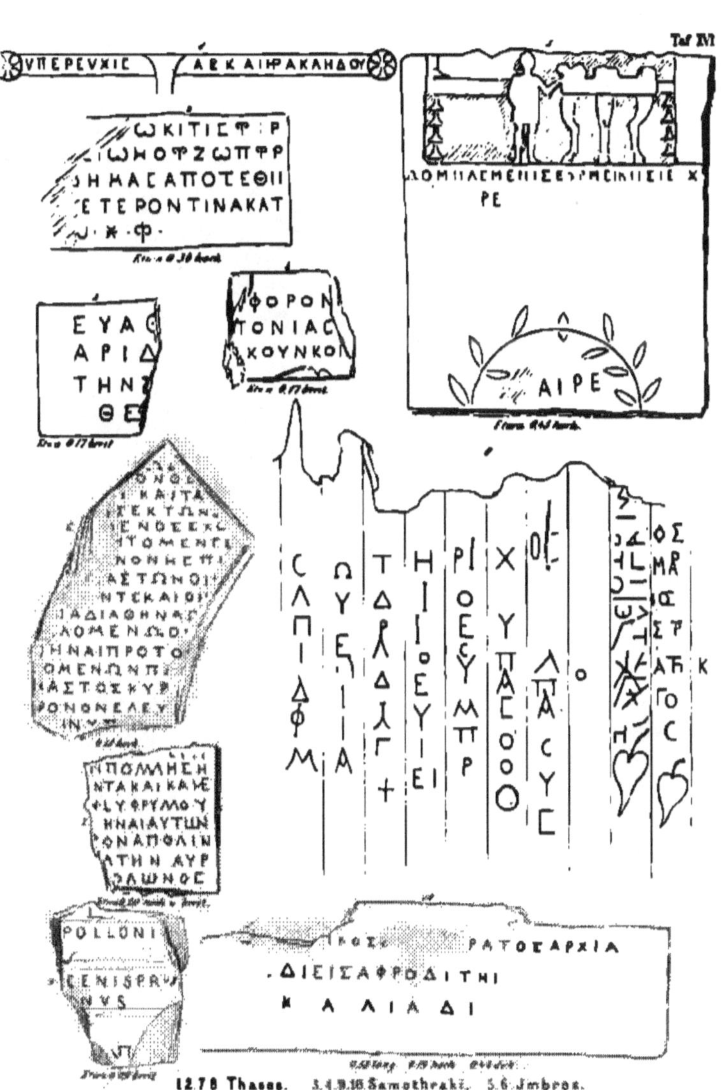

1.2.7.8 Thasos. 3.4.9.10 Samothraki. 5.6 Imbros.

1
ΚΑ
ΗΝΣ ΠΟΥ
ΔΑΙΟΓ ΕΛΟ
ΟΣ
0,35 lang
2
ΤΥΧΗ
ΔΗΜΟΚΡ
ΤΕΙΑ·ΑΥΤ
ΑΠΟΛΛΕ
ΛΕΞΑΝΔ
ΟΥ ΕΥΧΗ
ΑΠΕΔΩ
0,28 hoch 0,33 breit
3
ΚΑΡΔΕΝΕ
ΖΥΖΩΝ
ΝΙΕΞΕΣ
ΕΝΒΑΛΕ
4
ΥΠΕΡΕΥΧΗΣ ΚΣΩΤΗΡΙΑΣ
etwa 0,43 lang
5
+ΓΕΟΡΓΙΟΣ
ΗΟΚΑΤΗ
ΑΛΕΟΛΟΓΟΣ
6
ΛΟΣΧΟΣΛΕΩ
ΝΙΔΟΥ
ΑΧΑΡΝΕΥΣ
ΧΑΙΡΕ
0,50 hoch 0,32 breit
ΜΕΝΑΝΔΡΟΣΑΘΗΝΟΔΩ
ΡΟΥΔΙΙΣΑΑΣΙΩΙ
ΕΥΧΗΝ
0,25 hoch? 0,18 breit?
7
ΧΑΙΡΕ
ΘΕΟΞΕΝΟΣ
ΑΠΟΛΛΩΝΙΟΥ
ΜΑΡΩΝΙΤΗΣ
ΧΕΡΙ
etwa 0,80 hoch u. 0,25 breit
8
ΝΙΚΟΔΩΡΟ
ΡΜΗΙ
0,35 hoch 0,65 breit 0,40 dick.

Jmbros.

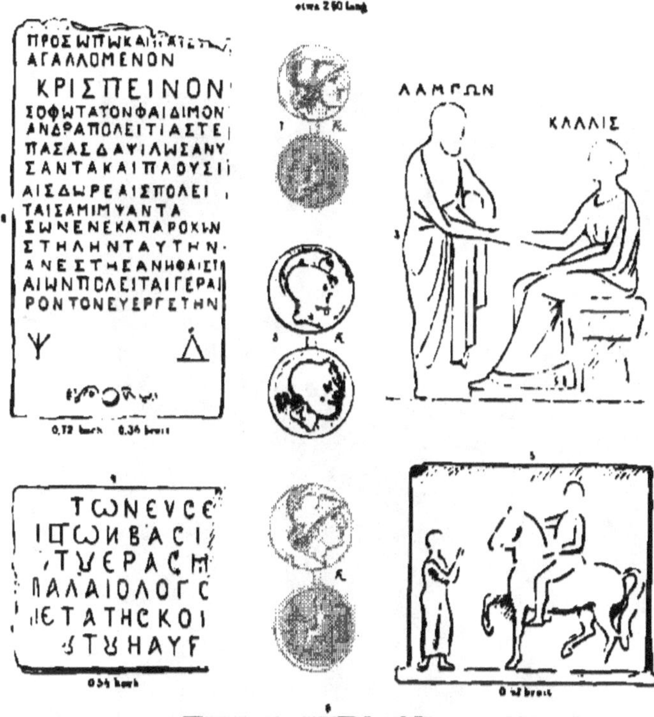

1–6 8. Limnos. 7 9–11 Samothraki.

IMBROS.

Grosse des Originals

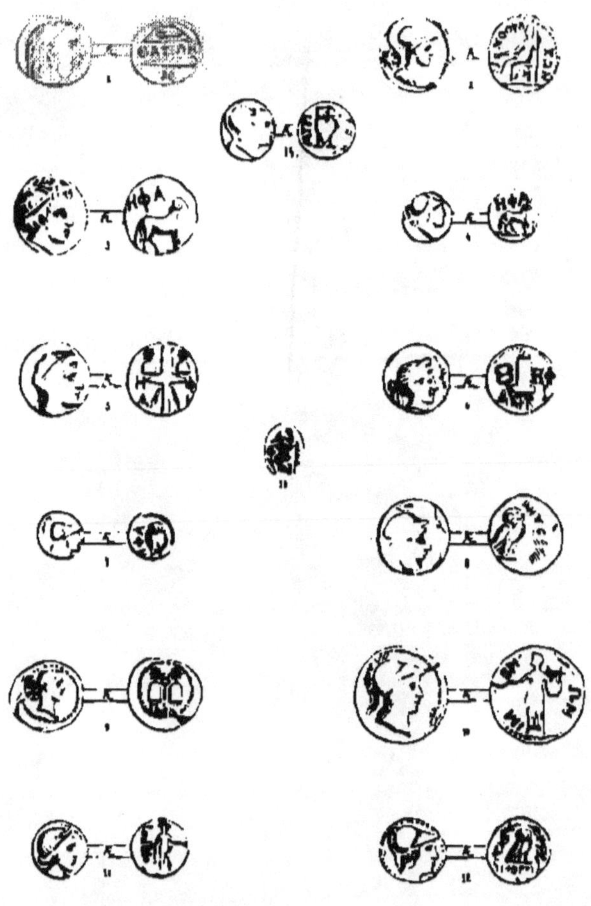

1.2. Samothraki. 3–8. 14. Limnos. 9–13. Jmbros.

ιm

REISE

AUF DER

INSEL LESBOS

VON

A. CONZE.

Art, Glory, Freedom fail, but Nature still is fair.

Mit einem Anhange und XXII lithographirten Tafeln

HANNOVER.
CARL RÜMPLER.

1865.

MEINEN FREUNDEN

LEO MEYER UND ADOLF MICHAELIS

GEWIDMET.

Vorwort.

Meine Bereisung von Lesbos war die Fortsetzung meiner Reise auf den Inseln Thasos, Samothrake, Imbros und Lemnos, welche letztere ich gleich nach meiner Rückkehr ausarbeitete und unter dem Titel einer „Reise auf den Inseln des thrakischen Meeres (Hannover, Carl Rümpler, 1860)“ herausgab. Den Schluss bildet dort meine Ankunft von Lemnos her im Hafen von Tenedos und mit dieser Ankunft beginne ich wieder in den hier vorliegenden Mittheilungen über meine Reise auf Lesbos. Was ich auf dieser Insel — denn der kurze Aufenthalt auf Tenedos lieferte keine Ergebnisse — in Abschriften, Skizzen, Aufzeichnungen sammeln konnte, blieb nach der Bearbeitung der ersten Abtheilung der Inselreise lange ziemlich unberührt liegen. Es folgten inzwischen für mich neue Reiseunternehmungen, Italien öffnete sich mir, ich konnte noch ein Mal nach Griechenland zurückkehren und namentlich das Festland dort etwas genauer kennen lernen, endlich kamen die Anfänge einer Universitätsthätigkeit. So wurde an die lesbischen Papiere nur noch nebenher gedacht. Ich wäre trotz alle dem wohl eher auf sie zurückgekommen, wenn nicht grade für bildende Kunst und deren Geschichte die Reise auf Lesbos im Ganzen sehr unfruchtbar geblieben wäre und für mich persönlich damit den eingebrachten Sammlungen die volle Anziehungskraft gefehlt hätte. Da ich indessen denn doch einmal das Material zusammengebracht hatte, aus welchem andere Richtungen der Alterthumsstudien manchen Gewinn mussten ziehen können, so schien mir die Veröffentlichung des ganzen Vorrathes schon längst eine Pflicht. Dieser habe ich jetzt endlich genügen können. Je mehr Zeit inzwischen verflossen und je weniger frisch die Erinnerung an das Beobachtete geblieben war, desto mehr habe ich es für gut gehalten, mich ohne Versuche einer viel weiteren Ausführung an meine an Ort und Stelle niedergeschriebenen Tagebücher und andern Aufzeichnungen zu halten. So hat vielleicht die Verzögerung der Herausgabe dem Umfange der Arbeit, ich glaube aber versichern zu können, nicht ihrer Zuverlässigkeit geschadet. Eigentlich durchgearbeitet ist der ganze Stoff nun, wie leicht zu ersehen sein wird, durchaus nicht. Einzelnes habe ich allerdings verfolgt und aufzuklären gesucht, so namentlich dem topographischen Theile, der manches Neue bringen wird, mich mit grösserer Liebe zugewandt. Aus Anderem, das mehr oder weniger nur als rohes Material übergeben wird, werden Andere Besseres machen können, als ich vermocht hätte; ich hoffe da wenigstens für manche Untersuchung eine nicht ganz unbrauchbare Grundlage geboten zu haben. An einzelnen Stellen habe ich auch schon bei dieser Herausgabe fremde Hülfe benutzt, wie ich solche u. A. namentlich dem Herrn Hofrath **Sauppe** in Göttingen und dem Herrn Professor **Henzen** in Rom zu danken habe.

Die Inseln des thrakischen Meeres waren ein vielfach ganz unberührtes Feld für die Untersuchung, als ich sie sah [1]). Nicht völlig so war es mit Lesbos; eine ganze Reihe von Berichterstattern hatten vor mir

---

[1]) **Perrot**, über dessen Reiseergebnisse auf Thasos mir früher nur ein kurzer Bericht vorlag, hat dieselben jetzt ausführlicher mitgetheilt in seinem Mémoire sur l'île de Thasos (Paris 1864. Extrait des archives des missions scientifiques et littéraires tome 1er, 2e série).

die Insel berührt, aber so bedeutend diese einst unter den Stätten griechischen Lebens war, so mannigfache Interessen dem Historiker überhaupt, dem Litteraturforscher nähere Kenntniss derselben wünschenswerth gemacht hätten, so wenig hatten wir vor den meisten Reisenden über sie erfahren. Gewöhnlich hatten sie auch nur einzelne Punkte, die Hauptstadt oder Molivos namentlich besucht; über die vom Weltverkehre abgelegenere West- und Südseite der Insel haben nur wenige berichtet. Richard Pococke (description of the East II; Uebersetzung von v. Windheim 1755, III, S. 22 ff.) ist bis vor Kurzem der Einzige geblieben, der eine Rundreise um die ganze Insel gemacht hat; man verdankte ihm manche richtige topographische Bestimmungen. Choiseul-Gouffier, Tournefort, Prokesch-Osten, Sestini, die Berichterstatter in Michaud und Poujoulat correspondence d'Orient I (Bruxelles 1841), S. 181 ff. gehören zu den Reisenden, welche nur einzelne Punkte der Insel gesehen haben. Ueberall eigene Anschauung findet sich nicht einmal in dem Buche eines Griechen von Lesbos, welches unkritisch und höchst unbequem angeordnet neben vielem für uns ganz Ueberflüssigen doch auch manche nutzbare Angabe enthält. Dasselbe ist betitelt: Ἡ Λεσβιάς, ᾠδὴ ἢ ἱστορικὸν ἐγκώμιον τῆς νήσου Λέσβου, μετὰ σχολίων καὶ τοπογραφικοῦ καὶ χωρογραφικοῦ πίνακος ἐν τῷ τέλει. Ὑπὸ Σταυράκη Α. Ἀναγνώστου τοῦ Λεσβίου. Ἐν Σμύρνῃ, ἐκ τῆς τυπογραφίας Ἰωσὴφ Μάγνητος. 1850. Eine vollständige Bereisung der ganzen Insel hat seit Pococke zuerst wieder ein Mitglied der französischen Schule in Athen, Boutan, unternommen und zwar kurz vor meiner Anwesenheit auf Lesbos. Seine Berichterstattung findet sich in den Archives des missions scientifiques et littéraires Band V und ist von mir vielfach, leider nur zu vielfach mit nothwendigem Widerspruche im Verlaufe meiner Arbeit angeführt; kennen gelernt habe ich sie erst nach meiner Rückkehr, sonst hätte ich noch manche der Angaben in ihr an Ort und Stelle prüfen müssen; denn eine solche Prüfung ist bei ihnen ganz besonders nöthig. Boutan war gewiss der begünstigtste aller früheren Reisenden, man konnte deshalb von seiner Arbeit viel erwarten, aber diesen Erwartungen entspricht sein Reisebericht nur in sehr geringem Masse.

Dass mir Plehns Lesbiacorum liber überall zur Hand und eine besonders werthvolle Hülfe gewesen ist, bedarf kaum besonderer Erwähnung. Unter den Zusätzen der griechischen Uebersetzung (Τὰ Λεσβιακὰ ἤτοι ἱστορία τῆς νήσου Λέσβου μεταφρασθεῖσα ἐκ τοῦ Λατινικοῦ ἐπαυξηθεῖσα μετὰ διαφόρων προσθηκῶν καὶ ἐκδοθεῖσα ὑπὸ Εὐσταθίου Γεωργιάδου τοῦ Λεσβίου. Ἀθήνησι 1849.) habe ich nichts Nützliches gefunden. Sonst sind von mir namentlich auch Zanders Beiträge zur Kunde der Insel Lesbos (Hamburg 1827) verglichen worden. Cramer description of Asia minor, wo sich I, 162 ff. lesbische Ortsnamen vollständiger als bei Plehn finden sollen, habe ich leider nicht benutzen können.

An einer genügenden Karte von Lesbos fehlt es noch, die ältere von Choiseul-Gouffier ist sehr unrichtig, die für die Küstenlinie vortrefflichen Aufnahmen der englischen Admiralität, welche ich meinen Tafeln zu Grunde gelegt habe, lassen für das Innere der Insel grosse Lücken, deren Ausfüllung ausserhalb ihres Zweckes lag. Ueber die einzelnen von mir benutzten Blätter dieser englischen Seekarten giebt die angehängte Nachweisung zu den Tafeln Auskunft.

Giebichenstein bei Halle a. d. S., den 5. Februar 1865.

Inhaltsübersicht.

Tenedos S. 1. —

Ankunft in Mitilini, Lage der Stadt S. 2 ff. — Das türkische Kastell und die Alterthümer dort S. 4 f. — Die Häfen S. 6. — Belagerung der Stadt durch die Athener und Seegefecht des Kallikratides S. 6 ff. — Theater, Kirche des h. Therapon S. 9. — Sammlung von Alterthümern in der Schule S. 10 ff. — Andere in der Stadt zerstreute Alterthümer bis S. 15. —

Weg nach Sarlitza S. 15. — Alterthümer an der Nikolauskapelle S. 16. — Die heissen Bäder S. 16 f. —

Weg nach Mandamados S. 17 f. — Aigeiros S. 18. — Mandamados, der h. Stratiarches S. 18 f. 20. — Inschrift im h. Stephanos S. 19. — Weg zum Palaio-Limani S. 20. —

Weg nach Molivos S. 20 f. — Molivos, alt Methymna S. 21 ff. — Geschnittener Stein S. 22. — Alterthümer auf dem türkischen Kastell und am h. Panteleimon S. 22 f. — Lage der Stadt S. 23 f. —

Weg über Petra nach Kalochori S. 24. — Palaeokastro S. 24 f. — Ankunft in Sigri, Insel Nesope S. 25. — Antissa S. 26. —

Weg nach Eresos S. 26. — Lage und Ruinen von Eresos S. 27 f. — Zerstreute Alterthümer S. 28 ff. — Votivsteine mit Fusssohlen S. 31 ff. — Andere Alterthümer im Dorfe, die grosse Inschrift S. 34 ff.

Weg nach Kalloni, Lakkopetra, hellenischer Thurm S. 39 f. — Die Dörfer von Kalloni S. 40 f. — Inschrift in Daphia S. 41. — Arisba S. 41 ff. — Xerokastrini, vielleicht alt Agamede S. 43. —

Weg nach den Ruinen von Pyrrha S. 44. — Bemalte Thonscherbe S. 45 f. — Lage von Pyrrha, Inschrift S. 46. —

Weg über Vasilika, Polichnitis, Vrisia nach Agiasso S. 47. — Besteigung des Agios Ilias S. 47 f. — Agiasso S. 48 f. — Weg über Plumari nach Plagia, Alterthümer an der Panagia Popandi S. 49 f. — Weg über Potamos und Plumari nach den Jeradörfern S. 50 f. — Trümmer einer römischen Villa bei Plakado S. 51. — Rückkehr nach Agiasso S. 52 f. — Lage und Ueberreste von Hiera S. 53 f. — Fahrt nach der Kopaila, Rückkehr nach Agiasso S. 54 f. —

Die römische Wasserleitung S. 55 f. — Rückkehr nach Mitilini, Abreise nach Smyrna S. 56 f.

Anhang S. 59 ff.

Nachweisung zu den Tafeln.

Seite

Titelblatt. Nach dem Originale lithographirt . . . . 46 f.

Taf. I. Mit Zugrundelegung der englischen Seekarte: The archipelago, sheet 4. Lemnos, Samothraki, Mityleni etc. with the coasts of Turkey and Asia-Minor, the Dardanelles and gulf of Adramyti surveyed by commander R. Copeland and T. Graves R. N. 1833—1844. Ausserdem ist die grössere Karte der Insel in zwei Blättern benutzt: the western part of Mityleni island etc. by Captain Richard Copeland H. M. S. Beacon 1834 und the eastern part of Mityleni island etc., aufgenommen von demselben 1834. Diese hier auf zwei Blätter vertheilte Aufnahme ist auch auf einem Blatte herausgegeben: Mityleni island with the gulfs of Adramyti and Sandarlik by Captain Richard Copeland H. M. S. Beacon 1834.

Taf. I a. Mit Zugrundelegung der genannten englischen Karten. Mytilene . . . . 2 f.

Methymna . . . . 21 ff.

Antissa . . . . 25 f.

Hiera . . . . 58 f.

Taf. II. Nach eigenen Skizzen, bei dem Plane von Eresos mit Benutzung der englischen Seekarte. Eresos . . . . 27 f.

Xerokastrini 43

Taf. III. Nach eigenen Skizzen. Arisba . . . . 41 ff.

Pyrrha . . . . 44 ff.

Taf. IV, 1—5 11

„ „ 6 12

Taf. V, 1—5 13

Taf. VI, 1—2 c 13

„ „ 3. Bruchstück eines Grabsteines in der Sammlung in der Schule zu Mitilini. Im Texte übersehen.

Taf. VII, 1. 2 15

Taf. VIII, 1—5 15

Seite

Taf. IX, 1 15

„ „ 2 17

„ „ 3 16

„ „ 4—6 17

Taf. X, 1 19

„ „ 2. 3 22

„ „ 4 20

„ „ 5 22

Taf. XI, 1 23

„ „ 2 . . . . 22 f.

„ „ 3. 4 25

Taf. XII, A. B. C . . . . 34 ff.

„ „ 1 31

„ „ 2 34

Taf. XIII, 1—10 . . . . 31 ff.

Taf. XIV, 1 . . . . 30 f.

„ „ 2 . . . . 29 f.

„ „ 3 33

„ „ 4 31

Taf. XV, 1—4 31

„ „ 5 29

„ „ 6 34

„ „ 7. 8 31

Taf. XVI, 1 60

„ „ 2 61

„ „ 3 65

Taf. XVII, 1 . . . . 53 f.

„ „ 2 52

„ „ 3. 4 54

Taf. XVII a. Strangford'sches Relief im brittischen Museum 10 Anm. 3.

Taf. XVIII und XIX . . . . 59 ff.

Seite 57 Vignette 55

Am Abende des 16. Juli 1858 war unser kleines Fahrzeug von Limnos her in den Hafen von Tenedos eingelaufen, aber erst am Morgen des folgenden Tages liess man uns ans Land, weil die Förmlichkeiten der Quarantaine, um so ärgerlicher, je weniger sie wirklich strenge durchgeführt wurden, es so verlangten. Die heutige Stadt, wie wir sie vom Meere aus sahen, nimmt sich ganz stattlich aus. Zwischen zwei Buchten tritt auf felsigem Vorsprunge das Kastell heraus, an das sich die Wohnhäuser anschliessen. Die Stadt von Tenedos hat immer an dieser Stelle gelegen. Es bietet die Küste nur hier auf der ganzen Insel mit dem Felsvorsprunge und den Hafenbuchten zu dessen beiden Seiten jene Lieblingsform der griechischen Ansiedler [1]), wo für eine Stadt Festigkeit zugleich und Bequemlichkeit des Seeverkehres sich zusammenfand. Mit so günstiger Bildung der Küste vereinigt der Platz nun weiter seine Lage an der grossen Verkehrsstrasse zwischen zwei Meeren dicht vor dem Eingange in den Hellespont, wie das der türkische Name Bogas-Adassi, die Insel der Meerenge, bezeichnend ausdrückt. Wir hatten am 19. Juli frischen Nordwind und da war ein wahres Gewimmel von Schiffen auf dem Meere vor dem Hafen; immer fünf sechs hatte man in Sicht, die mit dem Winde südwärts fuhren, während die aufwärts nach den Dardanellen bestimmten gegenüber nahe der asiatischen Küste still lagen. Da begriff man, dass dieser Stadtplatz, wenn auch bei der Kleinheit und dem Mangel an eigenen Hülfsmitteln der Insel im mannigfachsten Wechsel seine Selbstständigkeit, nie aber sein Leben, seinen Verkehr einbüssen konnte. Diese immer erneute Bewohnung hat dann gewiss die Schuld hier, wie so vielerorts, dass die Spuren einer älteren Zeit sehr verwischt sind. Ich konnte wenigstens Nichts von Ueberresten des Alterthums in der Stadt erfragen [2]) und auch bei einem Ritte, den ich Nachmittags in das Innere der Insel unternahm, liess sich kaum hie und da in der Umfriedigung des türkischen Begräbnissplatzes ein unbedeutender Stein mit alter Form entdecken. Es ist eine weite nach Norden gegen das Meer hin offene Niederung, in welcher ich auf diesem Ritte bis zu den Gärten der Konsuln, wie man sie mir nannte, kam. Die nirgends erheblichen Höhen der Insel sind überall kahl, das Flachland ist voller Weinpflanzungen, während man nur wenig Korn sieht und an Holz grosser Mangel ist. Das nöthige Brennholz sogar wird von Aussen her auf die Insel gebracht; einträglichstes eigenes Product ist nur der Wein, dessen Güte gerühmt wird. Mit dem Grundbesitze geht es jetzt hier wie auch sonst in der griechischen Türkei; Häuser und Ländereien gehen immer mehr in die Hände der Christen über und diese behaupten, dass sogar eine bemerkliche Verminderung der türkischen Bewohner stattfinde, welche sich bei abnehmendem Wohlstande nach dem asiatischen Festlande, wo sie mehr unter sich sind, zurückzögen.

Trotz mannigfach gastfreundlicher Aufnahme konnte nach den Erfahrungen meines eintägigen Aufenthaltes mir Nichts an einem längeren Bleiben auf Tenedos gelegen sein, so dass ich ungeduldig am folgenden Morgen das Dampfschiff des österreichischen Lloyd erwartete, welches mich nach Lesbos auf einen nach aller Wahrscheinlichkeit für die Beobachtung reicheren Boden bringen sollte. Es war eines der

[1]) Reise auf den Inseln des thrak. Meeres. S. 81.

[2]) So auch frühere Reisende. Pococke description of the East (III, S. 22 f. der Uebers. von v. Windheim) spricht von Trümmern einer Marmormauer an der Brustwehr vor dem Kastell.

grössesten Schiffe der Gesellschaft, die Aquila imperiale, hauptsächlich für die Fahrten im schwarzen Meere gebaut, welches auf der Höhe der Stadt erschien und mich an Bord nahm. Jetzt war ich wieder auf der grossen Strasse, wieder in Europa, so kam es mir vor. Statt dass uns bisher bei den Fahrten im offenen Kaike im thrakischen Meere jede Welle hob und senkte, sah ich jetzt auf das nordwinderregte Meer von der unbewegten Masse des Dampfers haushoch hinab. Ich sass in der Kajüte seit Monaten ziemlich zum ersten Male wieder auf einem Stuhle und an einem Tische unserer Art. So voll Behagen über sonst kaum beachtete Dinge wurde die Fahrt südwärts längs der kleinasiatischen Küste hin zurückgelegt. Der Küstenstreifen bei Eski-Stambul, dem alten Alexandria Troas, das Mündungsland des Tuslaflüsschens, des homerischen Satnioeis, endlich Kap Baba, τὸ Λεκτόν, der westlichst vorspringende Theil des kleinasiatischen Halbinsellandes, blieben zur Linken und dann fuhren wir ostwärts in den Meeresarm zwischen dem Festlande und der Insel meiner nächsten Bestimmung hinein. Da lag Lesbos, heute wie schon zur Zeit des Eustathios nur Mitilini [1]), von den Türken Midülü genannt. Die Landspitze mit dem Städtchen Mólivos war die erste besonders in die Augen fallende Form auf der Insel; ihre Berge zogen sich fortan ziemlich öde und einförmig, spärlich bewachsen offenbar nur, uns zur Rechten hin. Auch dann noch blieb dieser Charakter der Küste, als wir unsern Kurs nun südwärts steuernd geändert hatten, wobei der lang gegen die ferne Ebene von Adramyttion landeinwärts sich hindehnende Meerbusen mit der Gruppe der flachen kleinen Inseln der Muskonisia, der Hekatonnesoi der Alten, erst linker Hand und bald hinter uns zurückblieb. Endlich unterbrach die Einförmigkeit der Inselküste wieder ein grösserer Ort, der erste seit wir Mólivos sahen, aber mit ansehnlicherer Häusermasse, dieser die Hauptstadt der Insel, Mytilene selbst. Ein etwas boshafter Franzose hat die Behauptung aufgestellt: propre au dehors, sal au dedans, c'est la devise de l'Orient! Höchstens die erste Hälfte des Vordersatzes könnte man ab und an unrichtig finden, bei Mitilini trifft indess das Ganze zu. Die Stadt bot wirklich, so unansehnlich, winklich, eng und schmutzig sie sich mir später in ihrem Inneren vielfach erwies, von unserm Ankerplatze vor dem Hafen aus ein sehr freundlich sympathiges Bild namentlich durch die zahllosen Häuser und Häuschen, die sich in immer mehr aufgelösten Gruppen von dem dichten Kerne der Ansiedlung vom Strande aus besonders gegen Süden hin mit ihren hellen Wänden durch die grünen Pflanzungen und Baummassen der ansteigenden Höhen hinaufziehen. Unter den ersten Einwohnern, die zu uns an Bord kamen, traf ich auch den österreichischen Konsularagenten, an welchen ich durch ein Schreiben des auswärtigen Amtes zu Wien empfohlen war, Herrn Dr. med. **Bargigly**. Gern nehme ich Gelegenheit ihn gleich hier dankbar zu nennen als den, in dessen gastlichem Hause ich die nach langer Reise, auf der es mir nie so gut geworden war, doppelt wohl anmuthenden Annehmlichkeiten europäischer Lebensweise und willigste wirksame Unterstützung für alle meine Reisezwecke fand.

Die Stadt Mitilini als mit dem ansehnlichsten Kastelle auf der Insel versehen, als Sitz eines Pascha und eines Erzbischofes, so wie als Wohnplatz einer zahlreichen griechischen Handelsbevölkerung und mehrer fremder Konsularagenten bietet den Anblick einer lebhaft bewegten Gegenwart. Ueber ihre Einwohnerzahl, die ich wohl auf mehr als zehntausend Seelen schätzen hörte, konnte ich eine zuverlässige Angabe nicht erhalten; ein neuerer einheimischer Beschreiber [2]) giebt ihr gegen zweitausend Häuser, von denen kaum der vierte Theil in türkischem Besitze sei. Von der im Nordosten hart am Meere hoch gelegenen, von den Türken bewachten Citadelle durch eine kahle Bodenstrecke getrennt, dehnt sich zwischen zwei Hafenbuchten das dicht bebaute Stadtgebiet weniger um den Nordhafen als um den gegen Südosten mit enger Einfahrt geöffneten Hafen herum aus. Der beigegebene Plan (Taf. I a.) zeigt das genauer. Ueber den Wohnhäusern hervorragend bemerkte ich einige, so weit ich sah, als Bauwerke ganz unbedeutende Moscheen, mehre griechische Kirchen und eine als Neubau wie durch ihre bei der Kleinheit der Gemeinde

[1]) Eustath. Od. γ. S. 1462. Il. ι. S. 741, 12.
[2]) Σταυρίδης 'Α. Ἀναγνώστης ἡ Λεσβιάς S. 114.

auffallende Grösse, auch durch eine gewisse occidentalische Nettigkeit sich auszeichnende römisch-katholische Kirche; als ehrendes Zeugniss für Sinn und Streben der griechischen Einwohnerschaft ist aber die bei den Verhältnissen des Ortes wirklich überraschend stattlich eingerichtete, auch mit Sammlungen verschiedener Art versehene Schule zu nennen, welche rein aus Privatmitteln der Raja gegründet wurde und unterhalten wird.

Durch reichlichen Baumwuchs, durch die erquickende Nähe des Meeres und eine entzückende Aussicht auf den Meeresarm und auf die Höhenzüge der asiatischen Küste besonders gehoben lässt die Lieblichkeit der Lage des Ortes, dessen ausgezeichnet gesundes Klima ausserdem von den Bewohnern gerühmt wird [1], noch heute es lebendig begreifen [2], dass der vornehmen römischen Welt die Hauptstadt der Insel, welcher sie einen hohen Rang unter allen im mittelländischen Meere gelegenen zu geben pflegten [3], als einer der wünschenswerthesten Aufenthaltsorte erschien. Ich darf nur an Horazens Ode an den Plancus erinnern: Laudabunt alii claram Rhodon aut Mytilenen [4]. Und welch ein Erdenplatz damals, als in viel früherer griechischer Zeit eine reiche Blüthe feiner geistiger Bildung hier in der Umgebung solcher Natur sich entfaltete! Dahin im Gegensatze zu heute wurden die Gedanken geführt, als ich gleich am zweiten Tage zu der Höhe über dem kleinen Kastell [5] zur Mittagszeit hinaufstieg und nun die reiche Aussicht vor mir hatte auf Stadt und Hafen und die mit den Landhäusern, den sogenannten πύργοι, überstreuten Berge, das Meer unten glatt und glänzend und drüber hin die Bergreihen von Kleinasien. Eine einzelne Platane stand da oben voll und rund in der Sonnengluth, in ihrer Krone schrillte eine Zikade und unter ihr im Schatten schnarchte ein Türke.

Bedeutende natürliche Vorzüge, welche ganz besonders beitrugen, den Ort zu einem seit Anfang unserer geschichtlichen Kunde bestehenden Sammelplatze städtischen Lebens zu erheben, sind im Laufe der Zeit verwischt und namentlich gründlich in den letzten Jahrhunderten unter der Herrschaft eines wenn auch nicht so schlechthin barbarisch zu nennenden, aber doch schlecht regierten Volkes, wie das türkische. Zwei Hafenbuchten zusammen mit einer in das Meer vorspringenden zu schützender Befestigung geeigneten Höhe zwischen sich bildeten hier abermals, wie ich schon bei Tenedos darauf hinwies, eine solche Gestaltung des Küstenbodens, wie sie die griechischen und vorgriechischen Ansiedler am Mittelmeere ganz besonders zur Städtegründung anlockte, indem feste Sicherheit des Wohnplatzes und leichte Beweglichkeit im Seeverkehre in ihr sich am vollkommensten zusammenfand. Die Gunst der natürlichen Bildung hatten die alten Mytilenäer mit thätiger Hand noch gesteigert. Sie schirmten jede der beiden Hafenbuchten durch weitvorgeschobene steinerne Dämme noch besser gegen alles Unwetter und gegen feindlichen Angriff und zogen, ganz wie es in dem ähnlich gelegenen Knidos [6] geschah, von Hafen zu Hafen einen quer durch ihre Stadt laufenden Kanal. Durch diesen wurde die leichteste Bewegung des Verkehres erst vollendet; sie konnten mit ihren Schiffen den Wind, der der Aus- oder Einfahrt am einen Hafen zuwider sein mochte, auf der entgegengesetzten Seite als einen günstigen benutzen. Nachdem dann schon längst die selbstständige Volkskraft des Ortes immer mehr erlahmt war, nachdem auch der letzte Glanz, den die Gunst der weltherrschenden Roma hierher warf, mit dem Untergange der ganzen römischen Welt erloschen war, sind diese Werke zerfallen. Von dem Kanale weiss heute der Besucher der Stadt auch nicht eine Spur mehr zu entdecken, doch gewiss in seiner Richtung läuft heute der Bazar, jetzt die Hauptverkehrsstrasse, von einer Hafenbucht zur andern; die Hafendämme aber, über deren aus den Fugen gerissene Blöcke, wenn der Wind geht, das Meer schäumend seine Wellen schlägt, haben endlich nur dazu gedient, die immer wachsende Versandung beider Häfen ihrer Vollendung näher zu führen. Der nördliche obgleich

---

1) ganz im Widerspruche gegen Vitruvs sed positum non prudenter (de arch. I, 6.).

2) Anagnostis führt türkische Beinamen für die Insel an: goldene Insel, Garten des ottomanischen Reichs.

3) Zander, Beiträge zur Kunde der Insel Lesbos. S. 5.

4) Zander a. a. O. S. 19 führt noch einige Stellen an.

5) über einer der Südspitzen der Halbinsel, als weisses Viereck auf unserm Plane gezeichnet.

6) Newton history of the discoveries at Halicarnassus, Cnidus and Branchidae, die ich nicht zur Hand habe.

tiefere Hafen ist ganz verlassen und von seinem Strande hat sich das städtische Leben zurückgezogen; auch der südliche ist für grosse Schiffe schon fast unbrauchbar, wie denn die Dampfer immer nur vor ihm in offener See beilegen und vergebens hat sich bis jetzt namentlich die griechische Kaufmannschaft der Stadt bemüht, auch nur geringe Hülfe der türkischen Regierung gegen den immer zunehmenden Verderb zu erlangen. Und wie hier also, weil die Menschenhand zu grösseren Dingen erlahmte, die hervorstechenden Züge der alten Mytilene unkenntlich geworden sind, so hat andrerseits dieselbe Hand, die denn doch immerfort und immer aufs Neue bemüht gewesen ist, den Wohnplatz auch nach mancher Zerstörung für die Bedürfnisse des Augenblicks neu zuzurichten und umzugestalten, alles übrige Menschenwerk der alten Stadt vernichtet. Das Theater, einst das Vorbild sogar für einen Prachtbau in Rom selbst, ist nur noch eine Höhlung im Bergabhange; unten an diesem liegt das Konak des Pascha, das noch neuerlich aus den Steinen des Theaters aufgebaut ist. Auch sonst, so viel ich weiss, steht kein Trümmer eines Gebäudes aus griechischer oder römischer Zeit noch über dem Erdboden in der Stadt aufrecht. Nur weiter ab in einsamen Bergthälern der Insel, welche wir später im Verfolge der Reise berühren, sind noch als Zeugen von der gefallenen Grösse Theile der Leitung übrig, welche in römischer Zeit weither den volkreichen Platz mit Wasser versorgte.

Was also die Beschreibung von dem alten Mytilene noch aufzuweisen vermag, sind einmal die Hauptformen der Akropolis und der Häfen nebst anschliessendem ebenem Stadtraume; daran reihen sich die geringen an ihrem Platze verbliebenen Spuren grösserer Bauanlagen und einzelne kleine Stücke, die anscheinend ihre Stelle nicht gewechselt haben, und endlich lässt sich eine Sammlung doch ziemlich zahlreicher, häufiger durch Inschriften als durch andere Kunstform merkwürdiger Trümmer, die nachweislich auf dem alten Stadtboden gefunden sind oder doch ohne bekannten Fundort dort aufbewahrt werden, zusammenstellen.

Wir sahen, dass ein flacher Strand, in den von Norden und Süden die beiden Hafenbuchten eingreifen, heutzutage als der eigentlich bewohnte Stadttheil die nach Osten ins Meer vorspringende Felshalbinsel mit der übrigen gleich wieder bergig ansteigenden Küste verbindet. Diese Halbinsel war gewiss ursprünglich eine völlige Insel und wurde erst mit der Zeit durch Anschwemmung des flachen Isthmos mit dem Küstenlande verbunden, so dass sogar der alte die Häfen verbindende Euripos nur die künstliche Auffrischung der zum Theil noch vorhandenen natürlichen Trennung gewesen sein könnte. Noch die Abbildungen der Reisenden aus dem vorigen Jahrhunderte [1]) zeigen den Isthmos bedeutend schmaler als er heute ist und sein beständiges Wachsen in die Breite zeigt sich recht deutlich in der merklich steigenden Versandung der Häfen [2]), von denen der heute so gut wie ganz verlassene nördliche in dem Berichte und in der Abbildung bei Choiseul-Gouffier (Taf. 32) noch mit Schiffen belebt erscheint [3]). Die auf diese Weise dem Festlande der Insel immer mehr vereinte Halbinsel fällt nach dem Meere zu überall mit steilem felsigem Rande ab und erhebt sich in allmäligem Ansteigen am höchsten im Norden, wo der längliche von Nordwest nach Südost gestreckte Gipfel gegenwärtig die türkische Festung trägt, vordem die Burg der Herrscherfamilie der Gatelusi [4]), die byzantinische Feste und gewiss einst die Akropolis der alten

---

[1]) Tournefort voyage du Levant (Amsterdam 1718) I, S. 149. Pococke a. a. O. III, S. 22 giebt die Breite und Länge sogar nur auf einen Furlong ($\frac{1}{8}$ englische Meile) an. Dieser jedenfalls übertriebenen Darstellung schliesst sich die bei Plehn wiederholte entschieden unrichtige Karte Choiseuls an.

[2]) Die punktirte Linie im Wasser auf unserem Plane giebt die nach dem Ufer zu noch abnehmende Tiefe von einem engl. Faden an. Als grösste Tiefe im Nordhafen ziemlich an seiner Mündung verzeichnet die engl. Seekarte 6 Faden, im Südhafen nur 3.

[3]) Wenn einmal ein grosses Schiff wirklich einlaufen will, so ist das nur im Nordhafen möglich, s. Sestini viaggi e opuscoli diversi (Berlino 1807) S. 97.

[4]) Reise auf den Ins. des thrak. Meeres S. 37. Statt an einen Grimbald ist dort vielmehr an einen Grimaldi zu denken, wie mir glaube ich Herr Professor Hopf bemerkte und die fünf C, welche Anstoss gaben, sind in der That nur vier in der mittelalterlichen hinten geschlossenen Form CC, worauf Herr Münzconservator Dr. Friedländer mich erinnert. Zur Geschichte der Gatelusi wird Hopf Neues bringen, s. Monatsberichte der k. Ak. der Wiss. zu Berlin 1862, S. 66.

Mytilene. Eine Beschreibung des türkischen Festungswerkes hier oben liegt nicht in meiner Absicht; es würde auch wenig Erhebliches dabei aufzuweisen sein. Die Türken haben auch hier nur die mit dem Schwerte gewonnene Erbschaft angetreten und halten sie nothdürftig zusammen. Die Hauptmauern des Kastells sind, so viel ich sehen konnte, ohne Stücke aus alter Zeit byzantinisch und noch an vielen Stellen mit dem Wappensteine der Gateluzischen Fürstenfamilie gezeichnet, so wie derselbe auch auf Limnos, Samothraki und Thasos [1]) von ihrer Besitzergreifung zeugt. Schon in der Aussenmauer sah ich ein Fragment des Wappens, über dem Hauptthore prangt es am vollständigsten. Von den vier Feldern des länglichen Steines trägt das zur Linken vom Beschauer den gekrönten einköpfigen Adler von Byzanz, das nächste das Monogramm der Paläologen [2]), das folgende das eigentliche Familienwappen, die übereinander gestellten Halbkreise und in dem letzten steht die Inschrift: + M. CCC. LXXIII. die prima Aprilis magnificus et potens dominus dominus [Francis]cus [3]) Gatel[us]ius dominus insule Metelini et cetera fecit fieri hoc edificium. Ein anderer Stein am Glockenthurme ist in drei Felder neben einander getheilt; in dem zur Linken vom Beschauer steht der einköpfige Adler, in dem mittleren die vier einem B ähnlichen Zeichen [4]), die sonst im oberen Theile des Familienschildes über jenen Halbkreisen, auf Münzen aber ebenfalls allein vorkommen. Sie sind hier so gestellt:

B	B
B	B

Das letzte Feld rechter Hand ist mit den Halbkreisen gefüllt. Wieder auf einem andern Steine stehen nur zwei Felder neben einander, das eine mit dem Adler, das andere mit den Halbkreisen geziert, auf noch einem anderen erscheint der Adler allein. Endlich halten einmal zwei Löwen den unten zugespitzten Schild, in dem oben die vier B liegend angebracht sind und der in seiner grösseren unteren Hälfte in zwei nebeneinander stehende Felder getheilt ist, links vom Beschauer die Halbkreise, rechts der einköpfige gekrönte Adler, hier nach links vom Beschauer sehend. Auch ein Sarkophagdeckel mit Inschrift, an deren Schlusse ich nur ein „fecit hedificari“ zu erkennen glaubte, muss in diese Zeit gehören. Ich konnte keinen Eintritt in den verschlossenen Seitenraum der Moschee erlangen, in dem der Sarkophag aufgestellt ist. Ich höre, dass Newton drinnen gewesen ist, von dem wir also wohl Näheres erfahren werden. Der Sarkophag wird derselbe sein, von dem als Sarkophag der Sappho hie und da [5]) gefabelt ist.

Einige wenige vielleicht aber aus der Unterstadt heraufgeschleppte Ueberreste der griechisch-römischen Zeit fand ich hier und da in den Befestigungen verbaut. So ist aussen an dem Glockenthurme unter dem Wappen der Gateluzi auf vier Steinen jedesmal ein gewaffneter den Schild vorhaltender Gladiator noch zu erkennen, auch mit Spuren von Inschrift, die mir jedoch der Höhe wegen, in der die Steine angebracht sind, unleserlich blieb. Zwei andere Steine an derselben Stelle zeigen die Reliefbilder von bestiarii im Kampfe mit Löwen. Gleichen Bildern römischer Sitte werden wir noch einmal in der Nähe der Stadt begegnen. Auf einem ich glaube auch am gleichen Orte mit den vorigen befindlichen Steine mit griechischer Inschrift aus römischer Zeit konnte ich Nichts als zwei Mal das Wort πόλιν lesen, dagegen ergab eine an anderer Stelle im Kastell vermauerte Inschrift noch fast vollständig erhalten (Taf. V, n. 3) das Folgende: Θεῷ ὑψίστῳ Τι. Αἴλιος Ἀρριανὸς Ἀλ[έ]ξανδρος βουλευ[τὴς] Δακίας κολωνείας Ζαρμιζε[γε]θούσης εὐχὴν ἀνέθηκεν [6]).

---

[1]) Reise u. s. w. Taf. III.

[2]) Dasselbe Monogramm auf Münzen s. Friedländer in Berliner Blätter für Münz-, Siegel- und Wappenkunde I, 1863, S. 154, Taf. VI, 11.

[3]) So liest Boutan in Archives des missions scientifiques et littéraires V, S. 277. Die Jahrzahl giebt er als 1353. Franz Gateluzi regierte 1355—1401, wie Herr Professor Hopf mir angiebt.

[4]) cf. Mordtmann, Belagerung von Konstantinopel, S. 132.

[5]) z. B. bei Pococke und sonst.

[6]) Boutan (a. a. O. S. 276) sah an einem der türkischen Häuser im Kastell die Inschrift: [illegible]

Neben der Akropolis, die übrigens in der überlieferten Geschichte von Mytilene keine Rolle spielt, ist der zweite noch nachweisbare Grundzug in der Physiognomie der alten Stadt die Hafenbildung. Diese war zusammen mit der Akropolis die wesentliche Grundlage des städtischen Lebens an dieser Stelle. Eine so günstige Küstengestalt findet sich auf der ganzen Insel weiter nicht und gewinnt hier gesteigerte Bedeutung durch die Lage des Platzes gegenüber dem asiatischen Festlande, wohin doch die nächsten Verkehrsbeziehungen der Insel gehen mussten. Deshalb entstand also grade hier die Hauptstadt, deren Macht ganz besonders auch auf den Besitzungen am asiatischen Festlande beruhte [1]). Beide Hafenbuchten bedurften zur vollen Sicherung eingelaufener Schiffe noch der Nachhülfe der Menschenhand, namentlich die nördliche, die von Natur wenig tief ins Land geht und mit weiter Oeffnung grade dem heftigen Nordwinde ganz preisgegeben war. So wurde hier der Bau eines gewaltigen Steindammes nöthig, der auch in seinen Trümmern noch grossartig unter dem Abhange der Akropolis ansetzend in nordwestlicher Richtung in das Meer vorspringt [2]); ihm entsprechend trat ein weit kürzerer Steindamm, auch dieser heute noch kenntlich, von der gegenüberliegenden Seite der Bucht vor. Doch ist die Einfahrt des Nordhafens offenbar nie eine so enge gewesen wie die des südlichen, der auch schon von Natur geschlossener erscheint und zwischen seinen zwei künstlichen Molen, deren alter Ursprung nicht zu begreifen ist, nur eine schmale durch Ketten verschliessbare Einfahrt behielt. Die Endpunkte der beiden jetzt fast ganz unter dem Wasserspiegel liegenden Steindämme des Südhafens, von denen der an der Westküste ansetzende der längste ist, sind heute auf allerdings erneuten Fundamenten durch zwei Leuchtfeuer bezeichnet [3]). Strabo [4]) sagt, auch den heutigen Augenschein bestätigend, dass der Südhafen der geschlossene war, bei dem nördlichen hebt er ebenso zutreffend die Grösse und Tiefe und den schützenden Damm hervor, der grade hier wie gesagt am mächtigsten ist. Ueber den heutigen Zustand der Häfen, die grade durch die alten Dämme beförderte Versandung derselben habe ich schon gesprochen, auch erwähnt, dass im Alterthume als weitere Erleichterung für den Seeverkehr ein heute nicht mehr kenntlicher, jedenfalls vorwiegend künstlicher Kanal von einem Hafen zum andern lief. Megalopolis, sagt Pausanias (VIII, 30, 2) wird durch den Fluss Helisson durchschnitten, καθὰ δὴ καὶ Κνίδον καὶ Μυτιλήνην δίχα οἱ εὔριποι τέμνουσιν. Es bildete dieser Kanal also nicht etwa eine Befestigung der Stadt nach der Landseite hin, sondern eine wie der heutige Bazar durch die Stadt selbst schneidende Wasserverkehrsstrasse. Auf diese Weise ist es zu verstehen, wenn bei Strabo [5]) von einer Insel die Rede ist, auf der ein Theil der Stadt liege. Der ältere Kern derselben lag natürlich auf der sogenannten Insel, wie Diodor [6]) auch ausdrücklich sagt. Auch die Beschreibung des Longos (Daphnis et Chloë I, 1) ist mit dem Gesagten im Einklang: Πόλις ἐστὶ τῆς Λέσβου Μυτιλήνη, μεγάλη καὶ καλή· διείληπται γὰρ εὐρίποις ὑπεισρεούσης τῆς θαλάττης, καὶ κεκόσμηται γεφύραις ξεστοῦ καὶ λευκοῦ λίθου. Νομίσαις [ἂν] οὐ πόλιν ὁρᾶν ἀλλὰ νῆσον [7]).

Die besprochenen topographischen Verhältnisse sind wichtig zum Verständnisse zweier Vorgänge im peloponnesischen Kriege, der Belagerung der Stadt durch die Athener und des Gefechtes des Kallikratides

---

1) Herbst, der Abfall Mytilenes von Athen (Köln 1861) S. 21 ff.

2) Nach Boutan (a. a. O. S. 290) sind von Strecke zu Strecke 1,50 M. breite Oeffnungen in diesem grossen Molo gelassen, um einen Theil der Wogen durchzulassen und so den Andrang derselben leichter zu brechen.

3) Durchaus ungenau ist Boutans Ausdruck a. a. O. S. 279: Il ne reste dans le port du midi, que les deux bases des phares actuels.

4) S. 617. ἔχει δ᾽ ἡ Μιτυλήνη λιμένας δύο, ὧν ὁ νότιος κλειστὸς τριηρικὸς ναυσὶ πεντήκοντα, ὁ δὲ βόρειος μέγας καὶ βαθύς, χώματι σκεπαζόμενος. So liest Plehn Lesbiacorum liber p. 13 und versteht die Stelle offenbar vollkommen richtig. Der Südhafen war der Kriegshafen.

5) nachdem er, wie oben angeführt, von den zwei Häfen gesprochen hat: πρόκειται δ᾽ ἀμφοῖν νησίον μέρος τῆς πόλεως ἔχον αὐτόθι συνοικούμενον.

6) XIII, 79. ἡ μὲν γὰρ ἀρχαία πόλις μικρὰ νῆσός ἐστιν, ἡ δὲ ὕστερον προσεκτισθεῖσα τῆς ἀντιπέραν ἐστὶ Λέσβου· ἀνὰ μέσον δ᾽ αὐτῶν ἐστιν εὔριπος στενὸς καὶ ποιῶν τὴν πόλιν ὀχυράν.

7) Vergl. Meineke im Philologus XIV, S. 6.

und Konon am Hafen von Mytilene. Ich hebe aus dem Berichte des Thukydides (III, 3—6.) über die Belagerung das Wichtige heraus. Die athenische Flotte und Streitmacht, der es nicht gelungen ist, die Mytilenäer beim Feste des Apollon Maloeis ausserhalb der Stadt zu überraschen, da das Fest nach recht zeitig eingetroffener Warnung unterblieb, sehen sich zur Gewalt genöthigt, gestatten aber erst noch einen Waffenstillstand, um eine Sendung nach Athen abzuwarten; sie liegen während dessen im Norden der Stadt und zwar ἐν τῇ Μαλέᾳ. Das Schiff, welches die Mytilenäer ungesehen von den Athenern nach Sparta absandten, wird also aus dem Südhafen ausgefahren sein. Als die Gesandtschaft in Athen Nichts ausgerichtet hat, beginnen die Feindseligkeiten, die Athener, jetzt sehr verstärkt, legen sich nun auch auf die Südseite der Stadt und befestigen jetzt zwei Lager, ausser dem an ihrem bisherigen Lagerplatze im Norden der Stadt auch ein zweites im Süden derselben, so dass sie nun durch Bedrohung beider Häfen die Mytilinäer gegen das Meer ganz abschliessen. Die Verbindung mit dem Lande bleibt aber den Belagerten noch offen, nur die nächste Umgebung ihrer beiden Lager beherrschen die Athener. Von diesen beiden Lagern ist immer noch das zuerst von ihnen bezogene im Norden der Stadt, nämlich ἡ Μαλέα, ihre Hauptstation. Später erst, nachdem die Mytilenäer zwischen den beiden Lagern der Athener hindurch den Zug in die Insel gegen Methymna und die übrigen Städte gemacht haben, kommen athenische Verstärkungen und schliessen auch den Raum zu Lande zwischen den beiden Lagern durch eine Belagerungslinie ab, so dass nun erst die Stadt zu Lande und zu Wasser völlig eingeschlossen ist. Hier ist die volle Klarheit, die den Thukydides in seinen topographischen Darstellungen auszeichnet, Anstoss hat nur der Namen ἡ Μαλέα gegeben. So hiess das bedeutend südlich von Mytilene gelegene Südostvorgebirge von Lesbos, welches mit dieser Belagerungsgeschichte Nichts zu thun hat. Nun wird ja aber der Nordhafen von Mytilene bei Aristoteles de ventis [1]) ebenfalls ὁ Μαλόεις genannt. Der Kaikias, der Nordostwind, heisst es da, von Thebe am Ide, also aus dem Meerbusen von Adramyttion herwehend, beunruhigt den Hafen Maloeis. Das kann nur der nördliche sein [2]), der sich grade nach der bezeichneten Weltgegend und zwar, wie gesagt, mit einer auch trotz der Dämme noch immer weiten Mündung öffnet. Dass nun überhaupt ein von einem Beinamen der Hauptgottheit, hier des Apollon, hergenommener Ortsnamen sich in einer Gegend wiederholte, kann nicht auffallen. Ob dasjenige Heiligthum des Apollon Maloeis bei dessen Festfeier die Athener die Mytilenäer zu überfallen dachten, hier nördlich vor der Stadt lag, wie sich mit einiger Wahrscheinlichkeit vermuthen lässt, oder wo es sonst lag, dafür fehlen uns bestimmte Beweise. Genug, wir sehen keinen Grund, Thukydides eines Irrthums in dem Namen Malea zu beschuldigen [3]). Es kann einen so benannten Platz an der Küste gleich nördlich von der Stadt gegeben haben, nahe am Nordhafen, der auch davon hiess. Es ist sogar nicht unmöglich, dass die Athener in dem Nordhafen selbst, wenn auch nur in seinem nördlichsten Theile hinter dem kleinen Molo lagen. Ein eigentlich geschlossener Hafen war er ja nicht; die Mytilenäer, die dicht vor dem Hafen gleich beim Anrücken der athenischen Flotte zurückgeschlagen wurden [4]), konnten schwerlich die weite Einfahrt sperren [5]). Lagen die Athener aber wirklich hinter dem Hafendamm, so erklärt sich, weshalb hier, wo sie also Schutz für die Schiffe hatten, ihre bleibende Hauptstation war. Dass aber, was für diese Möglichkeit ein wesentlicher Punkt ist, der Nordhafen

---

[1]) ἐνοχλεῖ δὲ τὸν Μυτιληναίων λιμένα, μάλιστα δὲ τὸν Μαλόεντα. Klar ist die Stelle allerdings erst, wenn man τοὺς Μυτ. λιμένας liest, von einem Hafen muss doch aber jedenfalls die Rede sein, der grade vom Winde leidet, nicht ein beliebiger Platz an der Küste kann gemeint sein, wie West. in Paulys Realencyklopädie (s. Mytilene) will. Unrichtig sind da auch die beiden Häfen beschrieben.

[2]) demnach behauptet Conze (a. a. O. S. 279. 284) das Gegentheil, wie auch Plehn (a. a. O. S. 17) vor Nachweisung des Apollo-Tempels den genannten Hafen nicht bestimmen zu können glaubte.

[3]) Plehn a. a. O. p. 16. Zanders (a. a. O. S. 13 ff.) Auslegung ist zu künstlich.

[4]) Ἀπαράσκευοι δὲ οἱ Μυτιληναῖοι καὶ ἐξαίφνης ἀναγκασθέντες πολεμεῖν, ἔκπλουν μέν τινα ἐποιήσαντο τῶν νεῶν ὡς ἐπὶ ναυμαχίαν ὀλίγον πρὸ τοῦ λιμένος, ἔπειτα καταδιωχθέντες ὑπὸ τῶν Ἀττικῶν νεῶν λόγους ἤδη προσέφερον τοῖς στρατηγοῖς —

[5]) Bei Thuk. könnte man nur die Worte darauf beziehen: τά τε ἄλλα τῶν τειχῶν καὶ λιμένων περὶ τὰ ἡμιτέλεστα φραξάμενοι ἐφύλασσον.

ausserhalb der alten Stadt lag, deren Befestigungen also nicht [1]), wie die heutige türkische Mauer, seine ganze Küste mitumfassten, wird sich bei Besprechung des anderen schon erwähnten Ereignisses zeigen, des Gefechtes des Kallikratides und Konon. Der Bericht Diodors (XIII, 76 – 79) geht hierüber am meisten in das Einzelne. Kallikratides hat sich in Besitz von Methymna gesetzt und fährt von da mit der Flotte nach Mytilene, Konon, der mit seinen Schiffen bei einer der Hekatonnesoi liegt, sieht sie kommen, zu schwach aber um einen offenen Angriff zu wagen, sucht er die Nähe von Mytilene zu gewinnen, indem er zugleich die Spartaner zur Verfolgung lockt und dann die von der Hauptmacht sich dabei trennenden Schiffe angreift. Diejenigen athenischen Schiffe, welche hierbei im Vortheil sind, werden grade weil sie sich im Verfolgen zu weit vorwagen und Konon sich ohne Erfolg seinerseits auf den Hafen von Mytilene zurückzieht, von diesem Rückzuge abgeschnitten und nun von der spartanischen Uebermacht genöthigt auf den Strand zu laufen, wo sich nur die Mannschaft rettet. Kallikratides folgt darauf mit seiner ganzen Macht dem Konon, der nun die Einfahrt in den Hafen, in den er eingelaufen ist, zu versperren sucht. An den seichten Stellen werden kleine mit Steinen gefüllte Schiffe versenkt, auf die tiefen Stellen Lastschiffe mit Steinen gelegt. Kallikratides landet inzwischen Truppen und errichtet ein Tropaion. Damit geht der Tag zu Ende. Am folgenden Tage beginnt nun der Kampf um die Hafeneinfahrt. Konon bemannt seine Trieren und stellt sie in die Durchfahrt, wo diese durch die Vorkehrungen des vorigen Tages nicht ganz geschlossen war, andere Mannschaft hält die Lastschiffe und die Hafendämme besetzt. Es ist klar, dass hier überall nur von dem Nordhafen die Rede sein kann. Erst nach erbittertem Kampfe und wiederholtem Angriffe dringt Kallikratides durch, die Athener fliehen mit ihren Schiffen in den Hafen in der Stadt [2]), offenbar durch den Kanal in den Südhafen. Der Hafeneingang, um den sie gekämpft hatten, liegt ausserhalb der Stadt, heisst es bei Diodor ausdrücklich [3]), worauf ich vorher schon hingewiesen habe. Es folgt die Beschreibung der Stadt mit wenigen Worten, die ältere Stadt auf einer Insel von dem neueren Stadttheile durch den engen Euripos getrennt. Kallikratides liegt nun also in dem Nordhafen und greift von da aus seine Truppen landend die Stadt an, also ganz wie ich es von den Athenern bei der früheren Belagerung als nicht unmöglich annahm. Die weniger genaue [4]) Darstellung bei Xenophon (Hell. I, 6, 15 ff.) lässt denselben Verlauf durcherkennen. Zuletzt liegt Kallikratides auch nach ihm im Nordhafen und führt von da aus die Belagerung; von Konon heisst es, er habe seine Schiffe unter dem Schutze der Mauer ans Land gezogen [5]). Die zwei Schiffe, welche um Hülfe nach Athen ausgeschickt werden, müssen wohl aus dem Südhafen gefahren sein. Wenn weiterhin von dem εὔριπος τῶν Μυτιληναίων die Rede ist, wo Diomedon mit den zwölf Schiffen, um Konon zu Hülfe zu kommen, anlegt und geschlagen wird, so verstehe ich das nicht anders, als dass die allerdings am Gebiete von Mytilene gelegene enge Einfahrt in den Meerbusen von Hiera gemeint sein muss [6]).

Was die Ausdehnung der Stadt nach der Landseite hin betrifft, so haben wir das als sicheres Resultat aus den besprochenen Kriegsereignissen gewonnen, dass der Westrand des Nordhafens wenigstens nicht ganz zum inneren Raume der Stadt gehörte. Weitere Anhaltspunkte haben wir bis jetzt nicht. Mauerreste sind meines Wissens nicht mehr sichtbar [7]), über Vorkommen von Gräbern liegen keine genauen [8]) Beobachtungen vor.

---

[1]) wie es auf dem Plane bei Plehn angenommen ist.

[2]) εἰς τὸν ἐν τῇ πόλει λιμένα.

[3]) ὁ γὰρ ἔκπλους ὑπὲρ οὗ διηγωνίζοντο λιμένα μὲν εἶχε καλόν, ἐκτὸς δὲ τῆς πόλεως ὄντα.

[4]) In Diodors Berichte ist Ortskenntniss unverkennbar, wie Choiseul-Gouffier nicht hätte leugnen sollen und wie, wenn mein College Hertzberg mich erinnert, so sehr begreiflich erscheint, wenn Ephorus aus dem naheliegenden Kyme hier die Quelle ist.

[5]) ὑπὸ τῷ τείχει ἀνείλκυσε.

[6]) Zander a. a. O. S. 27. Unmöglich kann sich das von Xenophon Erzählte in dem Kanale in der Stadt Mytilene ereignet haben.

[7]) Pococke a. a. O. S. 25 sagt: wir bemerkten, dass die Trümmer der alten Stadt weit gegen Westen gingen und fanden Merkmale, dass die Stadtmauer den Hügel hinangegangen sei.

[8]) die bei Michaud et Poujoulat correspondance d'Orient III, S. 230 kann man nicht dahin rechnen „un sol-couvert de la

Man sollte indessen kaum glauben, dass das vielgerühmte Theater von Mytilene noch innerhalb der Stadt lag. Der Platz dieses Theaters ist noch ein vollkommen feststehender Punkt in der Topographie von Mytilene [1]). Es lag ziemlich hoch hinauf an dem westlich von der Stadt kahl aufsteigenden Bergrücken, so ziemlich oberhalb des Konaks [2]), doch so weit ab, dass ich es auf meinem Plane der Stadt nicht mehr angeben konnte. Ich habe schon gesagt, dass der Prachtbau noch bis in die neueste Zeit als Steinbruch gedient hat und so ist denn aller Hochbau verschwunden, kaum dass man hie und da noch ein Stück Marmor sieht. Die tiefe halbrunde Einhöhlung der alten Cavea ist aber sogar unten von der Stadt herauf deutlich sichtbar. Der Raum, wo ehedem die ansteigenden Sitzstufen lagen, misst von unten bis oben etwa 50 Meter, der Abstand von seinem untern Ende bis zur hintern Grenze der Skene, also Orchester und Skene umfassend, beträgt etwa 70 [3]), die Breite der Skene etwa 60 Meter. So wie die Cavea bei der Anlage des Theaters in den Bergabhang eingehöhlt werden musste, so musste der horizontale Boden für die Orchestra und das Skenegebäude durch Aufschüttung gewonnen werden und daher wohl fällt das Terrain hinter der Skene plötzlich steiler ab in die Tiefe. Die mittelsten Sitzplätze des Theaters sehen grade nach Osten, man überschaut also die Stadt mit ihren Häfen, das Meer und das nächste asiatische Festland, auf dem das Idegebirge sich zur Linken besonders hervorhebt, ein Blick, der sich mit allen gerühmten Aussichten von den Zuschauersitzen griechischer Theater messen kann. Hier sass als Sieger Asiens der grosse Pompejus an der Seite des Mytilenäers Theophanes und liess sich gefallen, dass die Dichter im Wettkampfe sich bemühten seine Thaten zu preisen, recht ein Triumph für seine Eitelkeit geschaffen. Da soll er dann [4]) eine Aufnahme des Theaters genommen haben, um danach, wenn auch noch grösser und prächtiger, das erste steinerne Theater in Rom zu bauen.

Eine von den griechischen Kirchen der Stadt nimmt aller Wahrscheinlichkeit nach den Platz eines bedeutenden Gebäudes der alten Mytilene ein, die Kirche des heiligen Therapon nämlich, ziemlich im Süden der heutigen Stadt. Der Kirchenbau selbst erscheint sehr alt und man sieht in ihm besonders zahlreiche alte Reste erhalten [5]). Man hat mehrfach die Ansicht aufgestellt [6]), dass ein Tempel des Apollon, des Hauptgottes der Mytilenäer, hier gelegen haben möge, namentlich, da auch der Uebergang des alten Heilgottes in dem ἥρως Θεράπων sehr naheliegend sei. Ein Beweis liegt bis jetzt nicht vor.

---

ville, sur le chemin qui conduit à Methymna" haben sie einen Sarkophag an seinem Platze gesehen. Einem Grabmale gehörte gewiss der Rumpf eines Löwen von weissem Marmor an, den Prokesch-Osten am Wege von Mitilini nach der Bucht von Jero liegen sah (Denkwürdigkeiten und Erinnerungen aus dem Orient III, S. 349). Vergl. C. J. gr. 2158. Der Fundort eines irdenen mit goldenem Kranze umgebenen Aschengefässes (Gerhard, Arch. Anz. 1860, S. 8*) in einem Olivengarten nahe bei der Stadt ist nicht genauer bekannt.

1) Boutan hat es übersehen und versuchte irrig (a. a. O. S. 291) es am Südabhange der Akropolis anzusetzen.

2) Michaud et Poujoulat a. a. O. III, S. 229 f.: (1830) „Comme le pacha de Metelin fait bâtir un nouveau sérail, on a remué et déplacé des terres, ce qui a donné lieu à quelques découvertes; on a trouvé plusieurs colonnes, rangées debout en forme circulaire et soutenant une voûte; au milieu de ces colonnes, nous en avons remarqué une qui est cannelée, et dont le chapiteau porte une tête de boeuf. Au milieu de la colonnade, on a retrouvé une mosaïque fort bien conservée, avec une coquille en marbre soutenue par un pilier élégant; beaucoup de marbres antiques et de fragments de colonnes sont confondus avec les décombres; — Les ouvriers ont découvert beaucoup de médailles avec la tête de sanglier et la lettre M — On croit généralement que l'édifice dont on a trouvé les ruines, était un temple de Vénus. Parmi les objets qui ont été recueillis — plusieurs petites figures de terre cuite, représentant la tête d'une femme ou d'un enfant". Ist es der Platz des Konaks?

3) Der Raum ist hier so breit, dass hinter der eigentlichen Skene noch andere Räume gelegen haben werden. Beim Theater in Athen, wo die Höhe der Zuschauersitze 70 Meter beträgt, misst Orchestra und Skene kaum 40 Meter. Es versteht sich, dass die Maasse bei dem Zustande des Theaters von Mytilene nur sehr allgemein annähernde sein können.

4) Plutarch. Pompej. 42.

5) Ich glaube mich zu erinnern, finde aber keine bestimmte Notiz in meinen Aufzeichnungen darüber, dass jetzt ein Hospital bei dieser Kirche gebaut ist und also die bei diesem Bau gefundenen Inschriften (s. unten) ebenfalls hierher gehören.

6) Michaud et Poujoulat a. a. O. S. 229. Lacroix, Iles de la Grèce S. 302. Boutan a. a. O. S. 294 f., der hierauf seine falsche Ansetzung des Hafen Μαλόεις gründet. Anagnostis a. a. O. S. 43 f.

2

Ich will endlich wenigstens erwähnen, dass, wenn man an dem felsigen Südufer der Stadthalbinsel von dem Hafendamme her bis ziemlich nahe unterhalb des kleinen Kastells [1]) geht, an zwei Stellen Mosaikfussböden einfacher Art sichtbar sind. Es mochte hier ein besonders angenehmer Wohnplatz sein, wie auch heute die südlichste Spitze der Halbinsel mit den verschiedenen Konsulatsgebäuden als ein bevorzugter Stadttheil gilt.

Von jener grossen Wasserleitung, welche in römischer Zeit die Hauptstadt aus dem Innern der Insel her versorgte, ist nahe bei der Stadt heute kein Stück erhalten; wir begegnen ihr erst auf der weiteren Rundreise. Die auch auf meinem Plane angezeigten auf Bogenstellungen aufgemauerten Wasserleitungen, welche von Südwesten her der Stadt zulaufen, sind mittelalterlichen oder jüngeren Ursprunges [2]).

Ich habe jetzt noch die kleineren durch Schrift oder Kunstform bemerkenswerthen Stücke aufzuzählen, die grossentheils in einen bestimmten topographischen Zusammenhang nicht mehr zu bringen sind. Sie finden sich hie und da zerstreut, zum Theil in neueren Gemäuer verbaut und verwahrlost; es ist aber auch ein für den Orient bemerkenswerther Anfang zu einer Sammlung antiker Ueberreste gemacht, die in dem Erdgeschosse des griechischen Schulgebäudes aufgestellt sind. Der Anstoss hierzu ist allerdings von Aussen gekommen. Es war der Engländer Granville Murray, welcher zur Zeit der Ausgrabungen in Halikarnass Newtons Konsularposten in Mitilini versah, welcher die Sammlung angeregt, begonnen und ich glaube ziemlich auf den Fuss gebracht hat, wie ich sie vorfand. In beliebtem Anschlusse an altgriechische Weise hat ihm zum Danke dafür der heutige δῆμος der Mytilenäer im Lokale der Sammlung einen Ehrenkranz mit seinem Namen an die Wand gesetzt. Zuerst verzeichne ich den Bestand dieses „Museums" an Bildwerken. Als das merkwürdigste ist ein in nachgeahmt alterthümlicher Weise gearbeiteter unbärtiger männlicher Kopf zu nennen. Er ist von weissem Marmor und etwa in Lebensgrösse, aber sehr beschädigt. Von dem Gesichte sind nur die Augen noch zu erkennen, die schmal geschlitzt und sehr schräg mit nach unten laufenden inneren Winkeln gestellt sind. Besser erhalten sind Haar und Ohren. Das Haar läuft vom Scheitel aus in regelmässigen Strichen und ist von einer Binde umgeben. Vorn über der Stirn bildet es den gewöhnlichen Kranz steifer Locken, ein Zopf fällt vor jedem Ohre in der Schläfe herunter, am Hinterkopfe ist es unter die Binde zu einem kleinen Krobylos aufgenommen, fällt aber doch noch lang im Nacken herunter. Von höchster Roheit später Zeit ist ein aus grauem Marmor gearbeitetes Kybelerelief [3]); sie sitzt auf einem Throne, Haarlocken fallen von den Schultern auf die Brust herunter, der linke Arm ruht auf dem Tympanon, der rechte auf den in ihrem Schoosse liegenden Löwen. Unter

---

1) das weisse Viereck auf dem Plane.

2) In einem Pfeiler befindet sich die im C. I. gr. n. [illegible] enthaltene Inschrift.

3) Ein kleines Kybelerelief gewöhnlicher Art ist von Lesbos durch Newton in das brittische Museum gekommen. Die Göttin sitzt von vorn zu sehen, mit hinten herabfallendem Schleier, zu jeder Seite ein Löwe; dem einen legt sie die rechte Hand auf den Kopf. Mit der Linken hält sie das Tympanon hoch. Ebenfalls durch Newton sind folgende Fragmente lesbischer Skulpturen ins brittische Museum versetzt: 1) Die linke Hälfte eines Reliefs mit dem Todtenmahle. Zwei Frauen und zwei Männer nahen anbetend von links nach rechts; vor ihnen steht der jugendliche Schenk am Krater. 2) Fragment gleicher Art, hier ist die Seite rechts erhalten. Der Verstorbene liegt mit dem Becher in der Hand auf der Kline, vor ihm steht der Tisch, um dessen eines Bein sich die Schlange in die Höhe windet. 3) Abermals Fragment eines gleichen Reliefs. Der auf der Kline liegende Mann mit dem Becher in der Hand ist noch theilweise erhalten. Rechts von ihm sitzt auf einem Sessel, dessen Lehne vorn von einer Sphinx getragen wird, die Gattin, mit der linken Hand den Schleier hebend. Vor dem Sessel richtet sich die Schlange auf. (Diese Beschreibungen gebe ich, um wenigstens den Ueberblick über die geographische Verbreitung dieser gewöhnlichen Grabesbilder römisch-griechischer Zeit zu vervollständigen.) 4) Stück eines Hochreliefs, ohne Zweifel auch sepulkral. Ein Mann mit nacktem Oberleib sitzt von vorn gesehen auf einem Sessel, an dessen Füssen Sphinxe angebracht sind. An seine Seite lehnt sich eine Frau mit entblösster Brust. Beide Köpfe fehlen. 5) Untertheil einer nicht grossen weiblichen Gewandstatue gewöhnlicher Arbeit. Endlich befindet sich unter den so eben in das brittische Museum übergegangenen Strangford'schen Marmorn ein sehr feines, reiches und anmuthiges Reliefornament von weissem Marmor, in der Erfindung ganz gleichartig zahlreichen Ornamenten unteritalischer Vasenmalereien: Eros auf einem Akanthuskelche zwischen den beiderseits auseinandergehenden Ranken stehend. Es ist das Beste, was mir von lesbischer bildender Kunst bekannt ist.

den Füssen ist ein Schemel angegeben. Zur rechten Seite der Göttin — und dadurch wird das Relief merkwürdig — steht auf wenig breiterem Untersatze ein viereckiger Hermenschaft mit ruhigem männlichem Geschlechtstheile. Leider ist der obere Theil des Steines mit dem Hermenkopfe und dem Kopfe der Kybele abgebrochen und nicht vorhanden. Eine Inschrift findet sich nicht auf dem erhaltenen Theile. Sonst sind nur noch drei Reliefs mit dem Todtenmahle oder wenigstens Stücke von ihnen noch vorhanden. Auf dem besterhaltenen liegt der Mann auf der Kline, vor ihm steht der Tisch, von rechts nach links (vom Beschauer) gewandt sitzt die Frau, links steht der Knabe, der aus einem grossen Krater einschenkt. Eine Inschrift war nicht darauf, auch keine andern Figuren weiter. Das zweite Exemplar ist nur ein Fragment und zwar die linke Seite des Reliefs; von der von links nach rechts gewandt sitzenden Frau ist nur ein kleines Stück noch erhalten, von dem Todten Nichts. Hinter der Frau nahen von links her zwei erwachsene Personen, die vordere sicher ein Mann, mit gehobener Rechten, zur Anbetung, ein Kind hält das κανοῦν zum Opfer und vor ihm ist ein Schaf als Opferthier sichtbar. Das dritte fragmentirte Exemplar enthält nur noch die Figuren dreier Anbetender. Es braucht kaum bei dieser bekannten Darstellung gesagt zu werden, dass alle drei Reliefs der römischen Zeit angehören.

Bei der Aufzählung der mir bekannt gewordenen Inschriften in Mitilini, von denen die meisten sich in der Sammlung im Schulgebäude zusammenbefinden, folge ich zunächst der Reihenfolge, in welcher sich dieselben ohne Rücksicht auf Zeitfolge oder Inhalt am bequemsten auf den Tafeln IV bis IX anordnen liessen und lasse dann diejenigen folgen, deren lithographische Abbildung unnöthig schien.

Taf. IV, 1. In der Schule. Kürzlich im Philologus Supplementband II, 1863, S. 581, n. 5 von Keil mitgetheilt. Ἀριστοβούλα Ἀπολλωνίω χαῖρε.

Taf. IV, 2. Daselbst. Marmor. 0,17 M. breit. Θεὸ Σωσία νίκας.

Taf. IV, 3. Daselbst. Marmor. 0,16 hoch. 0,27 breit. 0,10 dick. Kürzlich von Keil in Philologus Supplementband II, 1863, S. 579 ff. auf Grund einer Herausgabe in gewöhnlicher Unzialschrift durch G. Aristeides [1]) behandelt. Bei der ungenügenden Grundlage, welche diese Publikation ihm bot, konnte Keil daran denken zwei Fragmente zu vereinigen, die in der That nicht zusammengehören; das zweite gebe ich auf Taf. VIII, 4. Den Schriftzügen nach gehört die Inschrift in die vorrömische Zeit. In Zeile 3, 4, 5 und 6 ist vom ursprünglichen Inhalte der Inschrift Mehres durch völliges Weghauen der Oberfläche des Steines getilgt (auf der Tafel durch Umzeichen mit Linien und Schraffirung angegeben). Zeile 5 ist dann ganz unausgefüllt so stehen geblieben, in Zeile 3, 4 und 6 ist in den nun vertieften Grund neu hineingeschrieben. Bis auf das βώμω in Zeile 2, welches der Stein bietet, gebe ich den Text nach Keil:

Θεὸς τύχᾳ ἀγαθᾷ.

Ὁ κε θέλῃ θύην ἐπὶ τῶ βώμ[ω] τᾶς Ἀφροδίτας τᾶς Πείθως καὶ τῶ Ἑρμᾶ, θυέτω ἱρήιον ὄττι κε θέλῃ καὶ ἔρσεν καὶ θῆλυ π . . . . καὶ ὄρνιθα ___ _____

Taf. IV, 4. Daselbst. Dunkler Marmor. 0,53 hoch erhalten, 0,20 breit. Steht bereits in C. J. gr. n. 2204 und berichtigt II, add. 2204. Dem LIH am Ende, von Boeckh als das Regierungsjahr des Kaisers nach ägyptischer Sitte erklärt, findet sich entsprechend auf der Grabschrift eines Nichtägypters bei Ross inscr. gr. ined. n. 106 LΩS, gewiss nicht eine Marke des Steines aus dem Steinbruche, wie Ross vermuthet.

Taf. IV, 5. Daselbst. 0,62 hoch. Es ist das einzige mir auf Lesbos bekannt gewordene Beispiel eines runden Grabaltars, wie sie grade vielen Inseln und den westasiatischen Küsten eigenthümlich [2]) sind, wo auch in den Grabinschriften der βωμός als Theil des Grabmales besonders häufig genannt wird. Wie gewöhnlich ist der Stein ringsum mit Laubgehängen, die hier auf Schalen und Widderköpfen, Andeutungen der Todtenopfer, ruhen, geschmückt. Obenauf sind zwei Schlangen, die als Grabesdämonen an den

[1]) Νέα Πανδώρα φυλλ. n. 299, 1862 in einer Rede περὶ τῆς κατὰ τὸν μεσαίωνα καταστάσεως τῆς Λέσβου.

[2]) Ross archäol. Aufsätze I, S. 64.

Libationen, für welche die mittlere Vertiefung bestimmt ist, Antheil zu nehmen scheinen. Die Inschrift gehört der römischen Periode an und lautet: [Ὁ] δᾶμος [Ἀρ]ιστάνδρῳ τῷ Κλεοτίμω ἥρωι [1]).

Taf. IV, 6. Daselbst. W. M. Auf der rechten Seite vollständiges Fragment (0,13 breit, 0,15 hoch), welches den Schluss der Reihen einer metrischen Grabschrift enthält. Im Philologus a. a. O. n. 10 wird in Zeile 2 νύμφης gelesen, in Zeile 4 κύκνος, in Zeile 7 θαλάμοις ergänzt.

Taf. V, 1. Daselbst. Marmor. 0,23 breit, 0,42 hoch. Rechts und unten der Rand des Steines erhalten. Bruchstück eines Ehrendekretes.

Taf. V, 2. Daselbst. Dunkler Marmor. 0,29 breit erhalten, 0,17 hoch, über 0,20 dick erhalten. Die Inschrift aus vorrömischer Zeit muss eine metrische Weihung enthalten haben.

Taf. V, 3. Auf dem Kastell; ist bereits oben mitgetheilt. (S. 5 unten.)

Taf. V, 4. Daselbst. Grauer Marmor. Bis 0,60 breit. Sehr verwischte Schrift.

——— ο[ς] Ἐλευθέρου. 'Ορρ hier muss sich die Schrift auf einem anstossenden Steine fortgesetzt haben.
——— π[ς] ο———
——— ας Διονυσοδώρου.
——— δρος) Εὐάνετος
——— ος) Μητροβίος Κ?
——— ος Μητροβίου. Μαρκος.
- - - - .μος Δωτίωνος.
Ὀνη]σιφ[ό]ρος Ἀθηναίου.
Ἀθη]ναιος.

}) bezeichnet bekanntlich den Vaternamen als gleich mit dem vorangehenden Nominativ.

Taf. V, 5. Daselbst. Grauer Marmor. 1,21 breit, 0,70 hoch. Meine Abschrift zeigt deutlich die Anordnung der grossentheils bereits im C. J. gr. (2197, 2207, add. 2107) enthaltenen Grabinschriften, die sich auf anstossenden Steinen eines grösseren Baus fortsetzten.

Taf. VI, 1. An dem Hause des Δημήτριος Κεραμεντραμίτης in der Stadt eingemauert. Grauer Marmor. Auf beiden Seiten ein Stück des Randes erhalten. 0,51 breit, bis 0,63 hoch erhalten. Bruchstück eines Vertrages zwischen Mytilene und Phokaia, in dem es sich, so viel ich verstehe, um Festsetzung eines Rechtsverfahrens für Bürger der einen Stadt in der andern handelte, damit nach erfolgtem Spruche an die eine oder die andere Stadt selbst dann weiter keine Ansprüche gemacht werden könnten. Die Schriftform ist die vorrömische.

Taf. VI, 2^{a} bis 2^{c}. In der Schule. Drei Bruchstücke eines Inschriftsteines, von denen 2^{a} allein von Keil a. a. O. S. 583, n. 9 wiedergegeben und als Ueberrest eines auf einen Bau bezüglichen Aktenstückes erkannt ist. An 2^{a} ist der Rand des Steines oben und zur Rechten erhalten und zwar ist oben nur eine Zeile verwischt. Zeile 2: ἐπὶ δὲ τῆς πλίνθου (Keil) 3: τοὺς τ]οίχους πάντας ὕψος 4: τοὺς τοίχους τοῖς σ- 5: ὀρθο]στάτους μακροὺς τα- 6: εἰς τοὺς μακροὺς το[ί]χους 7: ἕνα ὀρθοστάτην στ- (Keil) 8: τῶν τριῶν καὶ ἡμί- 9: πλίνθου ἀ-. An dieses Bruchstück 2^{a} schliesst, wie es scheint, das andere 2^{c} an, an welchem der Rand des Steines links vollständig ist und zwar gehört Zeile 2, 3, 4 auf 2^{c} hinter Zeile 7, 8, 9 auf 2^{a}; 2^{a}, 8: τῶν τριῶν καὶ ἡμί- 2^{c}, 3: ωσος 2^{a} 9: πλίνθου ἀ- 2^{c}, 4: -τὰ μέσον τῶν σ- 5: δὲ τὰς πλίνθους κ- 6: — ἀπο[θ]έσαι — 7: — ὀρθὰ εὐθέα σύγγων[ια 9: παραλλήλας ἐργ[άζ]εσθαι? 10: πρὸς τὰ ὑπάρ[χοντα 11: πάχο]ς δύο τῆς πλίνθου. Hinter der folgenden Zeile 12 schliesst sich, so wie mir der Bruch des Steines zusammenzupassen schien, Zeile 1 des dritten Bruchstückes 2^{b} an, an welchem der untere Rand des Steines erhalten ist. Doch fehlt zwischen beiden Bruchstücken Etwas vom Steine. 2^{c}, 14 mit 2^{b}, 3: ὀρθο]στάτων δ[ὲ] καὶ σταθμῶν 2^{c}, 15 mit 2^{b}, 4: ὕδωρ κα[ὶ σ]ή[κ]ῳ 2^{c}, 16 mit 2^{b} 5: — καὶ κα[τα]λίσας — 2^{c} 17 mit 2^{b} 6: — ἐπ[ὶ τὰς] ὀπὰς τοῦ 2^{c}, 18 mit 2^{b}, 7: — ὀρθὰ [καὶ εὐ]θέα καὶ Zu den letzten vier Zeilen auf 2^{b} ist kein entsprechender

[1]) Andere Beispiele des ἡρωΐζειν auf Lesbos bei Ross inscr. gr. ined. n. 197. Inselreisen II, S. 18, Anm. 30.

Anfang auf 2' mehr zu erkennen. Nehmen wir die Worte ἀπόβασις und ὑπόκαυστα an, so ist der Bau ein Bad gewesen. Die Schrift ist vorrömisch.

Taf. VII, 1. 2. Daselbst. Grauer Marmor. Bis 0,53 M. hoch erhalten. Auf zwei Seiten Inschrift. Die Breitseite oben und unten gebrochen, auch auf der linken Seite unvollständig. Auf der Schmalseite ist der Stein oben gebrochen, auf den Seiten aber ziemlich vollständig erhalten. Der Schluss der Inschrift steht auf der Schmalseite und ist am Ende vollständig vorhanden. Welcher Gemahl einer Julia und zugleich Bruder einer Octavia hier geehrt wird, muss ich Andern zu bestimmen überlassen. Auch auf Agrippa, an den man zuerst denken wird, passt das nicht.

Taf. VIII, 1. Im Vorhofe eines Hauses grade hinter der Kirche des heil. Athanasios, welche zur Mitropolis gehört und zwar an Ort und Stelle gefunden. Grauer Marmor. 1,16 lang, 0,75 hoch. Deutliche wohlerhaltene Schrift. Herausgegeben von Aristeides (bis auf ἐπόησε richtig) und besprochen von Keil a. a. O. S. 576 ff. Derselbe bemerkt, dass der Bildhauer Dorotheos aus Olynth unser Verzeichniss von Künstlernamen vermehrt.

Ὁ δᾶμος
τὸν ἑαύτω σώτηρα καὶ κτίσταν
Γνάιον Πομπήιον Γναίω υἷον
Μέγαν, τρὶς αὐτοκράτορα, κατα-
λύσαντα τοὶς κατάσχοντας τὰν
οἰκημέναν πολέμοις καὶ κατὰ γᾶν
καὶ κατὰ θάλασσαν.
Δωρόθεος Ἡγησάνδρου Ὀλύνθιος ἐπόησε.

Taf. VIII, 2. In der Schule. Beim Hospitalbau gefunden. Grauer Marmor. Bis zu 0,22 dick, 0,30 breit und 0,21 hoch erhalten. Buchstabenhöhe 0,01. Höhe von vier Reihen 0,05. Schrift vorrömisch.

Taf. VIII, 3. Daselbst. Fragment mit grossen Buchstaben römischer Zeit.

Taf. VIII, 4. Daselbst. Beim Hospitalbau gefunden. Weisser Marmor. Bis zu 0,17 hoch und ebenso breit erhalten. Nach Aristeides bei Keil a. a. O. S. 579 ff., aber, wie schon erwähnt, nicht zu Taf. IV, 3 gehörig, obgleich ebenfalls Opferbestimmungen enthaltend.

Taf. VIII, 5. Daselbst. Daselbst gefunden. Weisser Marmor. 0,52 breit, 0,44 hoch erhalten.

Taf. VIII, 6. Daselbst. Daselbst gefunden. Dicker Block von grauem Marmor. Die erhaltene Inschriftfläche bis 0,36 breit und 0,21 hoch erhalten. Bruchstück der Basis einer Statue (Γερ]μανίκου).

Taf. VIII, 7. Daselbst. Marmor. 0,28 breit. Ἀλε]ξάνδρῳ τῷ —— Εὐτίμων ἀνέθηκε. Schrift römisch.

Taf. VIII, 8. Daselbst. Marmor. Etwa 0,45 lang. Gesimstheil eines Grabmals. — ἥ]ρωστε ζήσας — [ὁ δεῖνα Ἀλ]εξάνδρου κατεσκ[εύασεν τὸ μνημεῖον u. s. w.

Taf. IX, 1. In der südlichen Vorstadt am Landhause (πύργος) des Παναγιώτης Τσομακίνης. Grauer Marmor. Bis zu 0,87 breit und 0,56 hoch erhalten. Unter den erhaltenen Inschriftstücken fehlt Nichts. Beide Inschriften geben Ζώννυσος (die zweite Ζόννυξος?) für Διόνυσος [1]).

Ausser diesen auf den Tafeln zu besserer Grundlage für den Bearbeiter genauer mitgetheilten Inschriften habe ich in Mitilini noch die folgenden Inschriften gesehen.

Eine vierseitige Basis mit Ehreninschrift für Trajan an dem Wohnhause des Δημήτριος Καραχαλιώτης stimmt bis auf die Abtheilung einiger Zeilen und NERBA statt NEROYA genau mit der im C. J. gr. n. 2178 enthaltenen Inschrift überein.

Demselben Hause gegenüber ist eine gleichartige Basis eingemauert: Αὐτοκράτορι Καίσαρι Τραιαν[ῷ] Ἀδριανῷ, Ἐλευθερίῳ, Ὀλυμπίῳ χαριστήριον. Cf. C. J. gr. 2179.

---

1) Ahrens de graecae linguae dialectis I, p. 48.

Ein vierseitiger an einem Brunnen in der Stadt eingesetzter Altar mit dem Relief eines Adlers, der in einem Kranze sitzt, trägt unter diesem Relief die Inschrift: Πομπήϊος Λουκίου μ[ετ]ὰ τῆς συμβίου Φοίβης [ἐκ] τῶν ἰδίων.

In der Inschrift 2196 im C. J. gr., jetzt in der Sammlung in der Schule, las ich ganz gleich mit der dort gegebenen Abschrift Pococke's, nur in Zeile 1: ΙΣΜΥΡΜΙ

Fragment eines vierseitigen Altars in der Schule:

αὐτο] ΚΡΑΤΟΡΙΚΑΙΣΑΡΙ
......ΥΙΩΘΕΩΣΕΒΑΣ
κα] ΤΡΙΔΟΣΠΑΤΡΙ
ΔΟΣ

Zeile 3 und 4 scheinen verschrieben. Vor, hinter und unter ΔΟΣ Zeile 4 stand Nichts.

In der Schule. Grauer Marmor. 0,15 breit und hoch. Κάϊνος Ὀρνόσανος χαῖρε. Schrift römischer Zeit.

Daselbst. Fragment von grauem Marmor. ..... ε Φανί ____ χαῖρε.

Daselbst. Fragment. — σαν — όνοσ [χαῖ]ρε.

Daselbst. Grauer Marmor. 0,20 breit. Κόρνος Ἐχεκράτης χαῖρε. Schrift vorrömisch. Mit Keils Bemerkungen im Philologus a. a. O. n. 6.

Daselbst. Fragment. Buchstaben 0,07 hoch und mit Apices verziert.

...ΙΑΚ...
...ΑΤΟ....
...ΙΟΝ....
....

Daselbst. Auf ungeglättetem Marmor. Links und rechts verstümmelt. Schrift römisch.

....ΔΑΜΝΟΔΙ.....
....ΚΑΣΕΝΤΕ.....
ΔΕΟΣ

Zeile 3 ist vollständig und enthält den Schluss.

Daselbst. An allen Seiten gebrochenes Fragment. Schrift römisch.

....
....Σ....
...ΟΣ....
.....ΜΩΝ....
....ΡΑΜ....
...ΕΚΟΥΝ....
...ΤΟΠΑΙΟ....
(Zwischenraum.)
....ΤΟΚΟΙΝ.....
....ΜΑΤΡΟΔΩ.Ο....
....Ν ΠΟΜ......
....ΡΓΕΝΤΟ.....
.....ΚΙΑΝΟΣ......
.......ΣΤΙΧΟΣ....
.......ΡΟΣΓΑ....
....

An die Aufzählung der Inschriften schliesse ich noch die Erwähnung eines vertieft geschnittenen Karneols an, welchen Dr. Bargigly, ich weiss nicht ob auf Lesbos gefunden, besitzt. Neben einem Skelette steht mit Schriftzügen römischer Zeit: ΚΡΟΙΣΟΣ. Der Stein schien mir alt zu sein und entspricht in seinem Sinne unter Andern auch zahlreichen Spöttereien Lucians, bei dem auch die nackten Skelette der Todten vielfach vorkommen und der Gegensatz zum Leben gemacht wird z. B. mort. dialogi 18, 1: ὀστᾶ μόνα ὁρῶ καὶ κρανία τῶν σαρκῶν γυμνά — τουτὶ τὸ κρανίον ἡ Ἑλένη ἐστίν. So erscheint bei ihm (a. a. O. 20, 2) auch Kroisos: οὗτος δὲ Κροῖσος.

Der vielbeschriebene [1]) und auch genügend abgebildete [2]) reichverzierte marmorne Lehnsessel des Potamon steht noch im Hofe der Mitropolis [3]). Vielleicht ist dieser Sessel das einzige Stück, welches uns von der Pracht im Theater von Mytilene, wenn er aus demselben herstammt, noch eine Anschauung gewährt.

So weit reicht das, was ich über Alterthümer in dem Hauptorte der Insel während eines Aufenthaltes von im Ganzen sieben Tagen in Erfahrung bringen und mir bemerken konnte.

Ich verliess Bargiglys gastliches Haus und die Stadt am 25. Juli gegen 5 Uhr Nachmittags, um die Rundreise durch die Insel anzutreten. Zuerst folgte ich der Ostküste gen Norden und hatte zu meinem ersten Quartiere das Dorf Sarlutza, wie die Türken es nennen, das heisst die gelben Bäder, oder Thermi, wie die Griechen es von benachbarten heissen Quellen nennen, mir ausersehen. Ich habe nirgends auf meinen Reisen so viele Wanzen gefunden, wie in diesem Thermi. Ich trat also meinen Weg nach Mittag an; das Packthier und mein Diener waren schon früher voraufgegangen. Als die letzten Häuser der Stadt hinter mir waren, ritt ich am Ufer des verlassenen Nordhafens hin an einem türkischen Begräbnissplatze vorbei. Unter den Grabsteinen mit ihren Turbanköpfen und in der Einfriedigungsmauer war viel altes Material noch zu erkennen, doch Nichts von irgend welcher Bedeutung im Einzelnen. Auch weiter am Wege lag hie und da ein altes Bruchstück. Die unmittelbare Nähe des Strandes etwa da, wo der Hafen zu Ende ist, verlassend, traten wir in die ausgedehnten Olivenpflanzungen, ganze künstliche Wälder, ein, die offenbar sehr wohl kultivirt die ganzen Höhen der Umgegend hier überziehen. Nicht allein auf Reichthum an Produktion deutet hier Alles hin, auch reich für das Auge an Formen und Farben war die Landschaft: zunächst umher die Höhen vom Fusse herauf mit den graugrünen Oelbäumen besetzt, dahinter heben sich Bergreihen in andern bläulichen Farbtönen, Landspitzen springen ins Meer, auf einer nach Süden das Gewimmel der Häuser von Mitilini, dann das Meer, und jenseit die verschiedenen durch eben so verschiedene Farben von einander gesonderten Bergreihen von Kleinasien, auf die sich an einer Stelle ein Regenwetter niederliess, das in massigen weissen Wolken am Himmel stand. In solcher Natur spielt der Roman des Longus. Es giebt ganz andere, kahle und unfruchtbare Landstriche auf der Insel; auch hierin ist die Südostseite, das Gebiet der Hauptstadt bevorzugt [4]). Allmälig näherten wir uns dann wieder der Küste und liessen eins nach dem andern die Dörfer Morea, Kephaloni, Baflah höher zur Linken liegen. Die ersten erheblichen Spuren griechisch-römischer Vorzeit begegneten auf dieser Strecke an einer kleinen Kapelle des heiligen Nikolaos bei ein paar Landhäusern oder πύργοι. Diese sind in der That

---

1) C. I. gr. n. 2182. Vergl. Newton in Gerhards arch. Anzeiger 1854, S. 515 f.

2) In der stattlichen Abbildung bei Texier voyage en Asie mineure pl. 128 sind die seitwärts gewandten Löwenköpfe der Flügelthiere an den Seitenlehnen Ergänzung und vielleicht keine richtige. Pococke (III, Taf. 89) zeichnet Vogelköpfe, so dass wir in Einklang mit den übrigen Apollinischen Abzeichen des Sessels die gewöhnliche Gestalt von Greifen haben. — Ueber die Schlange in dem *Dreifusse* vergl. Stark Niobe S. 162. Die bis in das Mittelalter hinein bekannt gebliebene (s. B. Expédition scientifique de Morée III, pl. 85, Fig. III) Figur am Fussschemel erklärt Wieseler für Delphyne (Gerhards arch. Zeitung 1855, S. 141 f.).

3) Boutan a. a. O. S. 293 spricht von den Stufen eines grossen Gebäudes aus dem Alterthume im Hofe der Mitropolis (elles sont encore à la place qu'elles occupaient dans l'antiquité). Er wird doch nicht die Stufen meinen, auf denen der Sessel des Potamon steht. Alte Stufen habe ich nicht gesehen.

4) hier besonders passt das εὔδενδρος als Bezeichnung der Insel: C. I. gr. 2019.

in der Gestalt kleiner fester Thürme von Steinen gebaut, erklärlich genug bei der früher ausserordentlichen Unsicherheit der Küstengegenden. An der genannten Kapelle sind zwei Reliefsteine eingemauert, welche nach Kieperts Zeichnung schon früher herausgegeben sind (Annali dell' instituto di corr. archeol. Band XIV, 1842, S. 148 f., tav. d'agg. Q, 7. 8.) und zwar der eine fast so gut, wie es das verwitterte Original erlaubt. Ein scheinbar waffenloser Mann liegt vor einem Buckelochsen, auf den doch wohl der übergeschriebene Namen Ἐλὰς zu beziehen ist. Der Buckel des Thieres besteht aus zwei Höckern, von denen der hintere am höchsten ist. Ein Gurt um den Leib des Thieres ist auf Kieperts Zeichnung nicht angegeben. Das Ganze wird jedenfalls eine Scene aus dem Amphitheater sein. Der zweite Stein ist der Grabstein eines Gladiators [1]), der als solcher bei Kiepert nicht zu erkennen war. Von der schweren Bewaffnung ist namentlich der Helm auf dem Kopfe noch deutlich erhalten. Die Inschrift schrieb ich so ab:

ΙΙ . ΑΝΕΛΟ

Die drei ersten Züge, welche Kiepert ΜΔ schrieb, fand ich in ihrem oberen Theile ganz verwischt. Franz las Μαδύλος, auf das ο folgte auf dem Steine aber kein Buchstabe mehr. Auch das Fragment einer Weihinschrift an Hadrian auf Taf. IX, 3, in welcher der Kaiser Ὀλύμπιος, σωτήρ, κτίστης heisst [2]), schrieb ich von der Wand der Nikolaoskapelle ab. Einen Grund, an dieser Stelle einen alten Bau anzunehmen, giebt das Alles noch nicht, da die Steine zum Kirchenbau von einem andern Orte hergebracht sein können. Weiterreitend kam ich bei den warmen Bädern vorbei, beeilte mich aber um noch vor Dunkelwerden Thermi, dieses winklige und schmutzige Dorf, zu erreichen. Am folgenden Morgen ritt ich dann zu näherer Besichtigung denselben Weg wieder ostwärts hinunter etwa eine halbe Stunde weit bis in die flache Strandebene zu den Bädern, die heutzutage ein trübseliges Bild von Schmutz und Verkommenheit bieten. Einige halb in Ruinen zerfallende Häuser liegen um die beiden innen gewölbten Gebäude herum, in denen ein grosses ausgemauertes Becken das warme Wasser aufnimmt. Eine entsetzlich dumpfe Luft war in diesen Badehäusern. Ich fand sie so gut wie leer. Nur in dem einen lag ein Kranker seitwärts auf einer Pritsche; ein altes Weib bei ihm, seine Wärterin, forderte mich zur ärztlichen Besichtigung ihres Pfleglinges auf. Im Freien war ein einziges schattiges Plätzchen, wo ein Türke sein Nargileh zur Kaffeetasse rauchte. Bis zum Strande hin mag es noch etwa zehn Minuten sein; da stehen ein paar Magazá und einige Kaike lagen grade an dem kleinen Landeplatze, der Skala, wie der auch hier heisst. So fand ich die Thermen von Mytilene. Alljährlich am Feste des heiligen Konstantin, am 21. Mai alten Styls, ist eine grosse Panigyris hier, die viel Zulauf hat — also doch noch Etwas dem Leben entsprechendes, das hier im Alterthume am glänzenden Badeorte sich bewegt haben muss. Manche Trümmer zeugen noch heute davon, welche ältere Reisende indessen weit besser erhalten gesehen haben; Pococke erwähnt besonders die Ueberreste einer Säulenstellung, die von Süden auf die Bäder zulief. Jedenfalls waren an dem offenen sandigen Strande Vorkehrungen zur Aufnahme der Schiffe gemacht, welche Besucher herbeibrachten, da Mancher gewiss die Wasserfahrt auch von der Hauptstadt her dem Landwege vorzog. Die englische Karte giebt auch wirklich den Steindamm an der Skala als alt an [3]). Sonst sind jetzt nur noch einige Bau- und Inschriftsteine zu sehen, manche sind an einem Brunnen und in den Badehäusern verbaut; auch sollen Münzen häufig in den Feldern gefunden sein [4]). Von den Inschriften haben frühere Reisende schon manche abgeschrieben und mitgetheilt [5]) von diesen fand ich aber nur noch einige wenige

---

1) Gladiatoreninschrift nahe bei den Thermen. C. J. gr. II add. n. 2194 b.

2) cf. C. J. gr. 2179.

3) Boutan a. a. O. S. 291 f. beschreibt allerlei kleine Ueberreste; die von ihm gegebene Inschrift steht in C. J. gr. 2176. Die auf der englischen Seekarte angegebenen Ruinen sind Reste jüngerer Zeit ohne Form und erkennbare Bedeutung.

4) Auch byzantinische mit dem Namen Phokas s. Ausland 1864 S. 643.

5) C. J. gr. 2171 — 2173, 2175, 2176 (am Brunnen), 2185 „prope Mytilenas in D. Irenes" ist an demselben Brunnen, 2186 (ist jetzt zerstört), 2188, 2189 — 2191. Nur die gesperrten Nummern fand ich.

vor, ausserdem an der dem Ufer nahegelegenen Windmühle eine bis jetzt noch nicht bekannte (Taf. IX, 2): Ἀ]γαθῇ τύχ[ῃ.] ἁ [β]ώλα καὶ ὁ δᾶμ[ος Πού[λι]ον Ἰούλιο — ω υἱὸν Ἴταλον [τ]ὸν ἱρέα καὶ ἀρχ[ιερέα καὶ ἀ]γωνοθέτα[ν καὶ πα]νηγυριάρχα[ν εὐ]σε[βεί]ας μὲ[ν πρὸς τοὺς θεοὺς[, φιλοτ]ε[ι]μίας [δὲ πρὸς τὰν πόλιν — κατ? Die Würde des Agonothetes und Panagyriarches, die aus den andern Inschriften bekannt ist, gilt den grossen Festfeiern bei den Bädern [1]). Von dem Platze der Bäder sind offenbar auch die Inschriftsteine hergenommen, die ich nach meiner Rückkehr im Dorfe Thermi fand, das Bruchstück auf Taf. IX, 4 bei der Kirche der Panagia, ein anderes (Taf. IX, 5) an einem Hause und endlich an der Moschee des Dorfes verbaut die auf einem grauen Marmor schön erhaltene Weihinschrift der Athenerin Archippa an die gebeterhörende Artemis von den Bädern (Taf. IX, 6) [2]). Der Stein, 0,73 Meter breit und 0,58 hoch, war offenbar der Untersatz eines Weihgeschenkes; die Inschrift steht nahe dem oberen Rande der Vorderseite. Wie auch früher bekannte Inschriften zeigen, war die Artemis die Ortsgöttin [3]), ihr galten die grossen Festfeiern, von ihr erflehte man Heilung, sie gab in den Quellen die Gesundheit, wie es bei den Alten nicht nur einen Asklepios als Heilgott gab, sondern verschiedene Götter zu Heilgöttern werden konnten. Auf Lesbos kommen warme Quellen auch noch an andern Stellen vor; so wurden mir solche genannt zwischen Skamniá und Jeniliman im Nordosten der Insel, zwischen Molivos und Argenos, zwischen Polychnitis und Vrisiá, die letztgenannten angeblich besonders heiss, wie auch Landerer [4]) nach Mittheilungen eines geborenen Lesbiers kürzlich berichtete. Diesem Berichte entnehme ich auch das Vorhandensein heisser Quellen am Wege von Mitilini nach Morea, der sogenannten Thermelia, und anderer bei Plumari im südwestlichen Theile der Insel, diese nach einer versteckt gelegenen Kapelle der heiligen Jungfrau, der Theotókos Kryphti, benannt. Sie sollen dicht am Meere zum Vorschein kommen, können also doch nicht ganz nahe bei Plumari liegen. In ihrer Nähe ist etwa drei Fuss über dem Meeresspiegel eine Dunsthöhle. Endlich nennt dieser Bericht noch die Thermen τοῦ Κόρφου im Inneren des Golfs von Jero, die ich selbst auf meinem weiteren Wege besucht habe [5]). Bei keiner von allen diesen andern Heilquellen findet sich, so viel ich erfahren habe, eine Spur der Benutzung im Alterthume, so dass wenigstens keine von ihnen eine solche Rolle gespielt haben kann, wie die Quellen von Sarlutza oder Thermi, deren Glanzperiode allem Anscheine auch der gefundenen Ueberreste nach in die römische Zeit fallen muss.

In Thermi musste ich durch Unwohlsein gezwungen einen Ruhetag machen. Der Blick wurde hier über den Olivenwäldern und dem glatten Meeresarme hin besonders von dem fernen Kas-Dag am Festlande, dem Idagebirge der Alten, angezogen. Erst am 31. Juli konnte ich meinen Weg nordwärts fortsetzen. In aller Frühe ritten wir aus. Der Weg, wie überall auf Lesbos nur für Reiter und Fussgänger gangbar, führte wieder durch wohlgehaltene Oelbaumpflanzungen, die auch hier Berg und Thal überdecken, bis wir das Dorf Mistegná erreichten. Weiterhin, wo das Türkendorf Kydóna oder Baltzik hoch oben links liegen blieb, nehmen diese Pflanzungen ein Ende. Es beginnen steinige Strecken überzogen nur mit dürrem Gestrüpp und Kraut; stellenweise fehlt auch dieses und das Gestein liegt kahl und nackt zu Tage. Die Küste, der wir entlang ritten, zieht sich hier eine grosse Bucht bildend einwärts. Man sieht auf die kleine Inselgruppe, die heute Kumákia heisst, gewiss die Leucae insulae des Plinius [6]), denn man kann

[1]) C. J. gr. 2184. 2185. 2187. 2189.

[2]) Bei Boutan a. a. O. S. 294. Θερμία ist nicht als Θερμιά (Meier Hall. allg. Lit. Zeit. 1837, S. 718) zu erklären.

[3]) C. J. gr. 2172. 2173. Boutan a. a. O. S. 290 giebt die Inschrift Μεγάλῃ Ἀρτέμιδι Θερμίᾳ (so) auf einem Altarfragment nicht weit vom Dorfe Morea. Derselbe spricht S. 190 von den Spuren eines ansehnlichen Tempels nahe dem Wege von Morea nach Thermi am Meeresufer gegenüber dem Dorfe Hadah. „Les murs sont tombés; l'oeil ne peut plus suivre que l'enceinte." Ich habe diesen Platz nicht bemerkt.

[4]) Nea Pandora 15. März 1864, danach im Auslande 1864, S. 643.

[5]) Eine grosse Rolle spielt für die nächste Umgegend die Quelle bei Lióta in der Nähe von Tolonia, die eine sehr abführende Wirkung hat. Am 23. August ist bei dieser Quelle eine eigene vielbesuchte Panigyris.

[6]) Nat. hist. V, 140: Leucae V, ex iis Cydonea cum fonte calido. Ueber eine solche Quelle habe ich nichts erfahren; es kennen wenige Leute die öden Inseln. Zunächst wird man Cydonea aber doch in der Gruppe suchen müssen, welche Cholerak-

wie er die Zahl angiebt, fünf grössere unterscheiden und nirgends kommt sonst um Lesbos eine solche Inselgruppe vor. Auf dieser einwärtsgebogenen Küstenstrecke kommen drei Mal tiefe ziemlich enge Thäler, die sich an der Mündung erweitern, herunter; sie führen ein kleines Wasser zum Meere, an dessen Ausflusse sich jedesmal ein Sanddamm quer vor gebildet hat. Auf dem linken Ufer des dritten dieser Flüsschen sieht man in einiger Entfernung aufwärts vom Meere eine Pappelgruppe. Der Platz, den ich unbesucht liess, heisst von jenen Bäumen Kavakli. Unzweifelhaft richtig setzt Anagnostis an dieser Stelle die alte Aigeiros an, der gewiss die Pappeln den Namen gegeben haben wie noch heute dem Platze. Anagnostis[1], dessen Angaben ich wörtlich unten anführe, spricht von alten Ueberresten, von denen wir allerdings nicht sicher erfahren, ob sie neueren Zeiten angehören; die Worte des Strabo (XIII, C. 617) lassen aber keinen Zweifel über die Lage von Aigeiros, sei es auf der Stelle, sei es in der allernächsten Umgebung von Kavakli. Bedeutende Ruinen, Mauern z. B., können wir überhaupt nicht erwarten, da Aigeiros ein offener Ort, ein κώμη war. Strabo schreibt wie folgt: ἐν δὲ τῷ μεταξὺ Μυτιλήνης καὶ τῆς Μηθύμνης κατὰ κώμην τῆς Μηθυμναίας καλουμένην Αἴγειρον στενοτάτη ἐστὶν ἡ νῆσος, ὑπέρβασιν ἔχουσα εἰς τὸν Πυρραίων εὔριπον σταδίων εἴκοσι. Der Euripos der Pyrrhaier ist der Golf von Kalloni, wie Niemand bezweifelt hat und bezweifeln kann, die schmalste Stelle der Insel zwischen diesem Golf und dem Nordmeere ist nach der Bucht von Kavakli hinüber, Kavakli liegt ausserdem auf dem Wege von Mytilene nach Methymna und zwar näher an Methymna, so dass es eher zu dessen Gebiete gehören konnte. Die Zahl von zwanzig Stadien ist nun allerdings zu gering; im Dorfe Argenna taxirte man mir die Entfernung von da nach Petra, die etwa der Breite des Isthmos zwischen dem Golfe von Kalloni und Kavakli entspricht, auf drei Stunden Weges. Es liegt auf der Hand, dass diese Unrichtigkeit der Zahl bei Strabo nicht das Geringste gegen die Ansetzung von Aigeiros bei Kavakli beweist[2]. Ich hatte also diesen Platz unbesucht gelassen; ich hörte damals Nichts von alten Resten dort. Weiterhin wandten wir uns bald die Küstennähe verlassend bergaufwärts und als wir die ersten Höhen hinter uns hatten, begegneten uns wieder als Spuren naher menschlicher Thätigkeit einige Oelbäume. Wir waren von Thermi ab fünf Stunden unterwegs gewesen, als wir in einem höher und ausser Sicht des Meeres gelegenen flachen und kahl steinigen Bergthale das grosse Dorf Mandamados erreichten, wohin sich in den Seeräuberzeiten das ganze Leben von den nächsten Küsten zurückgezogen hat.

Im Kaffeehause von Mandamados, wo ich mit den Pferden Halt machte, erwartete mich die verwunderliche Ueberraschung, von einem Alten, der aus einer Ecke zum Vorschein kam, auf einmal in meinem lange nicht gehörten Deutsch angeredet zu werden und in ganz gutem Deutsch, nicht wie es sich

---

Gouffier schon richtig benannte, während er die Insel Cydonea ganz abliegend von den übrigen vor der Bucht der grossen Thermen ansetzt. S. die Karte bei Plehn. Für die Ansetzung der [illegible] κῶμαι vermag ich weiter Nichts beizubringen, als was Strabos (IX, 440) Worte bieten: τῆς δὲ Μυτιλήνης ἀπὸ πεντήκοντα σταδίων εἰσὶ [illegible] κῶμαι κατὰ τὴν ἐπὶ Μηθύμνης ὁδόν.

[1] a. a. O. S. 49, Anm. 20: Αἴγειρος. Τῆς Αἰγείρου σώζονται ὀλίγα ἐρείπια ἐκεῖ, ὅπου εἶναι τὸ τὴν σήμερον λεγόμενον τουρκιστὶ „Καβακλί" [illegible] λέξις, ἥτις σημαίνει [illegible] αἰγείρων (λευκῶν, καβακίων) τόπον, καὶ ὅπου ὑπάρχουσι [illegible] τοιαῦτα δένδρα, καὶ φαίνεται ἐκ τούτου ὅτι καὶ ὠνομάσθη, καὶ ὄχι ἐξ [illegible] ὑπὸ τῶν ἀρχαίων μας ἐκαλεῖτο Πόλις Αἴγειρος. καὶ ἕως ὅτου ὑπῆρχε τὸ χωρίδιον τοῦτο, ἢ μᾶλλον Παλαίγειρος, καὶ οἱ κάτοικοι Παλαιγειραῖοι, ἕως πρὸ μιᾶς ἑκατονταετηρίδος σχεδὸν κατοικούμενον ὑπ' ὀλιγίστων τινῶν ἀθλιεστάτων οἰκογενειῶν, [illegible] παρά τινι τῶν ἰσχυρῶν ἐπὶ τῆς νήσου Τούρκων (ἐκ Καλλονῆς), ὅστις αὐτὸ ἐξουσίαζεν. Ἐκ τῶν οἰκογενειῶν τούτων μετῴκησαν τῷ χρόνῳ ἄλλαι μὲν εἰς τὴν δύο ὥρας [illegible] αὐτόθεν ἀπέχουσαν πατρίδα μου Μανδαμάδον, ἄλλαι δὲ εἰς τὸ χωρίον Μηστεγνά. Σήμερον ἐξουσιάζεται τὸ μέρος τοῦτο ὅλον ὑπὸ χριστιανῶν συμπατριωτῶν μου, ἀγορασθέν. S. 156 kommt in einem alten Verzeichniss von Ortschaften, die zum Erzbisthum Mitilini gehörten, aus einer Handschrift unter n. 27 der Ort Ἴγειρος vor. Der Herausgeber hält ihn für den sonst Παλαίγειρος, jetzt Kavakli genannten Platz. S. 186 kommt er noch einmal auf Aigeiros (Καβακλί: εἶδος λευκῶν ἢ καβακίων) ὅπου σώζεται καὶ ναΐδιον „ἡ Ἁγία Μαρίνα" καὶ ἐρείπια, καὶ [illegible], καὶ [illegible] τάφοι κτλ..

[2] Auf der Karte Choiseul-Gouffiers, auch bei Plehn ist Aigeiros zu weit südlich angesetzt; die Form der Insel ist dort aber auch ganz ungenau. Auf Boutans gänzlich falsche Ansicht über die Lage von Aigeiros muss ich noch bei Besprechung der Ruinen von Kerokastrini an der Westseite des Golfs von Kalloni kommen.

sonst wohl über die Grenzen des österreichischen Kaiserstaates hinaus in die Türkei verliert. Der Mann war der Dr. med. Photidis, er hatte längere Jahre in Deutschland Universitäten besucht, sich später aber wieder in sein abgelegenes Heimathsdorf Mandamados zurückgezogen, hatte statt unserer Tracht die Hosen wieder angezogen, wie man das beim Volke in Griechenland nennt, das heisst das weite Beinkleid, das charakteristische Kleidungsstück in der Tracht der Inselgriechen. Er citirte im Gespräche mit Vorliebe Stellen aus Schiller, wozu er wohl lange nicht Gelegenheit gefunden haben mochte, schien sich übrigens in seiner geistigen Einsamkeit ohne besondere Thätigkeit ganz wohl zu fühlen. Er sei leider zu wohlhabend, meint Anagnostis, der ihm auch ein Kapitel unter den grossen Männern von Lesbos gewidmet hat, sonst würde er der Welt mehr nützen. Mir ist er indessen mit freundlicher Auskunft, wo ich nur wünschte, zu Hülfe gekommen. Vor Allem durfte ich mich nun dem Wege zu der Hauptmerkwürdigkeit von Mandamados, dem wunderthätigen Bilde des heiligen Erzengels Michael (ἅγιος Ταξιάρχης) nicht entziehen. Ich selbst wollte auch gern die von Anagnostis weitläufiger geäusserte Vermuthung, dass das Bild ursprünglich heidnisch sein und einen Apollon darstellen könne, untersuchen. Es ist nämlich ein Reliefbild, als solches übrigens eine seltene Erscheinung im griechischen Kultus und gegen die strengste Satzung über den Bilderdienst verstossend. Der Despotis von Mitilini soll ihm auch seine Anbetung versagt haben. Es war grade ein Sonntag, so warteten wir früh erst das Ende der Liturgie ab, ehe wir zur Kirche, welche in einer Gegend, die sie Λεβάδος nennen, ausserhalb des Dorfes steht, hinausgingen. Mit Geschichten von der Wunderkraft des Bildes und wie es furchtbar anzuschauen dastände, war ich schon am Abende vorbereitet. Als wir ankamen, war die Kirche noch voll Frauen, die den Fremdling neugierig angafften. Mein Führer brachte mich vor die reiche Altarwand; da sah mir zur Rechten vom Pfeiler der grosse braune Kopf mit eingesetzten weissen Augen aus seiner Goldfassung heraus. Wenn ich mein Kreuz machte, meinte mein Führer, würde es mir nicht schaden, wenn ich auch nahe ginge. Ich that es auch ohne das und gewann wenigstens gleich die Sicherheit, dass das Bild byzantinische Arbeit und nicht etwa ein antikes Werk sei. Wie wir wieder hinausgingen, sassen noch immer einige von den Weibern vorn in den Stühlen in stillem Anschauen ihres Wunderbildes versunken, an dem die Andacht mancher Tausende gehangen hat.

Den Tag über blieb ich in Mandamados; es gab einen tüchtigen Regen, etwas in dieser Jahreszeit hier ganz Unerhörtes und für die Leute um so störender, da sie grade an dem Tage, es war der Eliastag, in ein paar kleinen Wölkchen ein Zeichen zu erwarten pflegen, ob es für die Oelbäume günstiges Wetter geben wird. Der Regen lag nun ausser aller Berechnung, und so war namentlich mein Wirth, der als Oelmüller besonders bei der Frage interessirt war, ganz rathlos.

Der folgende Morgen wurde zu einem Ausfluge nach einer Kirche des heil. Stephanos am Meere den Kumakia-Inseln gegenüber bestimmt, weil dort eine Inschrift zu finden sein sollte. Die bergigen Strecken, durch die wir hinabritten, waren eben so dürr und nur mit Gestrüpp bewachsen, wie die zwischen Mistegná und Mandamados. In der Richtung nach Süden sah man den fernen Gipfel des Eliasberges, besonders reich aber war der Blick auf die Bergreihen Kleinasiens und das Meer mit den vielen eingestreuten Inseln, weithin jenseits den Muskonisia, ganz nahe dem Kumakia. Ziemlich nahe dem Strande zwischen Oelbäumen liegt das Kirchlein des heil. Stephanos und in ihm am Fussboden fand ich sogleich die gesuchte Inschrift (Taf. X, 1)[1]. Sie steht auf einem grauen Marmor, 0,97 M. lang und 0,40 hoch. Nur im ersten Anfange der Zeilen sind Buchstaben ganz glatt weggewischt. Es war gewiss der Untersatz einer Statue und zwar der Tochter eines Dejotaros, ihr vom Volke errichtet als der Wohlthäterin der Stadt. Ὁ δᾶμος ..οβογιόναν Δηϊοτάρω εὐεργετήσαισαν τὰν πόλιν πολλὰ καὶ μεγάλα ἀρετᾶς ἔνεκα [κ]αὶ εὐνοίας εἰς ἑαυτόν. Der Name der Geehrten ist offenbar ein galatischer; sein Schlusstheil βογιόναν ist wie in Tolistobogoi. Den Vater kann man für einen der galatischen Fürsten selbst halten. Aber welches ist die

[1] Nicht ganz genau und sehr missverstanden findet sich die Inschrift bei Anagnostis a. a. O. S. 184.

Stadt? gehört der Stein ursprünglich hierher? er könnte sogar vom gegenüberliegenden Festlande hergebracht sein. Von Ueberresten einer Stadt in dieser Küstengegend konnte ich Nichts in Erfahrung bringen, suchte mich aber auch selbst durch einen kleinen Streifzug zu überzeugen. Gleich unterhalb der Stephanoskapelle an einer kleinen Küstenbucht liegt die Gegend Μυριάτρι oder Μυριώδρι, wie andere es andeuten; hier sind Pflanzungen um einen kleinen Wasserlauf. Von Myriatri gegen Norden der Küste folgend kam ich in eine zweite Niederung am Meere auch mit einem kleinen Wasserlaufe und mit Anpflanzungen. 'Ασωτές heisst die Stelle. Hier sah ich Ueberreste eines Ortes verstreut, viele Steine, Ueberbleibsel von Kirchen, Brückentrümmer, aber nichts Altes war zu finden. Endlich wieder weiter kam ich bis zum Palaio-Limani, wo ein Magasi und einige andere Häuser liegen. Es ist hier nämlich ein Ueberfahrtsplatz nach den Muskonisia und eigentlich die Skala von Mandamados. Jetzt soll sich der Verkehr allerdings mehr nach dem auch auf meiner Karte angegebenen Joni-Limani hinziehen. Vom Palaio-Limani aus sah man ein paar Schiffe, die Oel einnehmen wollten in einer kleinen Hafenbucht der grössesten der Kumakis-Inseln liegen. Auf dem Rückwege nach Mandamados passirten wir noch die wüsten Stellen mehrer früherer Dörfer. Alle Bewohnung ist, wie schon gesagt, in den Schreckenszeiten des Seeraubes landeinwärts gescheucht, hier zunächst nach Mandamados. So viel war mir auf meinem Ritte heute klar geworden, dass an einer oder an mehren dieser kleinen Küstenbuchten, die im Alterthume wie heute Ueberfahrtsplätze nach den Hekatonnesoi, besonders nach Pordoselene, nach Herakleia boten, damals auch Ansiedlungen gelegen haben müssen. Aber von einer Stadt, die auf der Inschrift genannt wird, ist weder eine Nachricht noch eine Spur erhalten, da die Trümmer von Aniktós neueren Ursprunges sind. Ich bleibe deshalb dabei, dass die Inschrift im Agios Stephanos nicht an ihrem ursprünglichen Orte mehr ist, vielmehr wahrscheinlich vom Festlande oder etwa aus den Ruinen von Pordoselene herstammt, und will dafür als bestimmten Grund noch geltend machen, dass wir nach unsern Nachrichten, namentlich auch nach den Erwähnungen der Gebietsgrenzen von Mytilene und Methymna, entschieden leugnen müssen, dass zur römischen Zeit, in die die Inschrift gehört, eine Stadt, wie sie doch in der Inschrift genannt wird, in dieser Küstengegend gelegen haben könne.

Von Mandamados erwähne ich noch als eine Thatsache, die für die an griechische Vasenkunde sich knüpfenden Fragen vielleicht einmal Beachtung verdienen kann, dass im Orte sehr viel Thongeschirr gemacht wird. Auch bei dem Perama am Golfe von Jera wird Töpferei getrieben. Eines Töpfers Sohn von Mitilini, Barbarossa, war einst der Schrecken des Mittelmeeres.

Bei der übrigen Dürftigkeit an archäologischer Ausbeute freute ich mich in Mandamados einen merkwürdigen Amuletstein (Taf. X, 4 a—4 d) [1]) erwerben zu können. Der Mann, der ihn mir verkaufte, sagte, er sei in der Anatoli gefunden. Der Stein ist schwarz, auf beiden Seiten flach mit abgeschrägtem Rande. Auf der kleinen Fläche (4 b) befindet sich ziemlich roh geschnitten ein Amor, geflügelt, mit dem Köcher auf dem Rücken und Pfeil und Bogen wie zum Schusse ansetzend in den Händen. Unten vor ihm sieht man eine aufrecht brennende Fackel. Die Umschrift ist mir unverständlich, dagegen steht auf der andern grösseren Flachseite (4 c) offenbar als ein Gebet an den Amor gedacht: Δὸς τὴν ψυχὴν ἐμοὶ τῷ φοροῦντι Σεκουνδίλλης, mache mir dem Träger des Steines die Secundilla geneigt! Zur Verstärkung des Zaubers, der ohne Zweifel dem Steine angetraut wurde, laufen gewiss absichtlich unverständlich gebildete Schriftzeichen um den Rand herum (4 a).

Mit Sonnenaufgang verliess ich am 8. August das gastliche Dorf. Der Weg nach Molivos führte gleich bergan, das Türkendorf Kukumido blieb rechter Hand, dann durchritten wir Karpi oder Kapi [2]), wie ich

---

[1]) Die Seitenansicht 4 d giebt die Grösse des Originals, das in der übrigen Abbildung etwas vergrössert ist. Der Stein ist jetzt im Besitze des Herrn Professor Otto Jahn in Bonn.

[2]) Es liegt nicht der geringste Grund vor, bei Kapi das alte Nape anzusetzen, wie Boutan es thut. Pichons Karte nach Choiseul-Gouffier setzt es nur ungefähr in diese Gegend. Wir wissen aber über die Lage dieses Ortes Nichts, als dass er zum

es sprechen hörte. Nun zieht sich der schlechte und steinige Weg aufwärts an dem Hauptstocke der Gebirge [1]), dem Lepetymnos [2]) der Alten, hinauf. Je mehr wir die Felshöhen hinan stiegen, wo nur Farren und andere kleine Kräuter fortkommen, desto mehr entwickelte sich die Aussicht herrlich und weit nach Osten zurück; um die zahlreichen Inselchen der Muskonisia schwebten die Morgennebel, daneben breitete sich glatt der Meeresarm, blitzerte von der Morgensonne diesseits in den Buchten und um die Vorgebirge von Mitilini, jenseit begränzt durch die Bergreihen Kleinasiens von da, wo sie auf der einen Seite sich weit in die Tiefe des Golfs von Adramytti zurückziehen, bis da, wo es am andern Ende nach Smyrna geht. Sobald wir hinüber auf die Abdachung des Gebirges nach Norden hin kamen, trat an die Stelle dieses reichen Bildes die einfache Küstenstrecke des südlichen Troas. Unten liegt das Dorf Skamnià mit einem kleinen Hafen, einer Ueberfahrtsstelle nach Bechram, dem alten Assos. Erst als wir um eine Bergecke bogen, übersah man die Küste von Troas ganz bis zum Kap Baba (Λεκτόν); im Meere drüber erschien Tenedos als schmaler niedriger Streifen mit der kleinen Eliaskuppe rechts, darüber hin Imbros mit höheren Bergen und wieder weit darüber aufsteigend mit einigen weissen Wölkchen umgeben der Bergrücken von Samothraki. Im offenen Meere liegt die niedrige Limnos mit dem Athos dahinter. Das Alles überstandene Freuden und Leiden für mich. Weiter blieb rechts unten das Türkendorf Chalka liegen und dann erreichten wir Argina, das an den Berghängen von reichen Gärten mit Fruchtbäumen, besonders auch Kastanien umkränzt liegt. Ein buntes Bild boten unten am Brunnen unter der belllaubigen Plantane die waschenden Frauen. Das Gebirge steht hier mit besonders steilen Wänden. Bald wurden die Umgebungen des Weges dann wieder trocken und steinig, das Kastell von Molivos erschien und um Mittag, mit Abrechnung der Aufenthalte nach einem Ritte von ungefähr sechs Stunden erreichten wir den Ort. Am Wege sahen wir an einer kleinen Wasserleitung arbeiten.

Die Berghöhe, auf welcher Molivos liegt, bildet eine Nordwestspitze von Lesbos, am nächsten dem Vorgebirge Lekton gegenübertretend. Das ältere Quartier des Städtchens liegt hinter dem Kastelle, welches den Gipfel der Anhöhe einnimmt, versteckt gegen das Meer; die Stadt sah also damals aus, wie so viele in den Seeräuberzeiten, als man die Ansiedlungen so wenig wie möglich dem Meere nahe brachte. Jetzt dehnt sich der Ort sorgloser weit um das Kastell herum aus, noch hoch am Berge aber, so dass man von günstig gelegenen Häusern herab das Meer übersieht und die weitere Nordwestküste der Insel. Erfrischend weht der Seewind in das hohe Städtchen hinein. Von dem Platze des heutigen Ortes zieht sich ein hakenförmiger Vorsprung, nach Süden zu besonders steil abfallend, als letzter Auslauf des Landes in das Meer hinaus; er schützt die Bucht von Molivos vor den Nordwinden. Auf seiner jetzt beackerten Oberfläche lässt sich in Steinbrocken und Scherben über die Felder hin die Spur der alten Methymna verfolgen, ohne dass irgend ein Bau, auch nicht die Stadtmauer, noch zu erkennen wäre. Nur eine tiefe Zisterne hat man gefunden. Wasser zu sammeln war hier besonders wichtig, da es dem Stadtplatze an Quellen fehlt, ein Mangel, an dem Molivos in den letzten Jahren wieder gelitten hat, seit eine kleine Wasserleitung, mit deren Ausbesserung man längs des von Mandamados kommenden Weges eben bei meiner Anwesenheit beschäftigt war, verfallen lag. Man musste das Wasser auf Thieren in die Stadt holen. Nahe der west-

Gebiete von Methymna gehörte: Strabos Worte (S. 426) ἐν τῷ Μηθυμναίῳ πεδίῳ gehen [illegible] auf die Ebene dicht unter Molivos.

1) Entstellt aus Agios Ilias.

2) Diese Ansetzung des Lepetymnos ist in der That unzweifelhaft richtig, wie namentlich aus der mehrfach erwähnten Lage in der Nähe von Methymna (Molivos) hervorgeht s. die Stellen bei Plehn a. a. O. S. 9. Zander a. a. O. S. 8. Auch die Vermählung der Methymna mit dem Lepetymnos in der Sage gehört dahin s. bei Plehn a. a. O. S. 26. Der höchste Berg der Insel ist er nicht, wie die sorgfältigen Messungen auf unserer Karte zeigen. Boutan (s. a. a. O. S. 334 f.) hat den Gipfel erstiegen und nur die Ruinen einer Kapelle oben gefunden, während die Alten von einem Apollotempel, von einem Palamedesheiligthum und einem Heroon des Lepetymnos sprechen, bei welchem letztern sich nach der Angabe des Methymnaeers Myrsilos bei Antig. Caryst. c. 17 zwei Raben aufhielten. Nach Anagnostis nennen die Schiffer den Berg jetzt Karakas.

lichsten Spitze jenes äussersten Vorsprunges auf seiner Südseite ist ein kleiner künstlicher Hafen, in dem ich ein neugebautes Schiff liegen sah; der Molo rührt deutlich zum Theile noch aus dem Alterthume her. Diese Gegend besuchte ich gegen Abend zusammen mit meinem achtungswerthen freundlichen Wirthe, dem alten Lehrer Niketas, noch einem Zöglinge der früher nicht unbedeutenden Schule in Kydoniäs (Aivali). Ich kaufte von einem Manne auf diesem Wege den angeblich am Orte gefundenen vertieftgeschnittenen Stein, der in der Originalgrösse auf Taf. X, 3 abgebildet ist. Die Umschrift Ἐπαφρόδιτος zeigt ohne Zweifel den Besitzer an. Das Bildwerk stellt den Asklepios seiner ganzen Erscheinung und Tracht nach in der im späteren Alterthume üblichsten Weise [1]) dar, die Rechte auf den schlangenumwundenen Stab gestützt, aber auf der offen ausgestreckten Linken eine mit dem Kranze und vielleicht der Palme ausfliegende Nike haltend; vor ihm steht ein Gewächs, im Originale einem Weinstocke mit einer Traube am ähnlichsten. Ein Asklepios νικηφόρος ist wohl etwas Neues, aber nichts Auffallendes; ausser Zeus und Athena mit der Nike haben wir eine Ἀφροδίτη νικηφόρος (Paus. II, 19, 6), eine Ceres mit einem Victoriabilde auf der Rechten in Enna (Cicero Verr. IV, 49) und es werden sich wohl noch andere Beispiele finden lassen [2]), dass verschiedene Gottheiten in verschiedenem Sinne als sieggebende angesehen werden konnten. Auf dem Steine des Epaphroditos könnte es sogar Privateinfall des Besitzers sein, wenn der etwa ein Arzt war. Dann hat Asklepios den Weinstock als ein heilkräftiges Gewächs neben sich. Diese Beziehung des Weinstockes zum Asklepios halte ich aber auf jeden Fall, mag Epaphroditos ein Arzt gewesen sein oder nicht, für höchst wahrscheinlich, da der Stein von Lesbos und aus Methymna stammt. Preist doch Athenäus den süssen Lesbier als εὐστόμαχος und empfahl der gewichtige Ausspruch des berühmten Arztes Erasistratos den Lesbischen Wein, grade den Methymnäischen aber lobt neben dem von Eresos Galen [3]). Der Styl in Schrift und Bild setzen meinen Stein in die römische Zeit.

Auf der türkischen Feste, zu der ich nach einem Besuche beim Aga Zutritt erhielt, fand ich nichts Erhebliches weder für Gegenwart noch für Vergangenheit. Ausser dem Kommandanten, seinem Sohne und zwei andern Individuen war Niemand oben; die übrige Mannschaft bestand aus einigen einheimischen Türken, die den Tag über in Arbeit gehen und Abends zur Bewachung hinaufkommen. Von Kanonen waren nur einige alte da, die übrigen waren zur Zeit des Krimkrieges nach Konstantinopel geschafft — um sie durch bessere zu ersetzen, wie der Aga und der Kommandant behaupteten. An Alterthümern fand ich Nichts, als eine mittelalterliche Inschrift (Taf. X, 6), eingeschrieben über einer mit einem Perlstabe verzierten Marmorthür: Ἀνεκαινίσθη ἐπὶ Νικηφόρου τοῦ ἁγιωτάτου Μητροπολίτου καὶ πρωτοπροέδρου τῶν πρωτοσυγκέλλων ἐν ἔτει 6593 [4]) nach byzantinischer Rechnung d. i. nach Christi Geburt 1085. Mehr Ausbeute an Inschriften gab die Hauptkirche des ἁγίου Παντελεήμονος (Taf. X, 2. 5. XI, 1—3). Masse und Begrenzung des einen Steines (Taf. X, 2) vergass ich mir zu bemerken, so dass meine Abschrift der die Stücke eines Ehrendekretes der Methymnäer enthaltenden Inschrift dadurch etwas an Brauchbarkeit verliert. Bei einem zweiten Fragmente (Taf. X, 5. W. M. 0,21 M. hoch, 0,12 breit. Links die Kante des Steines erhalten) ist zu bemerken, dass in Zeile 15 der Steinmetz erst ΤΟΣ schrieb und dieses dann in ΤΟΥΣ corrigirte. Diese Inschrift steht nach Kieperts Abschrift bereits in C. J. gr. II. add. 2167 b. Ziemlich vollständig ist wenigstens der Anfang des grossen Ehrendekretes eines Aristophanes, Sohnes des Aristophon, erhalten (Taf. XI, 2), welches namentlich auch durch die Phyle Aiolis in Methymna, von der es erlassen ist, merkwürdig ist. Der Stein ist grauer Marmor, misst in der vollen Breite, da er links und rechts noch theilweise vollständig ist, 0,885 Meter und in der Höhe bis unter den obern ungeglätteten Rand 0,51 M. Ich bemerke noch, dass die Buchstaben nicht ganz στοιχηδόν geschrieben sind. Unter dem Kranze liest man:

---

[1]) O. Müller, Handbuch der Archäologie § 394, 1.

[2]) Müllers Denkmäler von Wieseler II, n. 259. 274.

[3]) S. die Stellen bei Plehn a. a. O. S. 7 f. Den Karieva mit Wein erwähnt Apulejus Flor. IV, 19.

[4]) Aus Versehen ist in der Lithographie die Jahreszahl weggeblieben. πρωτοπροέδρου τῶν πρωτοσυγκέλλων schreibe ich nach brieflich mir mitgetheilter Lesung des Herrn Professor Hopf, der auf Ducange glossar. p. 1471 verweist.

Ἀγαθῇ τύχῃ. Φυλαρχήσαν]τος τα[ῦ Ἀ]ντιπράτεο
τοῦ ———]εο, ἔδοξεν τῷ κοινῷ τῆς φύλης
τῆς Αἰολί[δο]ς· Ἐπειδὴ Ἀριστοφάνης Ἀριστοφῶντος ἐκκριθ]εὶς φυλάρχης ἐπεμελήθη τῆς φύλης
——— ας καὶ χορηγίας οὐδὲν ἐνλείπων,
ἀποδεικ]νύμενος τὴν εὔνοιαν ἣν ἔχει πρὸς
τὸ κοι]νόν, ἵνα οὖν καὶ ἡ φύλη φανερὰ γίνηται τιμῶσα-
σα τ]οὺς φιλοδοξοῦντας εἰς αὐτήν, ἀγαθῇ τύχῃ δεδό-
χ]θαι στεφανοῦν Ἀριστοφάνην Ἀριστοφῶντος κα[ὶ
——— αὐτὸν διὰ βίου τοῦ ἑαυτοῦ τοῦ Ἀπολ-
λ]ωνίου μηνὸς τῇ πέμπτῃ πρὸς τῷ ἱερῷ τῆς Ἀθηνᾶ[ς
ἀναγορεύοντος τοῦ κήρυκος· ἡ φύλη ἡ Αἰολὶς στεφανοῖ
Ἀρ]ιστοφάνην Ἀριστοφῶντος φυλαρχήσαντα ἀρετῆς ἕνε-
κ]εν καὶ εὐνοίας τῆς εἰς ἑαυτὴν στεφάνῳ χρυσῷ τῷ
——— σου τοὺς δὲ ἐπιμηνίους τοὺς ἀεὶ γινομέ-
ν]ους παρισ[τάν]αι αὐτῷ ἀπὸ τῶν μισθουμένων ἱερεί-
ω]ν ——— . . τὸν δὲ θύειν τῇ Ἀθηνᾷ ὑπὲρ ὑγιείας
καὶ σωτηρίας τῶ]ν συμφυλέτων, στεφανοῦν δὲ αὐτὸν
——— καὶ ἐν τῇ συνόδῳ μετὰ τὰς σπονδὰς
— ἀναγορεύ]οντος τοῦ κήρυκος· ἡ φύλη στεφανο-
ῖ Ἀριστοφάνην] Ἀριστοφῶντος φυλαρχήσαν]τα
——— τῆς εἰς αὐτὴν στεφάνῳ [χρυσῷ
——— στεφανοῦν δὲ αὐτ[ὸν ———

. . . .

Geringer ist der Ueberrest eines andern Dekretes der Methymnäer (Taf. XI, 3. Grauer Marmor. Bis 0,21 M. breit und 0,26 hoch. Rechts der Rand noch kenntlich.). Auch hier ist nicht mehr äolischer Dialekt und das δήμῳ τῷ Ῥωμαίων in Z. 12 zeigt die späte Zeit bestimmt genug an. Ebenfalls noch bei der Kirche des Pantaleïmon im Hofe fand ich den nach Kieperts genauer Abschrift unter den Addenda des II. Bandes des C. J. gr. n. 2168ᵇ befindlichen Inschriftstein. Zum Beschlusse dieser Reihe von Marmoren am Panteleïmon [1]) lasse ich noch ein daselbst vermauertes Reliefstück römischer Zeit folgen (Taf. XI, 1). Ein Bewohner von Molivos lieferte die einfache Erklärung: «Κοτάνης εἶναι καὶ στέκεται καὶ κτυπᾷ ἕνα ἀλόγο», der Hund versteht sich beim Hirten von selbst. Die Bewegung ist die des ἀποσκοπεύων, auch aus den alten Kunstwerken von den Satyrgestalten her bekannt genug. Endlich erwähne ich hier nun noch ein altes Bau- und Bildwerk, welches sich in einem Garten unterhalb der Stadt erhalten hat. Die Mündung eines Brunnens in der Felswand ist nach vorn mit einem Bogen von starken Keilsteinen überdeckt, auf dessen Schlusssteine die Umrisse einer sitzenden menschlichen Figur noch zu erkennen sind (Taf XI, 4). Man könnte vermuthen, dass es ein Wassergott sei, der sich mit dem linken Arme auf die Urne stützte.

Molivos [2]) ist noch immer der zweite Ort auf der Insel, wie im Alterthume Methymna sich zunächst neben Mytilene behauptete und allein eine Opposition gegen die Hauptstadt auch im Anschlusse an äussere

[1]) Die Inschrift bei Ross inscr. gr. ined. n. 196 (Ἐφημ. ἀρχ. n. 657) fand ich nicht mehr vor. Mein alter Wirth hatte sie aber noch gesehen und diktirte sie mir folgendermassen:

Η ΒΟΥΛΗ Γ ΚΟΡΝΗΛΙΟΝ ΣΕΚΟΥΝΤΟΝ
ΠΛΑΚΟΥΝΤΟΝ ΤΩΝ ΜΕΛΩΝ ΠΟΙΗΤΗΝ ΚΑΙ
ΠΡΟΦΗΤΗΝ ΣΜΙΝΘΕΩΣ

[2]) Castel Malgo auf den älteren italiänischen Karten.

Feinde derselben lange fortführte. Von einer so günstigen Lage der Stadt wie bei Mytilene kann hier nicht die Rede sein, aber der Stadtplatz ist hoch und so schon von Natur fest in einer Weise, wie wir das bei keiner von den übrigen lesbischen Städten finden. Was also fast überall im alten Griechenland so sehr deutlich hervortritt, der Einfluss der Lage, der Bodengestaltung einer Stadt auf die Rolle, welche sie in der Geschichte zu spielen vermochte, liegt auch hier wieder recht klar vor Augen. Die Festigkeit Methymnas zeigte sich bei verschiedenen Kriegsangriffen im Alterthume, so als die Mytilenäer zur Zeit der Belagerung ihrer Häfen durch die Athener den Zug gegen Methymna vergebens machten. Bei der Eroberung durch Kallikrates war nach Diodors Berichte Verrath im Spiele [1]. Auch die Türken wurden vor der völligen Eroberung der Insel zwei Mal bei Angriffen auf Methymna zurückgeschlagen [2].

Südlich unter dem Stadtberge von Molivos dehnt sich an flachem Strande eine weite Gartenebene [3] aus, durch die wir früh am 6. August unsere Reise fortsetzten. Wo eine steinige bis ans Meer vorspringende Höhe im Süden diese Ebene begrenzt, bemerkte ich eine nach Molivos zu laufende trocken liegende unterirdische Wasserleitung, die aber höchstens dem Mittelalter angehören kann. Dann steigt der Weg in die grünende Ebene von Petra hinab, zu der sich hier dünnbewaldet die Ausläufer der Gölinaberge herablassen. Nahe vor der flachen Küste liegt ein kleines Inselchen [4]. In der Mitte der Ebene liegt das Dorf rings um einen hohen Felsen mit einer Kirche obenauf, der sich merkwürdig schroff und steil aus den sonst weichen Formen des Bodens losreisst, ein willkommner Zufluchtsort in den Zeiten der Unsicherheit des Meeres. Er gab dem Orte den Namen. Schönheit der Weiber und Güte des Weins rühmt Anagnostis von Petra, so dass also hier im Gebiete Methymnas der alte Ruf sich noch bewährt:

Non eadem arboribus pendet vindemia nostris
Quam Methymnaeo carpit de palmite Lesbos.
Vergil. Georg. II, 89 f.

Unser weiterer der Richtung der Küste folgender Weg bot nichts eben Merkwürdiges; kleinere Ebenen, nicht grade bebaut wie sie wohl sein könnten, wechseln mit trockenen felsigen Bergausläufern. Anpflanzungen gehen besonders hoch hinauf in einem Thale Ἄναξε, in dem ein wasserreicher Bach von einem üppigen Dickicht voller Oleanderblüthen herunterkommt. Das erste Dorf, das wir erreichten, war Kalochori [5]; es liegt etwa eine Stunde von der Küste entfernt. Ich hatte einen Brief von Niketas in Molivos an einen Konsolos, wie sie ihn nannten, da er irgend ein solches Amt einmal bekleidet hatte. Er war nicht im Orte, sondern unten am Meere in seinem Garten, wo ich ihn aufsuchte. Ich musste erst sein Gast bei einem tüchtigen Topfe voll Erebinthen sein und dann die Nacht in seinem Kulé, wie man hier türkisch die thurmartigen Landhäuser nennt, zubringen. Mit Tagesgrauen war hier alles auf den Beinen; wir gingen wieder nach Kalochori hinauf, machten einen Abstecher nach einer Ruinenstelle in der Nähe, wo sich aber nur Trümmer eines Dorfes [6] fanden und dann trat ich die Weiterreise nach Sigri an, ritt aber zunächst ganz bis an die Küste hinunter, um das etwa westnordwestlich von Kalochori auf einer Landzunge gelegene Palaeokastro oder Ewriokastro näher anzusehen. Es ist eine Anlage ganz wie das

[1] So auch in der von Parthenios Erot. c. 21 bearbeiteten Belagerung durch Achilleus.

[2] S. Plehn a. a. O. S. 84. 85.

[3] Lag hier Nape? Strabo p. 426: Νάπη ἐν τῷ Μηθυμναίων πεδίῳ. S. andere Stellen bei Plehn a. a. O. S. 21.

[4] Boutan hat dasselbe besucht und die Gerüchte von Ruinen dort ganz unbestätigt gefunden.

[5] Nach meiner Meinung auf der englischen Karte zu weit nach Osten angesetzt.

[6] Merkwürdig ist und muss von späteren Reisenden weiter untersucht werden, wo Boutan a. a. O. S. 327 f. über eine Apesa genannte Gegend nicht weit von Kalochori zwischen diesem und dem Dorfe Phyla, nach dem Innern der Insel zu, wenn man nach Kalloni geht, berichtet, dass dort eine Nekropolis sich finde, die er der römischen Zeit zuschreibt. Es sollen da zerbrochene Sarkophage, viele Grabsteine ohne Inschriften, ferner Grabsäulen (colonnes funéraires), von denen vier noch aufrecht stünden, sich finden. „Ces quatre colonnes ont un diamètre de 30 centimètres; elles ne sont pas cannelées, leur position indique qu'elles entouraient un monument plus grand que les autres.“ In ihrer Nähe seien ferner die Fundamente und die Thür eines kleinen Tempels, 7.60 Meter lang und 4.00 M. breit noch zu sehen.

Ewriokastro auf der Ostküste von Limnos [1]) und ebensowenig wie dieses aus altgriechischer Zeit, aber weit besser erhalten. Der Platz der Festung besteht aus einer inselartigen Anhöhe, die durch einen flachen Isthmos mit der Küste verbunden ist. Eine Mauer mit einem breiten Graben nach der Landseite hin durchschneidet vorn den Isthmos, eine andere Mauer auf der Seite nach dem Isthmus zu mit Vorsprüngen versehen umgiebt hinter jener den äussersten hohen Theil der Landzunge ringsum. Es können nur die eben erwähnten Mauervorsprünge sein, welche Boutan [2]) anführt als „les ruines de cinq tours helléniques d'une assez bonne époque. Ces tours ont été réparées au moyen âge et se sont en partie écroulées depuis.“ Auch in der Aussenmauer will Boutan alte Baustücke gesehen haben und hält nach alle Diesem den Platz für einen befestigten Vorposten von Antissa oder von Methymna. Ich muss diesen Beobachtungen bestimmt widersprechen, am bestimmtesten was jene sogenannten fünf hellenischen Thürme betrifft. Spätere Reisende mögen entscheiden. Nicht lange nachdem wir weitergeritten waren, bot sich an einem beschatteten Flüsschen ein Ruheplatz, wo uns ein benachbart wohnender Türke aus seinem häuslichen Vorrathe mit einem Imbiss bewirthete. Dann hob sich der Weg die Küstennähe verlassend aufwärts in trockenes unfruchtbares Gebirge; die Korkeichen (φελλόδρυα), welche von Kalochori an bis in die Ebene unterhalb des Dorfes Telonia in Menge zu sehen waren, hören auf, ebenso die Kornfelder, die in diesem Jahre hier übrigens von den Heuschrecken rein abgefressen waren, haben ein Ende. Linkerhand wurde bald das hohe Johanneskloster [3]) sichtbar; es nimmt die höchste Bergspitze im Westen der Insel ein, welche man für den Ordymnos der Alten zu halten pflegt, ohne dass indessen, wie auch Plehn hervorhebt, irgend ein Grund vorläge, grade diesen von den überlieferten lesbischen Bergnamen mit grade diesem Johannisberge zusammenzubringen. Der Namen sollte deshalb auf unsern Karten besser fortgelassen werden. Das Roth der untergegangenen Sonne leuchtete noch über der glatten Meeresbucht von Sigri, als wir deren flachen Strand erreichten. Am Wege waren noch einige Türkenkinder, die, wie ich vorüberritt, mit Steinen nach dem Giaur warfen. Im Orte mussten wir in der Kaffeeschenke unser Unterkommen für die Nacht suchen. Es wohnen in Sigri nur Türken; einige Mann von ihnen liegen auch in dem Kastell, das wohl noch weniger zu bedeuten hat, als das von Molivos. Seine Kanonen soll es auch im Krimkriege haben abgeben müssen. Es ist der abgelegenste Theil der ganzen Insel, stiller erscheint er auch wohl durch die türkische Bevölkerung, die weniger Leben macht, als Griechen thun würden. Im Hafen sah ich kein Schiff; man sagte aber, dass im Winter oft eine grosse Menge in der geschützten Bucht Zuflucht sucht. Diese Bucht wird gebildet durch eine lang gestreckte gegen Nordwesten vorliegende Insel und durch die im Süd weit vorspringende kahle Spitze, das Vorgebirge Sigrion [4]) der Alten, dessen Namen geblieben und auf Stadt und Bucht mit übergegangen ist, während Antissa die im Alterthume hier gelegene Stadt war.

Es galt hauptsächlich zu bestimmen, wo genauer an der langen Küste der Bucht der alte Stadtplatz anzusetzen sei, zugleich hatte ich aber eine Untersuchung der langen vor der Bucht liegenden Insel, welche nach Stephanos von Byzanz s. v. Νησιώπη hiess, ins Auge gefasst, namentlich seit mir am Abend die Türken in Sigri von einer Inschrift dort gesprochen hatten.

Vor Sonnenaufgang war ich in einer Barke und liess mich nach der Insel hinübersetzen, ging dann so weit auf ihr entlang, dass ich sie ziemlich übersehen konnte, ohne indessen auch das Geringste mehr zu finden, als nackten rauhen Felsboden; keine Spur von Bewohnung. Die Inschrift erwies sich als der Grabstein eines fremden Seemannes aus dem Jahre 1815. Nach Erlangung dieses negativen Resultates [5])

---

[1]) Reise auf den Inseln des thrakischen Meeres S. 119 f.

[2]) a. a. O. S. 325 ff.

[3]) τὸ ὑψηλὸ μοναστήρι. Boutan hat es besucht und rühmt die weite Aussicht.

[4]) Anstatt auf die westlichste Spitze der Insel setzt Strabo Sigrion irrig einmal nach Methymna (p. 617), gleich darauf (p. 618) zählt er es ganz richtig zwischen Eresos und Antissa auf.

[5]) Boutan hat dasselbe gewonnen.

setzte ich nach dem sogenannten Palaiókastro oder Eski-Kaló über, welches im nördlichen Theile der Bucht an einem kleinen ins Wasser vortretenden Hügel liegt. Auf den ersten Blick erkennt man hier nur die zerstreuten Trümmer einer jedenfalls nachchristlichen Ansiedlung, auf dem Hügel selbst sah ich keinen Stein aus einer früheren Zeit. So glaubte ich anfangs, hier könne die alte Antissa nicht gelegen haben und da nun die Landzunge, auf der das Kastell des heutigen Sigri steht, wenn sie auch klein ist, doch so recht die Bildung eines griechischen Städteplatzes hat, so meinte ich, der alte Ort müsse auf der Stelle des neuen gelegen haben. Am Nachmittage, nachdem wir Morgens mit dem Boote nach Sigri zurückgekehrt waren, suchte ich jedoch das Palaiokastro auf dem Landwege noch einmal auf und fand nun, dass ich am Morgen bei weitem nicht die ganze Ausdehnung des Ruinenfeldes kennen gelernt hatte, indem ich damals nur jenen kleinen Hügel bestieg. Dieser füllt nun nicht, wie es durch mein Versehen auch auf unserm Plane (Taf. I [a]) nach der englischen Karte wiederholt ist, den grössesten Theil des Landvorsprunges, auf dem er liegt, aus, sondern bildet, im Verhältnisse zu dem ganzen Raume des Vorsprunges nur sehr klein, dessen äusserste Südwestecke. Hinter ihm auf der Strecke nach der nördlichst sich hineinziehenden hier sehr seichten Bucht zu sind nun die alten Trümmer weit zahlreicher, als auf ihm selbst. Auch hier ist kein irgendwie zusammenhängender Theil eines Baus noch vorhanden. Der Boden wird jetzt bebaut und dabei sind die hinderlichen Steintrümmer nach und nach zu kleinen Mauern auf den Feldergrenzen aufgehäuft. Inschriften habe ich nicht gefunden, aber verschiedene Baustücke, Quadern, ein korinthisches Kapitäl und eine attische Säulenbasis von weissem Marmor, auch von solchem Marmor zwei unkannelirte Säulen aus sehr später Zeit, ein Stück Fussgliederung von grünem Marmor und Geringeres. Ausserdem werden auf den Feldern hier Münzen gefunden; die mir gezeigten waren byzantinische. Nachdem ich also so die Palaiopolis in ihrer ganzen Ausdehnung kennen gelernt hatte, musste ich meine Ansicht über die Lage von Antissa ändern. Es kam dabei noch in Betracht, dass auf der Stelle des heutigen Sigri nach Aussage der Einwohner nie alte Ueberreste gefunden seien und dass der um das Kastell freiliegende Felsboden durchaus keine Spur alter Bearbeitung oder Benutzung zeigt. Die Palaiopolis war Antissa [1]); ihre Ruinenstücke aus später Zeit wie sie sind, beweisen, dass die von den Römern im Jahre 167 v. Chr. für die Beherbergung der Schiffe des Königs Perseus über die Stadt verhängte Zerstörung und Ueberführung der Einwohner nach Methymna ihrer Existenz nicht völlig ein Ende gemacht hat. Von Natur fest war Antissa nicht, der Stadtboden liegt ziemlich in einer Fläche, nur auf der Südwestecke mit dem kleinen Hügel; der alte Hafen kann nördlich von der Stadt gelegen haben. Dass die Stadt anfangs auf einer Insel gelegen hätte und erst nach und nach durch Anschwemmung mit der Küste vereinigt worden wäre, wie Strabo, Plinius und Ovid [2]) angeben, erschien mir der Bodengestaltung nach nicht sehr wahrscheinlich, ebensowenig aber beim heutigen Sigri. Ich muss es dahingestellt sein lassen, wie es sich mit dieser Nachricht verhält. Sie wird doch nicht etwa aus Namendeutung entstanden sein? eine Stadt Issa oder Issa als Namen der ganzen Insel, der dann Ant-issa sollte gegenüber gelegen und so den Namen erhalten haben, ist grade auch sehr schlecht beglaubigt.

Noch gegen Abend verliessen wir Sigri und nach einem Ritte von drei Stunden grossentheils durch ganz kahle Bergstrecken hin war es nahe vor Sonnenuntergang, als wir das grüne Thal von Eriasos überblickten, mit einer Menge felsiger sehr mannigfach gestalteter Höhen umher, die im Lichte der Abendsonne lange Schatten warfen. Die Häuser des Dorfes stehen sehr freundlich zwischen Bäumen; in einem der bestaussehenden, welches Papa Nikolaos, so hiess der Eigenthümer, zur Mitgift für seine Tochter neu

---

[1]) Boutan a. a. O. S. 320 hält das wenigstens für möglich. Er spricht gegen die älteren Versuche, Antissa bei Petra oder bei dem Vriokastro bei Kalochori (Parocha) anzusetzen, wogegen auch andere Gegengründe vorzubringen wären.

[2]) Plehn a. a. O. S. 20 f. Was Boutan a. a. O. S. 324 von einem Zusammenhange von Antissa mit der Insel Nesope vor der Bucht sagt, ist mir unverständlich.

gebaut hatte, quartierte mein Diener uns halb mit Widerstreben der Bewohner ein. Wir bemerkten später, dass sie doch die Tochter erst in ein anderes Haus gegeben hatten, als sie uns wirklich aufnahmen. Sonst wurden wir ganz gute Freunde, namentlich auch Papa Nikolaos und meine Branntweinflasche, der meist seine erste Aufmerksamkeit galt, wenn er zu mir ins Zimmer kam. Nikolaos musste ein wohlhabender Mann sein; denn es gehörte hier zu einer ordentlichen Aussteuer eines Mädchens zwei Häuser, eins im Orte und eins unten, wo die Gärten sind; er hatte aber schon fünf Töchter so ausgestattet. Dazu war das Haus, in dem wir waren, nach Landesart sehr gut. Ich schlug meine Wohnung im ersten Stocke auf; von da konnte ich unten in der Strandebene die Anhöhe sehen, auf der schon Pococke richtig die Ruinen der alten Eresos erkannte; über das Meer hin erschien darüber Chios mit seinem spitzen Berggipfel. Ich wurde durch reiche Ausbeute in Erissos mehre Tage festgehalten und konnte mich während dieser Zeit ganz besonders der Bekanntschaft des griechischen Schullehrers Dimitrios Ch. Tsannétos erfreuen. Er hat mich bewirthet, meinen Führer mehrfach gemacht und in allerlei Schwierigkeiten, die sich grade hier boten, mir treulich beigestanden.

Gleich am ersten Morgen früh ging mein Weg vom Dorfe hinunter in die fruchtbare Ebene, wo die besten Ländereien der Einwohner von Erissos liegen, um vor Allem den Platz der alten Stadt näher kennen zu lernen (s. die Karte auf Taf. II). Gleich unterhalb des Dorfes beginnen Gärten voll Feigen, Wein und dergleichen, nach abwärts weitet sich das Thal und auf hügligem Terrain dehnen sich Kornfelder aus. Das Jahr waren sie aber völlig von der Heuschrecke abgefressen. Man hatte die gegen diese Plage besonders wirksam gehaltene Reliquie, die κάρα, wie sie schlechthin heisst, den Kopf des heiligen Michaël Synnadon vom Athos kommen lassen, doch dieses Mal ohne Erfolg. So war wohl damals grade in Erissos das Brod ganz besonders schlecht, wie ich es kaum irgendwo auf der Reise wieder gefunden habe, da, wo vor Alters, wie Archestratos [1]) sagt, Hermes für die Götter das Gerstenmehl holte weisser als Schnee. Eresos führt auch eine Aehre auf den Münzen. Quer vor dieser Fruchtgegend legen sich nach Süden hin felsige Höhen, von NNW nach SSO verlaufend, deren höchste abgesondert nahe am Meere gelegene die Ueberreste der alten Akropolis von Eresos und einer auf ihren Grundlagen erbauten spätern Festung trägt. Sie heisst das Palaiokastro. Von ihrem Gipfel überblickt man das Meer einerseits und andrerseits das Thal mit den vielgestaltig zerrissenen Bergen, die es umschliessen. Hinter diesen Höhen gen Südwesten wird der Boden flach, die Kornfelder hören auf ihm bald auf und machen einem breiten Uferrande Platz, in dem sich der vom Dorfe herunterkommende Bach verliert. Die ganze Strandgegend, in deren Mitte ziemlich das Palaiokastro liegt, wird eingefasst im Nordwesten von einer vorspringenden Felshöhe mit einer kleinen Eliaskirche, im Südosten von den Bergen, welche am weitesten mit zwei Vorsprüngen 'Avalím und Kórevo; in das Meer vortreten. Zwischen dem Palaiokastro und Aneliki bildet ein mit zwei Zungen scharf herausspringender Felsgrat, der von zahlreichen kleinen Klippen umgeben ist, eine Theilung des Ufers in zwei sandige Buchten. Eine eigentliche Hafenbildung ist hier nicht; die Schiffe, welche bei der Lage der Küste gegen den Nordwind hier guten Schutz finden, legen vor dem offenen Strande bei, wie es auch bei Diodor [2]) heisst, dass Thrasybulos mit seiner Flotte nur am Ufer von Eresos vor Anker ging und bei einbrechendem Sturme verlorl er von seinen vierzig Schiffen dreiundzwanzig. Ein kleiner künstlicher Hafen

---

[1]) Bei Athenaeus III, p. 111 F.

Ἔστι γὰρ οὖν τὰ κράτιστα λαβεῖν βέλτιστά τε πάντων
εὐκάρπου κριθῆς καθαρῶς ἠσκημένα πάντα
ἐν Ἐρέσῳ κλεινῆς Λέσβου περικύμονι μαστῷ
λευκότερ' αἰθερίας χιόνος· θεοὶ εἴπερ ἔδουσιν
ἄλφιτ', ἐκεῖθεν ἰὼν Ἑρμῆς αὐτοῖς ἀγοράζει.

Vers 3 nach Meineke. Vgl. Ribbeck im Rhein. Mus. N. F. XI, S. 214.

[2]) XIV, 94: ἐν τῷ παρὰ τὴν Ἔρεσον αἰγιαλῷ καθώρμει.

war aber doch vorhanden unmittelbar unterhalb der Akropolis, wo seine Steindämme, obgleich der Hafen selbst unbrauchbar geworden zu sein scheint, noch ziemlich wohl erhalten sind. Eine kleine Klippeninsel (J) ist durch einen im Winkel geführten Damm zum äussersten Punkte der Hafeneinfassung gemacht; auch eine Ufermauer ist noch vorhanden. Am Lande lassen die Ruinen die Lage [1]) wenigstens der alten Stadt noch recht deutlich erkennen. Viele verstreute Trümmer und besonders mehre erhaltene Brunnen zeigen, dass sich die Unterstadt namentlich nördlich und östlich von der Akropolis breit ausdehnte. Nach Nordwesten ausserhalb der eigentlichen Stadt an den vorher erwähnten Felshöhen hin muss eine Hauptnekropolis gelegen haben; es sind da häufig Gräber gefunden, zwei kürzlich aufgedeckte sah ich selbst, eines mit Stein-, eines mit Thonplatten ausgesetzt, aber schon ohne Inhalt. Alles dieses, auch zwei kleine Kirchen des heiligen Andreas [2]) am Nordwestfusse der Akropolis und der Panagia dicht am Hafendamme habe ich auf meinem Plane verzeichnet.

Auf dem Palaiókastro sind zwei Befestigungen aus hellenischer Zeit und eine aus dem Mittelalter zu unterscheiden. Noch nicht auf halber Höhe des Abhanges ziehen sich Mauern aus polygonen Blöcken alterthümlichen Ansehens in ansehnlichen Stücken um den Berg, namentlich auf der Nord- und Ostseite; da sind die Abhänge von Natur am zugänglichsten, während sie namentlich gegen das Meer hin steil abfallen. In einem dieser Polygonmauerstücke nach Nordosten gewandt steht noch ein Thor, höchst einfach aus zwei kolossalen schräg nach oben sich einander nähernden, nur theilweise behauenen Felsblöcken errichtet; ein oberer Deckstein ist nicht vorhanden. Die andre griechische Befestigung oben am Rande des Berggipfels war aus Quadern gebaut; man findet Stücke von ihr namentlich wieder nach der Landseite hin, wo sie als Unterlage der im Mittelalter aus allerlei Bruchsteinen und antiken Quadern mit Mörtel zusammengemauerten Festungswerke benutzt sind. Zu dieser mittelalterlichen Festung gehören zwei an der zugänglichsten Stelle des Berggipfels nach Osten hin noch in einiger Höhe erhaltene Thürme. Zwei grosse Friesbalken von grauem Marmor, wohl dieselben, die Pococke erwähnt, liegen noch am Gipfel der Akropolis. Sie gehörten zu demselben Baue; Profil und Ansicht des einen gebe ich auf Taf. XIV, 3. Von den zwei Ehreninschriften auf diesem ist nur die eine einigermassen erhalten: 'Ο δ[ῆμος [τὸν δεῖνα Δι]ονυσίου τοῦ Θεοκλῆ [ἀρετ]ῆς ἕνεκα. Auf dem zweiten Blocke las ich an gleicher Stelle nur noch das grössere O von δῆμος und drunter Διονυσίου....

Zahlreiche andere Bild- und Inschriftsteine des alten Eresos sind theils in den Feldern, Gärten und Gartenhäuschen umher zerstreut, theils muss man sie oben im Dorfe suchen, wo einige in der Schulstube durch die Sorgfalt des Lehrers zusammengebracht sind. Was ich auffinden konnte, theile ich mit (s. Taf. XII—XV).

Ganz nahe dem alten Stadtplatze liegt ein kleines Kloster Christós. An dem Brunnen desselben befindet sich noch die von Kiepert bereits abgeschriebene Inschrift (C. J. gr. II, add. 2166 b), welche jetzt durch die Zusammenstellung mit der auf Taf. XII mitgetheilten grossen Inschrift an Werth gewonnen hat. Ich theile deshalb, obgleich Kiepert den Stein vielleicht noch besser erhalten sah, meine Abschrift mit, ohne in ihr auch da, wo Kiepert offenbar richtiger las, zu ändern. Die Inschrift, genau στοιχηδόν geschrieben, steht auf einem grauen Marmor (0,54 M. hoch, etwa 0,22 breit, 0,47 dick), der, so weit die Inschrift angeht, oben vollständig erhalten ist und ebenso in der ganzen Höhe auf der rechten Seite. Dass der Stein auch links hin nicht sehr breit war, ergiebt sich aus den Ergänzungen, welche die grosse Inschrift bietet.

---

[1]) Boutan a. a. O. S. 222: On distingue les restes ou plutôt l'emplacement de trois temples, deux à l'est, l'autre à l'ouest de la ville. Celui de l'ouest a été converti en une chapelle chrétienne (Ag. Andreas). Ich habe hiervon wiederum Nichts gesehen; die allgemeine Vermuthung, dass eine Kirche auf dem Platze eines alten Heiligthumes stehe, ist wohlfeil und kann immer richtig sein, mehr aber liegt auch hier nicht vor.

[2]) In ihr die Inschrift: + ὁ κατοικῶν ἐν βοηθείᾳ τοῦ ὑψίστου, ἐν σκέπῃ τοῦ θεοῦ τοῦ οὐρανοῦ αὐλισθήσεται, ἐρεῖ τῷ κυρίῳ ἀντιλήμπτωρ (sic) μου εἶ + (Psalm 91, 1).

```
.....ΛΕΤΩΤΑΣ...
   ΕΚΛΛΙΣ.Ε.ΤΑ
   ΟΣΓΑΝΔΑΜΙΤΑΙ
   ΓΥΝΑΙΚΑ
   ΓΑΤΕ.ΛΣΣΤΛ
  ΡΞΕΕ.ΣΤ
   ΝΚΑΙΕΙΣ     Α
 ΔΙΣΧΙΛΙΟΙΣ
 ΟΣΙΟΙΣΣΤΑΤΗΡΑΤΑ
ΛΕΓΟΛΙΝΚΑΙΤΛΙΙΑ
 ΓΑΣΑΙΣΜΕΤΑ.ΩΝ
ΛΙΣΤΑΝΕΝΕΠΟΗ
ΛΙΣΥΓΚΑΤΗΚΑΥΣΕ
 ΜΑΤΑΤΩΝΗΟΛΙΤ
 ΙΝΝΛΙΜΕΝΑΥΤΟΝ
 ΥΠΤΑΙ.Λ.Ι⁻Γ
ΑΤΑ.ΔΙΛΓ...ΑΝ
.ΑΣΙΛΕΩΣΑΛΕΞΑΝΔ
ΑΙΤΟΙΣΝΟΜΟΙΣ
 ΚΑΤΑΨΑΦΙΣΘΗΙ
ΛΥΤΩΘΑΝΑΙ..Λ
 ΜΑΣΑΜΕΝ
ΛΩΤΑΝΔΕΥΤΕΡΑΝ
ΙΝΓΟΗΣΑΣΘΑ.ΔΙΑ
ΕΙΡΟΤΟΝΙΛΣΤΙΝΑ
 ΟΓΟΝΔΕΤΕΙΑΥΤΟΝ
ΟΟΑΝΗΝΑΛΚΕΣΘΑΙΔ
ΑΙΣΥΝΑΓΟΡΟΙΣΤ
ΟΑΙΝΔΕΚΑΟ.Τ·ΝΕ
ΜΟΣΣΑΝΤΕΣΑΝΘ
ΑΛΥΚΕΙΟΝΟ
ΟΡΗΣΟΙΣΙ
   ΚΕΛΥΝΑ
   .....
```

An demselben Klosterbrunnen befindet sich ausserdem eine viereckige Basis, auf der die vertieften Spuren eines ziemlich gleich gestellten Fusspaares zu sehen sind. Innerhalb jeder Fussfläche befindet sich ein runden Loch, so dass also vielleicht wirklich eine Erzstatue auf den Fusspuren aufgesetzt gewesen sein könnte. Sonst kommen, wie ich gleich berichten werde, Steine mit eingearbeiteten Fusspuren in Eresos in ganz anderer Bedeutung vor. Ein unbedeutendes Bruchstück des Grabreliefs (Taf. XV, 5) eines Mannes mit der Inschrift ——ς Νικηφόρου [χ]αῖρε ist auch im Kloster Christós verbaut.

Am Wege vom Dorfe nach dem Palaiókastro, schon viel näher dem letzteren, ist eine Dreschtenne ringsum mit alten Quadern umstellt, unter diesen ein geborstener grauer Marmor, der vom Palaiókastro geholt sein soll, mit Inschrift (Taf. XIV, 2. 1,10 M. hoch, etwa 0,50 hoch, 0,22 dick). Die Bearbeitung des Steines zeigt, dass er zu einem grösseren Ganzen gehörte. Herr Professor Henzen, dem ich meine Abschrift mittheilte, liest sie folgendermassen:

Αὐτοκράτορα Τιβέριον κ[αίσαρα, θ]εῶ σεβαστῶ παῖδα, σεβαστὸν ἀ[ρχιε]ρέα, δημαρχικᾶς ἐξουσίας τὸ ὀ[κ]τω καὶ δέκατον, αὐτοκράτορα τ[ὸ] ὄγδοον

Δάμαρχος Λέοντος ἀνέθηκε.

Henzen bemerkt dazu in brieflicher Mittheilung.

„Tiberius hat den Imperatortitel als Vornamen nicht geführt, der ihm hier wie auch C. J. gr. 2177 auf Lesbos gegeben wird, ein Beweis provinzieller Unkenntniss. Während sie ihm hier zu viel Ehre anthun, nennen sie ihn andererseits pontifex, obwohl ihm der Titel pontifex maximus zukommt. Der Irrthum entstand wohl daher, dass Tiberius allerdings nicht gleich nach seinem Regierungsantritte sich hatte zum pontifex maximus wählen lassen, was vielmehr erst im folgenden Jahre 15 geschah (cfr. Orelli 686. Kal. Praenest. u. Vat. C. J. L. I, p. 314 u. 322, wozu Mommsen p. 388 u. Eckhel D. N. VI, p. 187). Weiter ist zu bemerken, dass die achtzehnte tribunicia potestas nach der bisherigen Annahme nicht mit der achten acclamatio imperatoria zusammenfällt, vielmehr letztere erst im Jahre 21 = 774 eintritt, während wir mit dieser Inschrift im Jahre 769 stehen. Eckhel D. N. VI, 191 hat ausführlich darüber gehandelt und verwirft als ungenau die Lesung der Münzen, auf welchen die tr. pot. XXI oder XX schon mit dem imp. VIII erscheinen sollen, während er andrerseits imp. VII noch sicher mit trib. pot. XXII zusammen gefunden haben will, in welchem Jahre dann zuerst das imp. VIII sicher auf der Inschrift der Brücke von Rimini steht. Seitdem ist denn allerdings bereits Orelli 5041 mit der trib. pot. XX hinzugekommen und Tacitus ann. II, 18 erzählt, dass im Jahre 769 nach der Schlacht bei Idistavisus die Truppen den Tiberius als imperator begrüsst haben, was die achte acclamatio sein würde. Es wird daher wohl anzunehmen sein, dass Tiberius, vielleicht aus Eifersucht auf Germanicus, den Titel offiziell nicht annahm, der daher auf seinen Münzen fehlt, dass aber derselbe auf nicht offiziellen Denkmälern dennoch gebraucht wurde, wie auch Eckhel a. a. O. annimmt."

Ein zweiter grauer Marmor angeblich ebenfalls von Palaiokastro hergebracht und an einer jener Dreschtenne nahe gelegenen Hütte verbaut (Taf. XIV, 1. 0,72 breit, 0,52 hoch) trägt eine mehr zerstörte Inschrift; die Unterschrift scheint als Δάμ[αρχος Λέο]ντος ergänzt werden zu müssen. Auch über diesen Stein hat Herr Professor Henzen mir mit gewohnter Freundlichkeit brieflich seine Ansicht mitgetheilt, die ich glaube hier wiedergeben zu dürfen. Er liest wie folgt:

Γερμάν[ικ]ον Κλα[ύδιον, α]ὐτοκράτορο[ς Τιβερίω καίσαρος σ]εβαστῶ παῖδα, παιδω[νὸν (?) αὐτοκράτορος] καίσαρο[ς σεβαστῶ θεῶ, καίσαρα εὐ]εργέτ[αν

Henzen macht mich auf folgende Schwierigkeiten hierbei aufmerksam:

„1) Germanicus wird Claudius genannt, der ja allerdings ursprünglich ein Claudier war, aber durch die Adoption von Seiten des Tiberius in die gens Julia übergegangen, wie dieser selbst durch die Adoption des Augustus. Er heisst daher Germanicus Julius (Orelli 641. cf. III, p. 60), häufiger jedoch Germanicus Caesar und, sobald man deshalb die Abschrift anfechten wollte, wäre καίσαρα zu suppliren. Provinzielle Unkenntniss darf man in diesem Falle beim Namen eines kaiserlichen Prinzen kaum annehmen und es bleibt deshalb nur übrig, dass Germanicus auch den Namen Claudius beibehalten habe, wie ja allerdings die Adoptirten in der Kaiserzeit häufiger thaten. Da man aber den Namen Caesar nicht entbehren kann, so muss dieser dann nach hinten verwiesen werden (cf. Orelli a. a. O.). 2) Schwieriger noch ist die Zeile 3. παῖδα statt des gewöhnlichen υἱὸν findet sich grade in Lesbos auch sonst (cf. C. J. gr. 2183 b und die doch auch gewiss nach Lesbos gehörige 3528). Aber was ist ΠΑΙΔΩ...? Germanicus wird in seinen Inschriften in der Regel nicht bloss Sohn des Tiberius, sondern auch Enkel des Augustus genannt und dass dieses auch hier der Fall war, beweist das folgende καίσαρο[ς. Sollten die Lesbier nun wie sie statt des gewöhnlichen υἱὸς παῖς gebrauchten, statt υἱωνὸς auch παιδωνὸς gesagt haben, eine wenigstens ganz regelmässig gebildete Wortform? Die Voranstellung des παιδωνὸς vor den Genetiv ist nicht ganz herkömmlich, aber doch zu belegen. 3) Der Titel σεβαστῶ zu Ende von Zeile 2 zeigt, dass Tiberius schon Augustus, also Caesar Augustus bereits gestorben war; folglich muss letzterer als divus, θεός, bezeichnet sein. Wo das der Fall ist, wird er in der Regel nicht mit allen seinen Namen, sondern einfach σεβαστὸς θεός, divus Augustus, genannt; hier finden wir ausserdem noch καίσαρο[ς und die grosse Lücke zwischen ΠΑΙΔΩ und ΚΑΙ verlangt dazu noch das αὐτοκράτορος."

An einem andern der kleinen Landhäuser unterhalb Eriasos las ich auf einem grossen Quaderblocke von grauem Marmor, der obenauf zwei Einsatzspuren zeigte, nur rechts oben in der Ecke den Rest einer sonst verwischten Inschrift (Taf. XV, 3).

Eine Gegend seitwärts im Thale von Eresos, wo früher ein Dorf gelegen zu haben scheint, heisst Papdsia. In der Kirche, welche die Zerstörung der Wohnungen überdauert hat, fand ich einen grauen Marmorbalken mit Inschrift (Taf. XIV, 4. 0,78 lang, 0,15 hoch). Die Weihenden sind wohl Καισαρίας τῶν πρὸς τ[ῷ] Ἀργαίῳ.

Von Papdsia durch die Gärten bei einer neugebauten Kirche der h. Anna vorbei nach dem Dorfe gehend notirte ich bei dieser Kirche das auf Taf. XV, 7 wiedergegebene Inschriftfragment (0,27 lang) und noch weiter hinauf an einer Kirche des h. Taxiarchos ein Bruchstück vom Giebel des Grabmales eines Alexandros (Taf. XV, 8).

Ich komme nun zu den Alterthümern von Eresos, die sich im heutigen Dorfe finden. Ich stelle die im Schulgebäude aufbewahrten voran und mache künftige Reisende auf diesen kleinen Anfang einer Sammlung aufmerksam, da Herr Tzannétos ohne Zweifel bald noch mehr hinzugebracht haben wird. Da mag zunächst der halb zerbrochene Grabstein einer Frau aus römischer Zeit genannt sein (Taf. XV, 2. W. M. 0,45 M. hoch). Das Relief stellt die Verstorbene sitzend dar, im Hintergrunde eine Herme. Die Unterschrift lautet: Νικαρχὶς χρη[στὴ] χαῖρε. [1]) Von Skulpturen ist ausserdem noch eine ganz gut gearbeitete Grabstele vorhanden mit einer sitzenden Frau, deren Kopf fehlt, vor der ein Mädchen steht, welches auf der Hand vielleicht ein Schmuckkästchen hält. Dann sah ich einen Kinderkopf von Marmor mit der in römischer Zeit häufigen von hinten nach vorn über den Kopf liegenden Flechte und den Torso einer Nike, die vor einen Pfeiler herabschwebend, etwa wie die beiden Berliner Statuen, angebracht ist. Andere Bruchstücke sind für eine Beschreibung zu unbedeutend. Endlich fand ich noch einen Inschriftstein in der Schule vor, leider sehr verstümmelt. Taf. XII, 1. Grauer Marmor. Von Zeile 1—3 ist die volle Breite des Steines mit unversehrten Rändern (0,51 M.) erhalten. Die grösste erhaltene Höhe misst etwa 0,20 M. So ist nur der Anfang einer γνώμη des Demos von Eresos erhalten.

Allerlei Fragmente habe ich dann noch hier und da im Dorfe zusammengesucht. An einem Hause war auf weissem Marmor zierlich geschrieben das auf Taf. XV, 4 mitgetheilte Fragment (0,31 hoch, 0,17 breit) eingemauert. In dem Hofe eines andern Hauses lagen zwei zu einem Grabrelief gehörige Stücke (Taf. XV, 1). Das Ganze wird zwei junge Männer dargestellt haben, die zu beiden Seiten eines Obstbaumes einander gegenüberstehend jeder sein Pferd am Zügel halten, wie gleiche Darstellungen uns auch sonst und besser erhalten bekannt sind [2]). Gewiss wollte man die beiden Verstorbenen, von deren Namensüberschrift hier nur — οἱ Γαίου Μον[λκ]ναῖοι erhalten ist, in solchen Darstellungen in verbreiteter Anschauungsweise der römischen Zeit als θεοὶ ἐπήκοοι verherrlichen.

Weiter komme ich zu einer Reihe eigenthümlicher Denksteine, die grade in Eresos ganz besonders zahlreich gewesen sein müssen, nämlich nicht sehr grosse dicke viereckige Steinplatten mit einem darauf ausgehauenen Paare menschlicher Fusssohlen. Zuerst sah ich zwei solcher Exemplare an einer Gartenmauer in der Gegend, wenn ich mich recht erinnere, wo die Gräber der alten Stadt sich befinden. Das eine mass 0,28 Meter in der Breite und 0,20 in der Höhe, das andere 0,19 M. in der Breite und 0,26 in der Höhe. Sie waren aus porösem Stein und auf der Oberfläche etwas erhaben, als wenn man eine

[1]) C. J. gr. II, add. 2211 f.

[2]) Aehnlich ist das Relief im Louvre bei Clarac musée de sculpture pl. 147, 222; dann die in der Expédition scientif. de Morée II, S. 219 angeführten Reliefs in Verona (Inghirami mon. etr. ser. VI, tav. 2, fig. 5.) und ehemals im Museo Nani (Biagi mon. gr. et lat. ex mus. Nanio IV, p. 73).

Schuhsohle auf den Stein legte, waren die beiden Fussumrisse gearbeitet. Die Form des einen dieser beiden im Wesentlichen gleichen Exemplare habe ich auf Taf. XIII, 1 angegeben. Der Besitzer der Mauer sagte, dass er dort an Ort und Stelle mehrfach Steine dieser Art gefunden habe und zeigte mir auch zwei jenem erstgesehenen ganz gleichartige in seinem Hause im Dorfe. Eine fünfte ziemlich gleiche Wiederholung fand ich aussen an der Apsis der Kirche des h. Konstantin in Eresos eingesetzt, eine sechste und siebente, die eine (Taf. XIII, 2) an einem Brunnen im Dorfe, die andere (Taf. XIII, 3) ebenfalls an einem Brunnen im Dorfe bei der Panagiakirche. Diese beiden letzteren Stücke habe ich wegen der von den früheren etwas abweichenden Gestalt der Fusssohlen abgebildet; auf dem einen würden diese in den beiden Ovalen kaum zu erkennen sein, wenn wir nicht die Reihe von Vergleichungen hätten. Es ist natürlich, dass bei solchen handwerksmässig gewiss in Menge gemachten und zu irgend einem gewöhnlichen Gebrauche dienenden Arbeiten es mit der Form nicht immer so genau genommen wurde. Die Andeutung genügte und Jeder verstand sie, weil die Sache eine Allen geläufige war. Eine Inschrift habe ich auf keinem dieser Steine in Eresos gesehen. Um nun zunächst zu zeigen, dass wir es hier mit den Denkmälern einer jedenfalls im Alterthume sehr verbreiteten Sitte zu thun haben, habe ich auf Taf. XIII, 4—10 eine Reihe ähnlicher meist in Rom erhaltener Steine zusammengestellt; nur einer (9) rührt nach der Angabe im Museum Worsleyanum [1]) aus den Ruinen von Kyzikos her. Dieser ist in der Art der Ausführung den Exemplaren aus Eresos am ähnlichsten, da nach der Abbildung hier auch offenbar die Fussumrisse wie Sohlen ein wenig erhaben auf dem Steine liegen; es ist ihnen aber durch die Angabe der Nägel doch mehr das Ansehen eines wirklichen Fusses gegeben. Ausserdem kommen hier nun aber die Aufschriften von Namen (—ωνος, Φίντιος, Σεκούνδου, Μενάνδρου) hinzu. Von den römischen Steinen befindet sich n. 4 [2]) in der Galleria lapidaria des Vatikans in der Wand rechts vor dem Eingangsgitter zum Museo Chiaramonti, n. 5 und n. 7 [3]) aus den Ausgrabungen bei Tor Marancia herrührend in der Galleria dei candelabri des Vatikans, n. 6 wieder in der galleria lapidaria links vom dritten Fenster linker Hand vom Eingange, n. 8 an der Treppe im Casino der Villa Albani [4]) und n. 10 im Museo Capitolino. [5]) Auf allen diesen römischen Exemplaren sind die Füsse vertieft wie in eine weiche Masse eingedrückte Fussspuren gearbeitet. Einen Stein mit zwei mit den Spitzen gegen einander gekehrten Paaren von Fussspuren, auch diese ein wenig vertieft gearbeitet, das eine Paar etwa lebensgross, das andere ein wenig darüber, hat ferner Michaelis auf der Insel Paros östlich vor Parikiá liegen sehen. Ein anderes Beispiel sind die beiden Fusssohlen mit Beischrift im Fussboden des Isistempels auf der Nilinsel Philai [6]). Dann wurde in der Sitzung der Berliner archäologischen Gesellschaft am 15. Januar 1864 [7]) ein spanischer Stein aus Italica bei Sevilla mitgetheilt mit der Inschrift:

G I I . LAVIVS ‖ I . IRMVS ‖ Fuss V . O . T . O Fuss ‖ S . L . R ‖ PROI . LA ‖ SVCCESSO

Diese mir bisher bekannten [8]) Beispiele werden so eben durch eine ganze Reihe solcher Fussschemata aus

[1]) Mus. Worsl. class I, n. 22. the marble is among the ruins of Cyzicus. In Brocklesby-House in Lincolnshire, wohin das Museum Worsleyanum jetzt von der Insel Wight versetzt ist, habe ich den Stein nicht vorgefunden. C. I. gr. 6845.

[2]) Muratori nov. thes. vet. inscr. lat. I, pag. XVII, n. 9. Diesen wie alle die folgenden Steine gebe ich aber nach den Originalen.

[3]) Biondi monumenti Amaranziani tav. XLI.

[4]) Fabretti inscr. antiq. explicatio (Romae 1702) caput VI, n. 117.

[5]) Fabretti a. a. O. n. 114. Isidi und Ponsit fand ich nicht auf dem Steine. Derselbe hat unter n. 115 noch ein Exemplar mit Ueberschrift QVIEIANAE und unter 116 eines ohne Inschrift.

[6]) C. I. gr. 4946.

[7]) Gerhards archäol. Anzeiger 1864, S. 159*.

[8]) Die Fussplatte als Stempelform der Töpfer arretinischer Gefässe mit ihren eingeschriebenen Namen (nach Detlefsen in Gerhards arch. Anz. 1861, S. 190* nur die von Freien, nicht von Sklaven oder Freigelassenen) gehört zunächst nicht hierher.

Konstantinopel [1]) vermehrt; sie sind hier mit Nägeln dargestellt wie auf dem Steine von Kyzikos, auch ist wie dort in jedem Fussumriss ein männlicher Namen eingeschrieben. Sie stehen in Reihen, einmal vierzehn, einmal vier, einmal drei und zwei nebeneinander und zwar nur zuweilen als Fusspaare, meistens nur rechte Füsse. Ueber einer Gruppe von solchen Füssen steht gewöhnlich eine besondere Inschrift mit der Aufforderung, derselben Leute, deren Namen in den unterstehenden Füssen eingeschrieben sind, zu gedenken. Ich führe nur ein Beispiel [2]) an:

'Απροδείραντος
καὶ 'Αρίστωνος καὶ
'Απαλλᾶ τῶν ἀδ-
ελφῶν μνησ-
θῇ ἐπ' ἀγαθῷ
οἱ νέοι.

Darunter stehen drei Füsse, ein linker, ein rechter und noch ein rechter, in jedem ein Namen:

'Απροδείραντος. 'Αρίστωνος. 'Απαλλᾶ.

Fragen wir nun nach der Bedeutung aller dieser Steine, so geben bei mehren derselben die Inschriften in deutlicher Weise sie als Weihgeschenke an (Taf. XIII, 4. 6, 7. 8. 10 und der spanische Stein), diese Weihung gilt einmal der Kybele (4), dem Liber (7), einer frugifera, Ceres oder Isis (cf. C. J. gr. 4946). Gegen die Annahme, dass mit der Weihung ein Dank für Heilung eines Fussübels gemeint sei, wie wir sonst Bilder geheilter Augen, Ohren, Brüste u. s. w. als Weihgaben in Menge aus dem Alterthume kennen und noch heute in der katholischen Christenheit in Gebrauch sehen, spricht zu Vieles. Dann würden wir wirkliche Abbildung von Füssen, und namentlich nicht eingedrückte Fussspuren wie auf den römischen Steinen und dem von Paros zu finden erwarten; es müsste dann in Eresos, so weit die Menge der Fusssteine ohne Vorkommen anderer Gliederabbildungen den Schluss erlaubt, nur Heilung für Fusskranke zu holen gewesen sein und auch in Konstantinopel müssten Schaaren von Fusskranken zusammengekommen sein. Doch das möchte sein, aber auch die von einer Person geweihten zwei Fusspaare sind dann unverständlich und endlich passen die Inschriften in Konstantinopel, auch die der Licinia Philete pro salute sua et suorum schlecht zu dieser Annahme. Bei Dethier und Mordtmann gelten die Fussinschriften für christliche, wogegen sich, wie die Verfasser sagen, O. Jahn bereits ausgesprochen hat, und die Fussspuren selbst als die Fusstapfen von Märtyrern, denen die Jüngeren folgen sollen, Eines so unerweisbar wie das Andere. Ich glaube, O. Müller [3]), Letronne [4]) und Boeckh [5]) mit seinem klaren Blicke haben das Richtige und sehr Einfache erkannt, wenn sie solche Fusssteine als von Wallfahrern zurückgelassene Weihgaben erklärten [6]). Die Fussspur zeigt, dass ein Mensch da stand [7]), wird ein Namen noch dazu im

1) Dethier und Mordtmann Epigraphik von Byzantion und Konstantinopolis. Denkschr. der philos.-histor. Klasse der K. Akademie der Wiss. zu Wien. Band XIII. 1864. Taf. VII u. VIII. S. 73 ff. des Einzelabdrucks.

2) a. a. O. Taf. VIII, Fig. 29 b.

3) Handbuch der Archäologie §. 436, 2.

4) s. Raoul-Rochette Mém. de l'acad. des inscr. XIII, S. 223 ff.

5) Zum C. J. gr. 1948.

6) Bei Dethier und Mordtmann a. a. O. S. 75 heisst es: „In christlicher Zeit kommt es wohl auch sonst vor, dass Fusstapfen gemacht werden z. B. von Pilgern, die ihren Fuss mit dem Namen drin zurücklassen, wenn sie eine lange Pilgerfahrt gemacht haben." Das wäre also auch die alte Sitte.

7) Sie wird zum Gegenstande der Verehrung durch religiöse Sagen verschiedener Zeiten und Völker. Von der Fussspur des Herakles bei den Alten (Herod. IV, 82) führt uns ein vergleichender Blick zu der des Adam auf dem Pik von Ceylon, der eines einheimischen Propheten in Buitenzorg bei Batavia, dessen Mohammeds in der Moschee Omar zu Jerusalem und zu denen des Heilandes, der sie auf den mittelalterlichen Gemälden seiner Himmelfahrt deutlich im Erdboden abgedrückt zurücklässt. In der Kapelle S. Maria delle piante oder Domine quo vadis vor dem Thore S. Sebastiano in Rom, wo Christus dem Petrus erschienen sein soll, liegt ein Stein mit zwei Fusstapfen am Boden und mit der Umschrift: adoriamo il loro dove . . . . [C]risto sparve da S.

Genetiv hineingeschrieben, so war der Genannte da. Sehr erklärlich ist es so ferner, dass die Fussinschrift in Philai sich grade im Fussboden findet. Häufig wurde ein Fusspaar geweiht, man begnügte sich aber auch als Abkürzung mit einem einzelnen Fusse. Die doppelten Fusspaare, auch wenn nur ein Weihender genannt ist, die dann gegen einander verkehrt stehen, bedeuten am einfachsten das Kommen und Gehen im Heiligthume. Auf den Steinen von Dyzans setzten endlich die Pilger ihr μνήμη ὁδε 'Αφροδίσαντος u. s. w. über den Fuss, wie später um ein orate pro illo gebeten wird. Wie alle Schwierigkeiten bei dieser Erklärung hinwegfallen, so wird auch die Menge solcher Steine in einem Orte völlig verständlich und grade in Eresos haben wir also einen besuchten Wallfahrtsort anzunehmen, vielleicht, wofür die Fundangaben sprechen, in der Gräbergegend.

Uns bleibt im Dorfe Erissos noch die Durchsuchung der Kirchen auf Alterthümer übrig, die meistens Ausbeute verspricht und sie auch hier gewährte. Aussen an der Absis der Kirche des h. Konstantin und der Helena ist ein auf der rechten Seite zerbrochener weisser Marmor mit einem Inschriftstücke (Taf. XV, 6. 0,35 M. hoch, 0,19 breit) eingesetzt; es war eine Grabschrift (Z. 4: ζῶν oder ζῶσα, dann ἐκ τῶν ἰδίων κατεσκεύασεν). Im Innern derselben Kirche ist ein grauer Stein mit grosser Inschrift (Taf. XII, 2. 1,22 lang. Buchstabenhöhe 0,04 M.) später anders angehauen und in dieser Gestalt als Stufe der Mittelthür zum Heiligen verwandt. Eines der bedeutendsten epigraphischen Denkmäler aber, die uns auf Lesbos überhaupt erhalten sind, steht in der Kirche der 'Αγία Εἰρήνη. Es ist ein grosser Block von grauem Marmor, bis zur Höhe von 0,65 Meter erhalten, die zwei Breitseiten messen je 0,48 M., seine Schmalseiten unten 0,24, oben 0,23 M., so dass also eine leise Verjüngung nach oben zu bemerken ist. Die eine Schmalseite ist unbeschrieben, die andern drei Seiten sind voll Inschrift, aber nicht gleich gut erhalten. Am meisten mitgenommen ist die eine Breitseite, so dass stellenweise keine Buchstaben mehr zu erkennen sind, grossentheils ganz unversehrt ist aber die beschriebene Schmalseite, so dass hier sogar die vorliniirten Quadrate, in welche die Buchstaben, nur selten am Schlusse der Zeilen ein wenig zusammengerückt, genau στοιχηδὸν eingeschrieben sind. So war auch auf den Breitseiten beim Eingraben der Inschrift verfahren. Der Stein hat sich bis vor einiger Zeit unten näher der alten Stadt in einer jetzt ruinirten Kirche der Panagia 'ς τὰ χλιαρά [1]) befunden. Es scheint, dass ein europäischer Reisender dort Geld für ihn geboten oder sonst versucht hat, ihn an sich zu bringen. Genug die Dorfbewohner haben eine grosse Meinung von dem Geldwerthe desselben gefasst, der Glauben an verborgene Schätze pflegt bei solchen Dingen auch ins Spiel zu kommen, und haben den Stein zur Sicherung hinauf und in die Irenenkirche geschafft. Hier wurde er mir gezeigt; aber als ich ganz arglos mein Buch hervorholte und Anstalt zum Abschreiben machte, hiess es, das sei nicht erlaubt, nur wenn ich zehntausend Piaster bezahlte, ganz ernsthaft. Man kann sich wirklich zu Zeiten über seine Mitmenschen ärgern. Auch ohne Epigraphiker von Fach zu sein, hatte ich bald genug sehen können, dass die grosse Inschrift sprachlich wie sachlich von Wichtigkeit sein müsse und glaubte zu wissen, dass sie noch unbekannt sei. Ich war also nach jenem Einspruche sogleich entschlossen, die Sache nicht ohne Weiteres verloren zu geben. Ich wandte mich zunächst an den türkischen Aga von Erissos, der grade unter den grossen Bäumen im Dorfe seine Pfeife rauchte und dachte hier vielleicht einen Machtspruch durchzusetzen. Indessen Erissos ist ein ganz überwiegend griechischer Ort, die Leute sind sehr wohlhabend, so dass der Träger der türkischen Amtsgewalt nicht zu Viel wagen darf. Er liess denn doch aber wenigstens die Ortsvorsteher aus den Gärten herauf ins Dorf citiren, wo

---

Pietro s.... lasciò la forma delli suoi santi piedi, sublime la vera pietra sta nella chiesa di San Bastiano tra le reliquie ...... und auf der einen Seite mit den Worten: steterunt pedes ejus. Dieser Stein gleicht auf den ersten Blick im ganzen Aussehen völlig den meisten der Steine in Eresos und man könnte daran denken, dass ein altes Exemplar jener alten Wallfahrtsvotive der christlichen Legende zu Hülfe gekommen wäre; indessen so wie die Copie in der Kapelle ja späte Arbeit ist, so sind auch die Füsse auf dem Originale in San Sebastiano, so weit man unter der Goldblechbedeckung erkennen kann, eine Arbeit frühestens des Mittelalters.

[1]) Ich habe sie aufgesucht und nur einen Marmorbalken mit christlicher Inschrift in ihr gefunden: — ὅρος τῆς ἁγίας Μαρίας.

Ich dann in einer Sitzung in meiner Stube Ihnen, wenn ich erst wieder nach Mitilini gekommen sein würde, mit allen Schrecken vom Pascha dort, der mich eigens ausgeschickt habe, um die Alterthümer zu sehen, drohte, während ich mich auf der andern Seite zu einem billigen Geldopfer für die Kirche gern verstehen zu wollen erklärte. Ich wollte einmal eine Hauptarbeit, die mir so nahe geboten war, nicht ungethan lassen, irgend welche Gewalt hatte ich nicht in Händen und konnte leicht berechnen, dass, wenn ich etwa um besondere Hülfe den weiten Weg nach der Hauptstadt schicken wollte, das auch nicht ohne bedeutende Ausgaben verschiedener Art abgegangen wäre. Es blieb mir also nur übrig einzuwilligen, als man sich nach einigem Hin- und Herreden bereit zeigte, mir für Erlegung von 8 türkischen Lire an die Kirche die unbeschränkte Erlaubniss zum Abschreiben des Steines zu geben. Nur wurde ausgemacht, dass Papa Nikolaos mich beständig bei der Arbeit bewachen sollte, eine Bestimmung, die mehr zu seiner als zu meiner Unbequemlichkeit gereichte. Auf diese Weise bin ich dazu gelangt, auf Taf. XII unter A, B und C die Inschrift mittheilen zu können, allerdings abgesehen von der Schmalseite nicht in einer tadellosen Abschrift. Sie ist so gut, wie ich sie zu machen vermochte, wobei der stellenweise angegriffene Zustand des Steines selbst und dann das nicht günstigste Licht im Inneren der Kirche mit in Anschlag zu bringen sind. Ich gebe die Abschrift, wie sie vor dem Steine gemacht ist, ohne Aenderung auch da, wo ich sichtlich falsch gelesen habe. Der Text, wie ich ihn hier folgen lasse, rührt von Herrn Hofrath Sauppe[1]) her, der ihn auf meine Bitte hergestellt und mit dankbarst zu rühmender Freundlichkeit mir zur Mittheilung an dieser Stelle überlassen hat. In runde Klammern sind die von mir falsch gelesenen Buchstaben eingeschlossen.

A.

πολιορκηθε...
.....εν...πολιταν οἰ νόμο[ι .]ς εκατο...
.....ς δισμυρίοις στατῆρας εἰσέπραξ[ε καὶ
τοὶ]ς Ἕλλανας ἐλ(α)ΐζε[το] καὶ τ(ο)ὶς βωμοὶς [κατέ-
σκα]ψε τῶ Δίος τῶ (Φ)ιλ(ι)ππί(ω), κ(α)ὶ πόλεμον ἐξ(ε)-
ρ]άμενος πρὸς Ἀλέξανδρον καὶ τοὶς Ἕλλανας
τοὶς μὲν πολίταις πα(ρ)ελόμενος τὰ ὄπλα ἐξέ-
κλαισε ἐκ τᾶς πόλιος (πα)ν(δ)αμί, ταὶς δὲ γυναῖ-
κας καὶ ταὶς θυγατέρας συ[λλ]άβων καὶ ἔρξαι[ς
ἐν τᾷ ἀκροπόλι τρισχιλ[ί]οις καὶ διακοσίο[ις
στατῆρας εἰσέπραξε, τὰν δὲ πόλιν καὶ τὰ ἴρ[α
διαρπάξαις μετὰ τ[ῶ]ν [λῃ]ιστᾶν ἐνέπρησε κα[ὶ
σ[υ](γ)κατέκαυσε σώματ(α) [τῶν] πολιτᾶν, καὶ τὸ τ[ε-
λευταῖον ἀφικόμενος πρὸς Ἀλέξανδρον κατ[ε-
(ψ)εύδετο καὶ διέβαλλε τοὶς πολίταις· κρῖνα[ι
μ]ὲν αὔτον κ(ρ)υπτῇ ψάφ[ῳ] (κα)ὶ ὀμόσσαντας περ[ὶ
θ]ανάτω, (α)ἰ δέ κε κατα(ψαφ)ισθῇ θάνατος, ἀντιτ[ι-
μασαμ[έ]νω Ἀγωνίππω τὰν δευτέραν διαφοράν
ποήσασ(θα)ι (ε)ἰ(ρα)τ(ῶ)ν [τα]ῖ(ς), (αἰ δ)εῖ αὔτ(ο)ν ἀπο(θ)α-
νῆν, αἰ δέ κε κα[λ]λ(αφθ)έ[ν]τος Ἀγωνίππω τᾷ δίκᾳ
κατάγῃ τίς τινα τῶν Ἀγωνίππω (ἢ) εἴπῃ ἢ προ(θ)ῇ
περὶ καθόδω (ἢ) τῶν κτημάτων ἀπο(δ)όσιος, κατ[ά-
ρα]τον ἔμμεναι καὶ αὔτον καὶ γένος τὸ κ(ή)νω,

[1]) Sauppe hat vorläufig einen kurzen Bericht über die Inschrift in den Nachrichten von der Univ. und der K. Gesellschaft der Wiss. zu Göttingen 1863, n. 20, S. 359 ff. gegeben, welchen ich hier gleich hinter dem Texte grossentheils wiederhole.

κ]α[ὶ] τἆλλα ἐ[ν]εχες [ἔ]στω τῷ νόμῳ [τῷ] τὰν στάλλαν
ἀνελόντι τὰν περὶ τῶν τυράννων καὶ τῶν ἐκγ[ό-
ν]ων, ψαφίσασθαι δὲ κα(ὶ) ἀπάραν ἐν τᾷ ἐκλησίᾳ ἄ[μ-
α](ν)τα τῷ μὲν δικάζοντι καὶ (πρ)[ο]θέντι τᾷ πόλλ[ι
π]ά(ν)τα δίκαια εὖ ἔμμεναι, τοῖς δὲ παρὰ τὸ δίκα[ι-
ον τὰν ψᾶφον φερόντεσσι τὰ ἐναντία τούτων.
Ἐδίκ(α)σ(αν) ὀκτακόσιοι ὀγδοήκοντα τρεῖς· ἀπ[ὸ
τ]αυτᾶν (ἀ)πέλυσ(α)ν ἔπ(τ)α, αἱ δὲ (ἄ)λ(λα)ι κατεδίκα-
(σ)αν. . . . . [. . . ἐχρηματι-
σ](ε)ν ὁ δ[ᾶμο]ς περὶ ὧν οἱ πρεσβέες ἀπαγγέλλοισ[ι
(ο)ἱ πρὸς Ἀλέξανδρον ἀποσταλέντες καὶ Ἀλέξανδρος τὰν διαγρ(α)φ(ὰ)ν ἀπέπεμψε, ἀφικομέ-
νων πρὸς αὐτὸν τῶν πρότερον τυράννων ἀπογ[ό-
νων, Ἡρωΐ(δ)α τε τῶ Τερτικωνείω τῶ Ἡραΐω κα[ὶ Ἀ-
γημμένε[ο]ς τῶ Ἑρμησιδείω, καὶ ἐπαγγελλα[μέ-
ν]ων πρὸς (Ἀ)λέξανδρον, ὅτι ἕτοιμοί εἰσι δίκ[ας
ὑ]ποσ[χ](ῆν π[ά](ντω)(ν) τῶν ἐγκαλημένων ἐν τῷ δά[μ-
ῳ]. . . . . . ε. [ἔδο[ξε τῷ δάμῳ· Ἐπει(δ)[ὴ...

C.

.εν......η.λι..................ιση....
..........ναυλ....ν (Ἀ)λέξαν[δρος...
....................ἀρρωσ[θαι...
..................οαρολλα.....
.....τωδ.........λυλ.γοαχ....
.η.......ντ.......κατ[ὰ] τῶν τυρ[άν-
νων [καὶ τῶν ἐ]μ πό[λι οἰκη]θέντων καὶ τῶν ἐκγ[ό-
νων]............καὶ ταὶς γραφαὶ[ς
..ε.......τὰν ἐκλησίαν· Ἐπειδὴ καὶ [τῷ
δάμῳ] (ὁ) β(α)σιλεὺς Ἀλέξανδρος διαγραφὰν ἀπο[σ-
τέ]λλαις π[ροσέτ](α)ξε [Ἐρε]σίοις κρῖναι ὑπὲρ τ(ε)
[Ἀγω]νίππ[ω κ](α)ὶ [Εὐρυσιλά]ω, (τ)ί [δ]εῖ πα[θ]ῆν αὔτοις
τὰς δίκας, ἀκο]ύ[σ]αις τὰν διαγραφὰν δικαστήριο-
ν κα]θί(σ)[αι]ς κατὰ τοὶς νόμοις, ὃ ἔκριν[ν]ε Ἀγώνι[π-
πο]μ μὲν καὶ Εὐρυσί[λαο]ν τε[θν]άκην, τοὶς δὲ ἀπογ[ό-
νοις ὄσσι]ν ἐνόχοι[ς ἔμμε]ν(α)ι τῷ νόμῳ τῷ ἐν τᾷ
σ]τ(ά)λλ(ᾳ) τὰ [τ]α ὑπάρχο[ντα] πεπρᾶσ[θ]αι αὐτῶν κατὰ
τ]ὸν νόμον, ἐπιστέλλ[αντος] δὲ Ἀλεξάνδρω καὶ ὑ-
πὲρ τῶν ἀπὺ .α..ωρε... (κα)ὶ τῶν κασιγνήτων [τ-
ῶ](ν) Ἕρμωνος καὶ Ἡραίω, τῶν πρότερον τυραννη-
σάντων τᾶς πόλιος, καὶ τῶν ἀπογόνων αὐτῶν, [κρῖ-
ναι τὸν δᾶμον, πότερο[ν δοκ]εῖ κατεκπορεύεσθ[αι
αὔτοις ἢ μ(ή), [ὁ δ]ὲ δᾶμος ἀκούσαις τὰς διαγραφὰ]ς
δικαστή[ρ]ι[ό]ν τε (α)ὔτοις συνάγαγε κατὰ τὸν [νό-
μο]ν καὶ τὰν διαγραφὰν τῶ βασιλέως Ἀλεξάνδρ[ω,
ὃ ἔ]γνω λό[γ]ων ῥηθέντων παρ' ἀμφ(ο)τέρων τόν τε ν[ό-

μο]ν τὸν κατὰ τῶν τυράννων κύριον ἔμμεναι κα[ὶ
φ]εύγην αὔτοις κὰτ [τὸ](ν ν)(όμον)· δεδόχθαι τῷ δάμ[ῳ·
κ]ύριον μὲν ἔμμεναι κατὰ [τῶν] τυράννων καὶ τῶ[ν
ἐ]μ πόλι οἰκηθέντων καὶ τῶν ἀπυγόνων τῶν το[ύ-
τ]ων τόν τε νόμον τὸμ περὶ [τ]ῶν τυράννων γεγρα[μ-
μ]ένον ἐν τᾷ στάλλᾳ [σ](ύ)(μπαντ)α καὶ ταὶς διαγρα-
φ]αις τῶν βασιλέων ταὶς κατὰ τούτων καὶ τὰ ψα-
φ](ίσ)ματα τὰ πρότερον γραφέντα ὐπὸ τῶν προγ[ό-
ν]ων καὶ ταὶς ψαφοφορίαις ταὶς κατὰ τῶν τυράννων· [αἰ
δ]έ κέ τις παρὰ ταῦτα ἀλίσκηται τῶν τυράννω[ν
τῶν ἐμ πόλι οἰκηθέντων ἢ τῶν ἀπυγόνων τῶν [τού-
τ]ων τις ἀπιβαίνων ἐπὶ τὰν γᾶν τὰν Ἐρεσίων,
.δοκνδ....βου(λ)εύσασθαι κ(α)ὶ πρ[οστιθέναι ἐν
στ]άλλ[ᾳ...............

B. ....[τῷ δι-
κάζο]ντι καὶ (προ)θέν-
τι τῷ]πόλει καὶ τοὶς
ἀστο]ῖσι τὰ δίκαια αὔ
ἔμμε]ναι καὶ αὐτοῖσι
καὶ] ἐκγόνοισι, τῷ δὲ
πα]ρὰ τοὶς νόμοις κα[ὶ
τὰ δίκαια δικαζόν-
τεσσι τὰ ἐναντία. ὄ-
μνυν δὲ τοὶς πολί[ταις
τοὶς δικάζοντας· ἦ
μ]ά(ν) δικάσσω πάν[τα,
ὄ]σσα μὲν ἐν τοῖσ[ι νό-
μ]οισι ἔνι, κὰτ τοὶ[ς νό-
μο]ις, τὰ δὲ ἄλλα ἐ[κ-
π](ρόν)ως ὡς ἄριστα [καὶ
δ]ικαιό[τ]ατα, καὶ τιμά-
σ]ω, αἴ κε καταγνῶ, ὀρθῶ[ς
κ]αὶ (δ)ικαίως· οὕτω ποήσω
ναὶ μὰ Δία καὶ Ἅλιον.
Φιλίππω.
Αἱ μὲν κατὰ τῶν φυγά-
δων κρίσιες αἱ κριθε[ῖ-
σαι ὐπὸ Ἀλεξάνδρου
κύριαι ἔστωσαν καὶ
ὧ]ν κατέγνω φυγήν, φε[υ-
γ]έτωσαν μέν, ἀγώγιμο[ι
δὲ μὴ ἔστωσαν.
Πρύτανις Μελίδωρο(ς).
Βασιλεὺς Ἀντίγονος
Ἐρεσίων τῇ βουλῇ
καὶ τῷ δήμῳ χαίρειν.
παρεγένοντο πρὸς ἡ-
μᾶς οἱ παρ' ὑμῶν πρέ[σ-
(β)εις καὶ διελέγον[το,
φάμενοι τὸν δῆμον
κομισάμενον τὴν παρ' [ἡ-
μῶν ἐπιστολήν, ἣν ἐγρ[ά-
ψ]αμεν ὑπὲρ τῶν Ἀγωνί[π-
π](ο)υ υἱ(ῶ)ν, ψήφισμά τε π[ο-
ιή]σασθαι, (ὃ) ἀνέγνωσα[ν
ἡμῖ]ν, καὶ αὐτοὺς απο
.......ας...

„In den Städten der kleinasiatischen Küste und der benachbarten Inseln erhielten sich zäh und unversöhnlich die Parteien des Adels und des Volkes. Je nachdem die Athener oder Lakedämonier an Einfluss überwogen, ging die Gewalt in wilden Bewegungen an das Volk oder die Geschlechter über: die Unterliegenden wurden gemordet oder ausgetrieben, bei dem nächsten Umschlag kehrten die Flüchtlinge zurück und vergalten. Nach dem antalkidischen Frieden gelangten auch die Perser in jenen Gegenden wieder zu Macht und Einfluss. Sie hoben nach alter Uebung in den Städten, die sich ihrer Macht beugten, einzelne Männer an die Spitze: in Folge davon werden seit dieser Zeit an verschiedenen Orten Tyrannen erwähnt.

Diesen Wechsel der Dinge erfuhren auch die Städte auf Lesbos. Lysander hatte nach der Schlacht bei Aegospotamoi Zehnmänner und lakonische Harmosten eingesetzt, Konon und Thrasybulos aber gewannen 393—390 die Städte wieder für Athen und die Flüchtigen der demokratischen Partei kehrten zurück. In Folge des antalkidischen Friedens (387) gelangten die lakedämonischen Parteien wieder zur Macht, aber schon 378 kam die neue Bundesgenossenschaft der Athener zu Stande und in der neuerdings aufgefundenen Bundesurkunde erscheinen auch Mytilene, Methymna, Antissa und Eresos; ohne Zweifel war eine demokratische Ordnung der öffentlichen Verhältnisse diesem Anschluss vorangegangen. Nach dem Bundesgenossenkriege werden theils wieder oligarchische Verfassungen erwähnt, theils Tyrannen, wie Kammos oder Kammys in Mytilene, Kleomenes in Methymna. Gegen sie hatte, um Einfluss zu gewinnen, schon Philippos von Makedonien in mehreren Städten die Partei des Volkes unterstützt, aber wieder musste Alexander nach der Schlacht am Granikos von Ephesos aus 334 Lysimachos entsenden, um die oligarchischen Verfassungen zu beseitigen und demokratische einzuführen. Bald darauf gelang es Memnon, dem Führer der persischen Flotte, und seinem Nachfolger, Autophradates, die lesbischen Städte wieder für Persien zu gewinnen; die Säulen, welche die Verträge mit Alexander enthielten, wurden umgestürzt, die Flüchtlinge kehrten zurück, und ausdrücklich wird die Einsetzung eines Tyrannen Diogenes in Mytilene erwähnt, aber auch in den übrigen Städten traten solche auf, wie bald nachher Aristonikos und Chrysolaos als Tyrannen von Methymna vorkommen. Lange indessen blieben sie nicht im Besitz ihrer Gewalt, denn schon 332 vertrich Hegelochos, der Admiral Alexanders, die Tyrannen, und die Städte von Lesbos traten wieder auf die Seite Alexanders. Als dieser 324 in Olympia an alle Griechen die Aufforderung erliess den Verbannten Rückkehr in ihre Heimath zu bewilligen, galt dies natürlich auch den Städten auf Lesbos, und dass auf diese Rückkehr und die neue in Folge derselben eingetretene Ordnung der Verhältnisse die grosse Inschrift von Mytilene (C. I. Gr. 2166) gehe, hat Boeckh ohne Zweifel richtig erkannt.

Dass auch die Stadt Eresos Tyrannen hatte, welche von Alexander vertrieben wurden, wussten wir bisher nur aus der einen Stelle des Demosthenes: 17 §. 7. Jetzt erhalten die wechselvollen Schicksale der Stadt in jener Zeit unerwartetes Licht durch diese Inschrift.

Der Inhalt des ganzen Steines lässt sich als eine Sammlung von Aktenstücken und Aufzeichnungen in Sachen der Tyrannen von Eresos und ihrer Nachkommen bezeichnen.

Eresos hatte zu verschiedenen Zeiten Tyrannen gehabt, von denen Hermesias (oder Hermon) und Heräos etwas früherer Zeit, wohl der des Philippos, angehört zu haben scheinen, ebenso auch Eurysilaos, obgleich er später als die genannten lebte. Agonippos aber gehörte wohl zu den durch Hegelochos 332 festgenommenen und zu Alexander nach Aegypten gebrachten Tyrannen. Als Alexander (nach Arrian 3. 2, 7) diese in die Städte zurückschickte, damit dort das Urtheil über sie gefällt würde, wurde Agonippos zum Tode verurtheilt, seine Söhne verbannt, die Güter der Familie eingezogen, und mit schwerem Fluche bedroht, wer später einen aufhebenden Antrag einbringen würde. Von 883 Stimmen hatten 7 Agonippos freigesprochen, die übrigen ihn verurtheilt.

Die Nachkommen jener früheren Tyrannen Heräos und Hermesias hatten die Vermittlung Alexanders nachgesucht und Sühne für alles, dessen man sie beschuldige, gelobt, wenn man sie in ihre Heimath zurückkehren lasse. Die Gemeinde von Eresos schlug das Gesuch ab.

Später hatten die Nachkommen und Verwandten sowohl des Heräos und Hermesias, als des Agonippos und Euryslaos wieder Alexanders Vermittlung angerufen und dieser ihretwegen an die Gemeinde von Eresos geschrieben. Aber auch jetzt beschloss die Gemeinde, nachdem sie Gerichte zur Revision der Processe niedergesetzt hatte, auf deren Gutachten hin die früheren Urtheile aufrecht zu erhalten.

Dann folgte der allgemeine Erlass Alexanders vom Jahre 324 und zu der neuen Ordnung der Dinge, welche bei der Rückkehr einer Menge vornehmer Verbannter nothwendig wurde, gehört wohl der Richtereid, der den obern Theil der schmalen Seite füllt.

Aber Alexander hatte nicht allen Verbannten ohne Ausnahme Rückkehr erwirken wollen, sondern ausdrücklich waren die ἐναγεῖς, d. h. die mit Blutschuld Beladenen, ausgeschlossen. Vielleicht waren es solche, die mit dem Zusatz auf der schmalen Seite gemeint sind: αἱ μὲν κατὰ τῶν φυγάδων κρίσιες αἱ κριθεῖσαι ὑπὸ Ἀλεξάνδρω κύριαι ἔστωσαν, καὶ ὧν κατέγνω φυγήν, φευγέτωσαν μέν, ἀγώγιμοι δὲ μὴ ἔστωσαν. Indessen kann er auch aus uns unbekannten Gründen andere Eresier von der Amnestie ausgeschlossen haben.

Dass unter diesen, welche nicht mit nach Eresos hatten zurückkehren dürfen, auch die Söhne des Agonippos gehörten, sehen wir aus dem letzten Aktenstück, welches der vorliegende Stein enthält, einem

Briefe des Königs Antigonos (wohl des ersten) an Rath und Volk der Eresier, dessen allein noch erhaltener Anfang auf ein Urtheil hinweist, durch welches einem früher schon von ihm in derselben Sache geschriebenen Briefe nicht entsprochen worden war.

So viel von dem geschichtlichen Inhalt. Aber auch in sprachlicher Hinsicht ist die Inschrift von grosser Bedeutung, da sie uns den lesbisch-äolischen Dialekt in aller Treue und Strenge zeigt." [1])

Der Aufenthalt in Erissos, erfreulich für mich durch alles Gewonnene, schloss am Morgen des 16. August mit einer unfreundschaftlichen Scene zwischen Papa Nikólaos und mir, da dieser mit einer dem Ueblichen entsprechenden Zahlung für gewährtes Quartier nicht zufrieden sein wollte. Die Vorstellungen von meiner Zahlungsfähigkeit waren natürlich mit der Inschriftgeschichte sehr gestiegen. Doch hatte ich wohl die bald an der Hausthür versammelte corona auf meiner Seite; wenigstens beeilte sich der Pferdetreiber gleich beim Fortreiten mich zu versichern, dass der Papas gar nicht beliebt im Dorfe sei, man hätte sogar zur Erntezeit schon einmal den Versuch gemacht, ihn mit einer Kornstiege, in der er grade Mittags schlief, in Brand zu stecken. Mein nächstes Ziel waren die Dörfer von Kalloni am Meerbusen gleichen Namens, doch machte der Weg dorthin einen Bogen über die Dörfer Misótopos, Agra und Parakela. Der Weg nach Misótopos führte zunächst in eine Gegend, die ich schon zwei Tage vorher von Erissos ab am Nachmittage besucht hatte. Es ist das ein Thal, welches sich nordöstlich von dem grossen Thale von Eresos abzweigt und ziemlich weit aufwärts in die Berge hineinzieht. So fruchtbar und bedeckt mit Gärten und Feldern das Thal von Eresos ist, so öde, kahl und felsig ist dieses Seitenthal. Ueber graufarbige Steine kommt ein breites, als ich es sah, trockenes Flussbett herunter, umgeben von den wildesten Bergformen, Abhängen, Felsthürmen, Kegelkuppen und hohen steinigen Rücken. Es sind diese Berge, welche mit so auffallend wunderlich zerrissenen Formen in das Thal von Eresos hinabsehen und es ist hier auf der Insel der grösseste landschaftliche Gegensatz gegen den weichen, üppigen Charakter der Natur, wie er im Osten, namentlich aber um den Meerbusen von Jera herum herrscht. Nach einem Ritte von fünf Viertelstunden, von Erissos ab gerechnet, erreichten wir auf oft kaum gangbarem Wege die Stelle, welche Λακτοπέδια heisst, wo eine Kirchenruine und zahlreiche jetzt zu Hürden für das Vieh aufgehäufte Steine den Platz eines früheren Dorfes zu bezeichnen scheinen. Man übersieht von hier nach Westsüdwesten hin den Strand der Bucht von Eresos, wo von heftigem Nordwinde an der Fahrt nach den Dardanellen gehindert sechs Kauffahrer vor Anker lagen. Auf gradem Wege fast unzugänglich gleicht diese Stelle von Laktopédia so recht der eines Dorfes in den Piratenzeiten. Altgriechische Reste sind nicht vorhanden, auf dem Rückwege, wie wir ihn nach Erissos nahmen, äfft aber das wie in einzelnen Blöcken gelagerte natürliche Gestein, da es in einiger Entfernung täuschend dem Mauerwerke aus polygonen Steinen, der λεσβία οἰκοδομή der Alten, gleicht. So hatte ich die Gegend von Laktopédia bei dem eigens unternommenen Ausfluge dahin kennen gelernt. Auf der Weiterreise zunächst nach Misótopos passirten wir ziemlich dieselbe Strecke, nur nicht den alten Dorfplatz selbst, wieder und fanden auch auf den weiter folgenden Strecken, die wir durchritten, zum grossen Theile kahlfelsige Gebirge. Nur einmal, ehe wir nach zweistündigem Ritte von Erissos ab Misótopos erreichten, kamen wir durch ein Thal mit Gärten und mit Pappeln, das als ein grüner Fleck in der übrigen Oede liegt. Bald hinter Misótopos erschien dann wieder unten nach dem Meere zu ein kleines bebautes Thal. Wo sich Baumwuchs hier zeigte, waren es die Korkeichen, die an der Nordküste um Telonia so zahlreich sind. Wir kehrten nun aber dem Meere den Rücken und setzten, um zunächst Agra zu erreichen, unsern Weg ziemlich in nördlicher Richtung fort. Ziemlich weit landeinwärts schon und kurz ehe vom Wege aus der Eingang in den Golf von Kalloni sichtbar wurde, trafen wir auf die Fundamente eines vereinzelten althellenischen Thurmes, dem einzigen dieser Art, den ich auf Lesbos gesehen habe. Der Grundriss bildet ein Quadrat von 9,00 Meter Seitenlänge. Der Bau ist aus Quadern aufgeführt, welche nicht glatt behauen, aber an den Thurmecken mit der üblichen Aus-

[1]) Die ganze Ausführung von Sauppe a. Nachrichten von der Univ. u. der k. Ges. der Wiss. zu Göttingen a. a. O.

schärfung versehen und untereinander durch Klammern verbunden sind. Von den umherliegenden Steinen ist dicht an der Ruine eine Hütte und dabei eine Tenne hergerichtet. Der Ort heisst bei den Umwohnern *Ακαδά*. Im Alterthume lag hier offenbar ein befestigter Wachtposten, wie wir deren Ueberreste auf dem Festlande und auf den Inseln Griechenlands in immer grösserer Zahl kennen lernen, wahrscheinlich von den Eresiern gegen ihre Nachbarn am Meerbusen von Pyrrha (Meerbusen von Kalloni) angelegt [1]. Vom Meere sieht man von der Ruine aus nur drei kleine Abschnitte durch die Bergstücken hindurch nach Süden zu. In Kurzem erreichten wir dann auch das Dorf Agra [2]. Es liegt am Bergabhange und dicht über ihm noch eine kleine Abtheilung von Häusern, ein μαχαλᾶς, welche von Pappeln umwachsen ist und davon Léfka genannt wird, also mit gleicher Namengebung, wie wir sie drüben bei Kavaklí und dem alten Aigeiros schon fanden. Wir hielten die Mittagsruhe eine Viertelstunde weit jenseit unterhalb Agra an einem von einer Platane beschatteten Brunnen und ritten dann bergaufwärts, bis auf der Höhe des Weges der ganze Golf von Kalloni, der grössere von den beiden Meerbusen, die von Süden in die Insel hineinschneiden, vor uns lag. Sobald das Herabsteigen zu ihm begann, umgaben uns Wacholderbüsche und die hellgrünen Fichten [3], die Zierde mancher griechischen Strandgegenden, welche ich hier zuerst seit ich die Insel Imbros verlassen hatte, wiedersah. Wir durchritten das Dorf Parakela (τὰ Παράκελα) [4], hinter welchem, nachdem wir erst noch über einige felsige ans Meer tretende Bergausläufer hinüber waren, höchst ungewohnter Weise ein Ritt in wirklicher Ebene begann. Es ist die grösste ebene Fläche auf Lesbos, die sich von hier bis an das Ende des Gebietes von Kalloni ausdehnt. Mit ihrem flach sandigem Strande senkt sie sich in den auch nur ganz allmälig sich vertiefenden noch weithin seichten Meerbusen. Als wir sie erreichten, war eben die Sonne hinter die Berge gesunken. Matt bläulich leuchteten die östlichen Uferberge über dem sich grün färbenden Meere herüber, am längsten, als schon alles andere in Schatten lag, der kahle Abhang des Agios Ilias; tiefblau dagegen schienen im Norden die Gelia, der alte Lepetymnos. Es war Nacht, als wir beim schwachen Scheine des ersten Mondviertels Kalloni erreichten, dessen Magaziá und Kaffeeschenken ein etwas grösseres Dorf anzeigten. In der Schule fanden wir Quartier. Von Agra bis Kalloni waren wir etwa fünf Stunden unterwegs.

Kalloni ist der Gesammtname für die Dörfer Argenna, Daphiá, Osmeria, Angiessos oder Tsamachli, Kerámia, Papianá und Akerona, doch wird vorzugsweise das Hauptdorf Argenna auch schlechthin Kalloni

---

[1]) Boutan a. a. O. S. 320 f. erwähnt auf dem Wege von Mistope (nicht Messotopo) nach Eresos Ruinen einer Befestigung, die er auch als Grenzposten der Eresier ansieht.

[2]) Nicht weit von Agra in einer zwischen den kahlen Bergen gelegenen grünen Ebene fand Boutan (a. a. O. S. 319 f.) Ruinen — „dans un immense champ entouré d'un mur granitique, des ruines considérables. Sur le flanc d'une colline connue sous le nom de „Koudiche“, se trouvent les restes d'un temple dont on voit les fondements entièrement conservés, 5 mètres de chaque côté. Angebaut aus altem Material eine christliche Kirche. Devant le temple, du côté de l'ouest, l'œil suivait facilement les traces d'un large escalier qui descendait vers la vallée. Onze degrés existent encore en partie. Beiderseits von der Treppe liegen viele alte Steine, nicht weniger als dreihundert.“ Boutan nimmt da eine Stadt an und nennt sie Agamede.

[3]) Theophrast. hist. plant. III, 9, 5 spricht von einem Waldbrande: ἐν Λέσβῳ ἐμπρησθέντος τοῦ Πυρραίων ὄρους τοῦ πιτυώδους.

[4]) Ich führe hier eine Beobachtung Boutans (a. a. O. S. 318 f.) über einen Platz, den ich nicht besucht habe, an: „A deux heures de Parachyla sur le bord de la mer, dans un lieu qui n'est encore connu que sous le nom de Μάκαρα, en face des petits îlots qui ferment presque l'entrée du port de Kalloni, se trouve un mur que mon guide prétend être génois, mais qui n'est autre chose qu'une superbe construction pélasgique, encore intacte sur un assez grand espace. Ce mur n'a pas moins de six mètres de haut sur cinquante de long; il sert à soutenir une plateforme.“ So weit die Beobachtung. Wenn die Ruine dann zu der der „antique ville de Macara“ gemacht wird, so hätte, ehe man über den Platz einer solchen Stadt sprach, wohl ihre Existenz nachgewiesen werden können. Uebrigens ist von diesen Ruinen bei Mákara auch bei Anagnostis die Rede (a. a. O. S. 143), der sie aber auf das gegenüberliegende Ufer setzt: Μάκαρα, μέρος κατεστραμμένον. Κεῖνται δὲ τὰ ἐρείπια ταῦτα δύο περίπου ὥρας μακρὰν τοῦ Πολιχνίτου, εἰς τὴν δεξιὰν κεφαλὴν τῆς εἰσόδου καὶ οὐ μακρὰν τοῦ στομίου τοῦ κόλπου τῆς Καλλονῆς, κατὰ τὴν θέσιν τὴν καλουμένην „Ἀκαδήμεια ἢ Μάκαρα“. Er habe einst einen Bischof Μακαρουπόλεως gelesen und eine Mühle in jener Gegend hiesse „μύλος τοῦ Μάκαρ“. — Ueber den mythischen Makareus s. Plehn a. a. O. S. 31 ff.

genannt. Hier residirt der Erzbischof von Methymna, wie der Titel noch lautet. Daphia liegt von allen diesen Dörfern am weitesten landeinwärts, die übrigen liegen in der eigentlichen Ebene, welche sich am nordöstlichen Rande des Meerbusens als die grösseste ebene Fläche überhaupt auf Lesbos ausdehnt. Mit flachem sandigem Strande tritt sie an den Meerbusen, unter dessen seichtem Wasser sich der Boden erst ganz allmälig mehr in die Tiefe zieht. Unzweifelhaft hat hier nach und nach ein Wachsen des Landes und ein Zurückziehen des Meeres stattgefunden; im Nordosten der Bucht bildet das Meer noch einen vom Sandboden schon fast eingeschlossenen salzigen Sumpf, eine sogenannte Alikí. Die Ebene der Dörfer von Kalloni ist sehr fruchtbar, mit Gärten und Getreidefeldern besetzt und die umliegenden Höhen sind alle mehr oder weniger mit Baumwuchs bedeckt, doch steht die Gegend im Rufe besonders schwerer Luft. Es ist die Fiebergegend von Lesbos. Das halb stagnirende Wasser des Meerbusens mag dazu wesentlich beitragen [1]).

Der Boden, der heute trotz dieses Klimas so zahlreich bewohnt ist, wird auch im Alterthume sein Leben gehabt haben. Wir würden aus unserer Ueberlieferung Nichts davon wissen; aber zwei befestigte Plätze mit Ruinen hellenischer Zeit liegen der eine im Norden, der andere im Osten der Ebene von Kalloni. Ich habe sie beide von Argenna aus besucht; ausserdem ritt ich auch nach dem Dorfe Daphia hinauf, wo eine Inschrift sich befinden sollte. Sie steht sehr wohlerhalten (Taf. XVI, 2) [2]) auf einem grauen Marmor (0,80 M. breit, 0,75 hoch), der in der Treppe der Moschee im Dorfe eingesetzt ist:

Θεᾷ μεγάλῃ Ἀρτέμιδι Θερμίᾳ [3]) τὴν κύνα
Κλαύδιος Λουκιανὸς Ἀλαβανδεὺς ἀνέθηκεν.

Das Bild einer Hündin wird also als Weihgeschenk auf dem Steine, dessen Oberfläche ich nicht sehen konnte, gestanden haben. Man sagte mir, der Stein sei von dem Paläokastro Pyrrha an der Ostseite des Meerbusens von Kalloni, welches wir noch näher kennen lernen, nach Daphia gebracht; indessen klang mir diese Angabe nicht sehr zuverlässig.

Ich wende mich jetzt zu der Beschreibung der erwähnten zwei Plätze mit althellenischen Ruinen. Der eine derselben wird von den Umwohnern einfach als das Paläokastro von Kalloni (τῆς Καλλονῆς τὸ παλαιόκαστρο) bezeichnet. Es liegt dasselbe an dem Wege von Kalloni nach dem Dorfe Paraskewi, welcher unmittelbar ehe er ein kleines Flüsschen (Σκινᾶς τὸ ποταμό, so nannten es meine Leute) überschreitet, die Ruinen auf einer Anhöhe rechter Hand lässt. Jenes Flüsschen macht von Norden kommend um den Fuss der Ruinenhöhe eine Biegung nach Westen, um dann wieder in südlicher Richtung dem Meerbusen zu in die Ebene zu fliessen. Ich habe die Hauptpunkte auf meiner Planskizze auf Taf. III. angegeben. Von ihrem höchsten Gipfel fällt die Anhöhe nach Westen zu unmittelbar steil ab, nach den übrigen Seiten hin lagert sich ihr Abhang sanfter als eine allmäliger absteigende Lehne, die erst da, wo sie an das Flüsschen herantritt, mit einem schroffen meist felsigen Abfalle endigt. Der höchste Gipfel trägt die ziemlich ausgedehnte und in die Augen fallende Ruine einer mittelalterlichen Festung ohne altgriechische Reste irgend welcher Art. Dagegen laufen zwei Mauerschenkel aus altgriechischer Zeit jetzt allerdings in unterbrochenen Stücken in der Richtung vom Nord- und vom Südende des Gipfels nach unten zu sich weiter von einander entfernend bis an den felsigen Abhang über dem Flüsschen hinunter. Längs dieses letzteren Abhanges ist keine Mauerspur zu sehen. Von den beiden Mauerschenkeln ist der nördliche ein sehr gewaltiges Werk. Stellenweise noch bis zu einer Höhe von 2,50 Meter erhalten hat die Mauer hier eine Dicke von 2,80 Meter und ist mit einer geringen Biegung auf eine Strecke von etwa hundert Schritten noch zu verfolgen. Ihre Seiten nach aussen und innen bestehen aus je einer Schichtung grosser unbehauener Blöcke, die ohne Bindemittel auf einander gelagert sind, während die dabei gebliebenen Lücken

[1]) Die Seichtigkeit des Wassers mag auch der Grund der von Aristoteles erwähnten Erscheinung des Fortziehens der Fische im Winter sein s. Plehn a. a. O. p. 10.

[2]) auch mitgetheilt bei Boutan a. a. O. S. 314.

[3]) Nicht Ἀρτέμιδι τῇ Θερμιδίῳ κ. τ. λ. wie Anagnostis a. a. O. S. 162, Anm. 4 angiebt.

durch kleinere ebenfalls unbearbeitete Steine ausgefüllt sind. Hie und da ist auch wohl ein grosser natürlicher Felsblock des Bodens in der Mauerlinie stehen geblieben und so benutzt. Der innere Raum der Mauer zwischen diesen zwei Steinschichtungen ist mit einem unregelmässigen Gemische grosser und kleiner Steine ausgeschüttet. Diese ganze Konstruktionsart ist bekanntlich bei altgriechischen Städtemauern mehrfach beobachtet worden [1]). Der andere südlich liegende Mauerschenkel ist in geringern Stücken als jener nördliche erhalten, erscheint auch als ein Aufbau von vielechigen roh gelassenen Steinen, steht aber nicht als eine freie Mauer da, sondern ist mit seiner einen Seite an den Bergabhang, der hier einen steileren Abfall bietet, angelehnt, auch das ein nicht vereinzelt stehendes Verfahren. Der Raum innerhalb dieser Mauerschenkel besteht in seinem höheren Theile aus dem erdigen Schrägabhange des Festungsgipfels, der untere Theil unmittelbar über dem Abhange nach dem Flusse zu bildet ein flacheres mit zahlreichen Felsblöcken bedecktes Plateau. Nirgends konnte ich hier Spuren alter Hausanlagen bemerken; eine kleine Kirche der h. Marina ist auf dem Plane angegeben. Die Gesammtgestalt des hier befestigten Platzes wiederholt sich im Wesentlichen gleichartig an altgriechischen Städten mehrfach in der Art, dass von einem festen Berggipfel hinunter- und auseinander etwa zur Küste laufende Schenkelmauern einen nahezu dreieckigen Raum auf einem Bergabhange einschliessen. Unverkennbar trägt die Befestigung des Paläokastron von Kalloni grade in der Unvollkommenheit bei der doch stellenweise aufgewandten gewaltigen Mühe den Charakter eines hohen Alterthumes. Ueberall ist nur der natürlichsten Gestalt des Bodens nachgeholfen. An dem gar nicht ersteigbaren Abhange über dem Flüsschen hat gewiss nie eine Mauer gestanden, sehr möglich, dass auch der nach aussen steil abfallende Berggipfel, wo unter dem mittelalterlichen Gemäuer kein älterer Rest zu sehen ist, nie eine künstliche Befestigung hatte [2]). Auch im Süden hatte, wie wir eben sahen, man sich begnügt, nur den schon von Natur eine Art von Abschluss des Stadtplatzes bildenden Abhang durch die angelehnte Mauer ein wenig steiler zu machen. Allein im Norden war kein natürlicher Abschluss; einzelne hervorstehende Steine wurden auch hier noch benutzt, sonst musste zu einem wirklichen Mauerbaue geschritten werden und das geschah in der unförmlichsten aber, bezeichnend auch sonst für die ältesten Bauwerke auf griechischem Boden, nach dem Kolossalen strebenden Weise. Auch die Lage der Stadt im innersten Winkel der Ebene ist grade wie die der ältesten Griechenstädte; so lagen das macedonische Aigai, so Krisa, so das argolische Mykenai (μυχῷ Ἄργεος ἱπποβότοιο). Dieser Anschein sehr alten Ursprungs, den die Ruinen tragen, vereinigt sich aber ferner völlig mit dem, was die Ueberlieferung uns sonst bietet. Es kann nämlich diese Befestigung nur einer Stadt angehören, die schon zu Herodots Zeit nicht mehr selbstständig existirte, also auch keine Mauern mehr baute. Herodot [3]) sagt, dass es auf Lesbos fünf Städte gebe, eine sechste Arisba sei von den Methymnäern vernichtet; diese fünf Städte sind offenbar Mytilene, Methymna, Antissa, Eresos und Pyrrha, da sie alle, wenn auch Pyrrha sehr geschädigt, noch bis zur Römerzeit hin als Städte existirten [4]). Von ihnen haben wir die Lage von vieren bereits feststehend gefunden, Pyrrha kann aber hier schon deshalb nicht gelegen haben, weil es am Meere lag [5]). Ich glaube nun aber, wir dürfen es als höchst wahrscheinlich annehmen, dass das Palaiokastron von Kalloni der Ueberrest der Stadt Arisba [6]) ist. Dafür

[1]) z. B. am sog. Dêma in Attika s. Gell Probestücke von Städtemauern Taf. 34, der wenigstens die Konstruktionsweise der Mauer richtig angiebt.

[2]) so war es bei der Befestigung von Samothrake.

[3]) I, 151: αἱ δὲ τὰς νήσους ἔχουσαι πέντε μὲν πόλιες τὴν Λέσβον νέμονται (τὴν γὰρ ἕκτην ἐν τῇ Λέσβῳ οἰκεομένην Ἀρίσβαν ἠνδραπόδισαν Μηθυμναῖοι, ἐόντας ὁμαίμους).

[4]) Conze a. a. O. S. 16 f.

[5]) Plin. n. h. V, 139: Pyrra hausta est mari. Nicht nothwendig wäre es nach Strabo C. 618: ἔχει λιμένα.

[6]) Diese Ansicht führen schon Anagnostis (a. a. O. S. 50. 160) und Boutan (a. a. O. S. 314), letzterer zweifelnd, an. Beiden fehlte allerdings die Hauptsache, nämlich der Beweis aus den Ruinen, dass hier überhaupt eine alte Stadt lag; sie erklären nämlich die Ruinen für nur mittelalterlich. Im Wesentlichen richtig beschreibt und beurtheilt dagegen Prokesch-Osten (Denkwürd. III, S. 369 ff.) die Ruinen, freilich bis auf den Namen, den er ihnen giebt: Colonna.

spricht allerdings nur jene Nachricht bei Herodot, dass die stammverwandten Einwohner von Arisba von den Methymnäern in die Sklaverei verkauft seien. Die Methymnäer besassen auch nach Strabo [1]) das Gebiet von Arisba. Nun liegt aber kein nachweislicher Stadtplatz Methymna so nahe, wie der des fraglichen Palaiokastron. Die Uebersiedelung des Erzbischofs von Methymna nach Kalloni zeigt zum Mindesten die stets nahe Beziehung beider Plätze zu einander, die in der alten Zeit mit Nothwendigkeit dahin führen musste, dass wenn Methymna überhaupt sich ausdehnen wollte, es zunächst auf diese Stadt hier stossen musste.

Am Vormittage hatte ich das Palaiokastro von Kalloni, wahrscheinlich also die Ruinen der alten Arisba, besucht; Nachmittags machte ich mich auf den Weg nach dem zweiten Platze mit hellenischen Ruinen, der von Argenna in südwestlicher Richtung eine gute Stunde entfernt liegt. Man nennt ihn das Xerokastrini (auch μέσα εἰς Πυργοὶ Ξεροκαστρίν hörte ich sagen). Ich habe die Lage auf der Karte angegeben und auf Taf. II. eine Planskizze des höchsten Gipfels mit den Ruinen gezeichnet. Die Lage der Ruinen ist eine in nicht grade für hellenische Städte gewöhnlicher Weise sehr hohe. Den unten allmälig ansteigenden Berg krönt oben der Länge nach von NNW nach OSO gestreckt ein oblonges Felsplateau, etwa 60,00 Meter durchschnittlich breit, während seine Länge etwa das Vierfache der Breite betragen mag. Auf drei Seiten fällt dieses Plateau jäh ab, ganz besonders sind die Felswände im NNO und WNW steil und thurmhoch. Den einzigen bequemen Zugang bietet diese Höhe auf der OSO-Seite und nur hier finden sich deshalb die Befestigungen, welche den östlichen ein wenig niedrigeren, auch nicht ganz so steil abfallenden Theil des Plateaus, so wie sie jetzt sind, nicht mit einschliessen, obgleich da wo der auch jetzt gangbarste Fusssteig von Süden zuerst diesen niedrigern Theil der Höhe erreicht, erst alte Fundamente zu beiden Seiten des Pfades, dann am Rande der Höhe deutliche Ueberreste eines hellenischen Thorbaus sich noch finden. Auf dem Rande des höchsten Theiles des Gipfels gegen die etwas niedrigere Ostseite hin ist die hellenische Befestigung noch in ihrer ganzen Länge erhalten, eine einfache Mauer mit einem viereckigen Thurme (Ostseite desselben 6,90 M., Südseite 7,10) nahe bei der Stelle, wo jetzt durch einen Durchbruch der Fusspfad hinaufgeht und wo gewiss das alte Thor war. Von der Mauer liegen nur noch die unteren Steinschichten, auf welchen in späterer Zeit einmal ein erneuter Mauerbau aus kleinen mit Mörtel verbundenen Steinen aufgeführt ist. Der Thurm ist aus polygonen wenig bearbeiteten Steinen gebaut, nur an den Ecken liegen Quadern, welche die gewöhnliche Eckausschärfung zeigen. Auf der höchsten Höhe liegt noch ein kleines Kirchlein, ein ἐκκλησία τῆς Παναγίας; in demselben und um dasselbe herum liegen allerlei Quadern vom altgriechischen Bau. Diese kleinen Kirchen werden so viel in die Ruinen der Heidenzeit gesetzt, wie man auf die alten Bildsteine wohl das Kreuz einhaut; sie sollen den bösen Geistern der Vergangenheit ihre Macht brechen. Besonders beachtenswerth für die Möglichkeit der Ansiedelung auf diesem hohen Gipfel ist ein gutes Quellwasser, welches unter dem NNO-Abhange hervorkommt und das ganze Jahr über dauert. Wie nannten die Alten das Xerokastrini? Man könnte an Agamede denken, welches Plinius unter den untergegangenen Städten von Lesbos, Stephanos von Byzanz als einen τόπος περὶ Πύρραν τῆς Λέσβου nennt [2]). Da der ganze Meerbusen nach Pyrrha hiess, so könnte auch die Stelle von Xerokastrini, obwohl von dem gegenüberliegenden Pyrrha entfernter wenn auch von dort sichtbar, als περὶ Πύρραν bezeichnet worden sein [3]).

[1]) C. 590: ἦν δὲ καὶ ἐν Λέσβῳ πόλις Ἄρισβα, ἧς τὴν χώραν ἔχουσι Μηθυμναῖοι.

[2]) Plehn a. a. O. S. 22. Zander a. a. O. S. 18. Plin. n. h. V, 140: et Agamede obiit et Hiera. Steph. Byz. aus Nicol. Damascenus: Ἀγαμήδη, τόπος περὶ Πύρραν τῆς Λέσβου. ἀπὸ Ἀγαμήδης, τῆς καὶ Πύρρας ἐπικληθείσης. ἔστι καὶ κρήνη Ἀγαμήδη, ὡς Νικόλαος δ΄. Das könnte dann die erwähnte Quelle sein.

[3]) Boutan, der a. a. O. S. 315 ff. das Xerokastrini nicht ganz genau beschreibt, hält es für das alte Aigeiros, indem er zunächst behauptet, die Umwohner nennten den Platz noch Ἄγειρος, dann hinzugefügt: „le texte seul de Strabon suffirait pour faire disparaître toute incertitude à cet égard.“ Das *Letztere* ist auch meine Meinung und deshalb überhebe ich mich einer Widerlegung der hier auf jeden Schritt fehlgehenden Auseinandersetzungen meines französischen Vorgängers. Der Strabonische Text ist oben, wo wir die Lage von Aigeiros nachwiesen, angeführt. Anagnostis a. a. O. S. 162, Anm. * scheint, aber nur nach Hörensagen, von dem Xerokastrini zu sprechen. Ob Prokesch-Osten a. a. O. S. 255 mit der „Ruine von Egina“, die er aus dem *Fenster* des Erzbischofs in Achyrona sah, das Xerokastrini meint, weiss ich nicht.

Meine Arbeit in Kalloni war gethan. Das grosse landeinwärts gelegene Dorf Paraskewi, von einer Höhlenkapelle so genannt, wollte ich nicht besuchen. Ein Naturforscher hätte sich vielleicht schon durch die Erzählungen von bedeutenden Hebungen und Senkungen im Boden, welche dort vor etwa zehn Jahren plötzlich eingetreten sein sollen [1]), hinziehen lassen. Ich schickte meinen Diener mit dem Gepäcke nach dem nächsten grösseren Orte, nach Agiasso am Fusse des Eliasberges, voraus und ritt selbst allein, um auch das Ostufer des Golfs von Kalloni, namentlich die Ruinen von Pyrrha [2]) (κάστρο 'ς τὴ Πύῤῥα), wie man sie noch heute nennt, zu untersuchen. Durch das Dorf Tsumachli oder Angiamos, wie die Griechen es nennen, führte mein Weg anfangs zwischen den Gärten und Getreidefeldern der Ebene hin, dann in die sandigen ganz unbebauten Flächen, welche sich um das schon genannte Salzwasser der Aliki herum ausdehnen. Land und Meer haben sich hier noch nicht auseinandergesetzt, im Winter überschwemmt das Wasser des Meerbusens hier herum Alles, während ich die Aliki trocken fand. Eine Brücke führte über die Stelle, wo sie mit dem Meere noch am meisten in Verbindung steht. Ich folgte dann dem Ufer nach Süden hin und etwa drei Stunden nach meinem Austritte von Kalloni war ich, zuletzt auf einer Brücke über ein kleines zum Meere gehendes Wasser reitend, am Fusse der alten Akropolis, welche, wie gesagt, noch heute allgemein als τὸ κάστρο, τὸ παλαιόκαστρο τῆς Πύῤῥας bezeichnet wird. Ohne Zweifel lag auch wirklich hier die alte Stadt [3]), welche dem Meerbusen ihren Namen gab und die von den drei Städten, deren Lage um den Golf wir nachweisen können, welche am längsten, wenn auch zuletzt halb verfallen, bestand. Es ist bemerkenswerth, dass von den scheinbar so günstig an den beiden Binnenbuchten der Insel gelegenen Städten die meisten früh ihre Selbstständigkeit verloren haben, die eine länger bestehende sich nie mit den Städten der Aussenküsten hat messen können. Der Stadtberg von Pyrrha ist bei weitem nicht so hoch, wie drüben das Xerokastrini, doch in der Gestalt seiner oberen Fläche einigermassen ähnlich. Sein westlicher Theil schiebt sich zwischen zwei flachsandigen Uferstellen in den Meerbusen vor. Jetzt bedecken Oelbaumpflanzungen seine Oberfläche, wie die Niederung rings umher, wodurch das Terrain im Ganzen weniger übersichtlich wird; doch glaube ich dessen Gestaltung in den Hauptzügen richtig auf Taf. III. skizzirt zu haben. Unter dem Nordfusse der Akropolishöhe, wo ich mich derselben zuerst näherte, liegt eine kleine Kirche der h. Eudokia; der Platz muss schon im Alterthume seine Heiligkeit gehabt haben, denn an den untern Felsen des Abhanges jener Kirche gegenüber finden sich alte eingehauene Vertiefungen zur Anbringung von Votivplatten. Ich ging von hier unterhalb des Abhanges bis ans Meer vor, wo noch eine kleine Kirche, der h. Photini geweiht, liegt. Dort erstieg ich die Höhe, deren Oberfläche eine einzige grosse Oelbaumpflanzung ist. Wo der Felsboden sich zeigt, sind Spuren alter Bebauung oft genug zu sehen, besonders in Menge am OSO-Ende des Berges. Der Rand desselben fällt so ziemlich überall als steiler Fels ab, so dass die Festung von Natur da ist. So viel man jetzt sieht, sind nur da, wo dieser Abhang einmal eine zugängliche Stelle bietet, Mauern in die Felsen eingeschoben. Sie sind aus Polygonen oder

[1]) Nach Plinius wurde das von mir am Wege nach Paraskewi angesetzte Arisbe durch Erdbeben zerstört. V, 139: Arisbe terrarum motu subversa.

[2]) Hieraus wird Pococke Para, welches er als Namen eines Uferstriches im Osten des Meerbusens anführt, gemacht haben, wenn er nicht das gewöhnliche neugriechische πέρα (drüben) als einen Ortsnamen missverstanden hat.

[3]) Von den älteren Reisenden scheint Prokesch-Osten die Ruinen von Pyrrha gesehen und richtig benannt zu haben (a. a. O. S. 550 ff.), seine Beschreibung ist aber für mich ausserordentlich unklar. Anagnostis kennt den Platz nur vom Hörensagen, dagegen hat Boutan ihn besucht und die Ruinen als die von Pyrrha beschrieben (a. a. O. S. 309 ff.). Er spricht von einem alten Mauerstücke unterhalb der Akropolis, welches 14,00 Meter lang erhalten sei, von dem noch erkennbaren 3,00 Meter breiten Eingange der Akropolis gegen Südost, von dem Unterbau eines Tempels auf der Nordseite oben auf der Akropolis, alles Dinge, die ich nicht gesehen habe. Möglich ist, dass die Oelbäume sie mir verdeckt haben. Auf der Choiseul'schen Karte bei Plehn ist Pyrrha im äussersten Nordostwinkel der Bucht angesetzt, wo gar keine Stadt lag. Es beruht diese Ansetzung auf einem Missverständnisse der Worte Strabos (C. 617), wo er die Entfernung von Aigeiros an der schmalsten Stelle der Insel bis an den Euripos der Pyrrhäer (εἰς τὸν Πυῤῥαίων εὔριπον), das ist der ganze Meerbusen, nicht bis nach Pyrrha selbst angiebt. Ganz unbegründet wäre es, mit Poppo und Zander (a. a. O. S. 29) Pyrrha gar nicht innerhalb des Meerbusens, sondern an der Küste des äusseren Meeres suchen zu wollen.

unregelmässigen Quadern zusammengesetzt. Auch hier also war die Befestigungsarbeit anscheinend nur ein Verstärken der natürlichen Form, wie in Arisba und der Stadt von Xerokastrini, Agamede.

Einen merkwürdigen Fund machte in aller Arglosigkeit mein Agogiat, als er bei unserm Umherwandern oben auf der Akropolis eine Scherbe eines Thongefässes auflas, die dann in meinen Besitz übergegangen ist. So unbedeutend sie an und für sich ist, theile ich sie doch auf dem Titelblatte unter 1 in

Originalgrösse und in ihren Farben mit, weil sie das ansehnlichste bis jetzt aus Lesbos vorhandene Beispiel griechischer Keramentik [1]) ist. Es ist eine flache Platte, deren Ränder auf drei Seiten theilweise erhalten sind, nämlich oben (von a bis b), rechts (von c bis d) und unten (die linke von d nächste grade Linie unter der Schulter der Frau). Auf ihrer Rückseite giebt namentlich ein dick aufliegender halbrunder Wulst, der in der Breite (von links nach rechts, wie ich eben die Bezeichnung gebrauchte) etwas näher dem oberen Rande querüber verläuft, und auf beiden Seiten abgebrochen ist, Aufschluss über die Ergänzung des Fragmentes. Es lag die Platte horizontal mit der ebenen bemalten Fläche nach oben auf dem Henkel eines Gefässes; jener halbrunde Wulst auf der Unterseite ist der Rest des eigentlichen Henkels, welcher so unter der Deckplatte ansetzte, wie ich das in der Zeichnung eines solchen Gefässes auf dem Titelblatte unter nr. 2 und 3 anschaulich gemacht habe. Namentlich bei 3 sieht man deutlicher, wie der abgebrochene Henkel unter der uns allein erhaltenen Deckplatte, so wie es der Fall ist, als ein halbrunder auf beiden Seiten abgebrochener Wulst erscheinen muss. An meinem Fragmente ist die Linie ab, die also am ganzen Gefässe nach aussen zu stehen kommt, nicht grade, sondern leise konkav ausgeschnitten. Ausserdem war die untere Seite meines Fragmentes, also am ganzen Gefässe die gegen innen nach dem Rande des Gefässes zu gekehrte Seite, nicht wie an dem unter 2 gezeichneten Gefässe mit dem Gefässrande verbunden, sondern, wie der erhaltene Rand zeigt, von ihm durch einen Zwischenraum getrennt, so dass also an dem Lesbischen Gefässe die Deckplatte nach allen Seiten frei nur unten mit ihm verbunden auf dem Henkel lag.

---

[1]) Die einzigen nachweislich von Lesbos herrührenden Exemplare, Scherben allerdings auch nur, von bemalten griechischen Thongefässen befinden sich von Newton gesammelt in der Vasensammlung des britischen Museums zu London. So klein die Stücke sind, liefern sie den Beweis, dass auf Lesbos die verschiedensten Vasenstyle vorkommen. Ich verzeichne dieselben wie folgt:

1) Scherbe, braun auf weisslichem Grunde mit Ornament bemalt, namentlich das aus dem Boden aufsteigende Dreieck erhalten, welches den ältesten Gefässen aus Thera, Melos, Rhodos, Phaleron eigenthümlich ist.

2) Scherbe, braun auf gelb mit Rosetten bemalt, ganz in der Art der sogenannten korinthischen Vasen z. B. der Dodwellschen.

3) Scherbe, mit blindem Schwarz auf weisslichem Grunde mit Ornament bemalt, wahrscheinlich der erstgenannten Klasse nahe stehend.

4) Zwei Scherben, mit reinem Schwarz auf gelbrothem Grunde gemalte Ornamente, die in ihrer Form einer häufig vorkommenden Verzierung der Vasen mit schwarzen Figuren gleichen.

5) Scherbe, schönste glänzend schwarze Farbe auf rothem Grunde. Bruchstück einer Kampfscene; das Auge des Kriegers in der gewöhnlich schematischen Weise geritzt.

6) Scherbe, schwarz auf roth. Ein Mann steigt auf einen Wagen. Auf seiner Hüfte ein Hakenkreuz geritzt.

7) Scherbe, schwarz auf roth. Bruchstück einer Kampfscene in kleinen Figuren.

8) Scherbe vom Halse eines grossen Gefässes, schwarz auf roth. Hinter einem Pferdehintertheile eine Amazone (ohne weisse Farbe, aber mit schmal geschlitztem Auge) mit zwei Speeren.

9) Mehre Scherben, schwarz auf roth, zum Theil mit Ornamenten; alles an bekannte Formen erinnernd.

10) Scherbe in schönem Roth auf Schwarz. Der Profilkopf einer Figur erhalten, die eine siebensaitige Kithara obgleich etwas weit ab doch selbst zu halten scheint.

11) Scherbe, roth auf schwarz in schon etwas flüchtiger Zeichnung. Obertheil eines Jünglings, wie es scheint, aus einer bakchischen Scene, jedenfalls lebhaft bewegt.

12) Scherbe vom Rande eines grossen Gefässes. Roth auf schwarz. Umlaufender einfacher Blätterkranz, wie er auf unteritalischen Gefässen häufig ist.

13) Hals mit Ansatz des Bauches und mit einem Stücke des Henkels von einer grossen Vase späten Styles, wie wir sie namentlich aus Unteritalien kennen. Der Bauch war senkrecht gerieft. An seinem obern Ende und am Halse Rosetten, Rankenornament, Guirlanden. Weiss und hellrothgelb auf schwarzem Grunde.

Diese ganze Form der Gefässhenkel ist durchaus nicht selten unter den uns erhaltenen Vasen, namentlich kommt sie bei Amphoren mit Malereien des älteren Styls mit schwarzen Figuren mehrfach vor. Solcher Amphoren sind z. B. mehre unter den nach Paris versetzten Vasen der Campanaschen Sammlung und nach einer von diesen ist die Form unter nr. 9 skizzirt. Bei diesen Pariser Exemplaren ist die Henkelplatte auf ihrer oberen Fläche mit verschiedenartigem Bildwerke bemalt, zu vier verschiedenen Malen aber mit einem menschlichen bald männlichen bald weiblichen Kopfe in Profil, also im hohen Grade übereinstimmend mit der Lesbischen Platte, wo wir zwei Profilköpfe, einen weiblichen und einen männlichen neben einander finden. Die Technik ist ganz die von Vasenmalereien dieses Styles bekannte [1]. Auf dem gelben Thongrunde ist mit Schwarz silhouettenartig aufgemalt, Hauptumrisse sind mit einem spitzen Instrumente hineingeritzt, Einzelheiten, hier die Binden im Haare und was schon eigenthümlicher ist, das Fleisch des Mannes, mit einem Rothbraun aufgetragen und endlich das Nackte an der Frau mit einem dick aufgetragenen Weiss bedeckt. Dieses Weiss ist grossentheils abgescheuert und lässt so den schwarzen Untergrund sehen. Das männliche und das weibliche Auge ist in üblicher Weise [2]) nach charakteristisch verschiedenem Schema gezeichnet.

So viel über diese Thonscherbe; wir kehren zu Pyrrha zurück, dessen Akropolis ich beschrieb. Am Fusse ihres Südwestendes springen in das Meer hinein jetzt unter Wasser die Ueberreste eines Steindammes vor. Er bildete den alten Hafen von Pyrrha. Am Ufer dieses Hafens landeinwärts begränzt von einem Vorsprunge der Akropolishöhe hat offenbar der in der späteren Zeit des Alterthums noch fortlebende Theil [3]) der Stadt Pyrrha gelegen. Zeuge davon sind die Trümmer und Scherben, welche grade hier überall den Boden bedecken. Es liegt da auch eine kleine Kirche des h. Dimitrios. Der kleine Rest von Leben, der noch heute an der Stelle Pyrrhas sich gehalten hat, bewegt sich ebenfalls an dieser Stelle. Die Stadtburg ist nur eine Baumpflanzung, verlassen wie gegen das Ende des Alterthums; hier unten, wo dann und wann einige Kaïke anlegen, stehen unmittelbar am Ufer etwa drei Magasiá, wo die Schiffer und die wenigen Leute, welche in einer oder der andern Hütte umherwohnen, verkehren. Ich glaubte mit den Ueberresten von Pyrrha fertig zu sein und war schon in dem südwärts gelegenen Dorfe Vasiliká angekommen, als ich dort von zwei Inschriften bei der Magasiá an der Bucht von Pyrrha hörte, die mir entgangen waren. Ich ritt also noch einmal nach dem Platze zurück, wo sich die eine Inschrift allerdings nur als eine natürliche Vertiefung im Steine erwies, obgleich mein Führer denn doch etwas ganz Besonderes darin finden wollte; es sei „τοῦ χαζνιοῦ τὸ χέρ[ι]“; das ist ein Ding, welches bei dem allgemeinen Aberglauben an vergrabene Schätze eine grosse Rolle spielt. Dafür war die zweite Inschrift doch wenigstens eine wirkliche und wenn auch kurz, doch merkwürdig. Sie steht (Taf. XVI, 3) auf einem vierseitigen Blocke von grauem Marmor (0,60 M. breit, 0,44 hoch, 0,43 dick, Buchstabenhöhe 0,015), den ich an einer Stallthür südöstlich oberhalb der Magasiá verkehrt eingemauert fand. Auf der Oberfläche des Steines ist nur ringsum ein schmaler Rand gelassen, die übrige mittlere Fläche ist vertieft, so dass ein anderer ziemlich gleich grosser vierseitiger Gegenstand auf ihm gestanden haben muss. Die Inschrift Ποσιδάωνι gehört der vorrömischen Zeit an [4]).

---

[1]) O. Jahn Einleitung zur Beschreibung der Vasensammlung König Ludwigs in München S. CLVIII.

[2]) O. Jahn a. a. O. S. CLIX.

[3]) Strabo C. 618. Ἡ δὲ Πύρρα κατέσκαπται, τὸ δὲ προάστειον οἰκεῖται καὶ ἔχει λιμένα. Des Plinius (n. h. V, 139) Angabe: Pyrra hausta est mari verstehe ich nicht, weil grade der später offenbar verlassene Theil der Stadt der hochgelegene ist, der nicht vom Meere gelitten haben kann. In dem lesbischen Dekrete auf Delos (C. I. gr. II, add. n. 2265 b), welches vor das Jahr 167 v. Chr., in die Zeit fällt, als Antissa noch als Stadt existirte, wird Pyrrha nicht mit genannt, nur Mytilene, Methymna, Antissa und Eresos.

[4]) Am Schlusse meines Berichtes über die Ruinen von Pyrrha will ich für künftige Untersuchung noch auf eine Stelle in Boutans Reiseberichte (a. a. O. S. 311 f.) aufmerksam machen. Er hat anderthalb Stunden Weges nordöstlich von der Akropolis von Pyrrha eine Oertlichkeit Mésa besucht. Dort liegt nach seiner Angabe eine Kirche, welche grossentheils aus althellenischen Steinen erbaut ist und auf alten noch erhaltenen Fundamenten eines Tempels steht. Neben der Kirche stehen theils aufrecht, theils

Die Sonne ging mit weit über den Himmel hinreichenden breiten rothen Lichtstreifen hinter den Bergen jenseits des Meerbusens unter, als ich Vasiliká wieder erreichte, wo ich ein elendes Nachtquartier fand. Mit Sonnenaufgang ritt ich weiter in fünf Viertelstunden nach dem Dorfe Polychnitis [1]), wo eine besonders grosse aber wie gewöhnlich formlose griechische Kirche im Bau begriffen war und bis Vrisiá. Hier verleitete man mich durch einige unrichtige Erzählungen, die Gegend unten am Südstrande hinter dem Vorgebirge Phokás zu besuchen, wo die Ortsbewohner grade unternommen hatten, einen durch das Vorgebirge einigermassen geschützten Landeplatz mit gesammeltem Gelde neu zu reinigen. Die Gegend dort unten nennen sie Limonari; es war dort Nichts von alten Ueberresten zu sehen, nur die Spuren eines früheren Dorfes; auch ein etwas landeinwärts gelegener Wachtthurm ist höchstens mittelalterlich [2]). Bei meiner Rückkehr nach Vrisiá wurde mir dort ein Exemplar der Bronzemünze [3]) von Mytilene mit dem Kopfe des Theophanes und der Aufschrift Θεοφάνης θεός gezeigt; die Rückseite war ganz verwischt. Nach einer kurzen Mittagsruhe verliess ich das Dorf und es ging nun ostwärts in die Berge, um Agiásso zu erreichen. Da aber mein Agogiat die Gegend nicht kannte, so mussten wir mehrfach umherirren und kamen erst nach Sonnenuntergang in Agiásso an. Die ganze Halbinsel zwischen dem Meerbusen von Kalloni und von Jera, so weit ich sie auf diesem Tagemarsche zu Gesichte bekam, erscheint sehr im Gegensatze zu den Bergstrecken westlich vom Kallonibusen als reichlich bewachsen. Wo kleine Thäler sich zwischen die im Ganzen vorherrschenden Berge legen, findet man in ihnen allerlei Anbau, so namentlich in der Nähe der Dörfer Polichnitis und Vrisiá. In kleinen Flussthälern fehlt der Oleander nicht, daneben Platanen und Pappeln, von denen oft hoch überrankender Wein herabhängt. An den Bergen gehen ziemlich weit hinauf die Oelbaumpflanzungen, bis in den höheren Lagen dem Gipfel zu Fichten und Eichen an ihre Stelle treten. Das Gebirge hebt sich immer mehr, je näher man dem Eliasberge kommt. Ueber schroffen Felsabhängen, von denen hier und da reichliches Wasser zum Vorschein kommt, erheben sich bewaldet die hohen Bergrücken. Aber über diesen allen steht grau und kahl die scharfe spitzige Felsmasse des Eliasgipfels, noch im Sonnenlicht, wenn schon unten die ganze Bergwelt mit Schatten sich deckt. Schon lange ehe wir Agiásso wirklich erreichten, verriethen die am Wege beginnenden Obstgärten die Nähe des Ortes, dessen schmale Gassen mit den überhängenden Obergeschossen der einstöckigen Häuser einen ganz städtischen Eindruck machen.

Mein erstes Unternehmen von Agiásso aus war die Besteigung des Agios Ilias [4]). Unten im Thale war es beim Ausreiten morgenkühl, fast kalt unter den dicht mit Bäumen bewachsenen Gärten, die Agiásso

umgestürzt sehr dorische Säulenschäfte mit einem Durchmesser von 0,88 M. Unbedeutendere Stücke sind in der Nähe in einer Umfassungsmauer eingesetzt. Die Arbeit des alten Fussbodens und der Säulen soll in der Weise der besten griechischen Zeit sein. Boutan sieht also hier einen alten Tempel, dann aber ohne Weiteres auch eine alte Stadt, ohne dass andere Ueberreste dies unterstützten und verliert sich zuletzt bis zu der müssigen Spielerei, in dem heutigen Ortsnamen Mésa den alten Namen Metaon (Steph. Byz. s. Μέταον, πόλις Λέσβου, ἣν Μέταος Τυρρηνὸς ᾤκισεν, ὡς Ἑλλάνικος.) erkennen zu wollen.

[1]) Auf der kleinen Insel Garbiá nahe der östlichen Küste bei der Einfahrt in den Golf von Kalloni sollen Ruinen von Ziegelbauten vorhanden sein. Schon die Lage, verglichen mit der der höchstens mittelalterlichen Ruinen auf der kleinen Insel Kastriá an der Einfahrt in die Mudrosbucht auf Limnos, lässt vermuthen, dass auch diese Ruinen auf Garbiá nicht ältern Ursprungs sein werden.

[2]) Boutan (a. a. O. S. 304 ff.) hat an der Skala von Vrisiá zwei kleine Marmorquadern gefunden, in der Kapelle des heil. Phokas auf dem Vorgebirge ebenfalls einige Marmorblöcke und zwei ionische Säulenschäfte. Unterhalb der Phokaskirche soll dann eine kleine Bucht zum Anlanden sein; dazu genommen eine Redensart eines Griechen in Vrisiá und ein Apollontempel und eine griechische Stadt sind fertig. Es fehlt nur noch ein Namen. Da wir nun mehrere Namen überliefert haben, von denen wir weiter gar nichts wissen, freilich auch nicht, dass sie eine Stadt bezeichneten, so sind diese zu beliebiger Verwendung besonders bequem. Man wählt Τρόπαι, als ein Ort genannt, wo Trüffeln vorkamen (Zander a. a. O. S. 11) und tauft so die imaginäre Stadt am Agios Phokas, die übrigens keinesfalls eine χώρα ἔπαρμος war, wie Τρόπαι ausdrücklich bei Athen II, 60 heisst.

[3]) Plehn a. a. O. S. 212.

[4]) Ich habe auf meiner Karte die hergebrachte Identifizirung dieses höchsten Berges der Insel mit dem Olympos bei Plinius angenommen; ein Grund liegt aber, wie ich nachträglich mich überzeuge, hierfür nicht vor, wie auch schon Plehn gesteht.

umgeben. Nach der lange ertragenen Sommerhitze musste mir dem Nordländer hier Alles doppelt lieblich erscheinen. Eine üppige Vegetation von Fruchtbäumen aller Art bedeckt das tiefe schattige und wasserreiche Thal; besonders zeichnet sich die echte Kastanie aus, die bald in Wäldchen zusammensteht, bald einzeln ihre feinen Formen auf dem Blau des Himmels abzeichnet. Ihre Früchte sollen indessen um Agiásso nicht besonders gross werden. Ueber die Baumregion des Thales hinaus erreichten wir dann die freieren Höhen; hinter mir sah ich auf das gross und wohlhäbig in dem Grün gebettete Agiásso, in dem die Kirche und die Schulen der Griechen — Türken giebt es hier nicht — besonders hervorstechen; vor uns auf stieg der nackte Marmorrücken des Eliasberges. Ich fand einen auffallend guten Weg, auf dem das Maulthier mich bis auf den höchsten Gipfel tragen konnte, bis zu dem ziemlich elenden Kirchlein des Höhenheiligen. Dieses Kirchlein und den Weg hat eine alte Frau als ein frommes Werk auf eigene Hand begonnen, dann hat der ganze Ort mit angegriffen und beides, Kirche und Weg hinauf, vollendet. Dicht unter der Höhe kamen mir einige Weiber entgegen, die ihre Andacht verrichtet hatten und oben wehte uns der Weihrauchduft entgegen, ganz heimgend hier auf dieser herrlichen Höhe. Die Fernsicht traf ich leider unklar, kaum dass die Gipfel von Chios erschienen. In der nächsten Umgebung des Berges war die Zunahme der Baumvegetation auf der Ostseite besonders auffallend, dorthin beginnen die dichtestbewaldeten Berge, in deren Schoosse von Gärten und hellgrünen Weinbergen umgeben Agiásso liegt. Nach Nordwesten in der Richtung gegen die Aliki des Meerbusens von Kalloni zu fiel mir im Lande die Stelle eines Sees auf, der im Sommer indessen trocken liegt. Nahe im Westen sah man eine Ziegelei. Der höchste Grad des Eliasberges selbst verläuft in einer Längsrichtung von SSW nach NNO. Dieser kahl über den tieferen Waldbergen aufsteigende zu einer scharfen Spitze sich gipfelnde Kamm hat einige Aehnlichkeit mit der Erscheinung des Athos, dem er nach den Messungen der englischen Seekarte [1]) an Höhe allerdings um die Hälfte nachsteht. Das Gestein ist auch hier Marmor, weiss mit rothem Geäder oben am Gipfel, in den tieferen Lagen grau oder grau mit weiss durchzogen; unten bemerkte ich auch ein graues schiefriges Gestein, wie es auch auf Thasos neben dem Marmor vorkommt. Der graue Marmor findet sich nicht nur am höchsten Eliasgipfel, sondern das ganze Gebirge um Agiásso besteht aus diesem Gestein, welches unter den alten Inschriftsteinen auf Lesbos ganz überwiegend vorherrscht, wie der lesbische Marmor denn auch [2]) bei Plinius, Philostratos und Isidorus als dunkel beschrieben wird. Alte Brüche desselben weiss ich nicht nachzuweisen.

Von der Bergbesteigung zurückgekehrt verwandte ich einige Zeit auf die Besichtigung von Agiásso. Die Häuser des Ortes sind höher als sonst in den Dörfern der Insel und die Strassen, wie schon erwähnt, enge; auf beiden Seiten derselben sind Steige von kleinen Steinen für die Fussgänger, in der Mitte zwischen diesen bleibt nur ein schmaler Streif mit schwarzer Pfütze, in der sich mit Behagen zahlreiche Schweine bewegen, für welche ausserdem durch die Anlage der Abtritte nach der Strasse zu in einer ganz besonderen Weise gesorgt ist. Von dieser Sitte haben uns Reisende auch aus andern griechischen Orten erzählt. Mein erster Weg galt der Mitropolis, der Hauptkirche des Ortes mit anstossenden Gebäuden, in denen der Bischof wohnt, wenn er namentlich zu den grossen Kirchenfesten, wie ein solches in den nächsten Tagen am 27. August unserer Rechnung bevorstand, aus der χώρα [3]), das heisst aus Mitilini, wo er residirt, nach Agiásso herüberkommt. Ich fand die Kirche voll von Kranken zu ganzen Familien, die den Augustmonat mit ihren Teppiche und sonstigem kleinen Hausrathe auf dem Fussboden in der Kirche gelagert zubringen. Mir schien, als wenn der

[1]) Athos 6349, „Olympos" auf Lesbos 3080 englische Fuss über dem Meere.

[2]) Plehn a. a. O. S. 5. Plin. n. h. XXXVI, 44: Fecere et e Thasio Cycladum insularum aequo et e Lesbio; lividius hoc paulo. Der thasische Marmor ist blendend weiss mit grossen glänzenden Krystallen. Philostratos erzählt vom Herodes Atticus (vit. sophist. p. 556 Olear.), er habe aus Trauer über den Tod seiner Frau Regilla sogar sein Haus dunkel dekorirt παραπετάσμασι καὶ χρώμασι καὶ λίθῳ Λεσβίῳ, κατηφὴς δὲ ὁ λίθος καὶ μέλας. Isidorus origines XVI, 5: Lesbius lividior est paulo etc.

[3]) Mitilini heisst nicht im gewöhnlichen Gespräche ἡ πόλις schlechthin; das ist immer Konstantinopel.

Gedanke, hier unmittelbar im Schosse ihrer Heiligen zu ruhen, den Leuten meistens ein zufriedenes Aussehen gab. Ob, wie bei den alten Incubationen [1], auch an besondere heilende Traumeingebungen hier gedacht wird, weiss ich nicht. Das wunderthätige Bild der Kirche ist ein Marienbild, mit Ausnahme der Gesichter von Mutter und Kind ganz mit getriebenem Silber und Gold bedeckt. Der Maria ist die ganze Kirche unter dem Titel einer κοίμησις τῆς Θεοτόκου geweiht. Ich verliess das Innere, wo die älteren Frauen durch das Erscheinen eines Franken zu sehr in Aufregung geriethen. Draussen war Alles sehr belebt. Die anstossenden Gebäude der Mitropolis, die mit ihren offenen Hallen grossentheils zur Beherbergung der Pilger bestimmt sind [2], waren recht schmuck bemalt; überall zeigte sich Wohlstand. Auch Kaufläden mit allerlei Tand waren hier zu finden. Der Morgen war mir hierüber vergangen, am Nachmittage besuchte ich eine Ruine, das sogenannte Kastrelli, welches auf einer felsigen Höhe dicht über dem Orte liegt. Es besteht indessen nur aus Mauerwerk von Bruchsteinen mit Kalk, formlos wie alles Nichthellenische dieser Gegenden. Ein Blick auf die Bergwand des Elias und die weiten Waldhöhen rings umher war der beste Gewinn.

Der nächste Tag und die zwei folgenden waren zum Besuche einiger Punkte an der Südküste und in der westlichen Umgebung des Meerbusens von Jera bestimmt. Namentlich hatte ich von einer Gegend Plagiá nahe der Südküste gehört, dass dort Inschriften seien und bei den Jera-Dörfern war auf eine Lösung der Frage über die Lage der alten Stadt Hiera zu hoffen, die, wie schon der erhaltene Namen höchst wahrscheinlich machte, zeitenweise im Alterthume den Mittelpunkt der heute von zahlreichen Dörfern besetzten fruchtbaren Landschaft bilden mochte.

Mein Ritt ging zuerst ziemlich grade südwärts nach dem Dorfe Plumari immer durch bergige baumbewachsene Strecken, bis ich mich jenseit Plumari von dem bisher verfolgten nach dem Hafenplatze Potamos hinabführenden Wege links ab mehr in südöstlicher Richtung nach Plagiá zu wandte. Der Lehrer in diesem kleinen Dorfe erinnerte sich mir als Deutschem gegenüber sofort Ludwig Ross, dessen Schüler er in Athen noch gewesen sei; sehr bereitwillig begleitete er mich dann auf mein Fragen nach den Inschriften zu einer kleinen Kirche nahe beim Dorfe Plagiá, der sogenannten Panagia Papandi (Παναγία Παπαντῆ), an der sich wirklich eine ganze Anzahl alter Bild- und Schriftsteine eingesetzt fanden. Eingemauert waren einmal noch mehre Stücke von Sitzen mit Löwenfüssen vorhanden, dann ebenfalls in der Aussenmauer der Kirche eine Reliefigur der Artemis ziemlich geringer Arbeit und römischer Zeit. Eine oben halbkreisförmig geschlossene Einfassung umgiebt die Figur der Göttin, die weit ausschreitend auf einer erhöhten Stufe sich nach links vom Beschauer bewegt. Bekleidet mit dem nur bis an die Kniee reichenden unter der Brust gegürteten Chiton und einem kleinen Ueberwurfe um die Schultern, streckt sie im Laufe die brennende Fackel horizontal mit beiden Händen vor. Neben ihr läuft ein Hund mit [3]. Ueber der Kirchthür ist ferner ein Grabstein später Zeit angebracht, auf dem in Relief unter einer Rundbogennische, beide von vorn gesehen neben einander stehend und sich die Hand reichend, ein Mann und ein Knabe, Vater und Sohn, abgebildet sind mit der Unterschrift:

---

[1] Schoemann griech. Alterth. II, S. 295 ff.

[2] Alles hier vergegenwärtigt ähnliche Erscheinungen des Alterthums s. Plinius epist. IX, 39: Haruspicum monitu reficienda est mihi aedes Cereris in praediis in melius et in maius, vetus sane et angusta, cum sit alioqui stato die frequentissima. Nam Idibus Septembribus magnus e regione tota coit populus, multae res aguntur, multa vota suscipiuntur, multa redduntur, sed nullum in proximo suffugium aut imbris aut solis. Videor ergo munifice simul religioseque facturus, si aedem quam pulcherrimam exstruxero, addidero porticus aedi, illam ad usum deae, has ad hominum. Aus dem Folgenden sieht man, dass die porticus gewöhnlich wohl um den Tempel herumgeführt wurden d. h. gewiss, wie es bei der Kirche in Agiasso der Fall ist und man auch sonst findet, mit der offenen Seite nach innen, einen Hof um den Tempel umfassend.

[3] Die Figur gleicht der der Artemis auf Münzen von Messana bei Torremuzza num. sic. Tab. XLIX, 11. XLV, 3.

᾿Αντίοχε Γαΐου Πρόκλε (sic)
χρηστὲ χαῖρε.
Πρόκλε ᾿Αντιόχου Πρόκλου
χρηστὲ χαῖρε.

Endlich ist aussen an derselben Kirche der Παναγία Παπανδῆ ein 0,85 langer und 0,28 hoher Block vorhanden, welcher in den von mir nicht überschraffirten Buchstaben sehr deutlich erhalten die auf Taf. XVI, nr. 1 wiedergegebene Inschrift trägt. Der Stein war nach ihr ursprünglich mit einem Hermesbilde in einem Weingarten aufgestellt und trägt ausser der Weihung durch einen gewissen Βάκχων die Hoffnung auf reiche Weinernten ausgesprochen, so wie ein Gebet an den Hermes um Reichthum. Dass Hermes eigens als Geber der Weinernte erscheint, ist weder bei der ursprünglichen Bedeutung des Gottes als dem des Regens, noch bei seiner spätern allgemeinern als Reichthumspender irgendwie auffallend [1]), ein so lebendiges Zeugniss dafür, wie der Stein von Plagiá es bietet, lag aber doch bisher noch nicht vor. Grade bei der lesbischen Dichterin [2]) erscheint aber auch Hermes als Mundschenk der Götter: Ἑρμᾶς δ' ἔλων ὄλπιν θέοις οἰνοχόησαι. Die metrischen Zeilen links sind der Hauptsache nach klar; wir lesen wie folgt:

Ζῆνος καὶ Μαίας ἐρικύδεος ἄγλαον Ἑρμῆ
εὐκάρπου [στ]ῆ[σ]εν [τόνδ]ε ἐπὶ φυταλίης
Βάκχων Ζωοῦς υἱὸς ——ιην διὰ παντὸς
Ἄμπελος ὡραίων καρπῶν ἔχῃ βοτρύων·
Ἀλλ' ἵλαος ἄναξ Ζωοῦς γένος εὔφρονι θυμῷ
Σῷζε διδοὺς αὐτοῖς ἄφθονον ὄλβον ἀεί.

Die zweizeilige Weihinschrift zur Rechten, die offenbar der ersten gleichzeitig ist, bietet dagegen mehr Schwierigkeiten des Verständnisses, jedoch wird sich wahrscheinlich ergeben, dass, wie Herr Hofrath **Bergk** beim einmaligen Ansehen der Inschrift meinte, es sich hier um die Weihung eines Gegenstandes an drei Göttinnen durch zwei Frauen handelt. Die zwei Weihenden heissen 'Αρίστη und Ζωή, diese wäre dann die Mutter eines Sohnes eines Bakchon, der selbst wieder Bakchon heissen und mit diesem Namen in den metrischen Zeilen als der Weihende erscheinen konnte. Statt Ζωή würde die Mutter dann in den Versen allerdings Ζωώ heissen.

Ein Berg nahe bei Plagiá gegen das Meer hin wird Polis genannt; doch wusste der Lehrer nichts von irgend welchen alten Ueberresten in der Gegend und eine Stadt im Alterthume hier in der Nähe anzunehmen, liegt gar kein Wahrscheinlichkeitsgrund vor. Ich verliess also Plagiá, nachdem die Alterthümer an der Kirche verzeichnet waren und ritt nach Potamós, welches am Meere liegt, zwar keinen Hafen hat, so dass Schiffe vor heftigem Südwinde hier sich nicht halten können, aber dennoch einen ziemlich regen Verkehr zeigt. Es lag eine ganze Reihe von grösseren und kleineren Schiffen auf der Skala. Der Anblick auch des Städtchens selbst mit netten neuen Häusern, unter denen auch zwei Schulen, eine hellenische und eine alleiodidaktische, sind, ist sehr erfreulich. Ich ritt indessen nur durch und dem Thale nach aufwärts wieder nach Plumári. Auf dem ganzen Wege sieht man die Berge umher bis oben hin mit wohlgehaltenen Oelbaumpflanzungen bedeckt; jeder Baum pflegt seine καζούλα zu haben, eine halbrunde Steineinfassung, die an den Bergabhang gelehnt, das Erdreich um jeden Stamm festzuhalten dient. Von den drei Orten Plumári, Plagiá und Potamós ist Plumari der ältere; landeinwärts wohnte man hier bis vor Kurzem sicherer gegen Seeräuberei. Bei Plagiá, bei Potamós hatten damals die Einwohner von Plumari, denen die dortigen Ländereien gehörten, nur ihre Hütten, in die sie zur Besorgung der Olivenernte hinunterzogen. Jetzt hat sich hier der Prozess schon ziemlich weit vollzogen, der augenblicklich fast überall mit den Ansiedelungen

---

1) Vergl. **Welcker** griech. Götterlehre II, S. 436 unten u. f. S. 443.

2) Poetae lyr. gr. rec. **Bergk** S. 678, Fragment der Sappho n. 51. Nach Athenäus X, 425 C führte ihn so auch Alkaios an s. bei **Bergk** a. a. O. S. 705, n. 7.

auf den griechischen Inseln vor sich geht; die Plätze nahe an der Küste machen sich nach eingetretener Sicherheit als die günstigsten für die Wohnsitze wieder geltend. Potamós ist nun schon der Hauptort der umliegenden Gegend von fast städtischem Ansehen, Plumári dagegen ein einfaches Dorf. Ich blieb die Nacht in Plumari, weil ich andern Tages gleich von hier ab die Jeradörfer aufsuchen wollte. Es war früh Morgens, als ich in Begleitung des Kaffeewirths, der mir sein Pferd vermiethet hatte, aufbrach; bald hinter dem Dorfe zog der Weg sich an einem hohen fichtenbewachsenen Bergabhange hinunter; still lag unter uns zur Rechten die ganze Wald- und Bergwelt noch im blauen Morgenschatten. Weiterhin beginnen wieder Oelbaumpflanzungen und endlich kamen wir im Ab- und Aufsteigen auf die Berghöhe, wo, wie mein Begleiter sagte, die Gebiete von Plumari und Jera sich trennen. So wie es bergabwärts gegen Jera zu geht, verändert sich einigermassen die Vegetation; oft den Weg einengend beginnt dichtes Gebüsch von Myrten, Erdbeerbäumen und Anderm. Drüber hin liegt der Golf von Jera, ein schmaler tiefblauer Streifen. Die ganze Ebene an ihm, je mehr ich sie zu Gesichte bekam, war eine einzige grosse Oelbaumpflanzung. Wir erreichten zuerst das Dorf Skópelos. Alle die Dörfer hier am Meerbusen heissen mit einem Gesammtnamen Jera, so wie Kalloni die Bezeichnung für die Gesammtheit der Dörfer am andern Meerbusen ist. Bei Skopelos im NNW aber noch näher schon bei dem folgenden Dorfe Mistegná, an dem Wege, der nach Agiasso hinaufführt, liegt ein ansehnlicher Marmorberg, auf dem man mir ein Palaiókastro zeigte. Es ist aber nur ein Mauerkranz aus kleinen mit Kalk verbundenen Steinen oben zu sehen und keine Spur hellenischer Konstruktion. Das nächstfolgende Dorf war Papadi und dann kam Plakádo, wo wieder ein sogenanntes Kastélli auf einer Höhe liegt, aber ebensowenig vormittelalterlich, wie jene Ruine bei Skopelos [1]. Dagegen wurde ich zu einer Stelle am Bergabhange oberhalb Plakado geführt, wo in römischer Zeit ein prächtiges Bauwerk gestanden haben muss. Die Oertlichkeit nennt man ς τῇ μᾶνα, bei der Quelle. Es befindet sich auch wirklich eine Quelle da, nur war sie im August, als ich den Platz besuchte, versiegt. Als der Hauptfundort der hier vorhandenen Marmorstücke wurde der Garten eines gewissen Photios Grimani bezeichnet. Von den Steinen hat man eine Anzahl in der Kirche des h. Blasios in Plakado verbaut und ihnen dabei durch Behauen alle Form genommen. Weiter unten am Bergabhange in einem andern Garten liegen dann mehre Stücke, andere sehr ansehnliche Blöcke sind zu einer Brunnenanlage verwandt. Auch in dem kleinen Flussbette, das von der Mana sich nach Plakado hinabzieht, lag ein mit Fuss- und Simsgliederung versehener Marmor. Das Material ist wieder grauer Marmor. Die einzelnen Steine sind ziemlich gross, 1,80 Meter, 1,67, 1,50 u. s. w. lang. Ich skizzirte ein Gebälk und ein Gesimsstück, wie nebenstehende Figur zeigt. Ein Balken war mit Guirlanden und Rosetten verziert. Sechs Blöcke aber zeigten ein ganz gleichartiges, sehr reich und schön ausgeführtes Ornament, eine auf beiden Seiten aufgewundene Spirale, das leer bleibende Feld mit aus den Winkeln hervorspriessenden Akanthosranken gefüllt. An einer Stelle sah ich noch die Fussbodenplatten in ihrer alten Lage. Der Bau muss nach den noch vorhandenen Ueberresten ein sehr grosser und prächtiger gewesen sein, nach Form und Arbeit der Ornamente wird man ihn in die römische Zeit, aber nicht spät setzen müssen. Mir schien es durchaus wahrscheinlich annähernd die Augusteische Zeit anzunehmen. Das Ganze kann schwerlich etwas anderes als eine Villa gewesen sein [2]) und

[1]) Herr Professor Hopf theilt mir eine Karte von Lesbos aus Rosaccios viaggio pag. 128 aus dem 16. Jahrhundert mit, auf der ein „castel Gero" angegeben ist, welches also von diesen Festungen bei Skopelos oder Plakado sein wird. Der Meerbusen heisst dort „Golfo Gieramia".

[2]) Nichts spricht für die Annahme eines Tempels, für die Boutan, der Erste, der von diesen Ruinen Nachricht gegeben

wenn von der Pracht des Baus selbst noch die Trümmer zeugen, so ist dazu die umgebende Landschaft so anmuthig, dass der Eigenthümer wohl von diesem Landhause eingenommen gewesen sein kann, wie der jüngere Plinius von seinem Laurentinum. Der Berg senkt sich hier von reichem Grün bedeckt der Ebene zu, deren weit hingestreckte Olivenpflanzungen durch den schmalen Streifen des Jeragolfs von den jenseits nahe Mytilene gelegenen Bergen getrennt werden. Zum ländlichen Ruheplatze, für den doch auch die nicht zu grosse Entfernung der Hauptstadt allezeit günstig ist, eignet sich keine Gegend auf Lesbos wie diese Umgebung des wirklich wonnigen Golfs von Jera. Es liegt ein unendlich weicher Reiz auf dieser Landschaft mit ihren Olivenpflanzungen und schlanken Pappelgruppen, mit ihren Wegen durch das dicke Gebüsch weindurchrankter Myrten und Brombeeren, mit dem ruhigen tiefblauen Wasser in Mitten, in dem sich von drüben bewaldete Berge spiegeln. Heute liegen wenigstens Landhäuschen wohlhabender Familien von Mitilini, ich glaube auch des Paschas, auf der Ostseite des Golfs [1]), da wo die Hauptstadt am nächsten ist. Allgemein rühmten mir die Leute auch die Menge und Schmackhaftigkeit der Fische und anderer Seethiere in ihrem Meerbusen; die von Kalloni seien nicht damit zu vergleichen. Auch darauf legte man in römischer Zeit Werth, wie wir bei Plinius [2]) sehen. Unten in der Ebene gilt hier wie in Kalloni die Luft für etwas schwer, doch schien man mir trotzdem von Krankheit nicht so viel zu wissen wie dort [3]).

In Plakádo schrieb ich eine verstümmelte, an eine Tochter eines Kaisers gerichtete Weihinschrift ab (Taf. XVII, 2. Marmor. Inschriftfläche 0,14 M. breit, 0,21 hoch): — 'Αφ]ροδίτῃ τῇ [illegible] τῇ σεβαστῇ θεᾷ Καίσαρος τῇ εὐεργέτιδι. Dann hatte man mir gesagt, dass in einem Hause ein Inschriftstein sich befände und ich wollte deshalb erst die Rückkehr des Besitzers, eines Türken, erwarten, richtete mich deshalb zur Nacht hier ein. Als der Mann kam, machte er, ähnlich also wie es in Erisso ging, grosse Geldforderungen, wenn er seinen Stein auch nur sehen lassen sollte. Ich erreichte einstweilen wenigstens so viel, dass ich im fast völligen Dunkel hineingelassen wurde, wo ich mich denn mehr mit Betasten als mit dem Gesichte überzeugte, dass der Schatz nur eine kleine Grabstele mit Giebel gewiss aus römischer Zeit mit einfacher Namensunterschrift unter einer Reliefigur des Verstorbenen sei. Da unterliess ich weitere Bemühungen und ritt ohne eine Abschrift genommen zu haben am andern Morgen, obgleich da der Türke mir noch ein Mal in den Weg zu kommen wusste und seine Geldforderung sehr ermässigte, weiter durch die liebliche Strandgegend bis zum Nordostende des Meerbusens, wo der gewöhnliche Landeplatz für den Verkehr mit Agiásso ist. Dip (’ς τὸ Νησί) nennt man die Stelle. Von hier schlug ich ohne weiteren Aufenthalt den gepflasterten Weg landeinwärts nach Agiásso ein, der alsbald in die bewaldeten oder mit Oelbaumpflanzungen bedeckten Berge eintritt. Am Wege, ein trauriger Anblick in all der Herrlichkeit der umgebenden Natur, hatte sich eine ganze Schaar von Aussatzkranken in kleinen Laubhütten angesiedelt. Sie bewohnen sonst ein abgesondertes kleines Dorf in der Nähe, aus dem nur die gesunden Kinder, wie man mir sagte, in andere Dörfer in Kost gegeben werden; in diesen Tagen aber waren sie heruntergezogen, um das Mitleid der zahlreichen Festgäste, die nach Agiásso reisten, auszubeuten. Männer und Frauen, Junge und Greise und in allen Altern, verkrüppelt und voll Ausschlag kamen sie und bettelten uns mit heiserer Stimme an. Besonders im Bezirke von Plumári soll diese schreckliche Krankheit, die sogenannte λούβα, türkisch Meskini, zu Hause sein. Bald nach dieser Begegnung fanden wir rechter Hand hart am Wege ein klares Quellwasser, das sich gleich an seinem Ursprunge zu einem grossen Teiche sam-

---

hat, sich entscheidet (a. a. O. S. 310 f.); seine weitere Vermuthung, die alte Stadt Hiera habe hier gelegen, findet in der Art der Ueberreste ebensowenig eine Unterstützung. Ich werde eine andere Ansicht über die Lage von Hiera aufstellen.

1) Kentron hörte ich die Gegend nennen, Κῆπος nennt sie aber Anagnostis a. a. O. S. 154 Anm. 8. Dass er den Roman des Longus grade hier spielen lassen will, ist ein müssiger Versuch. Er bemerkt aber: „εἰς τὸ μέρος τοῦτο [illegible] [illegible] καὶ [illegible] ἀρχαίων [illegible] und nach dem Volksglauben Schätze." Gewiss gab es auch hier Villen in römischer Zeit.

2) Epist. II, 17, 28 in der Beschreibung des Laurentinum: mare non sane pretiosis piscibus abundat, soleas tamen et squillas optimas egerit.

3) Boutan stellt es schlimmer dar.

melt und unter den schattigen Bäumen einen willkommenen Ruheplatz bietet, an dem auch eine Kaffeeschenke nicht fehlt. Es heisst τὸ Κυρίν. Um Mittag war ich wieder in Agiásso. Hier hatte sich inzwischen, da der Beginn der Panigyris nahe bevorstand, das Leben um die Kirche bedeutend vermehrt, der Despotis war eben heute angelangt und am Abend mussten schon auswärtige Familien auf der Strasse Nachtquartier nehmen.

Auf den folgenden Tag setzte ich wieder einen Ausflug hinunter in die Ebene von Jera an, hauptsächlich um einen Platz, von dem ich inzwischen gehört hatte, aufzusuchen, den die Leute Χαλακαῖς oder, wie das κ in der gewöhnlichen Aussprache auch hier klingt, Chalatschaes nennen. Man lieferte mir die Etymologie zu diesem Namen: ἀφ' οὗ ἐχάλασε ὁ τόπος (weil der Ort verfallen sei). Ich hörte verschiedentlich erzählen, dass hier einmal eine Stadt gestanden habe; dabei pflegten meine Berichterstatter sogar deren Häuserzahl anzugeben und malten dann das Bild in verschiedener Weise aus, u. A. wie dazumal hier im Bogasi [1]) mehr Leben und Verkehr gewesen sei, als heutzutage in der Stadt d. h. in Konstantinopel. In alle diesem liegt etwas Wahres; Χαλακαῖς ist der Ruinenplatz der alten Hiera. Ueber die Lage von Hiera haben wir keine Angaben in alten Quellen, aber der Namen Jera, der sich als eine Gesammtbezeichnung der Dörfer am Meerbusen gleichen Namens [2]) findet, wurde gewiss richtig schon von Pococke als alt überliefert angenommen [3]). Es ist auch durchaus wahrscheinlich, dass diese besonders fruchtbare und heute mit zahlreichen Dörfern besetzte Landschaft an der sicheren Hafenbucht in ältester Zeit einen städtischen Mittelpunkt hatte, nur konnte sich dieser vor der wachsenden Macht des nahebenachbarten Mytilene nicht lange in Selbstständigkeit erhalten. Wie Arisba vom nahen Methymna, so wurde aller Wahrscheinlichkeit nach Hiera frühzeitig von Mytilene überwältigt. Alles, was uns von ihr geblieben ist, sind die Worte bei Plinius [4]): et Agamede obiit et Hiera und dazu nun der Ruinenplatz von Chalakaes.

Am 24. August ritt ich also von Agiásso den schon einmal betretenen Weg durch die Berge nach Palaiokipo, dem einen der Jeradörfer, hinunter und von da dann durch die weite ebene Fläche bis nahe an das Ufer des Meerbusens, wo ich die Stelle von Chalakaes genauer auf dem Plane (Taf. I [a]) angegeben habe.

Irgend eine grössere Ruine ist auf dem Boden von Chalakaes nicht sichtbar; Steintrümmer bemerkt man hier und da und namentlich sind solche auch unter dem jetzigen Wasserspiegel noch kenntlich. Die erwähnten Traditionen der Umwohner bezeugen aber ganz sicher, dass hier vielerlei Ueberreste gefunden sind, die bei fortgesetzter Benutzung des Platzes als Fundort von Bausteinen für die Jeradörfer natürlich von der Oberfläche immer mehr verschwunden sind. Glücklicherweise hatte man aber grade kurz vor meiner Ankunft eine grössere Inschriftplatte herausgegraben, die nach Palaiokipo gebracht werden sollte, aber noch in der aufgegrabenen Vertiefung lag. Man sagte, sie habe auf einem Grabe mit Knochen darin die Inschriftseite nach oben gekehrt gelegen, damals also schon nicht mehr in ihrer ursprünglichen Stellung. Der Stein (Taf. XVII, 1. 1,05 M. hoch, 0,88 die Inschriftfläche breit) hat auf beiden Seiten einen etwas niedrigeren Rand, die Inschrift steht auf der gegen diesen Rand erhöhten Mittelfläche, einzelne Buchstaben am Ende der Zeilen sind aber bis auf den Rand geschrieben.

In der Inschrift wird als geehrt von Rath und Volk, doch gewiss der Hauptstadt Mytilene, welcher in römischer Zeit das Gebiet von Hiera unterworfen gewesen sein muss, ein Bresos, des Bresos Sohn,

---

1) Der Ausdruck entspricht dem alten [illegible].

2) Der ältere italiänische Schiffername für die Bucht porto Olivieri, von den grossen Olivenanpflanzungen hergenommen, hat bei den Anwohnern keinen dauernden Eingang gefunden.

3) Wie dann auch Plehn billigte a. a. O. S. 18. Auf seiner Karte ist Hiera in der Gegend der Skala 's τὸ Νεῖς angesetzt, wo aber keine Spur einer alten Ortschaft nachzuweisen ist. Boutans Meinung, die Ruinen bei der Mase möchten Hiera angehören, habe ich bereits erwähnt.

4) n. h. V, 139.

genannt, der eine Reihe von Aemtern (κλαροφορία, ἀγορανομία, βουλαρχία, νομοφυλακία) bekleidet und Priesterämter des Zeus αἰθέριος, des Ammon Ἐλευθέριος, der Adrasteia u. s. w. versehen hatte. Hier muss eine kundigere Hand erst die Lücken des Steines ausfüllen. Neben der Artemis wird auch der Apollon Maloeis genannt. Breseos war ἀρχίχορος, ἱεροκάρυξ, ἱεροθύτας und κηρυγήτας schon vierzig Jahre lang und obendrein ohne Sold und Lohn, wie ihn seine Vorgänger erhalten hatten. Das Zeichen am Schlusse hinter αὐτοῦ scheint das gewöhnliche Schlussblatt der römischen Inschriften zu sein.

Ich zähle weiter meine übrigen am Platze oder in der Umgegend von Chalakaes gemachten Funde auf. Nahe bei der Ehreninschrift des Breseos lag das Bruchstück einer späten Grabschrift (Taf. XVII, 3. 0,40 M. breit), deren erhaltener Schluss die übliche Zahlung einer Strafe an das ἱερώτατον ταμεῖον für den Fall der Verletzung des Grabes anordnet. Von dem Platze von Chalakaes sollte auch ein vom Inhalte nichts mehr ergebendes Bruchstück einer Inschrift herrühren, welches ich am Pérama sah; namentlich ein ω in byzantinischer Schriftform war noch kenntlich, ein Beweis denn doch wenigstens von einer Bewohnung des Platzes bis in so späte Zeit. Nahe oberhalb Chalakaes in einem Garten fand ich ein Stück eines der gewöhnlichen Grabreliefs mit dem Manne, der auf der Kline liegt, vor ihm der Tisch, die Frau neben ihm sitzend. Dem Ruinenplatze nahe liegt auch noch die Kirche des h. Theódoros oberhalb der Skala Perama. Hier befindet sich die Vorderseite eines Sarkophages, ἀγγεῖον (Taf. XVII, 4. 2,30 M. lang), von einem röthlich grauen Steine mit schwarzen Einsprengungen, auf der die wohlerhaltene Inschrift steht: Λούκιος Βαλέριος Διογένης ζῶν καὶ φρονῶν κατεσκεύασεν τὸ ἀγγεῖον αὐτῷ καὶ τῇ γυναικὶ καὶ τοῖς τέκνοις. Mit ziemlicher Sicherheit kann man annehmen, dass auch die beiden weiter oben erwähnten Inschriftsteine in Plakado aus den Ruinen von Chalakaes herstammen.

Den Namen der Ortschaft, welcher die Ruinen von Chalakaes angehören, liefert uns keine der angeführten Inschriften. So viel geht aber mit Sicherheit aus ihnen hervor, dass in römischer und bis in die byzantinische Zeit ein grösseres Gemeinwesen hier bestand. Weiter ist nun der Hergang aller Wahrscheinlichkeit nach der gewesen, dass in den hereinbrechenden Zeiten des Verfalls des oströmischen Reiches und der Unsicherheit des Meeres dieses Gemeinwesen sich in der ebenen Lage unmittelbar am Meere nicht mehr halten konnte und die Bewohner sich, wie fast überall geschah, mehr landeinwärts in die verschiedenen Dörfer zerstreuten, nur die Gemeinsamkeit des alten Namens und, was merkwürdig ist, eine gewisse Gemeinsamkeit der Verwaltung beibehaltend. Jetzt bei wiedergekehrter Sicherheit werden natürlich, wie überall an den griechischen Küsten, die vom Meere entlegenern Wohnplätze nur unbequem und man erzählte mir, dass mehre von den Einwohnern der Jeradörfer mit Anbau von Häusern an der Skala Perama umgingen. So würde dann jetzt das alte Gemeinwesen entsprechend der alten Hiera am Meere wieder aufleben. Bei alle dem wäre es nicht unmöglich, aber auch nicht mehr als das, dass die älteste griechische Stadt Hiera in geschützterer Lage — denn Chalakaes liegt in der offenen Ebene — an einer Höhe landeinwärts gelegen hätte; die geringste bestimmtere Andeutung liegt dafür aber nicht vor und keinenfalls dürfte man wie Boutan die Ueberreste eines römischen Baus an der Mana oberhalb Plakado als einer solchen altgriechischen Stadt angehörig betrachten. In der Ehreninschrift des Breseos ist die βόλλα und der δᾶμος, wie gesagt, doch wohl auf Mytilene und nicht auf die Ansiedelung zu beziehen, in deren Ruinen der Stein gefunden ist. Das Ἐλευθέριος als Beinamen des Ammon könnte, wenn es nicht etwa auf die Zeit Alexanders zurückgeht, sich auf die Freierklärung Mytilenes in römischer Zeit beziehen. Plinius nennt die Stadt ja als eine freie.

Nach der Untersuchung der Ruinen von Chalakaes und einigen Streifereien durch nahe gelegene Gärten ging ich zur Nacht in eines der Magasiá an der Skala Pérama. Dieses ist der gewöhnliche Landeplatz für die Jeradörfer, wie weiter im Innern des Busens die Skala von Dip für Agiasso. Namentlich geht aber von dem Perama, wie schon der Name sagt, die Fähre nach der gegenüberliegenden südöstlichsten Halbinsel von Lesbos und vermittelt die kürzeste Verbindung zwischen den Jeradörfern und Mitilini. Bei der Abendunterhaltung in Perama hörte ich von der sogenannten μαλλε, dem Steinbilde eines Mädchens an der nahen äussern Südküste in einer Gegend, die sie 'ς τὸ Τέρι nennen. Es heisst, das Mädchen sei von den Türken verfolgt und auf ihr Gebet in Stein verwandelt worden. Eine ganz gleiche Sage knüpft sich an die Frauengestalt eines alten Grabreliefs auf Thasos. Ich entschloss mich, der Sache nachzugehen, obgleich es, da der Ort zu Lande für schwer zugänglich ausgegeben wurde, eine Kahnfahrt von drei Stunden hin und ebenso viel zurück kosten sollte. Ich bin auf diese Weise dazu gekommen, den langen schmalen Eingang zu durchfahren, welcher zwischen bergigen Küsten sich hinziehend den erst nach innen zu sich erweiternden, so ganz geschützten und vor dem Busen von Kalloni durch grössere Tiefe ausgezeichneten Golf von Jera mit dem Aussenmeere verbindet. Die Schiffer achten bei der Fahrt durch diese Enge auf die Meeresströmung, die, wie sie sagen, regelmässig wechselt, von Mitternacht bis Mittag ginge sie hineinwärts in den Golf, dann von Mittag an wieder zwölf Stunden hinaus [1]. Die ganze Fahrt endete mit arger Enttäuschung in Bezug auf ihren Hauptzweck; die Kopella ist nur ein Naturspiel, eine Lücke in dem weissen Ueberzuge eines Felsens, welche die Phantasie der Schiffer zum Mädchen gestaltet hat. Nach dem Perama zurückgekehrt erreichte ich von da über Papados in drei und einer halben Stunde mein Standquartier in Agiasso; umgekehrt bergab rechnet man drei Stunden. Am Abende machte ich noch einen Gang durch die Menschenmenge um die Kirche. Theils schlief man schon in den offenen Umgängen der Mitropolis, theils wurde im Hofe zur Klarinette und zwei grossen Pauktrommeln, einer in ihrer schrillen Eintönigkeit sehr aufregenden Musik, getanzt. Neben den Grossen übten auch die Buben ihre Glieder. Ich beabsichtigte nicht, die Panigyris selbst abzuwarten, die am nächstfolgenden Tage, den 27. August neuen Styls, vor sich gehen sollte, sondern setzte zum grossen Leidwesen meines Dieners die Abreise auf den andern Morgen fest. Der zweite Agogiat, den ich annahm, weil mein bisheriger, den ich unvorsichtiger Weise am Abend vorher abgelohnt hatte, es vorzog mit seinen Groschen bei der Panigyris zu bleiben, übernahm es, mich statt auf dem direkten Wege nach Mitilini vielmehr auf Umwegen durch die Berge an den Ueberresten der römischen Wasserleitung vorbeizuführen. Auch auf dieser Strecke fand ich ringsum alles mit Wald oder Oelbäumen bedeckt. An einer Stelle bot sich über die niederen Berge hinweg noch einmal eine recht freie Ansicht des Iliasgipfels, so charakteristisch, dass ich meine schnell genommene Skizze mittheile [2]. Nach einem Ritte von anderthalb Stunden von Agiasso aus erreichten wir das erste Stück der grossen Wasserleitung. Sie setzt hier in der Richtung von SW nach NO über ein Thal hinweg, in welchem ein Wasser aus jenem See, den ich vom Gipfel des Iliasberges aus sah, herunterkommt, um beim Dip in den Busen von Jera sich zu ergiessen [3]. Ein Bogen ist hier nicht erhalten, die Pfeilerstirnen sind von Rustikaquadern gebaut, das Uebrige ist kleines Steinwerk mit Mörtel. Eine Stunde weit von diesem Stücke liegt das zweite noch erhaltene an dem Wege, der von Agiasso nach Mandamados führt. Auch hier ist die Leitung, um über ein Thal hinüberzusetzen, hoch aufgebaut; sie geht von Westen nach Osten gerichtet. Sie steht hier noch wesentlich vollständig; von vier Rundbogen, die auf drei freistehenden viereckigen Pfeilern und den an die Bergabhänge angelehnten ruhten, sind drei noch unversehrt. Die auf allen vier Seiten mit Rustikaquadern von Marmor verkleideten freien Pfeiler erheben sich nach oben zu etwas verjüngt zu bedeutender Höhe. Bis zum Bogenansatze liegen dreissig Steinschichten und jede von diesen mag verschieden zwischen 0,30 bis 0,60 M. hoch sein. Beim Bogenansatze ist nur eine einfache Platte durch eine heraustretende Quaderschicht gebildet. Die Bogen sind ebenfalls aus Quadern aufgeführt, auch der Raum zunächst über den Pfeilern zwischen dem Fusse zweier Bögen ist mit Quadern ausgesetzt. Obenauf liegt dann Füllwerk

---

[1] Die ähnlichen Strömungen am euboeischen Euripos beschäftigten die Aufmerksamkeit der Alten besonders. Von dem aestuarium der 'Ιππωνῖτις λίμνη erwähnt Plinius d. J. (epist. IX, 33), quod vice alterna, prout aestu aut repressum est aut impulsum, nunc infertur mari nunc redditur stagno.

[2] Auf Seite 57 am Schlusse.

[3] Auf meiner Karte, der durchaus die englische Seekarte zu Grunde liegt, sind diese Terrainverhältnisse nicht zu erkennen, deshalb sind auch diese ersten Stücke der Wasserleitung nicht auf ihr angegeben.

von kleinen Steinen. Unser weiterer Weg führte uns noch ein Mal an den Nordstrand des Busens von Jera hinunter; hier tritt wieder besonders hoch über den Bergen sichtbar der Iliasgipfel hervor; auf der Ostküste des Golfs mehr nach Süden hinunter sieht man einige Landhäuser, die Mitilinäern gehören, (κέντρον) [1], liegen. Wir kamen an den heissen Bädern vorbei, zu deren Benutzung einige Gebäude vorhanden sind, bei denen aber Reste aus dem Alterthume, so weit ich sehen und erfragen konnte, nicht vorhanden sind. Wir waren nun wieder auf der direkten Strasse von der Chora nach Agiasso; zahlreiche Festgäste, sehr geputzte Frauen rittlings auf Maulthieren, die Männer, wie das hier Sitte ist, seitwärts auf ihren Thieren sitzend wie bei uns die Damen, begegneten uns. Es war der letzte Tag vor dem Feste. Diese belebtere Strasse verliessen wir aber wiederum, indem wir statt auf Mitilini, auf das Dorf Morea zuritten, bei dem das ansehnlichste Stück der grossen Wasserleitung [2]) noch erhalten ist. Südwestlich vom Dorfe Morea verläuft dasselbe in seiner Längerichtung ziemlich von NW nach SO, also auf Mytilene zu. Nehmen wir jene schon beschriebenen Stücke hinzu, so sehen wir, dass das Wasser aus dem nördlich den quellenreichen Stock des Iliasberges umgebenden Gebirge hergeleitet war. Auf der bergigen Strecke, welche die Leitung durchläuft, war ein Hochbau nur da angewandt, wo ein Thal zu überschreiten war, so wieder hier bei Morea. Die Thalsenkung ist hier ziemlich breit und deshalb wurde die Errichtung einer grösseren Anzahl von besonders hohen Pfeilern und zwei Bogenreihen über einander nöthig. Ich zählte ihrer sechzehn [3]), von denen drei ganz zusammengestürzt sind. Der mittlere Pfeilerzwischenraum ist 6,80 Meter weit und durch einen Thorbogen vor den übrigen ausgezeichnet; wie noch heute unter diesem Bogen der Weg von Morea nach dem Meerbusen von Jera, so ging auch im Alterthume eine Strasse hindurch. Noch ein Quaderbogen ist seitwärts zwischen zwei Pfeilern erhalten, füllt aber nur die Hälfte der Pfeilerzwischenweite und reicht mit seiner obern Rundung nicht höher, als das Sims des mittleren Thorbogens. Die Pfeiler messen unten in der Frontseite 2,30 Meter, in der Tiefe 3,65. Die Steine, aus denen sie gebaut sind, sind wie an jenen Stücken in den Bergen, nur mit dem ersten Meissel ohne Glättung an den Kanten zu regelmässigen Quadern angehauen, die mittlere Fläche ist ganz im Rohen stehen geblieben. Die Grösse der Blöcke ist ganz ungleich (ich mass einen von 2,30 M. Länge), nur bei der Schichtung ist der regelmässige Wechsel immer einer hohen und einer niedrigen Lage durchgeführt. Etwas mehr Sorgfalt auf die Form ist aber sichtlich bei diesem mehr am Wege gelegenen Stücke der Wasserleitung, als bei jenen in den abgelegenen Bergthälern aufgewandt worden. Den Sockel der Pfeiler umzieht zunächst, an den mittleren Pfeilern an drei Mannshöhen über dem jetzigen Erdboden, ein starkes Kämpfergesims einfachster Art aus Platte und schräger Schmiege bestehend; darüber erhebt sich höher das folgende etwas verjüngte Pfeilerstück, oben abgeschlossen wieder durch dasselbe einfache Gesims, auf dem aus einer Steinlage bestehende frei Quaderbögen Pfeiler mit Pfeiler verbindend aufsetzen; von diesen Bögen sind noch acht erhalten. Bedeutend höher und stärker verjüngt folgt darauf der dritte Schoss der Pfeiler, über dessen wiederum gleich dem untern gebildeten Gesimse eine Quaderlage als Ansatz der obersten aus Ziegeln angewölbten Bogen [4]) dient. Von diesen Ziegelbögen stehen nur noch vier. Sie tragen ein Füllwerk von kleinen Steinen, über die hier einst die eigentliche Wasserrinne lief. So stehen die hohen Bogenreihen über das schweigende Thal hin, die Stadt überdauernd, der sie sonst dienten, ein Bau von starker Faust in grossen Zügen hingestellt, ein rechtes Römerwerk.

Meine Rundreise durch die Insel war beendet; noch ein Nachtquartier in Morea und in aller Frühe

---

[1]) S. Seite 52, Anm. 1.

[2]) Diese bedeutendste Ruine auf der Insel haben fast alle Reisenden [illegible], Keiner, so viel ich sehe, sie genauer beschrieben. Eine Abbildung giebt schon Pococke (II, Taf. 40), in sehr primitiver Holzschnittmanier ist sie auch bei Anagnostis (a. a. O. S. 127) dargestellt.

[3]) Nach seiner Abbildung hat Pococke die Ruine noch weit besser erhalten gesehen.

[4]) Hier ist Pococke's Abbildung unrichtig.

am 27. August ritt ich nach Mitilini hinüber, wo mich Bargiglys gastliches Haus zu meinem grossen Behagen aufnahm.

Die kleine Halbinsel, welche sich bergig zwischen dem Busen von Jera und dem Aussenmeere südlich von Mitilini hinzieht, habe ich nicht besucht. Von Ueberresten aus dem Alterthume dort konnte ich bei allen Erkundigungen nichts in Erfahrung bringen, als dass man mir am Perama von Jera einmal sagte, es würden in der Nähe des Dorfes Lutró an einem Platze Παλαιόγυρο Kirchensteine (ἐκκλησιόπετρες) gefunden, das heisst, weil man dergleichen zum Kirchenbau gebraucht, in der Sprache der Leute Marmorüberreste alter Bauten. Geblieben aus dem Alterthume ist auf jener Halbinsel noch der Name des Gebirges, welches man heute Amali in unverkennbarer leiser Veränderung des alten Malea, wie das äusserste Vorgebirge bei den Alten hiess, nennt. Erst ganz kurz vor meiner Abfahrt sprachen mir zwei junge Leute, die ich in Mitilini kennen lernte, von Inschriften in jener Gegend; es war zu spät, um danach zu gehen [1]. Am Nachmittage des 28. August warf das Dampfschiff der französischen Messageries vor dem Südhafen von Mitilini Anker, am Abende ging ich an Bord und als ich am andern Morgen erwacht war und auf das Verdeck kam, fand ich mich im schiffreichen Hafen von Smyrna.

[1] Als wir uns später in Syra wieder trafen, brachten sie mir Abschriften jener Inschriften, die sie aber glaube ich nicht selbst gemacht haben wollten. Zwei davon waren seltsamer Weise bekannte Fourmontsche Inschriften (C. I. gr. 2, n. 50 und 56), wie mir schien, sogar treu nach einer der Publikationen kopirt, aber mit der Ortsangabe versehen: εἰς ἕνα πύργον τῆς Θερμῆς πλησίον εἰς τοὺς τρεῖς λόφους. Auch eine dritte mit der Angabe: μεταξὺ Καλονοῦ καὶ Θερμῆς εἰς ἕνα ... zeigte den Fourmontschen Tempel (C. I. gr. 56), aber hier nicht mit einer Inschrift oben, sondern auf der obersten Stufe mit den Worten ὁ δῆμος versehen. Unverdächtig dagegen war die auch von Anagnostis a. a. O. S. 121 mitgetheilte Grabschrift bei der Irenenkirche nahe der Hauptstadt:

Ὁ δῆμος im Kranze.
Ζωσίμη ΤΕΡΦΗΙΟΥ χρηστὴ χαῖρε.

Darunter:

Α.Β.Γ.Δ.Ε.Ζ.Η.Θ.Ι.Κ.Λ.Μ.Ν.Ξ.Ο.Π.Ρ.Σ.Τ.Υ.Φ.Χ.Ψ.Ω.

Vergl. Ross inscr. gr. ined. n. 127. Endlich erhielt ich noch folgende Inschrift: Ὁ δῆμος βασιλέα Πτολεμαῖον βασιλέως Ἰούβα υἱὸν βασιλέως Πτολεμαίου ἔγγονον ἀρετῆς ἕνεκεν καὶ εὐνοίας τῆς ἑαυτοῦ. Diese Inschrift mit der Ortsangabe εἰς ἕνα πηγάδι κατὰ τὸ Κεραμιδίου πλησίον εἰς τὴν Λίμνην (Oertlichkeit auf jener südlich von der Hauptstadt und östlich vom Busen von Jera gelegenen Halbinsel) stützt sich allein auf die bedenkliche Autorität meiner beiden genannten Gewährsmänner.

Anhang.

ZWEI

BILD- UND INSCHRIFTSTEINE

AUS

NIKAIA IN BITHYNIEN.

Mit Tafel XVIII und XIX.

Als einen Ersatz für die im Ganzen sehr geringe auf Lesbos mir zu Theil gewordene Ausbeute an Werken der bildenden Kunst füge ich meinem Reiseberichte anhangsweise auf Tafel XVIII und XIX die Abbildung zweier Steine mit Relief und Inschrift hinzu, welche sich gegenwärtig auf der Bibliothek zu Athen [1]) befinden. Dieselben wurden von einem Herrn Antonios Sideridis dorthin geschenkt und zwar zusammen mit einem angeblich apolloähnlichen Kopfe, den ich nicht gesehen habe und einer merkwürdigen kleinen weiblichen Marmorfigur, die mit dem linken Fusse auf einen Stierschädel tritt; es ist dieses eine Darstellung, welche einmal im Zusammenhange mit einer ganzen Reihe von ähnlich mit dem einen Fusse auf ein Thier oder einen andern Gegenstand tretenden meist weiblichen, aber auch männlichen Figuren behandelt werden muss. Als Fundort dieser vier von Sideridis geschenkten Stücke giebt Postolakkas in der athenischen Zeitung *Αἰών*, 23. *Μαρτίου* 1859 die Umgegend von Nikaia in Kleinasien (*εὑρέθησαν κατὰ τὴν περιφέρειαν τῆς Νικαίας ἐν Μικρᾷ Ἀσίᾳ*) an. Der Schenker wohnt in Gallipoli. Jedenfalls ist es die eine der zwei Reliefstelen (Taf. XIX), welche nach einer Mittheilung Newtons als in Gallipoli befindlich in Gerhards archäologischem Anzeiger 1854, S. 513 f. beschrieben wurde, das heisst nur ihr Bildwerk; von der Inschrift ist dort auffallender Weise gar nicht die Rede. Dagegen sind die Inschriften beider Steine, aber ohne nähere Angabe des Bildschmuckes, nach nicht ganz genauen Abschriften Mordtmanns in Kursivschrift von Chr. Petersen zum Verzeichnisse der Vorlesungen, welche am Hamburgischen akademischen und Realgymnasium von Ostern 1862 bis Ostern 1863 gehalten werden sollen (Hamburg, 1862) auf S. 45 f. herausgegeben. Es ist dort ausdrücklich bemerkt, dass die Originale sich im Hause des Herrn A. Sideridis zu Gallipoli befänden. Als die Steine in die Bibliothek zu Athen gelangten, liess Postolakkas die Inschriften in Kursivschrift nebst kurzer Beschreibung des bildlichen Theiles im *Αἰών* a. a. O. abdrucken. Ich selbst habe die Originale in Athen im Jahre 1860 genau untersucht, mir beschrieben und abgeschrieben. Später erhielt ich durch die unermüdlich freundliche Vermittlung des genannten Herrn Münz-Konservator Postolakkas Zeichnungen von der Hand des Herrn N. Gisis, nach welchen die Lithographieen auf Tafel XVIII und XIX ausgeführt sind. Für die Wiedergabe der Inschriften konnte ich ausser meinen Abschriften auch noch Papierabdrücke, die ich wiederum Herrn Postolakkas verdanke, benutzen. Der auf Tafel XVIII abgebildete Stein (A) misst in der Höhe 84—85 Centimeter, in der untern Breite 48, in der obern 43½, in der Dicke 8½ Centimeter, der auf Tafel XIX mitgetheilte (B) misst in der Höhe 83, in der untern Breite 39½, in der obern 39 und in der Dicke 7 Centimeter, Alles nach Postolakkas Messungen.

---

[1]) Auf der Bibliothek zu Athen habe ich, ganz abgesehen von der Münzsammlung und den mit ihr zusammen aufbewahrten kleineren Gegenständen, an alten Kunstwerken ausser diesen Steinen noch die hübsche und in einer für Griechenland so seltenen Weise gut erhaltene Knabenstatue von Lilaia (Annali dell' inst. di corr. arch. 1859, tav. d'agg. A) und ein Relieffragment aus Abdera, vielleicht von einem Grabsteine, gesehen. Das letztere verdient um seiner noch in den Formen strengen Styles und um des Fundortes willen, der sonst noch nicht unter den Fundorten von Kunstwerken genannt ist, Beachtung.

Die Inschrift auf A lautet:

Οἱ θιασῖται Ἀσκληπιάδην Μηλιδώρου ἱερωτεύσαντα καλῶς καὶ ἀξίως ἐν τῷ τετάρτῳ καὶ ἑβδομηκοστῷ καὶ ἑκατοστῷ ἔτει ἐστεφάνωσαν τῇ τε στήλῃ καὶ στεφάνῳ ἀνθινῷ μετὰ ταινίας διὰ βίου.

Z. 2. Das ω in ἱερωτεύσαντα ist auf dem Steine unzweifelhaft deutlich.

Zuoberst auf dem Steine ist, jetzt ziemlich verwischt, der in der Inschrift erwähnte Ehrenkranz μετὰ ταινίας abgebildet. Blumen erkennt man nicht. Das Reliefbild zeigt zur Rechten einen stehenden Gott, dessen scheinbar unbärtiges Gesicht verwischt ist, bekleidet mit einem Chiton und Himation; mit der Rechten stützt er sich auf das Skeptron, in der Linken hält er eine Schale über seinem Altare. Gewiss ist es Zeus [1]. Auf dem Baume, der, wie das im Alterthume so häufig der Fall war [2], hinter dem Altare steht, sitzt der Adler des Gottes. Dem Altare nahen sich von Links her, als Sterbliche in kleineren Verhältnissen dargestellt, Opfernde, voran ein Knabe in kurzem Gewande, das Opferthier, ein Schaf, führend, dann ein halbwachsenes Mädchen mit den Opfergeräthen; es trägt auf dem Kopfe eine Wanne und in der linken Hand zum Spenden einen Prochus. Am Ende dieser Seite des Bildes steht ein Mann, der aus dem Himation heraus die rechte Hand wie zu einer anbetenden Bewegung vorstreckt; man sieht auf den Rücken der Hand. Dieser Mann ist ohne Zweifel Niemand anders als der in der Inschrift als durch die Errichtung der ganzen Stele geehrt genannte Asklepiades, des Melidoros Sohn, dargestellt in seiner priesterlichen Amtshandlung, welche er nach der Inschrift für die Genossenschaft der Thiasitai zu deren Zufriedenheit versehen hat.

Mehr mit Schrift und Bild bedeckt ist die zweite Stele (B). Ihre Inschrift lautet:

Οἱ θιασῖται καὶ θιασίτιδες [ἐ]στεφάνωσαν Στρατονίκην Μενεκ[ράτ]ου ἱερωτεύσασαν ἐν τῷ η̄ καὶ ο̄ καὶ ρ̄ [ἔ]τει μητρὶ Κυβέλῃ καὶ Ἀπόλλωνι στεφά[ν]ῳ γραπτῷ ἐν στήλῃ καὶ κηρωτῷ σὺν ται[ν]ίᾳ καὶ ἄλλῳ στεφάνῳ κηρωτῷ σὺν ται[ν]ίᾳ ἐν τῇ τοῦ Διὸς συναγωγῇ ———

Z. 3. ἱερωτεύσασαν. Das ω ist hier auf B nicht ganz so deutlich wie auf A, mir aber doch den Zügen nach wahrscheinlich, so wie auch Mordtmann und Postolakkas es geben. In einer Abschrift einer Inschrift aus Aphrodisias (C. J. gr. 2771) findet sich ebenfalls die Form ἱερωτεύσαντα, wo Boeckh in das gewöhnliche α ändert. — ἱερωθεῖσαν mit θ ist ein Fehler in Mordtmanns Abschrift. Auch die Jahrzahl ist dort unrichtig abgeschrieben, so wie auch in Zeile 2, 3, 5, 6 sich Versehen finden.

Z. 7. Die Ausfüllung Διὸς bei Petersen ist gewiss unzulässig. — Zweifelhaft bleibt mir der Schluss. Am besten scheint zu lesen φ[ι]λ[α]γαθ[ί]α[ς] [ἕν]εκ..., was K. Keil mir auf meine Anfrage brieflich vorschlägt. Auf dem Steine steht jedoch kein ι zwischen φ und λ, auch glaube ich nicht, dass hinter dem letzten ε noch Buchstaben folgten. Ich bemerke noch zu der Lithographie, dass das zweite scheinbare Λ in ΦΛΛ niedriger ist als das erste, dass an dem Λ in ΓΛΘ der zweite Schenkel im Papierabdrucke deutlich länger zu sehen ist und dass die angegebene Form der übrigen Buchstaben durchaus nicht zweifelhaft ist. Unmöglich sind daher die Lesungen ἀνέθηκαν bei Mordtmann und Petersens ἀνέθηκεν ebenso wie μνήμης bei Postolakkas.

Der in der Inschrift als γραπτὸς ἐν στήλῃ erwähnte erste Kranz ist auf dem Steine nicht vorhanden, kann dem vorhandenen Platze nach auch schwerlich etwa aufgemalt gewesen sein. Die beiden Kränze können nach einander zu verschiedenen Zeiten verliehen sein; über die Verleihung des ersten kann bereits eine andere Urkunde auf einer Stele mit Darstellung des Kranzes existirt haben, als nach Verleihung des zweiten die vorliegende Stele gearbeitet und in ihrer Inschrift die ältere Ehre wieder mit aufgeführt wurde.

Das Bildwerk zerfällt in zwei Theile; in dem oberen ist Stratonike, des Menekrates Tochter, in ihrer priesterlichen Thätigkeit beim Opfer dargestellt, in dem unteren ist die Genossenschaft bei ihrer Hauptbeschäftigung, bei der Mahlzeit, abgebildet.

Die Opferscene oben zeigt zur Rechten die Kybele in gewohnter Gestalt, sitzend, im gegürteten Chiton, ein Obergewand über den Schooss geworfen, den Modius auf dem Haupte, die linke Hand auf das Tympanon gestützt, in der rechten Hand eine Schale. Das Thier zu ihrer rechten Seite soll jedenfalls ein sitzender Löwe sein. Neben Kybele, wie beide in der Inschrift ja auch ausdrücklich als die Götter,

---

[1] Das selten vorkommende Untergewand auch an dem Zeus aus [illegible] s. Müller-Wieseler Denkm. d. a. Kunst II, Taf. II, n. 15.

[2] Beispiele namentlich gesammelt bei Boetticher der Baumkultus der Hellenen.

denen Stratonike zu opfern hatte, zusammen genannt werden, steht Apollon als Kitharoede in der langen pytischen Stola. Sein Haar scheint auf der Höhe des Kopfes zu einem Knaufe aufgebunden und fällt auf einer Seite noch kenntlich in langer Locke auf die Schultern herab. In der rechten Hand hält er wieder, wie Kybele neben ihm und wie Zeus auf A die Schale, die hier recht deutlich als Attribut der opferempfangenden Gottheiten erscheint; er hält sie über den Altar, der wie auf A auch hier wieder im Freien unter einem Baume steht. Dem Altare naht Stratonike als Opfernde [1]); sie bewegt aus dem über den Kopf gezogenen Gewande mit gleicher Bewegung wie Asklepiades auf A die Hand zur Adoration hervor. Vor ihr führt ein kurzbekleideter Knabe wie auf A das Opferschaf, während hinter dem Altare ein Mädchen — so scheint es dem Haare nach — zur gewöhnlichen Opfermusik die Doppelflöte bläst. Auch hier wie auf A der Zeus, sind die Götter durch grössere Gestalt ausgezeichnet, ausserdem ist Kybele sitzend fast ebenso hoch an Gestalt wie der stehende Apollon.

Die Darstellung der Mahlzeit in dem unteren Relief ist etwas verwischt, doch scheinen die zehn beim Mahle liegenden Gestalten, wie auch Postolakkas annahm, sämmtlich Männer, die [illegible] also nicht mit dargestellt zu sein. Sie stützen sich alle nach gewohnter Weise im Liegen mit dem linken Arm auf das Kissen. Der lange Streifen vor ihnen könnte ein gemeinsamer Tisch sein. Im Vordergrunde ist die Musik und die Dienerschaft nicht vergessen. Ganz rechts lehnen zwei Stäbe mit jedesmal acht aufgereihten runden Gegenständen, gewiss Bratspiesse mit irgend einer Esswaare. Dann folgen zwei grosse Krateren, von deren einem ein nackter Diener grade den Deckel hebt um den Trank auszufüllen. Bei einem dritten etwas höherem und verschieden geformten Krater scheint ein anderer Diener, auch nackt und von kleinerer Gestalt als die Schmausenden, wie ja die Schenken Knaben zu sein pflegten, in gleicher Weise beschäftigt zu sein. Dann kommt eine laufende Gestalt mit gehobener Hand, ich wage bei dem Zustande des Steines an dieser Stelle nicht mit Gewissheit zu sagen, ob es ein hurtiger Aufwärter oder ein Tänzer sein soll. Am Ende links sitzen zwei Flötenspieler; die Instrumente in ihren Händen, eine einfache und eine Doppelflöte sind noch deutlich zu erkennen.

Die Errichtung der beiden Steine geschah durch eine jener im späteren Griechenland so sehr verbreiteten Gesellschaften [2]), welche sich ähnlich wie z. B. die Kalandsbrüder im Mittelalter unter religiösen Formen verbanden, als Hauptzweck aber häufig geselligen Genuss, bei dem die Tafelfreuden eine Hauptrolle spielten, verfolgten. Opfer und Opfermahlzeiten boten sich ihnen ja wie sie der Stein B zusammenstellt, in besonders bequemer Verbindung und dass der Gottesdienst nur den Vorwand dazu abgab, dass sich die Brüderschaften selbst gehörig Etwas zu Gute thun konnten, wird in der Nikomachischen Ethik (VIII, 9, 5) ausdrücklich gesagt. Polybius (XX, 6) schildert, wie sehr diese Vereinigungen zu einem schädlichen Uebermasse führten, wie sie Vermächtnisse namentlich von kinderlosen Leuten erhielten, die statt wie sonst den Familien ihre Verlassenschaft zuzuwenden, jetzt ihr meistes Hab und Gut diesen Tafelbrüdern vermachten, wodurch deren Mittel oft so wuchsen, dass der Monat für Manchen in Böotien, wie Polybius sagt, mehr freie Mahlzeiten als Tage zählte. Auch in Kleinasien war in hellenistischer und in römischer Zeit dieses und ähnliches Vereinswesen sehr verbreitet [3]).

An Werth gewinnen beide Inschriftsteine für uns dadurch, dass sie datirt sind, der eine aus dem Jahre 174, der andere aus dem Jahre 178. Es fragt sich nur, nach welcher Aera dabei gerechnet ist. Petersen nimmt an, es sei eine Aera der jährlich wechselnden Priester der Genossenschaft, womit uns eine Berechnung der Zeit unmöglich würde. Petersen kannte die Herkunft der Steine nicht, seit wir

---

[1]) Die ganze Darstellung erinnert hier sehr an das Relief bei Clarac musée de sc. pl. 214, 256 (Boetticher Baumkultus der Hellenen Fig. 13. Müller-Wieseler Denkm. d. a. Kunst II, Taf. LXIII, n. 815), wo die am Baume aufgehängten Becken auch auf die Kybele hinweisen.

[2]) K. F. Hermann Lehrbuch der griech. Antiq. II. (2. Aufl. von Stark), §. 7, 6. Schoemann griech. Alterth. II, 680 ff.

[3]) z. A. C. J. gr. 3480.

aber wissen, dass sie aus Nikaia in Bithynien herstammen, werden wir gewiss, ehe wir zur Voraussetzung einer eigenen Zeitrechnung der Thiasoten greifen, die Jahresrechnung herbeiziehen, die auf den Münzen von Nikaia vorkommt. Es finden sich Jahreszahlen auf diesen Münzen sowohl aus der Königszeit des selbstständigen Bithyniens als aus der Zeit, nachdem das Land zur römischen Provinz geworden war. Die Berechnung der in ihnen befolgten Aera hat nun freilich manche Schwierigkeiten gehabt, so dass z. B. Eckhel (d. n. II, 390 ff. IV, 377 ff.) zu keinem reinen Resultate gelangte. Die Schwierigkeiten löst Borghesi, auf dessen Aufsatz sull' era bitinica (Oeuvres numismatiques II, S. 345—357) Herr Dr. Friedländer mich aufmerksam gemacht hat, in der Weise, dass er, wie auch bereits früher geschah, eine Zeitrechnung unter den bithynischen Königen nach der pontisch-bosporanischen Aera, beginnend vom Jahre 457 nach Gründung Roms annimmt, an die Stelle dieser Zeitrechnung der Königszeit aber mit der Umwandlung Bithyniens in eine römische Provinz eine neue, jedoch bereits vom Jahre 741 Roms an gerechnete, ungewiss von welchem Ereignisse hergenommene Jahreszählung treten lässt. Diese zweite Aera kann nicht die auf unseren Steinen mit den Jahreszahlen 174 und 178 vorkommende sein, weil erst mit ihrem Jahre 208 Bithynien römische Provinz wird, die Anwendung der Aera also erst da beginnt. Nach der Rechnung der bithynischen Königszeit aber, wenn wir sie von dem Jahre Roms 457 oder 297 vor Christo beginnen dürfen, würden unsre beiden Dekrete der Thiasoten in Nikaia in die Jahre 123 und 119 vor Chr. fallen, also in die Regierungszeit Nikomedes II, und gegen diese Zeitbestimmung spricht, so viel ich sehen kann, weder der Styl des Bildwerkes noch die Form oder der Inhalt der Inschriften. Ich finde da Nichts, was uns, um dem Steine eine nachchristliche Entstehungszeit zu geben, zu der Vermuthung nöthigen könnte, es sei noch eine andere Aera, etwa die der Schlacht von Aktium, bei ihrer Datirung befolgt.

Berichtigungen.

Seite 6, Zeile 15 lies bezweifeln statt begreifen. — S. 9, Z. 9 l. Orchestra st. Orchester. — S. 9, Z. 28 l. den st. dem. — S. 10, Z. 29 l. dem st. den. — S. 11, Z. 30 l. [illegible] st. [illegible]. — S. 18, Z. 19 l. eine κώμη st. ein κ. — S. 22, Z. 24 l. Niemand st. Niemadd. — S. 24, Anm. 6, Z. 1 l. was statt wo. — S. 27, Z. 5 l. gehörten st. gehörte. — S. 46, Z. 28 l. den Megareús st. der M. — S. 48, Z. 25 höchstens zu streichen. —

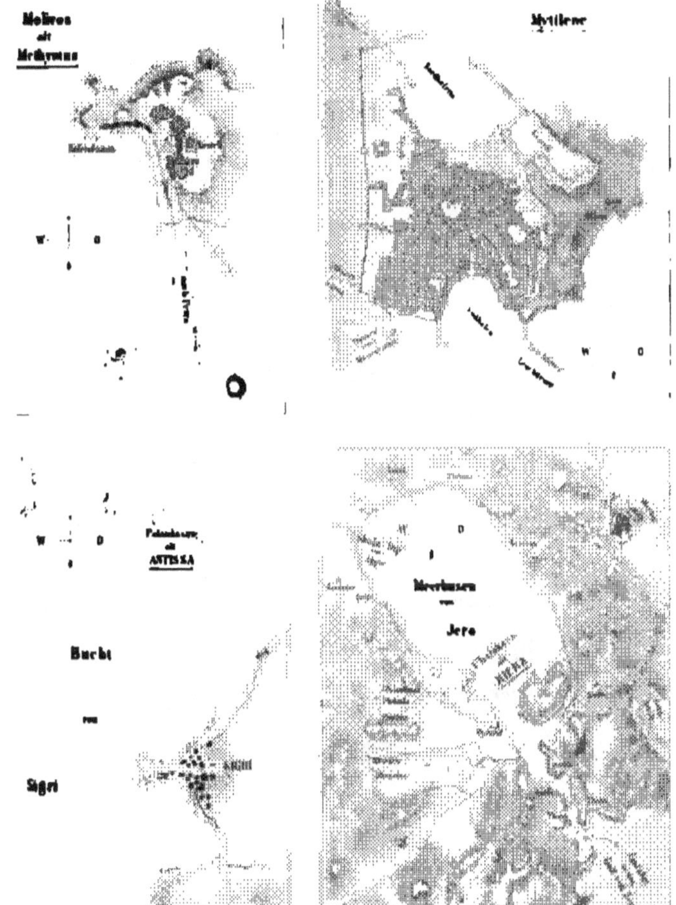

Molivos
alt
Methymna
W
O
Mytilene
W
O
W
O
Bucht
Sigri
W
O
Meerbusen
Jero

Taf. II.

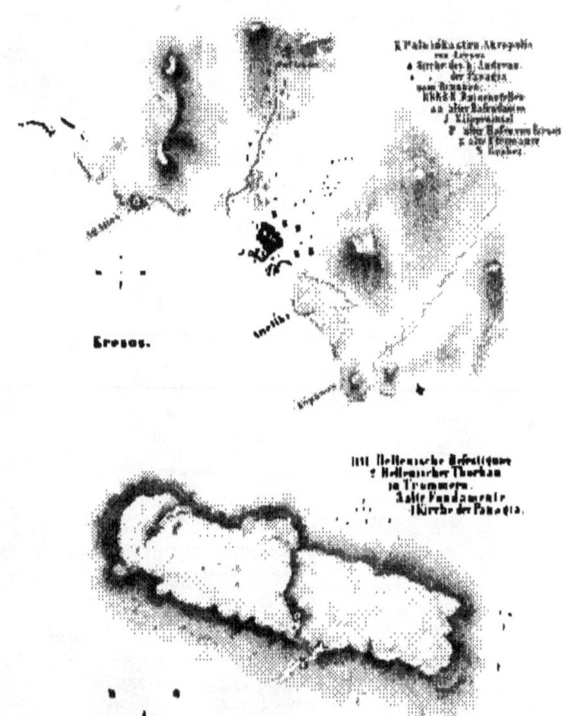

Xerokastrini.

Taf. II

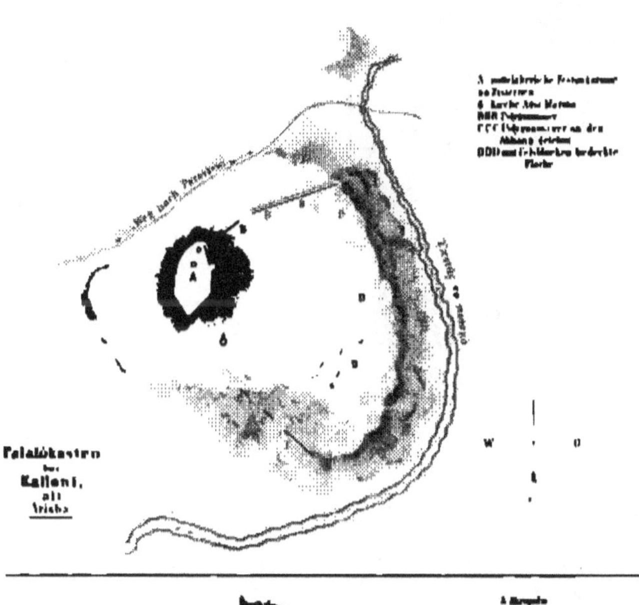

Κάστρο
εἰς τὴ Πύργα.

ΑΡΙΣΤΟΒΟΥΛΑ
ΑΠΟΛΛΩΝΙΩ
ΧΑΙΡΕ
ΒΙΩΣΩΣΙΑΓΑΕΙΣ
ΣΑΡΑΠΙΩΝ
ΕΙΣΙΔ..ΡΟΥ
ΑΛΕΞΑΝΔΡΕΥΣ
ΟΚΑΙΠΗΛΟΥΣΙ
ΩΤΗΣΕΥΨΥΧΙ
ΛΙΗ
ΙΙΙΟΝΟΝ
ΚΕΠΙΝΥΜΙΗΣ
ΑΔΩΝ
ΤΕΝΘΟΣ
ΕΝΕΚΥΝ
ΡΟΦΗΝΑΣ
ΔΑΛΑΜΟΥΣ
ΣΕΓΥΚΑΣΘΗΣ
ΓΡΟΜΩΝ

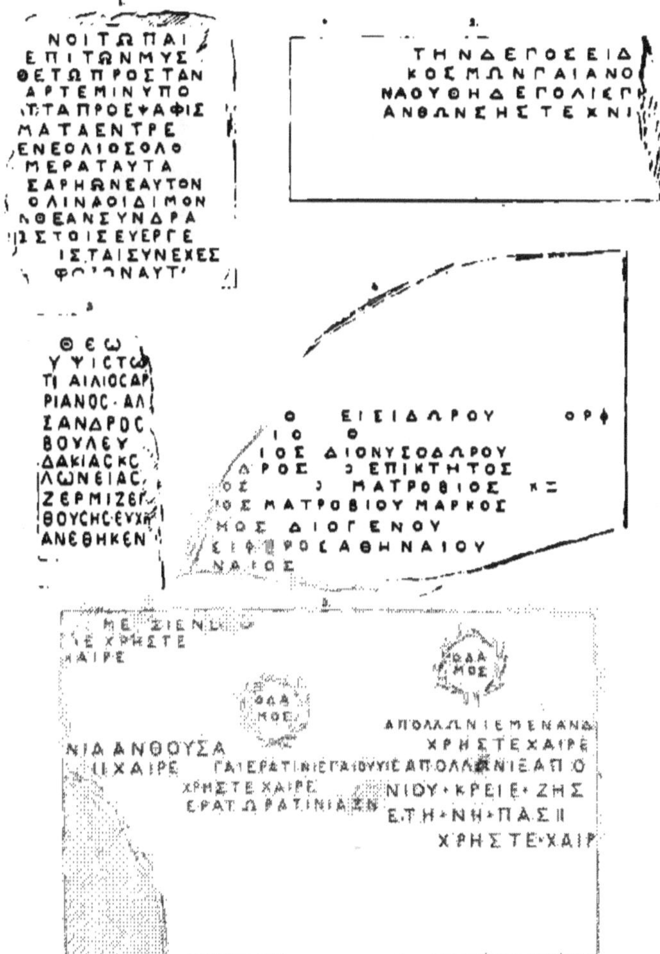
1.
ΝΟΙΤΩΠΑΙ
ΕΠΙΤΩΝΜΥΣ
ΘΕΤΩΠΡΟΣΤΑΝ
ΑΡΤΕΜΙΝΥΠΟ
ΤΑΠΡΟΕΨΑΦΙΣ
ΜΑΤΑΕΝΤΡΕ
ΕΝΕΟΛΙΟΣΟΛΟ
ΜΕΡΑΤΑΥΤΑ
ΣΑΡΗΩΝΕΑΥΤΟΝ
ΟΛΙΝΑΟΙΔΙΜΟΝ
ΘΕΑΝΣΥΝΔΡΑ
ΣΤΟΙΣΕΥΕΡΓΕ
ΙΣΤΑΙΣΥΝΕΧΕΣ
ΝΑΥΤ
2.
ΤΗΝΔΕΓΟΣΕΙΔ
ΚΟΣΜΩΝΓΑΙΑΝΟ
ΝΑΟΥΘΗΔΕΓΟΛΙΕΓ
ΑΝΘΩΝΣΗΣΤΕΧΝΙ
3.
ΘΕΩ
ΥΨΙCΤΩ
ΤΙ ΑΙΛΙΟCΑΡ
ΡΙΑΝΟC·ΑΛ
ΞΑΝΔΡΟC
ΒΟΥΛΕΥ
ΔΑΚΙΑCΚC
ΛΩΝΕΙΑC
ΖΕΡΜΙΖΕΓ
ΘΟΥCΗC·ΕΥΧΗ
ΑΝΕΘΗΚΕΝ
4.
Ο ΕΙΣΙΔΩΡΟΥ ΟΡΦ
ΙΟΣ ΔΙΟΝΥΣΟΔΩΡΟΥ
ΡΟΣ ΕΠΙΚΤΗΤΟΣ
ΟΣ ΜΑΤΡΟΒΙΟΣ
ΟΣ ΜΑΤΡΟΒΙΟΥ ΜΑΡΚΟΣ
ΜΟΣ ΔΙΟΓΕΝΟΥ
ΡΟΣ ΑΘΗΝΑΙΟΥ
ΝΑΙΟΣ
5.
ΜΕ ΣΙΕΝ
Ε ΧΡΗΣΤΕ
ΧΑΙΡΕ
Ο ΔΑ ΜΟΣ
Ο ΔΑ ΜΟΣ
ΑΠΟΛΛΩΝΙΕ ΜΕΝΑΝΔ
ΧΡΗΣΤΕ ΧΑΙΡΕ
ΝΙΑ ΑΝΘΟΥΣΑ
ΧΑΙΡΕ
ΓΑΙΕ ΡΑΤΙΝΙΕ ΓΑΙΟΥ ΥΙΕ ΑΠΟΛΛΩΝΙΕ ΑΠΟ
ΧΡΗΣΤΕ ΧΑΙΡΕ
ΕΡΑΤ Ω ΡΑΤΙΝΙΑ ΖΗ
ΝΙΟΥ·ΚΡΕΙΕ·ΖΗΣ
ΕΤΗ·ΝΗ·ΠΑΣ
ΧΡΗΣΤΕ·ΧΑΙΡ

Taf VII

1

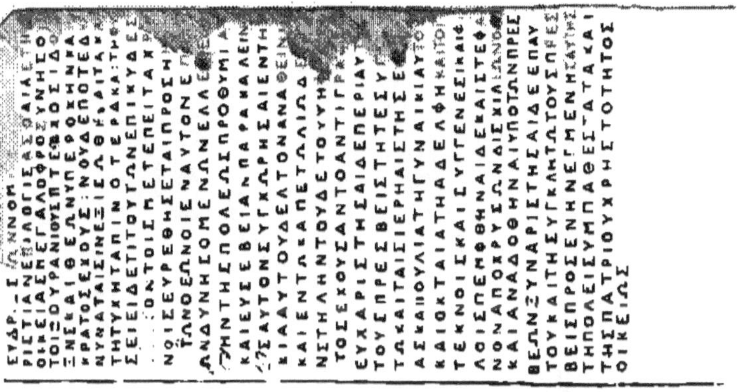

ΕΥΔΡ. . Σ ΩΝΝΟΜ
ΡΙΣΤΙΑΝΕΞΙΛΟΓΙΕΑΣΘΑΙΑΕΤΗ
ΟΙΚΕΙΑΣΜΕΓΑΛΟΦΡΟΣΥΝΗΣΟ
ΤΟΙΣΟΥΡΑΝΙΟΥΣΠΤΕΦΧΟΣΙΔΟ
ΞΝΕΚΑΙΘΕΩΝΥΠΕΡΟΧΗΝΚΑ
ΚΡΑΤΟΣΕΧΟΥΣ:ΝΟΥΔΕΠΟΤΕΔΥ
ΝΥΝΑΤΑΙΣΙΝΕΞΙΣΩΘΗΝΑΙΤΑΚΑ
ΤΗΤΥΧΗΤΑΠΙΝΟΤΕΡΑΚΑ:ΤΗΣ
ΣΕΙΕΙΔΕΤΙΤΟΥΤΩΝΕΠΙΚΥΔΕΣ
. . . . ΟΝΤΟΙΣΜΕΤΕΠΕΙΤΑΧΡ
ΝΟΙΣΕΥΡΕΘΗΣΕΤΑΙΠΡΟΣΗΚ
ΤΩΝΟΕΩΝΟΙΕΝΑΥΤΟΝΕΠ
ΑΝΔΥΝΗΣΟΜΕΝΩΝΕΛΛΕ
ΓΗΝΤΗΣΠΟΛΕΩΣΠΡΟΘΥΜΙΑ
ΚΑΙΕΥΣΕΒΕΙΑΝΠΑΡΑΚΑΛΕΙΝ
ΣΑΥΤΟΝΣΥΓΧΩΡΗΣΑΙΕΝΤΗ
ΚΙΑΑΥΤΟΥΔΕΛΤΟΝΑΝΑΘΕΙΝ
ΚΑΙΕΝΤΩΚΑΠΕΤΩΛΙΩΔΕ
ΝΣΤΗΛΗΝΤΟΥΔΕΤΟΥΨΗ
ΤΟΣΕΧΟΥΣΑΝΤΟΑΝΤΙΓΡΑ
ΕΥΧΑΡΙΣΤΗΣΑΙΔΕΠΕΡΙΑΥΤ
ΤΟΥΣΠΡΕΣΒΕΙΣΤΗΤΕΣΥΓ
ΤΩΚΑΙΤΑΙΣΙΕΡΗΑΙΣΤΗΣΕ
ΑΣΚΑΙΙΟΥΛΙΑΙΤΗΓΥΝΑΙΚΙΑΥΤΟ
ΚΑΙΟΚΤΑΙΑΤΗΑΔΕΛΦΗΚΑΙΤΟΙ
ΤΕΚΝΟΙΣΚΑΙΣΥΓΓΕΝΕΣΙΚΑΙΦ
ΛΟΙΣΠΕΜΦΘΗΝΑΙΔΕΚΑΙΣΤΕΦΑ
ΝΟΝΑΠΟΧΡΥΣΩΝΔΙΣΧΙΛΙΩΝΟ
ΚΑΙΑΝΑΔΟΘΗΝΑΙΥΠΟΤΩΝΠΡΕΣ
ΒΕΩΝΞΥΝΑΡΙΣΤΗΣΑΙΔΕΕΠΑΥ
ΤΟΥΚΑΙΤΗΣΥΓΚΛΗΤΩΤΟΥΣΠΡΕΣ
ΒΕΙΣΠΡΟΣΕΝΗΝΕΓΜΕΝΗΣΑΥΤΗΣ
ΤΗΠΟΛΕΙΣΥΜΠΑΘΕΣΤΑΤΑΚΑΙ
ΤΗΣΠΑΤΡΙΟΥΧΡΗΣΤΟΤΗΤΟΣ
ΟΙΚΕΙΩΣ

2

ΝΔΕΙΑ
ΔΑΣΙΕΡΑ
ΙΣΘΑΙΚΝΙΣ
ΑΘΩΝΙΑΒΕΙΣΑ
ΝΙΑΥΜΝΟΝΥΠΟ
ΤΑΙΣΓΙΝΟΜΕΝΑΙΣΘΥΣ
ΡΙΔΑΑΤΩΝΛΣΟΥΜΕΑΙΚΟΥΣ
ΑΣΙΝΑΘΛΑΘΕΛΑΘΑΙ ΚΟΣΜΟΜΕΙ
ΝΩΝΚΑΙΤΟΥΑΡΧΙΕΡΕΑΣΚΑΙΤΟΥΣΤΕΦΑΝ
ΤΕΣΚΑΤΑΓΓΕΛΛΕΙΣΤΩΝΠΡΩΤΩΝΑΚΟΗΣ
ΗΜΟΤΑΤΑΙΣΠΟΛΕΣΙΝΑΝΑΘΕΙΝΑΙΔΕΔΕΑΤ
ΕΥΑΣΟΜΕΝΩΛΙΤΩΝΥΠΟΤΗΣΑΣΙΑΣΕΝΠΕΡΓΑΜΩΚ
ΩΚΑΙΑΚΤΙΩΚΑΙΒΡΕΝΤΕΣΙΩΚΑΙΤΑΡΡΑΧΩΝΙΚΑΙΜ
ΤΙΟΧΗΑΤΩΠΡΟΣΤΗΔΑΦΝΗΤΑΣΔΕΚΑΤΕΝΙΑΥΤ
ΚΑΙΕΝΤΩΤΟΥΣΕΒΑΣΤΟΥΟΡΚΟΝΔΕΕΙΝΑΙΤΩΝΑΙ
ΝΑΙΣΥΝΤΟΙΣΠΑΤΡΙΟΙΣΘΕΟΙΣΚΑΙΤΟΝΣΕΒΑΣ
ΗΣΤΗΝΕΙΚΟΝΑΤΟΥΘΕΟΥΤΑΣΔΕΤΩΝΓΑΝΩΝ
ΤΕΜΕΝΟΥΣΕΙΝΑΙΚΑΙΤΑΛΛΑΔΙΚΑΙΑΚΑΙΤΗ
ΑΤΑΔΥΚΑΜΙΝΤΗΝΕΑΥΤΟΥΙΕΡΩΜΑΝ
ΤΑΜΗΝΑΕΝΤΗΓΕΝΕΘΛΙΩΑΥΤΟΥΗΜΕΡΑΚΑ
ΑΥΤΩΝΘΥΣΙΩΝΩΣΚΑΙΤΩΔΙΠΑΡΙΣΤΕΡΑΙΣ
ΣΕΘΕΛΙΩΜΕΝΟΥΣΩΣΚΑΛΙΣΤΟΥΣΚΑΙ
ΥΤΟΝΣΤΡΑΤΗΓΟΝΔΥΟΘΣΥΠΟΤΩ
ΟΡΑΝΟΜΩΝΙΝΑΔΕΥΠΟΤΟΥΑΡΧΙΕΡΕΩΣ
ΔΗΜΟΣΙΟΥΔΡΑΧΜΑΣΕΚΑΣΤΩΤΕΤΡΑ
ΕΙΚΝΥΣΘΑΙΔΕΤΟΥΣΤΡΑΦΕΝΤΑΣ
ΣΑΓΩΣΙΝΤΡΕΦΕΣΘΑΙΤΩΝΙΣΘ
ΤΗΝΓΕΝΕΘΛΙΟΝΗΜΕΡΑΝΑΥΤ
ΜΗΔΕΝΙΔΙΔΟΜΕΝΟΙΣ
ΤΕΦΑΝΗΦΟΡΩΚΑΙ
ΕΚΑΣΤΟΝΕΤΟΣΕΝ
ΑΙΤΙΘΕΣΘΑΙΕ

1.

ΟΔΑΜΟΣ
ΤΟΝΕΑΥΤΩΣΩΤΗΡΑΚΑΙΚΤΙΣΤΑΝ
ΓΝΑΙΟΝΠΟΜΠΗΙΟΝΓΝΑΙΩΥΙΟΝ
ΜΕΓΑΝΤΡΙΣΑΥΤΟΚΡΑΤΟΡΑΚΑΤΑ
ΛΥΣΑΝΤΑΤΟΙΣΚΑΤΑΣΧΟΝΤΑΣ
ΤΑΝΟΙΚΗΜΕΝΑΝΠΟΛΕΜΟΙΣΚΑΙ
ΚΑΤΑΓΑΝΚΑΙΚΑΤΑΘΑΛΑΣΣΑΝ

ΔΑΡΟΘΕΟΣΗΓΗΣΑΝΔΡΟΥ
ΟΛΥΝΘΙΟΣΕΠΟΗΣΕ

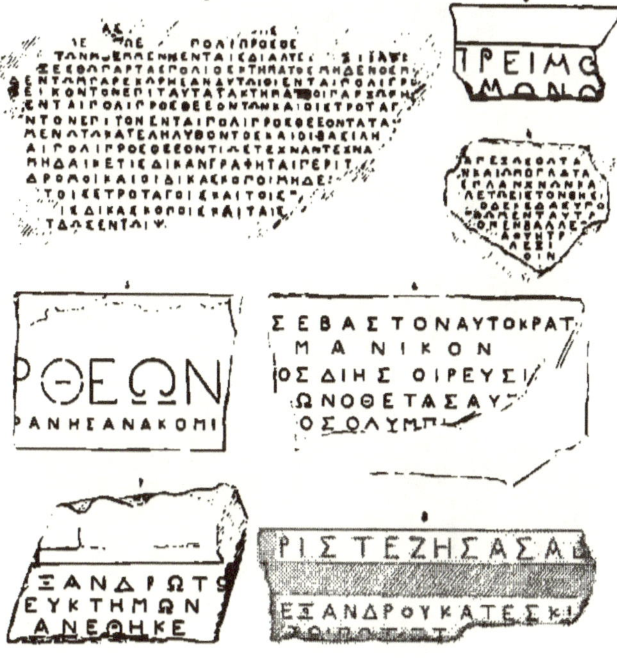

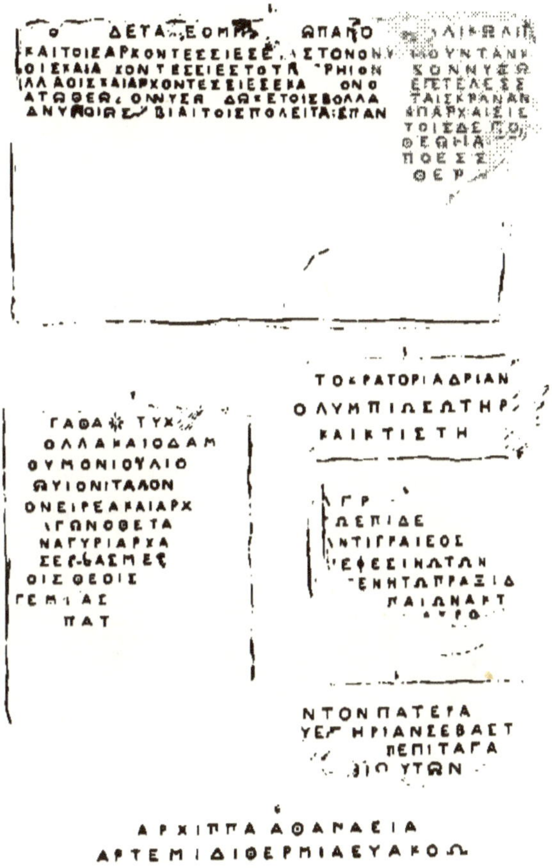

1.

Ο ΔΕΤΑ ΕΟΜ ΩΠΑΝΟ ΛΙΚΩΑΙ

ΚΑΙΤΟΙΣΑΡΧΟΝΤΕΣΣΙΕΣΣΕ ΣΤΟΝΟΝΥ ΟΥΝΤΑΝ

ΟΙΣΚΑΙΑ ΧΟΝΤΕΣΣΙΕΣΤΟΤΑ ΡΗΙΟΝ ΣΟΝΝΥΣΩ

ΙΛΛΑΟΙΣΚΑΙΑΡΧΟΝΤΕΣΣΙΕΣΣΕΚΑ ΟΝΟ ΕΠΕΤΕΛΕΣΣ

ΑΤΩΘΕΩ ΟΝΝΥΣΩ ΔΩΚΕΤΟΙΣΒΟΛΛΑ ΤΑΙΣΚΡΑΝΑΝ

ΑΝΥΜΟΙΣ ΒΙΑΙΤΟΙΣΠΟΛΕΙΤΑΙΣΠΑΝ ΑΠΑΡΧΑΙΣΙΣ

ΤΟΙΣΔΕΠΟ

ΘΕΩΗΑ

ΠΟΕΣΣ

ΘΕΡ

ΓΑΘΑ ΤΥΧ

ΟΛΛΑΚΑΙΟΔΑΜ

ΟΥΜΟΝΙΟΥΛΙΟ

ΩΥΙΟΝΙΤΑΛΟΝ

ΟΝΕΙΡΕΑΚΑΙΑΡΧ

ΓΩΝΟΘΕΤΑ

ΝΑΓΥΡΙΑΡΧΑ

ΣΕΒΑΣΜΕΣ

ΟΙΣ ΘΕΟΙΣ

ΓΕΜ ΑΣ

ΠΑΤ

ΤΟΚΡΑΤΟΡΙΑΔΡΙΑΝ

ΟΛΥΜΠΙΩΣΩΤΗΡ

ΚΑΙΚΤΙΣΤΗ

ΓΡ

ΩΕΠΙΔΕ

ΝΤΙΓΡΑΙΕΟΣ

ΕΦΕΣΙΝΩΤΩΝ

ΕΝΗΤΩΠΡΑΞΙΔ

ΚΑΙΩΝΑΡΤ

ΑΥΡΟ

ΝΤΟΝΠΑΤΕΡΑ

ΥΕΠ ΗΡΙΑΝΣΕΒΑΣΤ

ΠΕΠΙΤΑΓΑ

ΙΟ ΥΤΩΝ

6

ΑΡΧΙΠΠΑ ΑΘΑΝΑΣΙΑ

ΑΡΤΕΜΙΔΙΘΕΡΜΙΑΕΥΑΚΟΩ

Taf. X.

1.

ΟΔΑΜΟΣ
ΘΕΟΓΙΤΩΝΑΝΔΡΩΤΟΤΑΡΩΕΥΕΡΓΕΤΗΚΟΙΣΑΝ
ΤΑΝΠΟΛΙΝΠΟΛΛΑΚΑΙΜΕΓΑΛΑΑΡΕΤΑΣΕΝΝΕΚΑ
ΑΙΕΥΝΟΙΑΣΤΑΣΕΙΣΕΑΥΤΑΝ

2.

ΤΩΙΕΠΙΦΑΝΕΣ
ΜΗΘΥΜΝΗΙΕΝΑ
ΑΙΟΙΣΑΠΟΔΕΙΣ
ΚΥΡΩΘΗΝΑΙΤΟΔΕ
ΟΜΕΝΟΝΕΙΣΜΗ
ΑΙΚΑΙΕΓΕΛΟ . Ν . ΑΕΠΙΤΗ
ΟΝΠΡΑΚΑΙ . ΕΙΝΜΗΘΥΜΝΑΙΟΥΣ
. ΚΑΙΦΙΛΟΥΣΤΟ . ΤΗΣ . ΑΠΟΛΟΓΙ
ΗΣΤΟΥΔ . Α . ΥΤΟ . ΑΝΟΣΤΑΛ
ΣΜΝΑΙΩΝΚΑ . ΑΓΑΘ . ΑΣΚΑΙΔΙΚ
ΤΟΥΣΨΗΦΙ . ΣΟΝΩΣΚΑΙΠΑ
ΑΤΩΝΣ . ΕΦΑΝΩΝ . Η .
ΑΙΚΑΝΑΘΕΣ . ΣΤΗ ΣΤΗ

. ΛΕΟΣΘΕΝΗΣΑΡΙΣ

3.

4.

5.

. ΕΠΕΙΕΓ
. ΔΑΜΟΘΡΑΙΚΙ
ΠΟΛΕΩΣΑΡΕΤΗ
ΤΗΣΕΙΣΑΥΤΟΥ
. ΝΚΑΙΜΕΤΑ
. ΣΟΝΤΑΣΟΤ
ΦΡΑΙΚΑΣΤΑΙΙΟΝ
ΕΛΕΣΑΝΤΑΚΑΙΤ
ΝΕΠΙΜΕΛΗΘΕ
ΥΠΑΡΧΕΙΝΔΕΑ
. ΟΥΣΤΟΥΤΟΥΣ
ΒΙΟΥΤΟΥΣΑΥΤΟ
ΤΩΝΚΗΡΥΓΜΑΤΩ
ΘΥΣΠΟΘΕΣΙΝΕΣΤΗ
ΤΕΛΣΑΝΑΓΡΑΥΑΙ
ΕΙΣΣΤΗΛΗΝΛΙΘ
ΤΕΜΕΝΟΣΑΝΑ

6.

ΑΝΕΚΑΙΝΙΣΘΗΝ ... ΠΟΛΙ ... ΚΑΙ ... ΝΑΣΥΓΚ ...

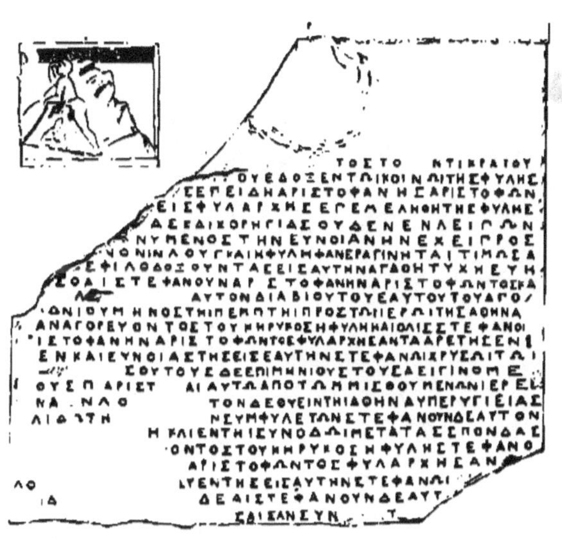

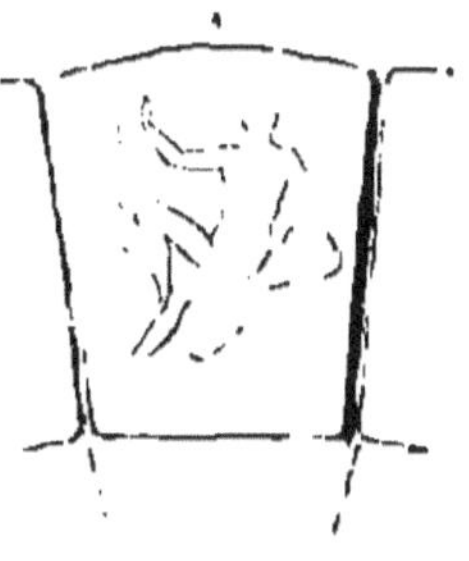

Taf. XIII.

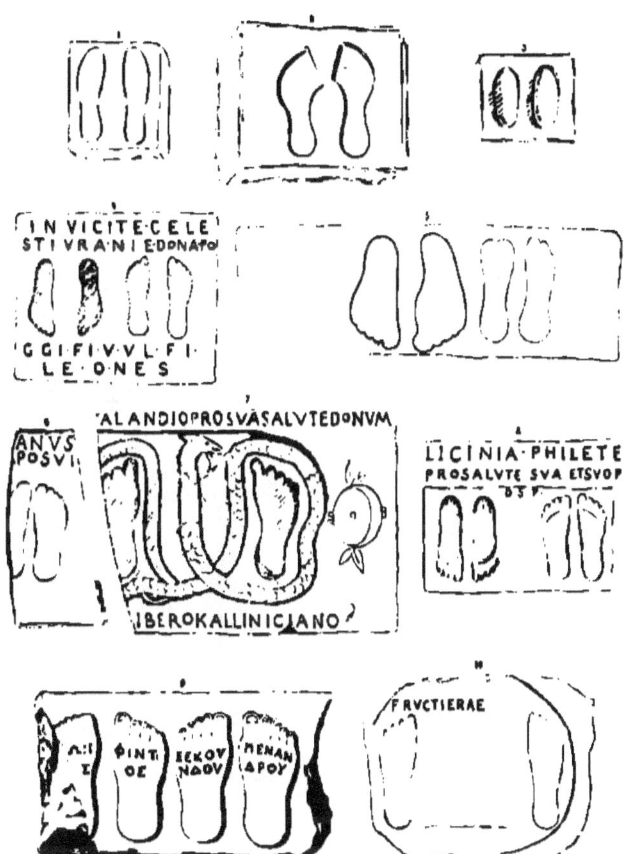
IN VICITE·CELE
STI VRANI E·DONATO
G·G·I·F·I·V·V·L·F·I·
LE·ONES
ANVS
POSVI
ALANDIOPROSVASALVTEDONVM
IBEROKALLINICIANO
LICINIA·PHILETE
PROSALVTE SVA ETSVOP
ΦΙΝΤΙ
ΟΣ
ΣΕΚΟΥ
ΝΔΟΥ
ΜΕΝΑΝ
ΔΡΟΥ
FRVCTIERAE

1.

ΓΕΡΜΑΝΙΚΟΝ ΚΛΑ ... ΑΥΤΟΚΡΑ
ΤΟΡΟ ... ΣΕΒΑΣΤΩ
ΠΑΙΔΑ ΠΑΙΔΩ ... ΚΑΙ
ΣΑΡΟ ... ΕΡΓΕ

Ο
ΔΑΜ. ... ΝΤΟΣ

2.

3.

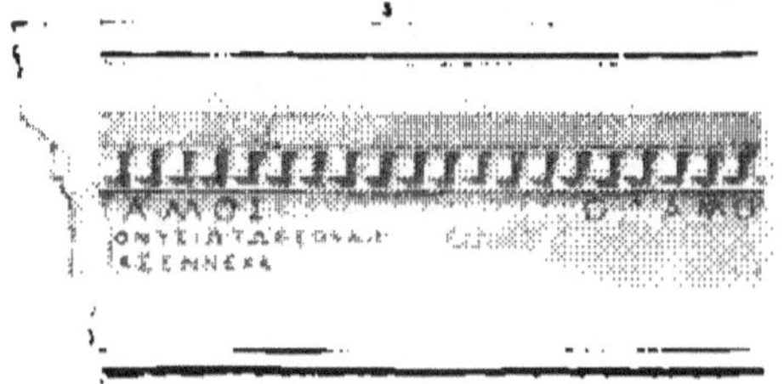

4.

...ΟΡΑΥΙΟΝΕ... ΑΓΟΡΑΝ
ΔΩΡΟΣ ΜΑΜΑ ΚΑΙΣΑΡΕΕΣ ΤΩΝ ΠΡΟΣ
ΣΑΣ ΑΡΕΤΑΣ ΕΝΝΕΚΑ ΚΑΙ ΕΥΝΟΙΑΣ

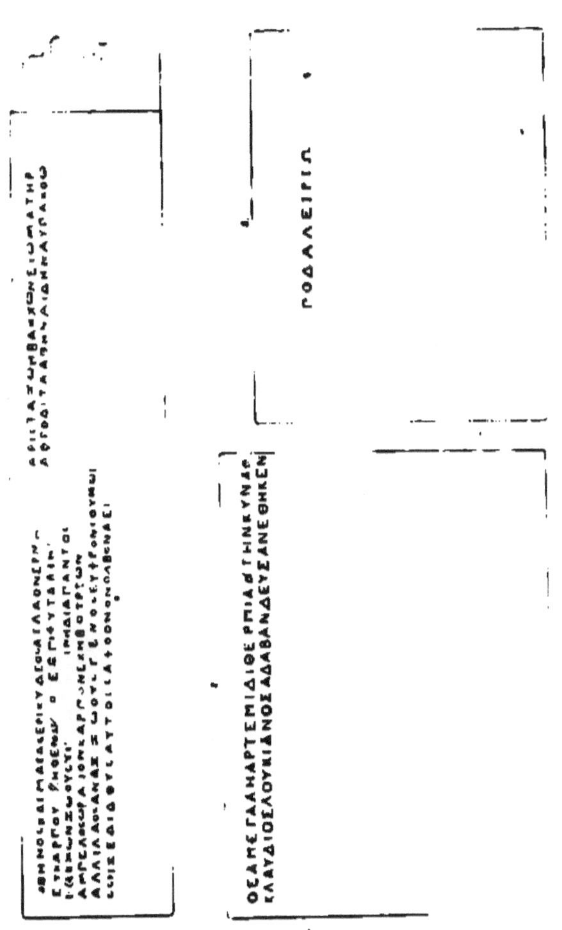
ΚΛΑΥΔΙΟΣΛΟΥΚΙΑΝΟΣΑΔΑΒΑΝΔΕΥΣΑΝΕΘΗΚΕΝ

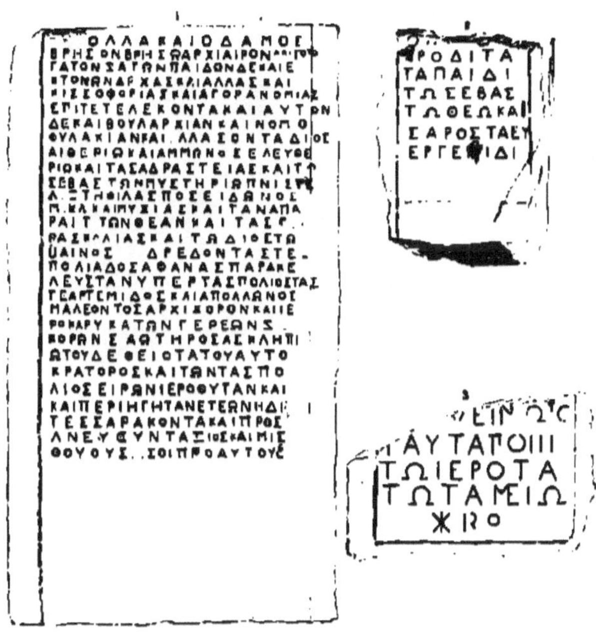
ΡΟΔΙΤΑ
ΤΑΠΑΙΔΙ
ΤΩΣΕΒΑΣ
ΤΩΘΕΩΚΑΙ
ΣΑΡΟΣΤΑΕΥ
ΕΡΓΕ ΙΔΙ
ΑΥΤΑΓΟΙΙΙ
ΤΩΙΕΡΟΤΑ
ΤΩΤΑΜΕΙΩ

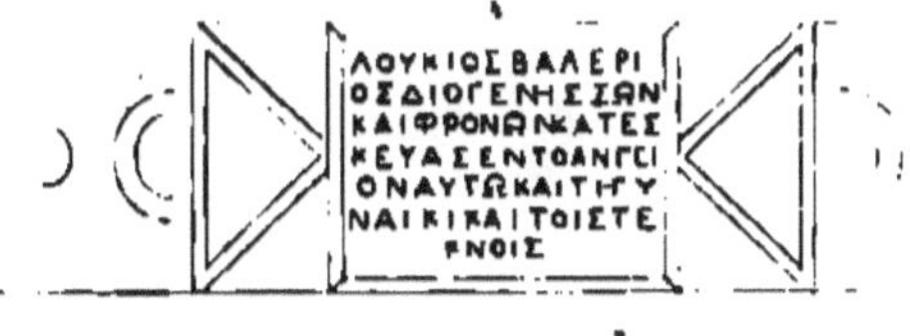
ΛΟΥΚΙΟΣΒΑΛΕΡΙ
ΟΣΔΙΟΓΕΝΗΣΣΩΝ
ΚΑΙΦΡΟΝΩΝΚΑΤΕΣ
ΚΕΥΑΣΕΝΤΟΑΝΓΕΙ
ΟΝΑΥΤΩΚΑΙΤΗΓΥ
ΝΑΙΚΙΚΑΙΤΟΙΣΤΕ
ΚΝΟΙΣ

Taf. XVII a.

www.ingramcontent.com/pod-product-compliance
Lightning Source LLC
Chambersburg PA
CBHW032212230426
43672CB00011B/2530

* 9 7 8 3 7 4 1 1 3 0 3 7 3 *